# 日本の産業立地と地域構造

## 「国土のグランドデザイン2050」に向けて

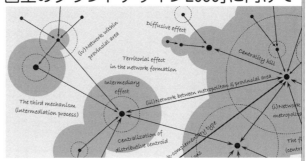

門川和男 著

多賀出版

# まえがき

　近年、日本経済が直面する、少子高齢化や人口減少の問題は、すべての自治体にとって、一様に存在する問題ではなく、その問題は特に、地方農村部において深刻化している。そして、自己強化的に進行する東京一極集中構造は、その問題に対して、さらに拍車をかけている。

　その一方で、AI技術やロボット技術の目覚ましい進歩は、これまで人間が行ってきた仕事を侵食し始めると考えられており、これまで存在していた仕事の多くが、AIやロボットによって代替されるようになることが予想されている。

　この地方における労働力の減少と、人間の労働を代替する新しい労働力の発達は、日本経済にとって、新しい可能性を模索する、絶好の機会となっている。つまり、理論的にも実証的にも、国民一人当たりの所得は、ほぼ完全に、国民一人当たりの資本の量によって決まり、分子のAIとロボットの導入による資本の増加と、分母の労働人口の減少は、国民一人当たりの所得を、飛躍的に増加させる可能性がある。

　そして、それを実現し易いのは、AI技術やロボット技術が開発されている都市部ではなく、むしろ労働力の不足している地方農村部の方であり、この機会を活用して、地方自治体の財政難の克服や、グリーンツーリズムの発展、エコノミーとエコロジーの両観点から、より洗練され、より成熟した、日本の新しい国土の実現を目指すことが可能になる。

　ところで、2014年に発表された、「国土のグランドデザイン2050」は、これからの少子高齢化と人口減少社会を見据えて、22世紀に向けた新しい国土計画の枠組みを提案したものであり、日本の国土のあるべき姿を、そのビジョンとして提示したものである。

　その国土のビジョンの背景にある理念とは、端的に言えば、資源の選択と集中である。つまり、知能と才能、知識と技術を特定の地域の集中させることによって、多様な経済性を発揮させる地域と、自然を生き返らせることによって、農林水産業や観光業の発展させる地域とを区別し、その国土の用途に応じて、資源を

再配分することを目指している。

　しかし、その国土のビジョンを実現していくに当たって、多くの課題が残されている。その中でも、特に問題になるのが、どの国土を、どのような用途で発展させるかについて、その根拠となる研究が、大幅に不足していることである。

　本書は、そうした課題の解決に向けた研究成果を、一冊の本にまとめたものである。その内容は、大きく2つに分かれ、ひとつは、日本の国土において、どのような産業が、どのような理由で、どのような地域に立地しているのかについて分析したものあり、もうひとつは、その立地した地域において、どのような産業が、どのように地域間ネットワークを発展させているのかについて、地域間物流と地域間移転、企業内組織の観点から分析したものである。

　本書の研究成果が、日本の国土計画策定の際の参考にされ、国土の有効活用と、地域の発展、国民生活の向上のための、一助となれば幸いである。

　最後に、本書は、独立行政法人日本学術振興会平成29年度科学研究費補助金（研究成果公開促進費：学術図書17HP5159）の助成によって出版されたものであり、東海大学をはじめとする、多くの諸先生方のご助言・ご尽力によって刊行までに至った。また出版の労をいとわず努力していただいた、多賀出版株式会社、並びに関連印刷会社の皆様に対して、衷心より感謝の意を申し上げておきたい。

　　　2017年8月24日

　　　　　　　　　　　　　　　　　　　　　　　　　　　　門川和男

# 目　次

まえがき　iii
図表一覧　ix

## 第 1 章　日本の国土計画の歴史 ……………………………………………… 3
日本の国土計画の変遷と課題　6
研究課題の設定　22

## 第 2 章　戦後日本経済の動向 ………………………………………………… 33
戦後日本経済の景気の変動　35
人口と所得の変化　47
地価の変化　61
まとめ　73

## 第 3 章　工業立地の動向 ……………………………………………………… 77
製造活動の地理的分布　78
工業立地動向の概観　92
まとめ　107

## 第 4 章　立地調査の概要 …… 109

　アンケート調査の概要　109
　アンケート調査対象の質的分析　124
　まとめ　136

## 第 5 章　立地調査の結果と分析 …… 139

　業種別の分析　140
　成長停止期（1989年から1990年）　143
　景気悪化期（1991年から1994年）　152
　ゼロ成長期（1995年から2000年）　158
　景気回復期（2002年から2007年）　164
　近年（2010年から現在）　172
　まとめ　178

## 第 6 章　地域間ネットワークの分析 …… 183

　食料品工業の取引ネットワーク　189
　産業用機械工業の取引ネットワーク　222
　電気機械工業の取引ネットワーク　245
　輸送用機械工業の取引ネットワーク　267
　金属製品工業の取引ネットワーク　289
　まとめ　310

## 第 7 章　企業内ネットワークの分析 …… 317

　本社所在地と工場立地　320
　移転元と移転先の立地地点　341
　まとめ　359

## 第8章　GD2050に向けて　363

　地域構造の進化とダイナミズム　365
　地域間取引ネットワークの進化のダイナミズム　371
　地域構造形成の3要因とGD2050　373

## 補論　ネットワーク分析の手法　383

　中心性の測定法　384
　部分ネットワーク分析　389
　地域取引ネットワークとクリーク　396


参考文献　403

## 図表一覧

### 図

- 図1　工業整備特別地区（上）と新産業都市（下）
- 図2　テクノポリス法でテクノポリスに選定された25地域
- 図3　日本の国土計画の変遷（国土交通省ＨＰ資料より筆者が作成）
- 図4　戦後の国内総生GDP（単位：10億円）とGDP成長率（単位：％）
- 図5　過去25年間の機械受注統計（単位：100万円）と景気判断CI指数（基準：100）
- 図6　1888年から2012年までの47都道府県の人口の変動係数
- 図7　都道府県の人口分布の変化（1）
- 図8　都道府県の人口分布の変化（2）
- 図9　都道府県の人口移動1955年～1989年（左）と1990年～2014年（右）
- 図10　47都道府県の県民所得によるローレンツ曲線
- 図11　全国の所得に対する東京と関東（神奈川・千葉・埼玉）の所得の割合
- 図12　全国の所得に対する大阪と近畿（京都・奈良・兵庫）の所得の割合
- 図13　全国の所得に対する愛知と他東海（静岡・岐阜・三重）の所得の割合
- 図14　工業用地の平均地価指数の変動（2000年の地価指数を100とする。）
- 図15　47都道府県間の工業用地の地価の変動係数変化
- 図16　工業用地の平均地価：1989年（左）と1991年（右）（1,000円／m$^2$）
- 図17　工業用地の平均地価：1995年（左）と2012年（右）（1,000円／m$^2$）
- 図18　工業用地の平均地価の変化率1989年から2014年（％）
- 図19　関東4県（東京・神奈川・千葉・埼玉）の工業用地の平均地価の変化（円／m$^2$）
- 図20　近畿4県（大阪・兵庫・京都・奈良）の工業用地の平均地価の変化（円／m$^2$）
- 図21　東海4県（愛知・静岡・岐阜・三重）の工業用地の平均地価の変化（円／m$^2$）
- 図22　製造業の事業所数（左）と製造業の従業員数（右）の変化
- 図23　主要8地域の名称と分布
- 図24　各地域の事業所数と全国他地域の事業所数の推移（単位1,000件）
- 図25　各地域の従業員数と全国他地域の従業員数の推移（単位100万人）
- 図26　東京都市圏と大阪都市圏の事業所数の推移
- 図27　東京都市圏と大阪都市圏の従業員数の推移
- 図28　全国の製造業立地件数の変動（1974年～2015年）
- 図29　大都市圏の立地件数の変動（1974年～2015年）
- 図30　14地域の名称と分布
- 図31　関東地域とその周辺地域の立地件数の変動（1974年～2014年）

| | | |
|---|---|---|
| 図32 | 近畿地域とその周辺地域の立地件数の変動（1974年～2014年） | |
| 図33 | 1974年から1989年まで（安定成長期）の立地件数の割合、2分位（左）、3分位（右） | |
| 図34 | 1974年から1989年まで（安定成長期）の立地件数の割合、4分位（左）、5分位（右） | |
| 図35 | 1990年から2015年まで（バブル経済以降）の立地件数の割合、2分位（左）、3分位（右） | |
| 図36 | 1990年から2015年まで（バブル経済以降）の立地件数の割合、4分位（左）、5分位（右） | |
| 図37 | 立地件数の分布：成長停止期（左）と景気悪化の期間（右） | |
| 図38 | 立地件数の分布：ゼロ成長期（左）と景気回復期（右） | |
| 図39 | 立地件数の分布：近年 | |
| 図40 | 新設工場の立地件数の分布の変化率 | |
| 図41 | 食料品、金属製品、一般機械、電気機械、輸送用機械工業の、1975年から2015年までの立地件数 | |
| 図42 | 食料品工業（左）と金属製品工業（右）に属する工場の立地件数の割合 | |
| 図43 | 一般機械工業（左）と電気機械工業（右）に属する工場の立地件数の割合 | |
| 図44 | 輸送用機械工業に属する工場の立地件数の割合 | |
| 図45 | 新設工場の平均規模（雇用予定者人数／新設立地件数） | |
| 図46 | 各都道府県の県民所得と新設工場の規模の関係 | |
| 図47 | クラスター分析結果（成長停止期） | |
| 図48 | グループ1とグループ2に属する県の地理的分布（成長停止期） | |
| 図49 | 「労働力の確保」と「市場への近接性」が選択された割合散布図 | |
| 図50 | クラスター分析結果（景気悪化局面） | |
| 図51 | グループ1とグループ2に属する県の地理的分布（景気悪化局面） | |
| 図52 | 労働力の確保と市場への近接性が選択された割合散布図 | |
| 図53 | クラスター分析結果（ゼロ成長期） | |
| 図54 | グループ1とグループ2に属する県の地理的分布（ゼロ成長期） | |
| 図55 | 労働力の確保と市場への近接性が選択された割合散布図 | |
| 図56 | クラスター分析結果（景気回復） | |
| 図57 | グループ1とグループ2に属する県の地理的分布（景気回復） | |
| 図58 | 労働力の確保と市場への近接性が選択された割合散布図 | |
| 図59 | クラスター分析結果（近年） | |
| 図60 | グループ1とグループ2に属する県の地理的分布（近年） | |
| 図61 | 企業内組織の集中と用地の確保が選択された割合散布図 | |
| 図62 | 食料品工業のネットワーク（1975、1％） | |
| 図63 | 食料品工業のネットワーク（1975、5％） | |
| 図64 | 食料品工業のネットワーク（1975、10％） | |
| 図65 | 食料品工業のネットワーク（1990、1％） | |
| 図66 | 食料品工業のネットワーク（1990、5％） | |
| 図67 | 食料品工業のネットワーク（1990、10％） | |

図68　食料品工業のネットワーク（2010、1％）
図69　食料品工業のネットワーク（2010、5％）
図70　食料品工業のネットワーク（2010、10％）
図71　食料品工業のクリーク構造（1975、1％）
図72　食料品工業のクリーク構造（1975、5％）
図73　食料品工業のクリーク構造（1975、10％）
図74　食料品工業のクリーク構造（1990、1％）
図75　食料品工業のクリーク構造（1990、5％）
図76　食料品工業のクリーク構造（1990、10％）
図77　食料品工業のクリーク構造（2010、1％）
図78　食料品工業のクリーク構造（2010、5％）
図79　食料品工業のクリーク構造（2010、10％）
図80　産業用機械工業のネットワーク（1975、1％）
図81　産業用機械工業のネットワーク（1975、5％）
図82　産業用機械工業のネットワーク（1975、10％）
図83　産業用機械工業のネットワーク（1990、1％）
図84　産業用機械工業のネットワーク（1990、5％）
図85　産業用機械工業のネットワーク（1990、10％）
図86　産業用機械工業のネットワーク（2010、1％）
図87　産業用機械工業のネットワーク（2010、5％）
図88　産業用機械工業のネットワーク（2010、10％）
図89　産業用機械工業のクリーク構造（1975、1％）
図90　産業用機械工業のクリーク構造（1975、5％）
図91　産業用機械工業のクリーク構造（1975、10％）
図92　産業用機械工業のクリーク構造（1990、1％）
図93　産業用機械工業のクリーク構造（1990、5％）
図94　産業用機械工業のクリーク構造（1990、10％）
図95　産業用機械工業のクリーク構造（2010、1％）
図96　産業用機械工業のクリーク構造（2010、5％）
図97　産業用機械工業のクリーク構造（2010、10％）
図98　電気機械工業のネットワーク（1975、1％）
図99　電気機械工業のネットワーク（1975、5％）
図100　電気機械工業のネットワーク（1975、10％）
図101　電気機械工業のネットワーク（1990、1％）
図102　電気機械工業のネットワーク（1990、5％）
図103　電気機械工業のネットワーク（1990、10％）
図104　電気機械工業のネットワーク（2010、1％）
図105　電気機械工業のネットワーク（2010、5％）
図106　電気機械工業のネットワーク（2010、10％）

図107　電気機械工業のクリーク構造（1975、1％）
図108　電気機械工業のクリーク構造（1975、5％）
図109　電気機械工業のクリーク構造（1975、10％）
図110　電気機械工業のクリーク構造（1990、1％）
図111　電気機械工業のクリーク構造（1990、5％）
図112　電気機械工業のクリーク構造（1990、10％）
図113　電気機械工業のクリーク構造（2010、1％）
図114　電気機械工業のクリーク構造（2010、5％）
図115　電気機械工業のクリーク構造（2010、10％）
図116　輸送用機械工業のネットワーク（1975、1％）
図117　輸送用機械工業のネットワーク（1975、5％）
図118　輸送用機械工業のネットワーク（1975、10％）
図119　輸送用機械工業のネットワーク（1990、1％）
図120　輸送用機械工業のネットワーク（1990、5％）
図121　輸送用機械工業のネットワーク（1990、10％）
図122　輸送用機械工業のネットワーク（2010、1％）
図123　輸送用機械工業のネットワーク（2010、5％）
図124　輸送用機械工業のネットワーク（2010、10％）
図125　輸送用機械工業のクリーク構造（1975、1％）
図126　輸送用機械工業のクリーク構造（1975、5％）
図127　輸送用機械工業のクリーク構造（1975、10％）
図128　輸送用機械工業のクリーク構造（1990、1％）
図129　輸送用機械工業のクリーク構造（1990、5％）
図130　輸送用機械工業のクリーク構造（1990、10％）
図131　輸送用機械工業のクリーク構造（2010、1％）
図132　輸送用機械工業のクリーク構造（2010、5％）
図133　輸送用機械工業のクリーク構造（2010、10％）
図134　金属製品工業のネットワーク（1975、1％）
図135　金属製品工業のネットワーク（1975、5％）
図136　金属製品工業のネットワーク（1975、10％）
図137　金属製品工業のネットワーク（1990、1％）
図138　金属製品工業のネットワーク（1990、5％）
図139　金属製品工業のネットワーク（1990、10％）
図140　金属製品工業のネットワーク（2010、1％）
図141　金属製品工業のネットワーク（2010、5％）
図142　金属製品工業のネットワーク（2010、10％）
図143　電気機械工業のクリーク構造（1975、1％）
図144　電気機械工業のクリーク構造（1975、5％）
図145　電気機械工業のクリーク構造（1975、10％）

図146　電気機械工業のクリーク構造（1990、1％）
図147　電気機械工業のクリーク構造（1990、5％）
図148　電気機械工業のクリーク構造（1990、10％）
図149　電気機械工業のクリーク構造（2010、1％）
図150　電気機械工業のクリーク構造（2010、5％）
図151　電気機械工業のクリーク構造（2010、10％）
図152　1989年から1990年までに立地した製造工業の本社所在地による有向グラフ
図153　1989年から1990年までに立地した製造工業の本社所在地による有向グラフ（5％基準）
図154　1989年から1990年までに立地した製造工業の本社所在地による有向グラフ（10％基準）
図155　1989年から1990年までに立地した製造工業の本社所在地による有向グラフ（15％基準）
図156　1989年から1990年までに立地した製造工業の本社所在地による有向グラフ（20％基準）
図157　2010年から2014年までに立地した製造工業の本社所在地による有向グラフ
図158　2010年から2014年までに立地した製造工業の本社所在地による有向グラフ（5％基準）
図159　2010年から2014年までに立地した製造工業の本社所在地による有向グラフ（10％基準）
図160　2010年から2014年までに立地した製造工業の本社所在地による有向グラフ（15％基準）
図161　2010年から2014年までに立地した製造工業の本社所在地による有向グラフ（20％基準）
図162　地域の名称と分布
図163　1989年から1990年までに立地した製造工業の移転元と移転先による有向グラフ：0％水準
図164　1989年から1990年までに立地した製造工業の移転元と移転先による有向グラフ：5％水準
図165　1989年から1990年までに立地した製造工業の移転元と移転先による有向グラフ：10％水準
図166　1989年から1990年までに立地した製造工業の移転元と移転先による有向グラフ：15％水準
図167　1989年から1990年までに立地した製造工業の移転元と移転先による有向グラフ：20％水準
図168　2010年から2014年までに立地した製造工業の移転元と移転先による有向グラフ：0％水準
図169　2010年から2014年までに立地した製造工業の移転元と移転先による有向グラフ：5％水準

図170 2010年から2014年までに立地した製造工業の移転元と移転先による有向グラフ：10％水準
図171 2010年から2014年までに立地した製造工業の移転元と移転先による有向グラフ：15％水準
図172 2010年から2014年までに立地した製造工業の移転元と移転先による有向グラフ：20％水準
図173 第1メカニズムと第2メカニズムによる地域構造の変化
図174 第3メカニズムによる地域構造の変化
図175 日本の地域間ネットワーク構造のフレームワーク
図176 クリークの例
図177 Nクリーク、Nクラン、Nクラブの例
図178 Kプレックス、Kコアの例
図179 クリークで表される取引ネットワークの例

## 表

表1 日本における「地域構造論」の4類型
表2 分析期間の5つの区別
表3 東海4県の地価とその変化率（円／m²）
表4 主要8地域の分類とその名称
表5 1951年当時の事業所数（千件）と従業員数（万人）の分布
表6 事業所数（千件）と従業員数（万人）の推移の結果（1951～1986）
表7 事業所数（千件）と従業員数（万人）の推移の結果（1951～2012）
表8 事業所数と従業員数の推移の結果（関東）
表9 事業所数と従業員数の推移の結果（近畿）
表10 14地域の分類とその名称
表11 首都圏と首都圏周辺地域
表12 アンケート調査項目の変遷と要約
表13 全期間と各期間での立地理由が選択された割合
表14 1975年から2015年までの業種別の立地件数と割合
表15 産業の割合の変化
表16 工業立地のホットスポット
表17 産業ごとの規模の変化
表18 主要5業種における立地理由が選択された割合
表19 主要5業種における立地理由の相対的特徴
表20 グループ1とグループ2に属する県の立地理由のグループ平均値と標準偏差
表21 判別分析の結果（成長停止期）
表22 立地行動の二極化
表23 グループ1とグループ2の業種の割合

表24　グループ1とグループ2に属する県の立地理由のグループ平均値と標準偏差
表25　判別分析の結果（景気悪化局面）
表26　立地行動の二極化
表27　グループ1とグループ2、グループ2aとグループ2bの業種の割合
表28　グループ1とグループ2に属する県の立地理由のグループ平均値と標準偏差（ゼロ成長期）
表29　判別分析の結果（ゼロ成長期）
表30　立地行動の二極化
表31　グループ1とグループ2、グループ2aとグループ2bの業種の割合
表32　グループ1とグループ2に属する県の立地理由のグループ平均値（景気回復）
表33　判別分析の結果（景気回復）
表34　立地行動の二極化
表35　グループ1とグループ2、グループ2aとグループ2bの業種の割合
表36　グループ1とグループ2に属する県の立地理由のグループ平均値と標準偏差（近年）
表37　判別分析の結果（近年）
表38　立地行動の二極化
表39　グループ1とグループ2、グループ2aとグループ2bの業種の割合
表40　地域間輸送総重量（単位：トン）
表41　食料品工業の中心性分析（1975）
表42　食料品工業の中心性分析（1990）
表43　食料品工業の中心性分析（2010）
表44　大都市圏内のネットワークのクリークの数（食料品工業）
表45　地方都市圏内のネットワークのクリークの数（食料品工業）
表46　大都市圏・地方都市圏間のネットワークのクリークの数（食料品工業）
表47　産業用機械工業の中心性分析（1975）
表48　産業用機械工業の中心性分析（1990）
表49　産業用機械工業の中心性分析（2010）
表50　大都市圏内のネットワークのクリークの数（産業用機械工業）
表51　地方都市圏内のネットワークのクリークの数（産業用機械工業）
表52　大都市圏・地方都市圏間のネットワークのクリークの数（産業用機械工業）
表53　電気機械工業の中心性分析（1975）
表54　電気機械工業の中心性分析（1990）
表55　電気機械工業の中心性分析（2010）
表56　大都市圏内のネットワークのクリークの数（電気機械工業）
表57　地方都市圏内のネットワークのクリークの数（電気機械工業）
表58　大都市圏・地方都市圏間のネットワークのクリークの数（電気機械工業）
表59　輸送用機械工業の中心性分析（1975）
表60　輸送用機械工業の中心性分析（1990）
表61　輸送用機械工業の中心性分析（2010）

表62　大都市圏内のネットワークのクリークの数（輸送用機械工業）
表63　地方都市圏内のネットワークのクリークの数（輸送用機械工業）
表64　大都市圏・地方都市圏間のネットワークのクリークの数（輸送用機械工業）
表65　金属機械工業の中心性分析（1975）
表66　金属機械工業の中心性分析（1990）
表67　金属機械工業の中心性分析（2010）
表68　大都市圏内のネットワークのクリークの数（金属製品工業）
表69　地方都市圏内のネットワークのクリークの数（金属製品工業）
表70　大都市圏・地方都市圏間のネットワークのクリークの数（金属製品工業）
表71　各工業の次数とその時系列変化
表72　各工業の地域間変動係数とその時系列変化
表73　立地件数に対する東京と大阪に本社をもつ立地件数の割合
表74　企業ネットワークにおける次数による中心性の分析
表75　地域の名称と分類
表76　移転ネットワークにおける次数の変動係数と相関係数
表77　大都市圏内のネットワークのクリークの数
表78　地方都市圏内のネットワークのクリークの数
表79　大都市圏・地方都市圏間のネットワークのクリークの数

# 日本の産業立地と地域構造

～「国土のグランドデザイン2050」に向けて～

# 第 1 章　日本の国土計画の歴史

　平成26年（2014年）の 3 月に、国土交通省は新たな国土計画となる「国土のグランドデザイン2050」を発表した。この新しい国土計画は、地方で急速に拡大する少子高齢化や、インフラ設備の老朽化、国家的なグローバル競争の進展、環境・エネルギー資源の保護、情報・通信技術の発達などの、国家を取り巻く様々な問題に対処していくために策定された国土計画である。そして、この国土計画は21世紀の日本国土のあるべき姿を描いたビジョンであり、国の実施する地域政策と、各地方自治体の実施する諸策に対して、非常に大きな影響を与えるものである。

　この「国土のグランドデザイン2050」において特徴的なのは、「コンパクト＋ネットワーク」というキーワードを掲げている点である。この「国土のグランドデザイン2050」では、これまでの国土計画のように、地域ごとに個別的な成長戦略を提示するものではなく、各地域をネットワークによって結ぶことにより、地域を組織的に発展させる国土のビジョンが描かれている点で、これまでの国土計画とは大きく異なっている。

　ここで「コンパクト」とは、ネットワークの点を構成する都市の地理的な範囲を表しており、経済活動を空間的に際限なく広げるのではなく、特定の都市とその僅かな周辺地域に集中させることにより、集積経済の効果を十分に発揮させ、交通・情報インフラの投資効率の改善を目指すものである。また「ネットワーク」とは、その点のように「コンパクト」にまとまった都市を結ぶことによって、国土に存在する経済的な資源を、可能な限り多くの地域で共有し、活用することを謳ったものである。特に、この「ネットワーク」という発想は、日本の国土計画の歴史において、初めて登場した発想であり、これは日本の国土計画の歴史において、大きな転換点となることが予想される。

　ところで、この「ネットワーク」とは、実物空間のネットワークと知識・情報のネットワークの 2 種類に分けることができる。まず実物空間のネットワークと

は、モノ・カネ・ヒトが流れる地域間のネットワークであり、また知識・情報のネットワークとは、文字通り知識と情報が流れる地域間のネットワークであり、実物空間のネットワークに付随して発展するネットワークである。したがって、この「国土のグランドデザイン2050」では、質的に異なる様々なネットワークが想定されていることになる。

その多様なネットワークの中でも、最も重要なネットワークのひとつとして、モノの流れを表すネットワークを挙げることができる。なぜなら、地域間でのモノの流れがあるということは、多くの場合、その地域間で取引があることを意味し、その地域間の取引に付随して、カネとヒトの流れが作られるからである。例えば、製造品の売買取引が地域間でおこなわれるとき、その取引をするヒトが地域間で動き、その支払いによってカネも動くことになる。さらに、その製造品に関わる知識と情報も、その売買取引がなされることによって地域間で流れることになり、地域間でのモノの流れが、その他のものが流れる道となって、地域間ネットワークの基礎を形成することになる。

この地域間ネットワークという発想の下に国土計画を進めていく上で、いくつかの検討されるべき課題が浮かび上がってくる。第一に、この「国土のグランドデザイン2050」は、少なくともモノ・カネ・ヒトの流れという、ネットワークを扱うものであり、そのモノ・カネ・ヒトの流れのネットワークは、企業や家計の自律的な諸活動の結果として現れるものである限り、企業と家計が地理的にどのように分布するかによって、大きく影響を受けることになる。

そして、ネットワークを構成する企業と家計の地理的な分布が明らかになれば、「国土のグランドデザイン2050」で掲げられている、「ネットワーク」を構成する主体の現状について、理解・把握することが可能になる。したがって、企業と家計の地理的分布と、その地理的な変化の傾向性を明らかにすることによって、ネットワークを構成する主体について分析する必要がある。

第二に、「国土のグランドデザイン2050」で構想されているモノ・カネ・ヒトが流れる「ネットワーク」の構造が、現状どのようになっているのかという問題がある。つまり、日本の国土において、そのネットワークが、実際にどれだけの地理的な範囲で拡がり、またそのネットワークの構造がどのようになっているのかについては、必ずしも十分な研究成果によって、明らかにされているわけではない。もしそのネットワークの構造が明らかにならなければ、特定の地域間ネッ

トワーク構造を前提として、国土計画を推進することも、「国土のグランドデザイン2050」の実効性・現実性について議論することも困難になるであろう。

また、この「国土のグランドデザイン2050」では、日本の3大都市圏によって構成される「スーパーメガリージョン」の形成と、その「スーパーメガリージョン」と地方の都市を結ぶ、大都市・地方都市間のネットワークの形成が構想されていることから、この「スーパーメガリージョン」内の地域間ネットワーク構造を解明することは、「国土のグランドデザイン2050」の実現性を検討していく上で、非常に重要な課題になってくる。

第三に、モノ・カネ・ヒトの地理的な分布が刻々と変化するとき、現状のネットワーク構造も、刻々と変化することが予想される。そして、国土に拡がるネットワークの構造が、どのような要因によって、どのように変化しうるのかについては、「国土のグランドデザイン2050」の成否を占っていく上で、必要不可欠な情報になるに違いない。

例えば、政府が様々な政策を講じたとしても、その点となる都市は、企業と家計の主体的・自律的な活動の結果によって現れるものである限り、「ネットワーク」の点となる都市自体を作り出すことは困難になる。したがって、「ネットワーク」を構成する「コンパクト」にまとまった点については、「国土のグランドデザイン2050」によって描かれるというよりも、むしろ、既存の都市の分布を利用したものにならざるを得ない。そこで、特に「ネットワーク」を構成する点としての都市に焦点を当てながら、ネットワーク構造の変動と進化のメカニズムについて明らかにしていく必要がある。

第四に、仮に、そのネットワークの構造が明らかになったとしても、そのネットワーク構造は、非常に複雑なものになることが予想され、実際の諸政策の策定で活用していく段階になって、その複雑なネットワーク構造の情報を、どれだけ有効に活用することができるのかについては、疑問の余地が残ることになる。

例えば、日本には47の都道府県があり、その47都道府県間のネットワークを扱うだけでも、そのネットワークの構造は非常に煩雑化しうる。さらに、ネットワーク分析では、全体の関係に焦点を当てれば、個体の関係が見失われ、逆に、個体の関係に焦点を当てれば、全体の関係が見失われるという性質がある。そこで、そのネットワーク構造を簡潔に表現しながらも、全体に対する個体の関係、個体に対する全体の関係を表現できるような、ネットワーク構造を把握するフ

レームワークが必要になる。本書の最後では、その複雑なネットワーク構造を簡潔に表現することができるフレームワークについて、本書の分析結果を踏まえながら提案するつもりである。

本書の目的は、以上に挙げた4つの課題の解決に取り組むことにより、「国土のグランドデザイン2050」が描く国土のネットワーク構造について、その実態を明らかにしていくことにある。その4つの課題とは、①地域間取引ネットワークを構成する企業と家計の地理的な分布はどのようになっているのか、②地域間取引ネットワーク構造はどのようになっているのか、③その地域間取引ネットワーク構造はどのような要因によって、どのように進化するのか、さらに、④その地域間取引ネットワーク構造を、どのように要約的に表現することができるのかという課題である。そして、本書の内容の大半は、これら4つの問題を解決するために必要な、様々な統計分析の結果を提示していくことになる。

それでは次に、本書の内容の詳細について紹介していくことにする。そのために、まず、これまでの日本の国土計画の変遷について紹介し、現在の国土計画を踏まえた上で、日本における地域間取引ネットワークに関する研究を紹介しつつ、本書の研究課題について設定していくことにしたい。

## 日本の国土計画の変遷と課題

日本における国土計画は、過去70年にも渡る歴史があり、2014年に発表された「国土のグランドデザイン2050」は、その最新のものであると同時に、これまでの国土計画の思想や歴史を踏まえ、その成功と失敗を反映させつつ策定されたものである。そして、これまで日本政府が講じてきた、国土計画に関わる諸政策の内容が、どのようなものであったのかという事実は、今回の「国土のグランドデザイン2050」を理解していく上で非常に重要になる。そこで、この国土計画の歴史と変遷について、最初に簡単に紹介しておくことにする[1]。

### 日本の国土計画の歴史

国土計画に関わる政策として最も古いものは、1940年に閣議決定された「国土

---
[1] 全国総合開発計画の歴史については、小田（2007）が詳しい。

計画改定要綱」であり、それは1939年に商工省地方工業化委員会によって決議された、「工業の地方分散計画」と共に、地域間の産業と人口の均等配置を目指したものであった。日本の国土計画において、このときすでに、地域間の不均等発展を回避するために、産業立地の地域間配分を目指していたことは特筆すべきものがある。

次に、戦後の荒廃した国土を再建設するために、1945年に「国土計画基本方針」、1946年には、その具体化案として、「復興国土計画要綱」が発表され、続いて1950年には、「国土総合開発法」が制定された。これらの案では、地方の主要都市の発展と、大都市の過密化の抑制するために、国土を11の経済圏に区分し、各経済圏に中心となる都市を設ける指針が示された。

1960年には、「太平洋ベルト地帯構想」が発表されたが、ここで「太平洋ベルト」とは、日本の「産業革命」期（1886年～1907年）に形成された、京浜、中京、阪神、北九州という4大工業地域を中心とした地域のことを指している。この「太平洋ベルト地帯構想」とは、「太平洋ベルト」の隙間となっている地域に、新たな工業地域を形成することによって、工業の過密化を解消しながらも、その工業を周辺地域へと拡大していくことを構想したものであった。

続いて1962年には、「全国総合開発計画」が閣議決定され、これは工業の地域間再配置を基本として、高度成長に伴って生じた、主要工業地帯における人口と産業の過密化を抑制し、長期的に均衡のとれた工業の発展と、工業の地方への分散を図ろうとするものであった。また、この「全国総合開発計画」は、地方の有力都市を工業の中心地として発展させることによって、その工業の関連産業の雇用と所得を、その都市を取り囲む周辺地域へと、分散させようとする狙いがあった。この工業の中心地となった都市は、「新産業都市」と呼ばれ、全国の15都市が、この「新産業都市」に選定されることになった。この都市を基軸とした地域開発方式は、「拠点開発方式」と呼ばれることになり、この方式はその後の国土計画において、幾度となく採用されることになる。

この「新産業都市」の開発において、具体的に講じられた政策として、道路・港湾・住宅建設などの国の直轄事業の実施、補助金の補助率の引き上げ、減税政策補助、政府金融機関による特別融資、土地利用による規制緩和などがあり、それらは当時のイギリスの地域政策を参考にしたものとされる（大西隆1998）。それと同時に、北海道や沖縄、東北、九州、中国、四国、北陸などの、太平洋ベル

図1 工業整備特別地区（上）と新産業都市（下）

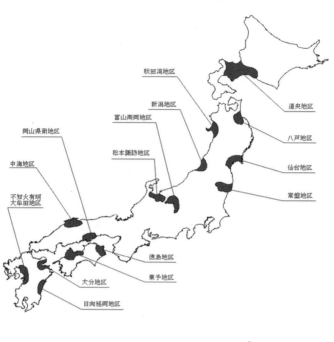

トに属さない地域を対象にした、社会資本設備の拡充に向けた開発法が次々に施行され、東京圏と大阪圏の工業立地を制限する法律などが制定された。

また、その後の高度成長期に伴って、日本の工業は飛躍的に発展することになったが、製造業の大半が、主要工業地域、もしくはその周辺地域に過密的に集中することになり、工業地帯に含まれない九州地方や東北地方などの地方では、工業化の遅れが目立つようになった。その一方で、この「全国総合開発計画」では、工業の地方への分散が中心テーマとなっており、第三次産業の発展や、公害などの環境問題に対する配慮が少なかったことから、新たな開発計画を要請する声が、次第に高まることになった。

そうした背景を受けながら施行されたのが、1969年の「新全国総合開発計画」である。この「新全国総合開発計画」で実施された政策は、次の3つに分類される。第一に、高速道路網、高速鉄道網、通信網を拡充によって、距離にまつわる費用を軽減することにより、4大工業地域の周辺地域の拡大を目指したもの、第二に、政府主導の大型投資による、新しい産業の創出を目指したもの、第三に、公害問題への対処と環境保全を目指したものに分類される（華藤健1975）。

これら3つの諸策の中で、国土形成に最も大きな影響を与えたものは、第一の、高速道路網、高速鉄道網、通信網の拡充であり、これは、その後の日本の地域構造を決定づけ、地域間取引ネットワークの骨組みになっていく。また、この「新全国総合開発計画」は、大規模な公共投資に依存した計画だったことから、「全国総合開発計画」の「拠点開発方式」とは対照的に、「大規模プロジェクト方式」と呼ばれ、その後の国土計画においても引き継がれることになる。

この「新全国総合開発計画」に続いて、1977年には、「第三次全国総合開発計画」が策定されることになる。この「第三次全国総合開発計画」の一環として、「工業再配置計画」が実施されることになったが、それまでの全国総合開発計画が、東京圏と大阪圏における工業の過密化を抑制しつつ、北海道、東北地方、九州地方に向けて、工業を分散させることを目指していたのに対し、この「工業再配置計画」では、そうした広範囲に渡る分散計画から一転して、4大工業地域などの過集積地域から、すでにある程度集積が進んでいる、周辺集積地域に向けた移転を目指すことになった[2]。したがって、この「第三次全国総合開発計画」では、

---

[2] この工業再配置計画において、実際に工業の移転促進地域として選定されたのは京浜・中京・阪神の3大工業地域である。

それまで掲げられ続けていた、「国土の均等発展」という理想は影を潜め、大都市圏の過密化の解消という目標を中心とした、消極的ではあるが、より現実的な計画へと転じていくことになった。

　また、この「工業再配置計画」では、それまでの「拠点方式」と「大規模プロジェクト方式」とは異なり、すでに発展している工業の拠点となる中心地から、その周辺地域へと工業を流出させる方法がとられている。そして、この中心－周辺構造における中心から周辺地域への工業の拡大は、中心地を創出する「拠点方式」とも、大規模な交通網・情報網を構築する「大規模プロジェクト方式」とも区別されることになり、その工業が移転される周辺地域のことをゾーンと呼んだことから、「ゾーニング方式」と呼ばれることになった。

　ところで、この「工業再配置計画」が進む中で、それまでの国土計画には、重大な欠陥があることが指摘されるようになる。その欠陥とは、それまでの国土計画では周辺地域へと移転する工場が、製造の上流工程を請け負う工場や、末端部品を扱う製造工場のみに限られ、大企業の本社や主力工場などの移転が進まなかったことから、そうした下請け企業や中小企業の分散だけでは、地域の不均等発展が是正されるどころか、むしろ、地域格差を拡大させる要因になったことにある。そこで議論されたのは、地域格差の解消ためには、単純な地方に向けた生産拠点の移転だけではなく、企業の本社などの高次機能を備えた事業所の移転が必要なのではないかという問題であった。しかし、実際に、既存の企業の本社を、大都市から地方都市に移転させることは困難であり、そうした目的の地域政策を講じることは、経済的にも非常に非効率であったことから、その代わりに、新たな先端産業・企業を、地方都市の中から創出しようとする考えが議論されることになった。こうした背景を受けて制定されたのが、1983年の施行された「テクノポリス法」である。

　この「テクノポリス法」では、地方都市の多くが、新たな産業創出の場として選定され、その選定条件として、①既存の工業地域でないこと、②地域内の主要都市であること、③自然科学系の大学があること、④高度な技術を有する企業の集積があること、⑤高速道路などのインフラ整備が発達しているという5つの条件が設けられ、最終的に国内の26都市が、テクノポリスとして選定されることになった。また、この「テクノポリス法」の効果を増進させるために、1988年には「頭脳立地法」が制定された。この「頭脳立地法」は、テクノポリスに選定され

## 図2　テクノポリス法でテクノポリスに選定された25地域

た都市などに、関連する事業所サービスを集積させると同時に、ソフトウェアの開発や情報通信技術の導入などによって、それらのサービスの質を向上させることにより、地域産業の高度化を図ろうとした法律である。

　しかし、この「テクノポリス法」と「頭脳立地法」によって、高度な研究開発機能を有する企業が誕生したという報告はなく、また工業の地理的な分布の観点からも、地方都市で工業の著しい発展があったなど、統計的に目立った変化を確認することはできなかった。その理由として、最新の市場動向に関する情報や、先端技術を商品化する際に必要となる知識やノウハウが、東京や大阪、名古屋などの大都市に集中しているため、企業の頭脳部分を担う機関が地方に分散し難かったことが挙げられ（佐々木雅幸1991）、また26都市というターゲットの多さが災いし、民間企業や公的機関による投資の集中を妨げることになったことなどが挙げられる（本間義人1992）。これにより「テクノポリス法」と「頭脳立地法」は、長い国土計画の歴史の中でも、最も否定的な評価が多い政策の一つとされている（山崎朗1994）。

　この「テクノポリス法」と「頭脳立地法」が実施される一方で、1987年には、「第四次全国総合開発計画」が実施されることになる。これは当初、「多極分散型」

の国土構想を描いた計画とされたが、実質的には東京一極集中構造を容認し、東京以外の僅かな有力都市の存続に注力していこうとするものであった（佐々木雅幸1991）。その背景には、製造業の海外企業との熾烈なグローバル競争があり、そのグローバル競争において、国際都市としての東京の発展が望まれたことから、この国際都市東京の発展を抑制しない程度に、地域間の不均等発展を是正していこうとする目論見があった。

　このグローバル競争を意識した「第四次全国総合開発計画」は、日本の国土計画の転換点とされており、従来の国土の均等発展を目指す国土計画の在り方から、国の競争優位の確立を目指す国土計画への方針転換となった。つまり、それまでの国土計画は、大都市に集中する工業を地方へと分散するように促すことによって、都市と地方のバランスのとれた発展を目指す衡平主義を採用していたのに対し、この「第四次全国総合開発計画」では、工業部門のみならず、他の産業も大都市に集中させると同時に、インフラ設備投資や、その他の公共事業も大都市に集中させることによって、その恩恵を受けることができる企業数を最大化させるような、効率主義への転換点になったとされる（川上征雄2008）。

　しかし、この「第四次全国総合開発計画」が始動した数年後に、「多極分散法」（1988年）と「地方拠点法」（1992年）が制定されることになった。これらは、東京一極集中構造を容認した、「第四次全国総合開発計画」との政策的な一貫性を保つものではなく、むしろ地域間均等発展を目指す、衡平主義への政策的な回帰とする見方が強く、ここに国土計画における政策的な迷いが垣間見えてくる。つまり、「多極分散法」とは、経済活動の諸機能が、大都市圏に過度に集中することなく、他の地域にも適正に再配置され、それぞれの地域が有機的に連携することによって、それぞれの地域の特色・特性を活かせるような、多極分散型の国土形成を促進するものである。また、「地方拠点法」とは、地方の人口減少に伴って、地方の拠点となる主要都市の都市機能の増進と、居住環境の改善に向けた整備を行うことによって、地方定住の核となるような地域を作り、産業の地方分散を進めつつ、全国的な産業の適正配置を促進する法律である。したがって、「第四次全国総合開発計画」において、東京一極集中構造を容認したとはいっても、「多極分散法」と「地方拠点法」という地域格差を是正するための政策が、それを補完する形で実施されており、「第三次全国総合開発計画」までの国土計画と比較して、その政策的な方向性に曖昧さを感じさせる内容になっている。

この「第四次全国総合開発計画」に観られた政策的な迷いが未解決のまま、1998年に発表された「21世紀グランドデザイン」では、それまでとは異なる国土計画思想が現れることになる³。この「21世紀グランドデザイン」では、複数の地域を結び付ける地域間の相互連携の展開、各地域の有する諸機能の分散を進める地域連携軸の展開、グローバルな生産活動の波及効果を、広い地域に渡って拡大することのできる、広域国際交流圏の展開という、3つの展開が示されることになった。この3つの展開を達成する具体的な方途としては、移動交通網の更なる整備、異業種間交流の推進と、産学官の連携強化、大学の研究開発能力の向上、自然科学研究者の育成などが掲げられており、それらは「産業創出の風土の形成」という言葉によって要約されている。

　その一方で、この「21世紀グランドデザイン」においても、工業再配置政策の推進が掲げられており、「国土の均等ある発展」という文言が含まれることになった。その意味では、この「21世紀グランドデザイン」の実質的な内容は、「第四次全国総合開発計画」以前の、工業の地方分散という古い考え方への、政策的な回帰であるという側面が強い。その一方で、工業再配置政策では、大都市圏に立地している既存の産業を、地方に向けて移転させることを目指しているのではなく、都市に集中する資源を活用しながらも、地方経済の自律的な成長を促している点において、「テクノポリス法」や「頭脳立地法」で採用された方式と似てはいるが、具体的な政策として提示されなかった点については、政策的な消化不良が残る結果となった。

　以上のことから、日本の国土計画は、21世紀を目前にして、産業の地方分散から、産業の地方創出という、一応の転換点を迎えたことになる。この産業の地方創出の流れを強化するために登場したのが、2001年より開始された「産業クラスター計画」である。この「産業クラスター計画」は、2001年から2005年までを産業クラスターの立ち上げ期、2006年から2010年までを産業クラスターの成長期、2011年から2020年までを産業クラスターの自律的発展期とする20年計画である。ここで掲げられている方策とは、企業・大学・政府・金融機関の連携活動の促進、販路開拓活動の支援、国内広域連携活動の推進、海外展開活動の支援、産業人材

---

[3] この「21世紀グランドデザイン」の発表を機に、1999年に「テクノポリス法」は廃止され、続いて2001年に1962年の「全国総合開発計画」から続いていた「新産業都市」と「工業地域特別地区」の制度も廃止されている。

図3　日本の国土計画の変遷（国土交通省ＨＰ資料より筆者が作成）

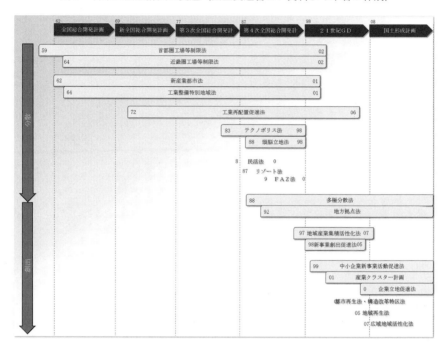

育成の補助などである[4]。

　ここで想定される産業クラスターには二種類あり、一つは先導的クラスターと呼ばれ、すでに国際的に競争力のある産業分野において、その技術力を格段に向上させることによって、そのグローバル市場における優位性を確立し、国の経済発展の推進力となることを目指すクラスターである。もう一つは、地域主導型クラスターと呼ばれるものであり、これは国が企業立地を支援していくことによって、地域経済を支える産業を創出し、雇用と所得を増やしていくことによって、地域経済を維持していくことを目指すクラスターである。したがって、この「産業クラスター計画」においても、「国土の均等ある発展」という衡平主義思想が反映されており、それは産業の地方分散によるものではなく、産業の地方創出によって、地域間格差を是正していこうとするものである[5]。

---

[4] これに関連して、2007年には「企業立地促進法」が施行され、これは地方の特色を生かしながら、各自治体が産業集積を実現するために基本計画を策定し、国がその計画に対して支援を行う事業である。

ところで、この「産業クラスター計画」が開始される数年前から、国内における「産業の空洞化」が問題となっており、これに対処するために、産業を創出することを目指して、1998年に「新事業創出促進法」が施行され、続いて1999年に、「中小企業新事業活動促進法」が制定されている。これは、新たな事業の創出を促進するため、個人や企業による創業を支援する法律であり、特に、中小企業が有する高度な技術にもとづいた創業と、地域の産業資源を有効活用した創業に、政策的なスポットライトを当てた法律である。

また、これと併せて、「地域産業集積活性化法」が1997年に施行されており、基幹産業を支えている部品、金型、試作品等を製造する中小製造企業や、企業城下町の地域経済の発展基盤である中小企業の集積の活性化を図り、地域産業の自立的発展を促している。これらの法律はいずれも、産業クラスターを形成する中小企業の活動支援を対象としたものであり、かつ、地方の産業基盤の下支えをすることを目的としていることから、「産業クラスター計画」と同様、産業の地方創出を支援する政策理念に則ったものであるといえる。

## 現在の国土計画

本章ではこれまで、産業の地域分散から産業の地方創出までの、国土計画の変遷について概観してきたが、近年、この国土計画に第3の波ともいうべき変化が起こっている。その変化とは、地方の更なる人口減少・少子高齢化や、地方自治体の消滅の危機を受けて、2008年に閣議決定された、「国土形成計画」によりもたらされた変化である。

この「国土形成計画」で特徴的な点は、国土を8つのブロックに分割して、それぞれのブロックが、自立的かつ持続的に発展することができるように、それぞれのブロックが、独自の地域政策・経済政策を策定し、国がそれを支援する方式がとられている点にある。このブロックとは、端的に言えば、道州制を想定するときの、道または州に相当する地域単位であり、都道府県という、比較的小単位での地域計画から、ブロックという広域に渡る地域単位において、その独自の地域計画を策定していくという点では、従来の国土計画のアプローチとは大きく異

---

5 日本の産業クラスター政策については、石倉ほか（2003）が詳しい。また山崎編（2002）は、アメリカ、フィンランド、中国の産業クラスターを比較しながら、日本の産業クラスター戦略を構想している。

なっている。

　また、この「国土形成計画」では、「国土の均等ある発展」の文言が含まれているものの、都道府県などの小単位の地域を一様に扱うのではなく、複数の都道府県によって構成されるブロックの中に、その中心地となる地域または都市を設けて、その中心地を主軸としながら、ブロック全体の発展を展望していこうとしている。そして、地方における経済発展の中心となるのは、ブロックの中心地となる都市と、その僅かな周辺地域に限定されており、その他の地域の経済発展については、具体的な目標が掲げられていないことから、全ての地域が一様に発展していくという地域間均等発展の理念は、この「国土形成計画」においては、国土計画の中心的なテーマから、事実上切り離されたことになる。この「国土形成計画」によってもたらされた変化は、2014年に国土交通省により公表された「国土のグランドデザイン2050」に反映され、この「国土のグランドデザイン2050」は、実質的に「第五次全国総合開発計画」として、今後の数十年の日本国土計画を決定する内容になっている。

　それでは、この「国土のグランドデザイン2050」には、「国土形成計画」のどのような思想・方針が反映され、またその計画には、どのような特徴があるのだろうか。まず、この国土計画を要約するキーワードとして、「コンパクト＋ネットワーク」というキーワードを挙げることができる。この「コンパクト」とは、生産に関わる諸機能や、衣食住の質を向上させる要素、都市型のインフラ設備などを、ブロックの中心となる地域に集中させることによって、それらに対するアクセスと、利便性を改善しようとする意図がある。したがって、この「コンパクト」とは、国土計画に利用される投資の効果の最大化を目指すものであり、経済活動が「コンパクト」に集中する地域については、その投資効果を、最大限に発揮させることができるようになる。

　その一方で、その他の地域については、投資の非効率性から、著しく投資を失うことになり、中心地域の発展の犠牲になる可能性がある。その意味では、衡平主義よりも、効率主義の政策理念の方が、この「国土のグランドデザイン2050」に色濃く反映されているといえる。ところで、この効率主義は、地方の各ブロックに対して、平等に適用されていることになり、これまでの大都市圏のみを想定した効率主義とは明らかに異なる。つまり、各ブロックが平等に扱われているという点では、ブロック間の扱いには衡平主義が採用されており、この「国土のグ

ランドデザイン2050」における政策理念は、衡平主義と効率主義の、どちらか一方のみを強調するものではなく、それらの中間に位置するものであり、それらの折衷主義であると考える方が相応しいかもしれない。

次に、「コンパクト＋ネットワーク」の「ネットワーク」という意味ついて、まず「ネットワーク」で結ばれる主体とは、各ブロックの中心地域であり、もしくは各ブロック内の中心地域と周辺地域である。そして、この「ネットワーク」を通して流れるものとは、モノ・ヒト・カネであり、具体的には、種々の取引によって流れる財・サービスや投融資を想定している。また、ここで意図する「ネットワーク」とは、様々な取引ネットワークのことであり、それは地域と地域の中心地とを結ぶネットワークや、地域内の主体間のネットワークを意味する。この「ネットワーク」の意義を一言でいえば、中心地域と周辺地域を結ぶネットワーク、大都市と地方都市を結ぶネットワークを発展させることにより、国土全体で集積経済を発揮させつつ、雇用と所得を地方に分散させることにある。そして、そのネットワークは特定の構造を有するものであり、地域間の取引関係に焦点を当てた地域間取引ネットワークという、「地域構造」を想定したものであることから、この「国土のグランドデザイン2050」において、初めて国土計画に、「地域構造」という視点が導入されたことになる。

この「国土のグランドデザイン2050」では、その「目指すべき国土の姿」として、特定のネットワーク構造の構築を提示している。そのネットワーク構造とは、東京圏・名古屋圏・大阪圏という三大都市圏を中心とした、すでに重層的かつ高密度に発達した三大都市圏のネットワークを基礎として、その三大都市圏間を結ぶような、地域間取引ネットワークを発展させたネットワークである。この三大都市圏を結ぶ地域間取引ネットワークのことを、このグランドデザインでは、「スーパーメガリージョン」と呼び、その目指される地域構造の中心地域として発展することが期待されている。

また、この「国土のグランドデザイン2050」では、この「スーパーメガリージョン」を構成する大都市とは対照的に、地方には依然として有力な地方都市があり、その都市を中心とした地方都市圏の中に、比較的小規模な地域間取引ネットワークが広がっていることを想定している。例えば、その小規模な地域間取引ネットワークの中心都市とは、仙台や福岡などの地方の有力都市であり、それぞれが独立して形成した都市圏の中に、その主要産業に応じて発達した、独特な地域

間取引ネットワークを形成していることを想定している。そして、この地方で発達した地域間取引ネットワークとは、「スーパーメガリージョン」を構成する三大都市圏とは独立した、固有の地域構造を有するものであり、生産に関わる取引関係を、域内で完結することができるような地域間取引ネットワークになる。

　この「国土のグランドデザイン2050」では、そうした仙台や福岡などの、地方都市圏に存在する地域間取引ネットワークと、3大都市圏で構成される「スーパーメガリージョン」とを、広域的な地域間取引ネットワークで連結させることにより、日本全土を覆うような巨大な地域間取引ネットワークの形成を目指している。そして、各都市圏において創出された資金と、各都市に分布している資源を、その巨大地域間取引ネットワークを介することによって循環させ、日本全土に行き渡らせることを目指している。したがって、この「国土のグランドデザイン2050」では、各都市を「コンパクト」にまとめ、それらを「ネットワーク」によって繋げることにより、都市間での資金と資源の対流を生み出し、主要都市を中心とする、地域の経済活動の活性化を図ることを目指している。

　以上が、日本におけるこれまでの国土計画の歴史と、近年の国土計画の内容についての紹介である。次に、これを踏まえた上で、本書の研究課題の設定をおこなっていくことになるが、その前に、この「国土のグランドデザイン2050」で強調されている、ネットワークによる地域構造の捉え方について、関連する学術研究を簡単に紹介しておくことにしたい。このネットワークによる地域構造の捉え方については、日本の経済地理学会における長い歴史があり、その内容について振り返りながら、本書が扱う「地域構造」の意味について明らかにすると同時に、本書の内容の学術的な位置づけを明らかにしておきたい。

## 日本における「地域構造論」の発展

　「国土のグランドデザイン2050」によって、国土計画に初めて「ネットワーク」という視点が取り入れられることになった。この国土を「ネットワーク」という観点から捉えるアプローチは、日本の経済地理学会では、すでに長い間議論され、利用されてきたアプローチである。そこで、この地域を「ネットワーク」で捉えるというアプローチが、経済地理学の分野において、どのように発展してきたのかについて簡単に振り返ることにより、本書の内容の学術的な位置づけを明らか

表1　日本における「地域構造論」の4類型

|  |  | 研究される主体 | |
|---|---|---|---|
|  |  | 企業・産業 | 政府・政策 |
| 研究の視点 | 地域個別的 | 地域経済論 | 地域政策論 |
|  | 地域横断的 | 産業配置論 | 国土利用論 |

にしておきたい[6]。

　本書のタイトルにも含まれている地域構造という言葉は、日本の経済地理学会では、独特な意味で用いられている。その理由は、戦後日本の高度経済成長期に生じた様々な問題に対処するために、経済地理学会では、「地域構造論」という学術分野が開拓され、地域構造といえば、必然的にこの「地域構造論」で扱われる、地域構造を意味することになるからである。この「地域構造論」に関して蓄積された研究成果は、矢田（1990）によってまとめられているが、そこで「地域構造論」は、大きく「産業配置論」、「地域経済論」、「国土利用論」、「地域政策論」の4つの分野に分類されている。

　第一に、「地域構造論」の「産業配置論」における研究対象は、企業の生産過程の空間的分業のネットワークであり、それは、企業の諸部門・諸機能の空間的な配置のメカニズムを解明しようとする分野になる。この空間的分業のネットワークは、地域構造の基盤を規定するものであり、その空間的分業のネットワーク構造にもとづきながら、地域間の産業連関や地域間構造を明らかにしようとする立場になる。

　第二に、「地域経済論」の研究対象は、行政区画によって定められた地域内の企業活動であり、地域内で独自に発達した産業活動のメカニズムを解明しようとする研究である。この分野は、地域横断的な空間的分業ネットワークを前提とし

---

[6] 本書は複雑系ネットワークの分析に特化したものではないが、本書の内容から明らかになる通り、地域間取引ネットワークの構造は、複雑系ネットワークの特徴である、スモールワールド性とスケールフリー性を有するものになる。この複雑系ネットワークの分析は、近年、多くの分野でその関心を集めているものであり、例えば、社会学（Crossley 2008, Borgatti et al. 2009）、オペレーションズリサーチ（Alderson 2008）、交通システム（Mathis 2003）、都市構造と階級（Batty 2008, Ducruet and Lugo 2013）の分野で応用されている。また、経済地理学者も、近年特に、社会ネットワーク分析に応用について関心があり、その可能性について言及している出版物も増えてきている（Grabher 2006, Ter Wal and Boschma 2009, Radil et al. 2010）。したがって、本書は、日本の地域構造の研究において、社会ネットワーク分析の手法を応用した初めての実証研究であり、その点においても経済地理学研究に貢献できるものと考えている。

た上で、その分業の一端を担う地域が、その分業による製造活動をどのように支え、その製造活動が、その地域に対してどのような影響を与えているのかという、域内メカニズムを解明しようとする分野になる。

ここで「産業配置論」が、地域横断的な水平方向に拡がるネットワークを研究対象にすれば、「地域経済論」は、そのネットワークを構成する点としての地域を研究対象とし、その地域内において、どのような域内メカニズムが働いているのかについて探求する、垂直方向の研究分野であるといえる。また「産業配置論」が、最適な空間的分業という企業の論理を探求するのに対し、「地域経済論」では、その空間的分業を支える経済的、制度的、文化的、政治的な要因も探求するという点で、それらは互いに補完し合う関係であることになる。

第三に、「地域政策論」の研究対象は、地域間の不均等発展を防ぐことを目的とした地域政策であり、如何にして経済の均等発展を実現することができるかについて研究する分野になる。ここで、地域間の不均等発展を引き起こす要因とは、企業の空間的分業ネットワークの地理的な拡がりであり、そのネットワークが空間的に不均等に拡がることによって、地域間格差が生じることになる。さらにそれは、雇用の地理的な分布を決定づけ、人口と所得の分布に影響を与え、地方の財政難や様々な地域間格差を生むことになると考える。これに対して、国または地方政府は、企業の合理的な活動に対して、一定の介入をすることが求められるようになり、如何にして地域格差を是正することが可能になり、またどのような方法で、どれだけ是正されるべきなのかについて議論するのが、この「地域政策論」の研究課題であるといえる。

第四に、「国土利用論」では、企業活動と地域活動の相互依存活動に伴って現れる、社会的・経済的な諸問題を研究対象としている。しかし、ここで想定されている諸問題とは、日本の高度成長に伴って生じた、大気汚染や水質汚染などの、様々な公害である場合が多い。しかし、現在に至っては、そうした問題はそれほど大きな社会問題とはなっていないことから、現代社会において問われる「国土利用論」の意義は、他の3つと比較して、必ずしも大きいとはいえない。

これまで、日本の経済地理学会において発展してきた、「地域構造論」の研究について概観してきたが、この「地域構造論」の主軸となっているものは、企業の生産活動において展開される空間的分業と、その空間的分業によって地理的に拡がる生産過程のネットワークである。つまり、この「地域構造論」の構造とい

う言葉の背景には、常に、生産過程のネットワーク構造が前提とされており、このネットワーク構造の解明がなければ、「産業配置論」のみならず、「地域経済論」、「国土利用論」、「地域政策論」の研究を十分に進めることができなくなってしまう。したがって、「地域構造論」を研究していく上で、生産過程のネットワーク構造の解明は、避けては通ることのできない、中心的な研究対象の一つであるといえる。

しかし、これまでに、地域間取引ネットワークのような、広域的に拡がるネットワークの構造を捉えた研究はなく、この「地域構造論」、特に「産業配置論」については、その学術的な枠組みだけを提供するだけで、その内容を埋めるだけの研究成果を出すことができてこなかった。これに対して、本書で扱う内容は、この「地域構造論」において、初めて実証的に、地域の経済活動を結ぶネットワークの構造を明らかにするものであり、この「地域構造論」の研究においても、その学術的な意義は小さくないといえる[7]。

したがって、本書で意図する「地域構造」とは、主として「産業配置論」で扱われるような、空間的分業の地域間取引ネットワークのことである。そして、この地域間取引ネットワークを形成する主体は製造企業であり、またその空間的な範囲は、47都道府県に渡って地域横断的であることになる。これにより、本書で研究対象となるのは、必然的に地域間取引ネットワークを形成する主体である製造企業になり、また、その分析範囲は特定の地域に限らず、日本の国土全体を扱うことになる。その反面、「地域経済論」で扱うような、特定の地域内の経済的、制度的、文化的、政治的な要因が研究の主題となることはなく、また「地域政策論」や「国土利用論」などのように、政府の視点から、地域にまつわる様々な問題を扱うこともしない。この点については、本書の「地域構造」の概念は、「地域構造論」で扱うほど広くなく、地域間取引ネットワークという限定的なものになることについては、予め留意してもらいたい。

次節では、本書のこうした学術的な意義を踏まえながら、「国土のグランドデザイン2050」に関わる研究課題について、その詳細を説明していくことにする。また、その研究課題に取り組んでいくために、本書ではどのような分析を行っていくのかについて、大きく工業立地分析と地域間取引ネットワーク分析の2つの

---

[7] 地域構造論については、矢田編（2005）が詳しい。また松原編（2003）による、地域構造と国際比較の研究などがある一方で、柳井編（2004）では、この「地域構造論」を「経済空間論」として発展させている。

分析を区別しながら、本書の研究テーマについて説明していくことにする。

## 研究課題の設定

　本章の前半で紹介した、「国土のグランドデザイン2050」について現実的に考えるとき、次のような疑問が生じることになる。その最初の疑問とは、地域間取引ネットワークは、地理的にどのように分布しているのかという疑問である。これまでの様々な研究成果の中で、日本の地域間取引ネットワークの実態が明らかにされたことはなく、仮にモノ・ヒト・カネの流れを捉えた地域間取引ネットワークと呼びうるものがあったとしても、それがどの地域において、どの程度存在しているのかは定かではない。また、そのネットワークが空間的にどれだけ広く、その密度はどれだけ高いもので、個々のネットワークの間に、どれほど地域間の差があるのかについても、これまでそれを明らかにした研究はない。そこで、この「国土のグランドデザイン2050」が想定する地域間取引ネットワークとは、そもそもどのようなものであるのかという疑問が生じることになる。

　次の疑問は、地域間取引ネットワークの発展と進化に関する疑問であり、日本の地域間取引ネットワーク構造は、これまでどのように発展し、また今後どのように発展するのかという、ネットワークの変化の傾向性が疑問となる。地域構造をネットワークという側面から捉えるとき、日本の地域間取引ネットワークは、現在どのような様相を呈し、また現在に至るまで、そのネットワークはどのように発展・進化してきたのであろうか。この過去から現在に至るネットワークの変動は、今後の地域間取引ネットワークの発展について考えていく上で、非常に有用な参考情報になるに違いない。

　したがって、「国土のグランドデザイン2050」について考えていく上で、日本の地域間取引ネットワークは、現在どのような様相をしているのかという疑問と、また、その日本の地域間取引ネットワークは、どのようなメカニズムに従って進化するのかという疑問が、浮かび上がってくることになる。

　さらに、その2つの疑問に答えていく上で、製造企業の地理的な分布について明らかにすることも重要になる。なぜなら、地域間取引ネットワークを形成している主体は、各地域で生産工程の一部を担う製造企業であり、地域間取引ネットワークの地理的な拡がりは、必然的に、その製造企業の地理的分布に影響を受け

ることになるからである。したがって、それら2つの疑問について答えていく上で、補足的に、その地域間取引ネットワーク構造を形成する主体である企業が、地理的にどのように分布し、また、その地理的な分布が、地域間取引ネットワークの構造的な変化に、どのような影響をもたらしてきたのかという点についても明らかにする必要がある。

さらに、地域間取引ネットワークについて研究していく上で、最も深刻な問題は、如何にして地域間取引ネットワークの構造を表現するかという問題である。地域間取引ネットワークについて分析する際、多くのネットワーク図を利用することになるが、そのネットワークを構成する点の数は、都道府県の数と同じ47個になり、その47個の点によって構成されるネットワーク図は、政策的な議論に利用する際に、その解釈が困難になってしまうほど複雑なものになってしまう。そこで、地域間取引ネットワークの構造を、煩雑なネットワーク図としてではなく、より簡易的かつ要約的に、どのように表すことができるのかが問題になる。

以上の補足的な問題も含めて、本書で取り扱う問題を4つに整理すれば、①日本国土における企業と家計の地理的な分布はどのようになっているのか、また、②日本の地域間取引ネットワーク構造はどのようになっているのか、さらに、③その日本の地域間取引ネットワーク構造はどのように進化するのか、そして、④その地域間取引ネットワーク構造はどのように表現することができるのかという、4つの問題に整理することができる。

もし、こうした疑問について答えることができるならば、「国土のグランドデザイン2050」の現実性・有効性・操作性について議論することができるようになるだけではなく、その実現のために、立地政策やインフラ整備に向けた投資などによって、どのようにその地域間取引ネットワークを調整・発展させればよいのかについて、必要な情報を得ることができるようになるかもしれない。そして、この地域間取引ネットワーク構造の解明は、少なくとも「国土のグランドデザイン2050」について、検討・評価していく上で必要不可欠なことであり、地域間取引ネットワーク構造の解明抜きでは、「国土のグランドデザイン2050」だけでなく、ネットワークという発想にもとづく国土計画を描くことも困難になるに違いない。

そこで本書では、その地域間取引ネットワーク構造の解明に取り組んでいくことにする。それに向けた分析として、本書で紹介する分析結果は、大きく2つに分けることができる。その2つとは、製造工場の立地要因の分析と製造品の地域

間取引ネットワークの分析の2つである。これについて以下に詳しく説明していくことにする。

## 立地要因の分析

本書では、製造品の地域間取引ネットワークの分析を始める前に、製造工場の立地選択理由について分析していくことにする。製造品の売買取引は、企業と家計によって行われることから、その製造品の地域間取引ネットワークの地理的な拡がりは、その企業と家計の地理的な分布に依存することになる。ここで、家計は地理的に自由に行動するというよりも、むしろ企業が生み出す雇用に従って行動し、企業は家計が生み出す需要に近接して立地しようとすることから、企業の地理的な分布が明らかになれば、家計の地理的な分布も自ずと明らかになってくる。そこで、本書においては、企業の地理的な分布に焦点を当てて分析することにする。また、本書においては、特に、製造品の地域間取引ネットワークを分析することを目的としていることから、製造企業が新設した製造工場の地理的な分布に焦点を当て、それ以外の産業の立地行動については扱わないものとする。

また、地域間取引ネットワークとはいっても、その実態は絶えず生まれ変わりながら、刻々と変化し続けていることになる。その継続的な変化をもたらしている主体とは、製造企業の有する製造工場であり、特定の地域に新たに製造工場が新設され、その取引関係を地理的に変化させることにより、地域間取引ネットワークは変化していくことになる。したがって、地域間取引ネットワークと一言でいっても、その製造工場の立地行動と、その結果として現れる製造工場の地理的な分布に応じて、地域間取引ネットワーク構造には、頑健な部分と脆弱な部分とが現れることになる。

換言すれば、地域特有の地理的な利点の有無によって、他の地域よりも、より多くの製造工場の立地を呼び込める地域があるとき、工場立地が集中する地域ほど、その地域を軸とする地域間取引ネットワークが拡がりや易くなると同時に、その地域においては、地域間取引ネットワークはより頑健になることが予想される。その一方で、多くの製造工場を呼び込むことができない地域は、地域間取引ネットワークを構成する点の数が少なくなると同時に、地域間取引ネットワークの脆弱な部分を構成することが予想される。つまり、より製造工場の立地件数が

多い地域ほど、地域間取引ネットワークの中心地になり易く、逆に立地件数が少ない地域ほど、地域間取引ネットワークの周辺地域になり易いことになる。

　したがって、製造工場の立地件数は、地域間取引ネットワークの頑健な部分と脆弱な部分を明らかにしていく上で、非常に重要な手がかりを与えてくれることになる。そこで、各地域の立地件数の多さを、本書では立地モーメントと呼ぶことにし、立地件数が多い地域のことを、立地モーメントが強い地域と表現する一方で、立地件数が少ない地域のことを、立地モーメントが弱い地域と表現することにする。

　この立地モーメントが強い地域では、それだけ多くの製造工場の立地を招くことができ、その地域に新規の製造工場の立地が継続する限り、その他の地域との取引関係が維持され易くなることから、その地域を基軸にした地域間取引ネットワークは、他の地域よりも頑健性が保たれることが予想できる。これに対して、この立地モーメントが弱い地域では、立地件数が他の地域よりも少ないことから、その地域からの製造品の出荷や、部品や装置などの入荷も少なくなり、地域間取引ネットワークを構成し難い地域であることが予想できる。その意味において、この立地モーメントの強さが、地域間取引ネットワーク構造を分析していく上で、非常に重要な手がかりとなる。

　ところで、この新規の製造工場の立地による地域間取引ネットワークの形成には、大きく2種類あることが想定される。一つ目のネットワーク形成の仕方は、個々の企業が土地費用や市場への輸送費用などの、費用最小化の観点から最適な立地地点を選択し、その立地地点から地域間取引ネットワークを形成する場合である。この場合、地域間取引ネットワークの形成は、その立地選択において最優先される立地要因ではなく、取引ネットワークは立地選択の後、後付けで形成されることになる。

　この企業内もしくは企業間の取引関係を、その立地選択において最優先としない企業にとっては、取引関係を優先する企業よりも、その取引ネットワークの形成は、より機会的なものになる可能性が高くなり、その取引先となる相手先の販売力や、技術力の優位性、売買価格の違いなどの、偶発的な機会によって、現れては消え、消えては現れるものになりがちになることが予想される。その意味では、そのような企業の取引関係は脆弱なものになり易く、地域間取引ネットワークの安定性について考えるとき、その取引関係の継続性と強度の両方について、比較

的弱いものになるに違いない。

　もう一つのネットワーク形成の仕方は、新規の製造工場が、企業内もしくは企業間の取引ネットワークの存在に引き寄せられて立地選択をするとき、新規の工業立地が、既存の地域間取引ネットワークを補完するようになる場合である。この場合、すでに存在する地域間取引ネットワークに引き寄せられて、新規の製造工場が立地することになるため、工業立地が、地域間取引ネットワークの構造を強化することになる。そして、その強化された地域間取引ネットワークは、新たな製造工場の立地を呼び込むことになり、地域間取引ネットワークは累積的に強化され、進化していくことになる。この場合のネットワーク形成の仕方では、新規の工業立地が、既存の地域間取引ネットワークを補完するように働くことから、この取引ネットワークを依存した立地選択による製造工場の立地のことを、ネットワーク補完型の立地と呼ぶことにする。

　このネットワーク補完型の立地の場合には、新規に立地した製造工場が地域間取引ネットワークを形成する主体になることから、地域間取引ネットワークに対する関与が強いだけでなく、同時に、長期的に地域間取引ネットワークを地理的に拡大したり、その構造を変革したりする主体と成り得る。そして、その新規に立地した製造工場が、地域に雇用と所得を再分配するとき、その所得の受け皿となる製造以外の産業の発展や、局所的な人口集中を招くことから、地域構造を決定づける原動力となりうる。

　さらに、このネットワーク補完型の立地について、そのネットワークが企業内ネットワークを意味するのか、企業間ネットワークを意味するのかについても区別することができる。つまり、同じ取引関係とはいっても、それが企業内取引関係を意味するのか、企業間取引関係を意味するのかの違いが生じ、同じネットワーク補完型の立地であっても、その意味は大きく異なることになる。なぜなら、企業内ネットワークは、企業間ネットワークと比較して、より安定的であり、より企業の経済的合理性を反映するものだからである。そして、地域間取引ネットワークが、企業内ネットワークを基軸として形成されているのであれば、地域間取引ネットワークの頑健性は高まり、その地域間取引ネットワークは、その企業内ネットワークを展開している企業の生産組織の地理的展開に従った、より中央集権的なものになるに違いない。

　そこで、この企業内ネットワークの地理的な展開について、新規製造工場の立

地選択行動の観点と、本社－製造工場のネットワーク展開の観点という、2つの観点から分析していくことが必要になる。まず立地選択行動については、『工場立地動向調査』の調査結果から、企業内組織の集中を重視した製造工場の立地パターンを分析し、ネットワーク補完型の立地の中でも、この企業内ネットワークの依存した各地域の立地モーメントについて分析していくことにする。そして、本社－製造工場のネットワークについては、同調査結果から、各地域に立地した製造工場と、その製造工場を有する本社の立地地点とを、空間的に比較することにより、本社－製造工場の生産組織が、地理的にどのように展開されているのかについて分析していくことにする。

　このネットワーク補完型の立地モーメントを明らかにしていくことによって、製造活動の地理的な分布について明らかにすることができるだけでなく、そのネットワーク補完型の立地モーメントが強い地域を明らかにすることによって、その後で分析する地域間取引ネットワークが、どの地域でどれだけ発達していることが期待されるのか、またそのネットワークの中心性が高い地域とは、どのような地域である可能性が高いのかについて、その分析の根拠を得ることができるようになる。よって、このネットワーク補完型の立地モーメントの分析結果は、ネットワークが累積的に発達する地域を特定する際に参考にすることができ、その後の地域間取引ネットワークの分析における、予備的な分析となる側面もある。

### 地域間取引ネットワークの分析

　ネットワーク補完型の立地モーメントの分析の後は、その結果にもとづきながら、地域間取引ネットワークの構造について分析していく。ここで期待される結果とは、ネットワーク補完型の立地モーメントの強い地域において、地域間取引ネットワークも企業ネットワークも発達し易いという傾向性である。また、ネットワーク補完型の立地モーメントの強い地域ほど、その地域間取引ネットワークの密度も高くなり、全体のネットワークにおける中心性も高くなることが予想される。そして、この点に注意しながら、日本の地域間取引ネットワークの構造について明らかにすることにより、4つの疑問の一つである、②日本の地域間取引ネットワーク構造はどのようになっているのか、という疑問に対して答えていくことにする。

また、分析対象となるネットワークは、地域間取引ネットワークと企業ネットワークの2種類に分けることができ、地域間取引ネットワークの分析については、製造業における部材・部品・装置・完成品などの物流の流れにもとづきながら、1975年と1990年、2010年という3つの期間に分けて分析することにより、日本の地域間取引ネットワーク構造が、過去40年に渡って、どのように進化してきたのか、またそのネットワークの現状は、どのような状態になっているのかについて明らかにしていくことにする。これにより、③日本の地域間取引ネットワーク構造はどのように進化するのかという、その進化のメカニズムの疑問に対して、一定の回答を得るつもりである。

　さらに、企業ネットワークについては、企業内取引ネットワークの観点から、本社と製造工場の立地地点について分析し、その企業内取引ネットワークが、地理的にどのように拡がっているのかについて分析する。この企業ネットワークについても、時系列的な比較をしながら、②日本の地域間取引ネットワーク構造はどのようになっているのか、そして、③その日本の地域間取引ネットワーク構造はどのように進化するのかという疑問について検討していくことにする。

　この地域間取引ネットワークの構造に加えて、企業ネットワークの構造についても分析する理由は、地域間取引ネットワークの構造を決定することができるのは、地域をいう枠組みを超えて、その生産組織を展開することのできる大企業である可能性が高いという考えにもとづいている。つまり、地域間取引ネットワークの形成過程において、大企業が築いた企業ネットワークの拡がりと、それに付随して展開される関連企業のネットワークの拡がりに順応する形で、下請け企業などの中小企業が発達をするというのが一般的な見方である。すると、地域間取引ネットワークの形成過程において、最も重要な役割を果たすのは、ネットワークの骨組みを形成する大企業と関連企業であり、大企業と関連企業が形成したネットワークの骨組みに肉付けをするのが、下請け企業である中小企業の役割であることになる。

　そして、もし大企業の敷いた企業ネットワークの線が、物流の流動量による地域間取引ネットワークの構造とオーバーラップするようなことがあれば、地域間取引ネットワーク構造を決定する主体者とは、大企業であるということができ、地域間取引ネットワークの形成は、個々の大企業の論理によって大きく影響を受けると考えることができる。そして、地域間取引ネットワーク構造が、大企業の

立地展開に依存することが分かれば、「国土のグランドデザイン2050」で掲げられた国土計画とは、企業の合理性に大きく影響を受けるものになり、そのビジョンや政策手段、有効範囲も、大企業の論理に影響を受けることになる。

　さらに、この大企業によるネットワーク展開に加えて、地域間取引ネットワークの地域性の観点から、製造工場の移転元地域と移転先地域の関係についても分析していくことにする。製造工場は地域間取引ネットワークを構成する主体であるが、この移転元地域と移転先地域の関係について把握することにより、製造工場がどれだけその地域と、その地域における取引ネットワークに依存し、その行動範囲が制限されるのかを知る手がかりとなる。また、この取引ネットワークの制約が強ければ強いほど、地域間取引ネットワークはより強固なものであると判断することができ、その制約が弱ければ弱いほど、地域間ネットワークは脆弱なものになり、製造工場の移転の頻度に応じて、移り変わり易いものであると判断することができる。

　さらに、複数の大都市圏または地方都市圏の地域間取引ネットワークがあるとき、製造工場がその取引ネットワーク上を、どれだけ移動することが可能なのかについて判断する根拠を得ることなり、これにより地域間取引ネットワークを構成する製造工場が、その個々の地域で発祥した企業によって構成されるものなのか、もしくは異なる地域で発祥した企業が、フットルースに移動することによって構成されるものなのかについても知る手がかりとなる。

　特に、経済地理学では、地域ごとの生産活動の多様性を強調しており、その多様性が生じる要因を、その地域に固有な社会的要因や、文化的・制度的な要因に求めようとする。そして、地域間取引ネットワークを構成する製造工場が、地域に根差した主体であるのか、もしくは地域とは無関係に活動する主体であるのかという問題は、その地域間取引ネットワークを構成する製造工場と地域間取引ネットワーク全体の地域性について、重要な示唆を与えてくれるに違いない。その意味において、地域間取引ネットワークを構成する企業の地域性の分析は重要なことであり、その企業の地域性という質的な側面を分析することは、地域間取引ネットワーク全体の質的な側面を分析することに繋がり、その学術的な意義は決して小さくはないに違いない。

## 地域間取引ネットワークの区別

これまで地域間取引ネットワークについて、そのネットワークの拡がりの大きさ、ネットワークの線の質の違い、ネットワークの点の地域性という、3つの観点から分析することについて述べてきたが、これらの分析は、すべて取引ネットワークに関する分析であり、その取引ネットワークの分析については、①大都市圏内のネットワーク、②大都市圏間のネットワーク、③大都市と地方都市間のネットワーク、④地方都市圏内のネットワークという、4種類のネットワークに区別して分析することにする。

まず「国土のグランドデザイン2050」において、その中心的な役割を果たす取引ネットワークとは、主要工場地域である東京、名古屋、大阪という3大都市圏内のネットワークである。つまり、これらの3大都市圏では、製造業の取引ネットワークの規模も密度も、国内では最大級のものであり、この3大都市圏における地域間取引ネットワークが脆弱なものであれば、「ネットワーク」による国土計画を描くことは困難になってしまうであろう。そこで、地域間取引ネットワークの構造において、①大都市圏内のネットワークの頑健性が、最初に精査すべき分析対象となる。

その次に分析対象として重要になるのは、「国土のグランドデザイン2050」において掲げられている、スーパーメガリージョンの存在である。このスーパーメガリージョンの存在を確認するためには、①大都市圏内のネットワークの発達に加えて、東京、名古屋、大阪という3大都市圏を、強固かつ重層的に結ぶ取引ネットワークの存在が不可欠になる。そこで、②大都市圏間のネットワークの存在と、その発達の度合いについて検証していくことが、今後の国土計画を占っていく上で重要になる。

次に、「国土のグランドデザイン2050」では、3大都市圏によって構成されるスーパーメガリージョンと、スーパーメガリージョンには含まれない地方都市圏を、ネットワークによって連結させることにより、その地方都市で必要な資源を、大都市圏からの供給によって賄っていくことが想定されている。そこで、この①大都市圏内のネットワークと、②大都市圏間のネットワークによって形成されたスーパーメガリージョンが、地域間取引ネットワークによって、どれだけ地方都市圏を取り込むことに成功しているのかが重要になる。これについて検証してい

くために、③大都市圏と地方都市圏のネットワークの発達の度合いについても分析していくことにする。

　最後に、「国土のグランドデザイン2050」のキーワードとなっている「コンパクト」とは、主に、地方都市における都市機能と諸々の経済活動を、空間的に集中させることによって、民間や公的機関などの投資効率の改善を謳ったものである。つまり、地方都市では人口密度が低く、製造企業が地理的に分散して活動していることから、土地単位当たりの公共投資の効率性と生産性が低くなる傾向にある。そこで、それを回避するために、「コンパクトシティ」などの発想から、地方における広域的な取引ネットワークの発達よりも、その取引ネットワークを、局所的に集中させることを念頭においている。そこで、④地方都市圏内のネットワークについて分析することにより、その地方における広域的な取引ネットワークの実態について把握し、この「コンパクトシティ」の実効性が、どれだけ現実的なものなのかについて検討していくことにする。

　以上のことから、この「国土のグランドデザイン2050」は、複数の種類の地域間取引ネットワークを連結させ、積み重ねていくことによって、日本全土を覆うような巨大な地域間取引ネットワークの形成を目指していることが分かる。ここで、その巨大な地域間取引ネットワークは、次の4種類の地域間取引ネットワークにより構成されており、それは、

① 大都市圏内のネットワーク
② 大都市圏間のネットワーク
③ 大都市圏と地方都市圏のネットワーク
④ 地方都市圏内のネットワーク

の4種類になる。本書の分析において、ネットワークという言葉が度々出てくることになるが、一言でネットワークといっても、日本の地域構造におけるネットワークは少なくともこの4種類に分けることができることから、必要に応じてこれらのネットワークを区別して扱うことにし、可能な限り議論に曖昧さが残ることを回避することにする。

　本書の最後では、これまでの3つの研究課題に対する回答を踏まえた上で、4種類のネットワークを区別しながら、④その地域間取引ネットワーク構造はどのように表現することができるのか、という疑問に対して答えていくことにする。

この地域間取引ネットワークは、日本全土に拡がる取引ネットワークのことであり、そのネットワーク構造は、本書の分析結果を踏まえたものになる。そして、この地域間取引ネットワークを簡略的に描くことによって、「国土のグランドデザイン2050」で意図している、「コンパクト＋ネットワーク」による地域構造とは、どのようなものであるのかについて議論していくことにする。

### 本書の構成

　本書の構成は以下の通りである。まず第2章となる次章では、日本の製造業を取り巻く経済状況の変化について、日本の景気変動に対応させながら振り返っていくことにする。それと同時に、家計の地理的な分布について明らかにするために、人口と所得の地理的な分布を分析すると共に、工業立地選択に重大な影響を与える、土地の価格の変動についても分析していくことにする。

　第3章では、『事業所・企業統計調査』の結果にもとづきながら、製造事業所の地理的な分布について分析しつつ、特に、3大都市圏での分布の変化について、日本の経済状況の変動に対応させながら分析することにする。第4章では、本書の主要な分析対象となる、『工業立地動向調査』の結果の概要について説明し、その調査結果の内容の中から、本書の研究に関わる結果について概観し、整理していくことにする。

　第5章では、工業立地選択について分析し、立地モーメントの強い地域や、そのネットワーク補完型の立地件数が多い地域を特定し、後の地域間取引ネットワーク分析のための予備的な分析を行うことにする。そして、第6章では、地域間取引ネットワークの構造について、第7章では企業ネットワークの構造について、ネットワーク分析の手法を用いながら解明していくことにする。最後に第8章では、本書で掲げた4つの問題について回答を与え、それが「国土のグランド2050」において、どのような意味をもつのかについて考察していくことにする。

# 第2章　戦後日本経済の動向

　本書のテーマは、製造工場の立地選択行動と地域間取引ネットワークの観点から、『国土のグランドデザイン2050』（以下 GD 2050）で議論されている地域構造について、日本の地域構造の現状と、そのダイナミズムについて明らかにしていくことである。ここで単純に、製造工場の立地選択行動といっても、本書で扱う『工業立地動向調査』という統計は、過去四半世紀に渡って実施された調査の結果であり、その25年の間に、日本の製造業を取り巻く環境は大きく変わっており、それに伴って、製造業の立地選択行動も、地域間取引ネットワーク構造も、大きく変化してきたと考えられる。

　日本の製造業を取り巻く環境の変化とは、例えば、製造業種の割合の変化や、製造活動や人口、所得の地理的分布の変化だけでなく、国内の産業政策の変化、景気循環の動向、グローバル生産体制における国内外の要素価格の変化などもある。また、景気の変動に伴って起こる経営改革など、必ずしも顕在化することのない要因が無数にあることが予想され、製造業の立地選択行動に影響を与える要因としては、ありとあらゆる可能性を排除することはできないし、その結果として、製造業の地域間取引ネットワーク構造も、大きく変容することになるに違いない。

　本章では、その調査の対象期間となった25年という期間を、日本の景気循環に応じて、いくつかの期間に分けることによって、その期間ごとに立地行動の変化を分析するための準備をする。そうすることによって、仮に、製造工場の立地選択行動が変化したとしても、その選択行動がどのように変化してきたのかについて、その変化の傾向性を時系列で明らかにすることができ、その変化の傾向性から、今後の立地選択行動を予想することが可能になる。そして、本章以降では、立地選択行動の時間的な変化について検証することにより、時間の経過に伴って、製造工場の立地選択行動の傾向性が、どのように変化したのかについて確認し、工場立地の立地モーメントが、どのような地域において強かったのかについて明

らかにしていくことにする。

　また、ここで景気循環を基準にする理由は、景気循環と製造工場の立地選択行動の間には、密接な関係があると推測されるからである。具体的には、第一に、景気の変動は、すべての地域に、平等に恩恵をもたらすものでも、平等に損失をもたらすものでもなく、景気循環の繰り返しは、成長する地域と衰退する地域とを選別し、国内の需要の中心を空間的にシフトさせる作用がある。そして、古典的な立地論の立場よれば[8]、この需要の中心地の移動は、立地選択における基準地の移動として捉えることができ、製造工場が需要の地理的分布の中心地に対して近接して立地しようとするとき、その地理的な中心地の移動は、製造工場の最適な立地地点を大きく変化させることになる。

　つまり、製造工場は、その製造工場で生産された製品を、その需要の中心地に向けて輸送することを前提としており、その立地選択をする製造工場が、その需要の中心地をどこに想定しているのかによって、最適な立地地点は大きく変化することになる。そして、景気の回復と悪化を繰り返す度に、需要の中心地が地理的に移動することになれば、景気の回復期と悪化期ごとに、立地選択行動を分析する必要性が生じ、その結果として現れる地域間取引ネットワーク構造の分析においても、ひとつの説明根拠となりうる。

　また、本章の後半では、この製造工場で生産された製品の輸送先となる需要の中心地を、人口と所得の地理的分布とその変化によって推測し、特に、日本の国土全体における中心地となる地域がどこであるのかという疑問と、地方における個別的な中心地がどこであるのかという疑問に焦点を当てながら、日本の中心地となりうる地域を、いくつかの地域に絞り込むことにする。そして、各地域の人口と所得の時系列での変化を追うことによって、今後、どの地域において、その中心地としての影響力が増し、またその影響力が失われるのかについて、可能な限り分析していきたいと思う。

　次に、景気循環が製造工場の立地選択行動において重要である第二の理由として、景気の波と地価の変動との間には、強い相関関係があることが挙げられる。地価の上昇は、古典的な立地研究における主要な立地要因の一つとして、製造工場を周辺地域に押し出す遠心力として働くことが知られている。そして、景気の

---

[8] 例えば、フォン・チューネン、クリスタラー、レッシュの立地論は、中心地の存在を前提として、中心地を基準に立地論を展開している。

回復期においては、地価が高騰し易いことから、製造工場の立地地点は、周辺地域に発散していく一方で、景気の悪化期においては、中心地における地価が下落する傾向にあることから、製造工場の立地地点は、その中心地域に集中することが予想される。したがって、景気の変動によって地価が変動することにより、製造工場の立地選択行動が容易に変化することが想定されることから、製造工場の立地選択行動を、景気の回復期と悪化期とに分けて分析することが必要になる。

実際に、後で確認するように、景気循環と工業用地における平均地価の時系列での変動は強く相関しており、また地価の高さが、立地選択行動に強く影響を与えることが分かる。そこで本章の後半では、景気変動による地価の時系列での変動と、その変動の地域差について明らかにし、それぞれの期間において、地価の変動による中心地に向けた求心力が働いていたのか、もしくは遠心力が働いていたのかについて明らかにしておきたいと思う。

## 戦後日本経済の景気の変動

まず、日本の工業立地選択の変化について考えていくために、日本経済がどのように変化してきたのかについて知ることが重要である。特に、日本の製造業を取り巻く市場競争の環境や、日本の景気循環によって、製造業の活動は大きく変化することになり、それは製造業がおかれていた環境について理解する上で、最初に考慮されるべき情報になる。

そこで本章では、初めに戦後日本の経済成長の歴史と、その景気循環について確認することから始めることにする。次の図4は、国内総生産（名目GDP）の統計と、そのGDP成長率を、グラフに描いたものである。

このグラフから、日本の経済成長は、大きく2つの期間に分けることができそうである。一つは、戦後の1955年から1991年までの高い経済成長率を達成した期間であり、この高い経済成長率は、「バブル経済」の終わりを契機として、ひとつの区切りがつけられることになる。もう一つは、「バブル経済」終わり以降の低成長期であり、これは1991年から現在に至るまでの期間になる。

本節では、この2つの期間を前半と後半に分けて、日本経済の歴史と、景気循環について振り返ることにする。そして、本書の工業立地分析において、主要な分析期間となるのは、後半の「バブル経済」の終わり以降であり、この「バブル

図4 戦後の国内総生 GDP（単位：10億円）と GDP 成長率（単位：%）

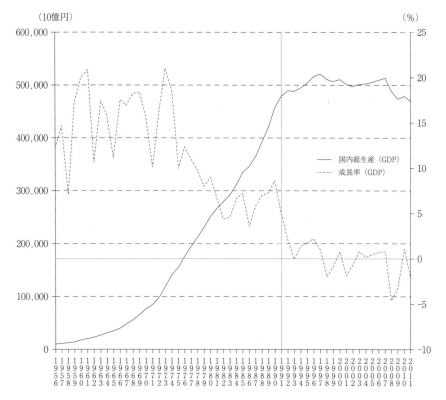

経済」の終わりが起こるまでの日本経済と、その後の日本経済を比較しながら、日本経済の動向について振り返ってみようと思う。

### 高度経済成長期

日本の経済統計制度が確立された1955年から1973年までの期間は、高度経済成長期と呼ばれ、実質 GDP の増加率は、平均9.1％であった。まず、朝鮮戦争による特需の影響の下で、日本の製造業は輸出による収入を獲得することになり、それを設備投資に利用することにより、製造業の拠点の整備や、生産性の大幅な改善が達成され、また、戦災からの復興を目的とした、政府主導のインフラの設備投資が、日本の製造業を中心とした高度成長を推し進める主要な要因であった

とされる。

　この高度成長期に経験した好景気は、日本の初代天皇である神武天皇が即位して以来、最も長い好景気であるという意味合い込めて、神武景気（1954年12月から1957年6月）と呼ばれ、またそれに続く好景気は、神武景気を超える好景気であるという意味を込めて、岩戸景気（1958年7月から1961年12月）と呼ばれた。さらに、東海道新幹線の開通や東京オリンピックの開催などの特需によって、オリンピック景気が生じ、日本経済は高い成長率を維持し続けることになった。

　さらに、その後も高い経済成長率は続き、1960年には池田内閣によって、所得を10年間で2倍にするという、所得倍増計画が発表され、この所得倍増計画は、実際に7年間で達成されることになり、同時に1968年には、GDPの規模が世界第2位となる経済大国となった。そして、この好景気は1965年から1970年まで続くことになり、神武景気や岩戸景気を超える、戦後最長の好景気として、いざなぎ景気と呼ばれることになった。

　1970年代になると、1971年にリチャード・ニクソン大統領が、ブレトン・ウッズ協定によって、ドルと金との交換の停止し（ニクソン・ショック）、その年新たに、スミソニアン協定によって、それまで1ドル360円だった固定相場から、変動相場制へと移行することとなった（1973年）。この為替レートの変更や、変動相場制への変更による為替差損で、日本の製造輸出産業は多大な損失を被ることになった。

　また1973年には、第4次中東戦争による中東産油国からの原油輸出制限により、原油価格は大幅な上昇を経験し（オイルショック）、原油を原材料とする商品を中心として、製造品の価格が急上昇することになった。これにより、日本の経済成長率は大きく減速することになり、日本経済は安定成長期へと移行することになる。

　この高度成長期においては、「新産業都市」を軸として、「拠点開発方式」による「全国総合開発計画」が実施され、それに続いて「新全国総合開発計画」では、「大規模プロジェクト方式」による開発計画が進められることになる。この時点での国土計画では、地方において、どのように工業を発展させていかという問題よりも、むしろ大都市で過密的に成長していく工業を、どのように地方に分散させるのかが主題となっていた。

## 安定経済成長期

　この変動相場制に移行した1973年から、「バブル経済」が終わる1989年までの期間は、一般的に安定成長期と呼ばれ、この間の実質GDPの成長率は、凡そ4.2％に保たれることになる。また、それまでの高度成長が、労働集約型産業による主導であったことにより、人口は次第に農山村から、工業用地帯である太平洋ベルトに移動することになり、このときすでに、農村部から人口が過度に減少する、過疎化が問題となり始める一方で、大都市では、人口の急激な増加による、過密化が問題になっていた。

　そこで、当時の田中内閣は、日本列島改造論を唱え、高速道路網と新幹線などの高速鉄道網を全国に張り巡らせ、地方に病院や港湾、学校などの公共施設を次々に建設し、大都市と地方のインフラ格差を埋めることによって、大都市と地方の格差の縮小と、地方の雇用対策を行った。この大規模で継続的な公共投資は、巨額の政府支出を生み出したことから、このときに起こった好景気は、公共投資景気（1977年10月から1980年2月）と呼ばれている。

　また、1970年代以降、主要輸出品は鉄鋼から自動車や家電へと移行し、1970年代後半から、他の先進国との貿易によって、経常黒字が増加し続けた。そして、1980年代に入ると、躍進し続ける日本企業の経営が、世界の手本とされることになり、この好景気を牽引したのが、電気機械工業や輸送用機械工業のハイテク産業であったことから、この間の好景気のことを、ハイテク景気（1983年2月から1985年6月）と呼ぶ。しかし、これら日本の自動車や家電の輸出産業の躍進は、諸外国、特にアメリカとの間に激しい経済摩擦を巻き起こし、アメリカ側の経常赤字の解消と、日本側の内需拡大が課題となった。

　このハイテク景気を背景として策定されたのが「第三次全国総合開発計画」である。すでに前章で触れた通り、この「第三次全国総合計画」では、「テクノポリス法」と「頭脳立地法」による「工業再配置計画」が柱となっている。そのような背景には、日本のハイテク製造業の成長を楽観視する見方があり、それは、ハイテク産業の高度な技術を利用しながら、新しい製造業分野を開拓しつつも、その新たに生まれる製造業を、地方に分散されることによって、国土の均等発展を構想したものであった。しかし、その後の「バブル経済」の終わりを機に、「第三次全国総合開発計画」は見直しを迫られることになった。

## バブル経済期

　1985年のプラザ合意以降、日本円は、日米両政府によって円高ドル安へと誘導され、急激な円高が進行することになった。これに対し日本銀行は、円高による不況を回避するために、大幅な金融緩和を実施することになった。日本銀行は、この金融緩和と同時に、低金利政策による景気拡大を目指したが、それによって資金が貯蓄から投資へと流れるという、過剰な流動性を発生させることになり、不動産の価格と株価の急騰をもたらすことになった。この不動産と株価という二大資産の価格の急騰は、膨大なキャピタルゲインを生み出し、そのキャピタルゲインが急激な消費の拡大をもたらすという、それまでの製造業が主導してきた好景気とは異なる、異様な好景気を日本は経験することになった。
　この好景気は、キャピタルゲインという、実物経済を通さない収入の増加によってもたらされ、そのキャピタルゲインを下支えする根拠も薄かったことから、それは泡のように儚いものに例えられて、バブル景気と呼ばれることになった。実際に、その株式と不動産の資産価格は、市場の適正な価格を反映したものではなく、それらが過剰信用による行き場のない資金の受け皿となっただけであり、1991年を境に、不動産価格と株価が一旦下落し始めると、その正当な評価価格を下回るまで、急激な価格調整が進むことになった。一般的に、この不動産価格と株価の急落をもって、「バブル経済」の終わりとされている。
　この「バブル経済」の期間において、十分な担保がないまま、借入金に頼りながら不動産と株式を購入していた投資家は、その不動産の価格と株価が急激に下落し始めると、その借入金を返済することができなくなった。その一方で、その株式と不動産に対する融資を行っていた銀行は、投資家の借入金を回収することができなくなり、その銀行が回収することのできなくなった借入金は不良債権と呼ばれた。この不良債権の処理には、その後、約10年を要することになり、この不良債権の処理問題が、日本経済の重大な悪材料となったことによって、日本は未曾有の低成長期を経験することになる。この不良債権の処理問題がもたらした低成長期は、しばしば日本の「失われた十年」と呼ばれる。
　この「バブル経済」の末期に策定されたのが、「第四次全国総合開発計画」であり、このときは依然として好景気が続いていたことから、東京一極集中を容認し、グローバル競争に対応する形で、企業の設備投資や政府のインフラ投資の効

率性の向上に力点が置かれていた。また、このとき政府は、「多極分散法」と「地方拠点法」によって、日本の国土を一極集中から多極集中に転換していき、大都市圏と地方都市圏を主軸とした国土計画を描いていたようである。しかし、「バブル経済」の終わりによって、その成長軌道にあった日本経済は、長期間に渡って停滞することになり、その成長軌道下で策定され続けてきた国土計画は、大きな転換を迫られることになった。

## 失われた十年

　1991年に「バブル経済」が終わり、資産価格（株価、地価）が一気に下落した後、日本銀行は過剰な資金に流動性を防ぐために、金融引き締め政策に転じ、公定歩合を引き上げ続けたことによって、日本の経済は著しく停滞することになった。また、アメリカで起こった「リストラ」や「ダウンサイジング」と称する経営革新ブームによって、日本型経営方式と終身雇用制度が見直され、欧米から学んだ整理・解雇を基本とする経営手法が主流となった。これにより失業が増加し、労働者の賃金が減少することになり、これが民間消費の低迷と内需縮小を引き起こすことになった。

　さらに、1990年代後半には、物価が長期的に下落し続けるというデフレーションが発生し、これが民間企業の営業利益を減少させることによって、さらに労働者の賃金を下落させ、またその労働者の賃金の下落によって、再度、物価が下落するという悪循環が起こることになった。この急速な景気の悪化により、中小企業だけでなく大企業の倒産も相次ぐことになり、それを受けて民間企業は、過剰な設備・雇用・負債を抱え込んだだけでなく、その倒産した企業の債務や、設備投資に利用された債権も回収することができなくなり、不良債権問題は連鎖的に全国に拡大するに至った。

　その一方で、このとき日本円は依然として高い水準にあり、円高不況による製造業の海外移転（特に中国）が相次ぎ、地方において「産業の空洞化」が進むと同時に、これも地域の所得の減少と内需の縮小という、負のスパイラルを長引かせる要因となった。さらに、1997年のアジア通貨危機による金融危機が発生し、山一証券、北海道拓殖銀行、日本長期信用銀行の倒産など、その被害は金融機関にまで拡がり、これが資金繰りに苦しむ国内企業の資金調達を難しくさせ、国内

企業の倒産件数をさらに増加することになった。また、この年の名目GDP成長率は、戦後最悪の−1.5％を記録し、これがジャパン・プレミアム（日本向けの追加的な金利）として、日本企業の海外からの資金調達の費用を増加させることになり、日本企業は海外市場からの撤退を余儀なくされることになった。

　この「失われた十年」の期間において、日本の製造業は停滞し、特に地方においては、製造拠点が次々に海外に移転していくという、「産業の空洞化」が深刻な問題となった。それと同時に、地方では著しい人口減少が起こり、少子高齢化が進む中で、いくつかの地方自治体が財政的に破たんするなど、地方経済は一段とその深刻さを増していった。しかし、この「失われた十年」の期間において、日本の国土計画に目立った動きは見られず、ようやく新しい国土計画が発表されたのは1998年になってである。

　その新しい国土計画とは、「第五次全国総合開発計画」として知られる「21世紀グランドデザイン」であり、この「21世紀グランドデザイン」では、それまで成長軌道にのっていた工業の地方分散は謳われなくなり、工業とは異なる新たな産業の、地方における創出が謳われるようになった。しかし、その内容には、「テクノポリス法」や「頭脳立地法」などのような、積極的な計画は盛り込まれておらず、国土計画における手詰まり感が垣間見えるようである。このように国土計画は、国の経済の状況によって、大きくその影響を受けるものであり、経済の成長という推進力無しでは、地方経済の発展について議論することが、非常に困難になることが分かる。

### 構造改革と実感なき成長

　この「失われた十年」を脱する契機となった出来事ついて、いくつか挙げることができる。まず、2000年に入り、BRICs諸国（ブラジル、ロシア、インド、中国）が台頭したことによって、それまで日本の最大の貿易相手国であった米国に代わって、中国が日本の主要貿易相手国として、その中心的な役割を果たすようになった。また、BRICs諸国の経済発展に牽引される形で、日本の輸出額は堅調に回復することになり、日本の製造産業は、次第にその活気を取り戻していった。

　また、2001年に小泉内閣によって「聖域なき構造改革」が始まると、最終的な

債権者であった旧都市銀行は、3大メガバンクに統合され、その財務が健全化されると同時に、規制緩和や金融緩和による市場競争活性化や、公的資金注入による金融機関の財務健全化によって、90年代に積み重ねられた不良債権処理問題に、解決の糸口が見えるようになった。また、2002年頃から日銀による金融緩和政策が始まり、円安を背景とした輸出が増加することによって、外国企業からの国内設備投資が活発化することになり、これに伴って、大企業のみながらず、中小企業の売上も記録的に拡大し、6年にも渡る景気拡大期が続くことにとなった。

しかしその一方で、企業はそれまで長引いた不景気の経験や、加熱するグローバル競争環境から、収益を賃金に分配することに対して非常に消極的になり、また、非正規雇用の拡大や、早期退職制度の拡充によって、国民の大半は、その景気拡大の恩恵を受けることができないという状況が常態化するようになった。これにより、株価の上昇や景気回復などが盛んに報道される一方で、企業の業績回復の恩恵が、国民の生活や所得に対して反映されず、国民にとって景気の良さを実感することができないという状況が続いた。これは「実感なき景気回復」と呼ばれ、それまでとは異なる異質な景気回復として受け止められることになった。

さらに、2007年頃から、米国のサブプライムローン問題が、住宅専門会社が破綻したことによって顕在化し、多額の不良債権を処理することができなかったリーマン・ブラザーズ証券の破綻が引き金となって、世界同時不況が起こることになった。これに対し日本政府は、財政出動を中心とした景気対策を行い、景気の悪化を止めることには成功したが、ドバイ・ショックや欧州債務危機、東日本大震災など、相次ぐ景気悪化要因が続くことになり、日本の景気は一進一退を繰り返すことになった。

2012年になると、安部内閣の「アベノミクス」と呼ばれる経済政策が注目を集めるようになる。この「アベノミクス」は、①金融緩和政策によるデフレ経済からの脱却、②拡張的財政政策による民間需要の創出、③規制緩和による新規参入と民間投資の喚起という「3本の矢」によって構成されている。これにより、日経平均株価は2013年までにリーマン・ショック以前の水準まで戻り、2014年には消費税率が5％から8％に改定され、マクロ指標の悪化や増税など、景気回復に押し下げる要因となるものは多かったものの、株価や有効求人倍率などの経済指標は改善しており、この景気回復の流れは2016年時点においても継続されている。

「失われた十年」の終わりから、この「実感なき景気回復」に実施された政策

の中には、「地域産業集積活性化法」、「新事業創出促進法」、「中小企業新事業活動促進法」、「産業クラスター計画」などが含まれる。これらは既存の製造産業を下支えしながらも、異業種間の交流を加速することによって、地域に新しい産業を創出することを目指したものである。これらの中には、現在も継続されているものもあり、その効果については、今後の評価が待たれることになるが、本書の分析結果からも、それらにどの程度の効果があったのかについては、ある程度の評価を下せることになるであろう。

以上が、戦後日本経済の景気循環の流れと、それに連動して展開された国土計画の歴史であるが、これは工業立地の地理的な分布や、地域間取引ネットワーク構造を分析する際に考慮すべき文脈になる。また、本書において特に重要になるのは、アンケート調査が実施された「バブル経済」以降の日本の景気循環であり、これを明らかにすることによって、製造工場の立地行動の変化を説明するための、いくつかの根拠を得ることができる。そこで次に、1989年以降の景気循環の詳細について確認しながら、工業立地分析の分析期間について明らかにしておくことにする。

## 分析対象となる期間

本章ではこれまで、戦後の日本経済の景気循環について概観してきたが、次に、本書の扱う工業立地動向調査のアンケートが行われた、1989年から現在に至るまでの景気循環について、内閣府により発表された公式な名称と共に、その詳細について確認していくことにする。図5は、1987年から現在に至るまでの、内閣府が発表している景気動向指数（CI指数）[9]と、製造業の機械受注統計を、グラフにして描いたものである。この図から明らかになる通り、これらの2つの統計は強く相関しており、製造業の生産活動と景気の動向は、互いに強く影響し合っていることが分かる。

まず、図5に従って、現在から25年前まで遡れば、日本の経済は「バブル経済」の絶頂期であった。このバブル景気とは、1986年から1990年頃までにかけて起きた好景気で、金融商品や土地の価格などが高騰し、その後それらの価格が急落し

---

[9] CI（composite index）指数は、内閣府の景気判断基準として利用されている、景気変動の大きさや、テンポ（量感）を測定する指数のことである。

図5 過去25年間の機械受注統計（単位：100万円）と景気判断CI指数（基準：100）

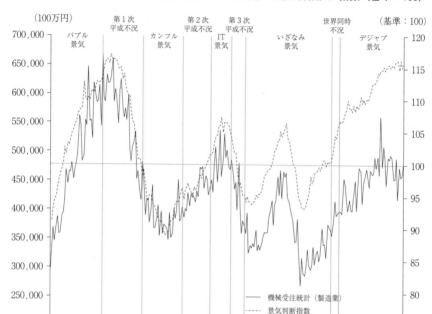

たため、その様子は泡の弾ける様子に例えられて、バブル景気と呼ばれるようになった。このバブル景気（1986年11月から1991年2月）を引き起こした主な要因は、プラザ合意による円高ドル安のための経済摩擦解消や、中曽根内閣が行った公共事業の拡大と、公定歩合の引き下げ、法人税や所得税の引き下げであったとされている。また、規制改革により、企業が資金調達をしやすくなり、設備投資が増えたことや、株式などの金融商品への投資が流行したことや、NTT（電電公社）やJR（国鉄）などの国営企業が、民営化されたことなども、このバブル景気を引き起こした要因とされている。

次に、カンフル景気（1993年10月から1997年5月）とは、1993年から1997年にかけて起きた好景気で、政府が1993年4月に総合的な経済対策として、13.2兆円の公共投資を行い、また1993年9月に緊急経済対策として、5.9兆円の政府支出、さらに1994年2月に総合経済対策として、5.3兆円の経済対策を行い、それと同

時に、1993年に公定歩合を、2.5％から1.75％まで引き下げたことが、このカンフル景気を引き起こした主な要因とされる。このカンフル景気のカンフルとは、政府があたかもカンフル剤を打って、経済を刺激したかのように例えられて、カンフル景気と呼ばれるようになった。

次のIT景気（1999年1月から2000年11月）とは、1999年から2000年にかけて起こった好景気で、主にケータイやパソコンの需要が拡大することによって、IT企業の生産と業績が改善し、主にIT企業が景気の回復を牽引したことから、IT景気と呼ばれている。また、いざなみ景気（2002年1月から2008年2月）とは、2002年から2008年にかけて起こった、戦後最長（69ヶ月）の好景気のことであり、2001年のゼロ金利政策などの金融緩和政策により発生し、新興国や米国への輸出が、円安によって好調であったことも要因のひとつとされている。

次のデジャブ景気（2009年3月から）とは、実感のない景気回復のことで、様々な景気動向指数が改善しているのにもかかわらず、その景気回復が国民の実感として感じられない景気回復のことである。このデジャブ景気は2009年から現在まで続いているとされる。また1992年から2002年までの10年間に起きた不況は、日本銀行による金融引き締めや、円高、アジア通貨危機など様々な要因によって起こり、この10年は「失われた十年」と呼ばれる。この「失われた十年」は、第1次平成不況（1991年2月から1993年10月）の複合不況、第2時平成不況（1997年5月から1999年1月）の日本列島総不況、第3次平成不況（2000年11月から2002年1月）のデフレ不況とに分けることができる。

さらに2007年に、アメリカのサブプライムローンと呼ばれる住宅ローンの破綻をきっかけに、世界的な金融危機による不況が起こった。この世界同時不況（2007年2月から2009年3月）は、サブプライムローンに多大な投資を行っていた、リーマン・ブラザーズという証券会社の倒産の契機として起こったことから、リーマン不況とも呼ばれ、このリーマン・ブラザーズの倒産のことを、「リーマン・ショック」と呼ぶ。

以上のように、近年の日本景気循環について概観してきたが、本書の分析対象となる立地選択のアンケート調査が実施された時期は1989年以降であり、1989年以降の景気変動が重要になる。特に本書の目的とする、立地行動の時間的な変化と、それに伴う地域構造の変化について検証していくには、立地行動を時間軸上で断面的に捉えることが必要になる。そして、この分析対象となる1989年以降で

表2　分析期間の5つの区別

| NO. | 名称 | 期間 | 特徴 |
| --- | --- | --- | --- |
| 1 | 成長停止 | 1989年から1990年 | 「バブル経済」末期 |
| 2 | 景気悪化期 | 1991年から1994年 | 景気が悪化している期間 |
| 3 | ゼロ成長期 | 1995年から2000年 | 失われた十年後期 |
| 4 | 景気回復期 | 2002年から2007年 | 景気が回復している期間 |
| 5 | 近年 | 2010年から現在 | 現在 |

は、4つの景気回復期と4つの景気悪化期との8つに区別することができたが、これらのすべての景気の変化について分析してしまうと、分析が仔細に渡ってしまい、必要以上に問題を複雑化させてしまうことになる。そこで、その8つの景気変動を、要約的に次の5つの期間に区別することにする。

　第一の期間は、「バブル経済」が終わった時点の期間であり、1989年から1990年までの期間である。この時点では高度成長期から安定成長期までの、経済的な活動の傾向性を維持しながらも、それまでの日本経済とは、大きく変化しようとしていたいという点で非常に興味深い。

　次に第二の期間は、景気悪化期であり、1991年から1994年までの、第一次平成不況の期間である。この景気悪化期は、戦後の日本経済において、最も深刻な景気悪化期であり、日本経済のファンダメンタルが、急激に悪化した期間である。この期間では経済の先行きが見えない状況において、経済活動だけでなく、製造企業の立地行動が混乱した期間になり、その後の製造業による地域ネットワーク形成において、大きな転換点となった期間であることが予想される。

　第三の期間は、ゼロ成長期であり、1995年から2000年までの、カンフル景気、第二次平成不況、IT景気などを繰り返しながら、日本経済がゼロ成長を経験した期間である。この時期は不良債権処理が遅れ、構造改革がすすむなど、時代的に不透明だった時期であり、工場建設などの設備投資に消極的であった時期である。特に、この期間は「産業の空洞化」が深刻化していた期間であり、その期間において、どのように製造工場の立地行動が変化し、また、それに伴って、どのように地域構造が変化したのかについても興味深い。

　第四の期間は、景気回復期であり、2002年から2007年までの、戦後最長を記録したいざなみ景気の全期間である。この期間は、「バブル経済」の負の遺産の処

理を終え、日本経済全体が好景気に沸いた期間である一方で、成熟した経済における好景気として、それまでの高度成長期と安定成長期とは区別される。この期間では、日本の製造業の海外移転ブームは一服しており、国内に残った製造工場によって、新たな立地パターンを形成したことが期待される。また、このときの製造工場の立地行動の変化が、地域構造に対してどのような変化をもたらしたのかについては、非常に興味深いところである。

そして、最後の第5の期間は、リーマン・ショックによる世界同時不況後の、2010年から今日に至るまでの期間であり、この期間では、日本国土における最新の製造業の立地行動の傾向性を分析することができる。また、この近年の製造工場の立地行動と、それにより形成された地域構造を、25年前のそれと比較することによって、それらがどのように変化してきたのかも明らかにすることができる。またそれにより、今後の日本の地域構造についても占うことができ、GD 2050に対しても、何らかの貢献をできることが期待される。

以上が分析対象となる5つの期間であり、この5つの期間に分けて、立地行動の変化について分析し、日本の製造業における立地行動と地域構造が、その時間軸上でどのように変化してきたのかについて検証していくことなるが、その分析を始める前の前提情報として、戦後日本の国土の中心地の変化と、地価の変化の分析が重要になる。そこで次節では、戦後の需要の中心地の変化について確認するために、47都道府県における人口と所得の変化について分析していくことにする。

## 人口と所得の変化

本書の主要研究テーマ一つである、①日本の国土における企業と家計の地理的な分布はどのようになっているのか、という疑問に答えていく上で、国内の人口の地理的分布について明らかにしていくことは重要である。なぜなら人口の増加に比例して、工業製品に対する需要が増大することから、工業製品の市場全体の需要が、人口の地理的分布によって、偏って分布することになるからである。そして、その地理的に偏って分布する需要は、そのまま市場が地理的に偏って分布していること意味し、それは、工業立地選択における市場への近接性の観点から、生産拠点である工場も、その需要に近接した地域に立地する傾向にあることを意

味する。

　また、この生産拠点が需要の中心地に近接して立地する傾向は、企業や工場の局所的な集積を引き起こす要因となり、その需要の中心地に近接する地域での産業集中や、産業クラスターの発展を促すことが予想される。さらに、製造業の特定の地域における集中は、その地域における労働力の集中を引き起こすことになり、その労働力の集中は、製造業以外の新たな産業をその地域に招くことになり、地域経済の発展を促す主要な要因となるに違いない。

　したがって、労働人口の地理的分布は、生産要素の地理的な分布だけを意味するのではなく、需要の地理的な分布も意味し、顕在的にも潜在的にも、産業発展の要因の地理的な分布も意味することになる。そこで本節では、日本の長期時系列統計にもとづきながら、各都道府県の人口が、どのように変化してきたのかについて概観し、近年の人口移動の傾向性について把握していくと共に、工業製品に対する需要の中心地がどこにあり、またどのように変化してきたのかについて確認していくことにする。


### 戦前・戦後の人口分布

　まず、1888年から2012年までの、都道府県間の人口格差について簡単に比較するために、47都道府県の人口について変動係数[10]を計算してみた。この変動係数の値は、47都道府県において、その人口が均等に分布すればするほど、その値は小さくなり、逆に、人口の格差が大きければ大きいほど、その値も大きくなるという特徴があり、都道府県間の人口格差の度合いを、同じ単位で比較する際に有効である。

　図6は、変動係数を縦軸に、1888年から2012年までの期間を横軸にして、その都道府県間の人口の変動係数の変化を描いたものである。まず第二次大戦終戦前後の1945年を除いて、変動係数は概ね増加傾向にあり、日本の人口分布の格差は拡大する傾向にある。したがって、日本の人口は特定の地域に集中する傾向にあり、この偏りは125年間継続されただけでなく、特定の地域に向けた人口集中は、年々強まっていることを意味する。

---
[10] 変動係数とは、標準偏差を算術平均で割った値であり、統計のばらつきを同じ単位で比較するために用いられる係数である。

図6 1888年から2012年までの47都道府県の人口の変動係数

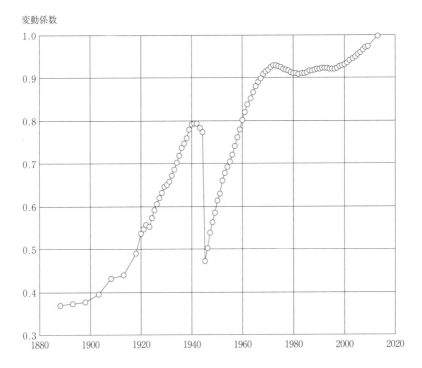

　それでは次に、その人口が、どの地域に集中しているのかについて、その人口の地理的な分布について確認することにしよう。次の図7は、各都道府県の人口の規模を、その色によって区別したものである。この色の段階は全部で5つあり、その色は人口の多い県ほど濃くなり、それだけ人口が偏って分布していたことを表している。また、この5つの段階は、すべて等間隔に分けられており、特定の県の人口が、他の都道府県と比較して顕著に大きくなれば、それだけ色の濃い県の数は少なくなる傾向にある。これらの図では特に、1888年と、1938年、1945年、1955年という、日本経済において重要な変化が起こった4つの時期を区別して分析してある。

　まず、都道府県の人口統計において、利用可能な最も古い統計は、1888年のものである[11]。1888年といえば、日本に内閣制が導入され、初代内閣総理大臣が就任した時期（1884年）であり、また都道府県制・地方自治制の実施（1888年）や大日本帝国憲法（1889年）の公布など、日本の近代化と工業化が始まった時期で

図7 都道府県の人口分布の変化（1）

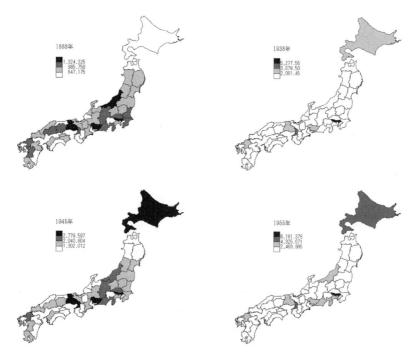

ある。この時期における日本の人口は3,962万人であり、人口は日本全国各地に分散していた。例えば、人口が最も多い県は新潟県であり、次いで兵庫県、愛知県が続き、現在人口が突出して多い東京は、当時は全国で4番目であった。また当時の東京の人口が135万人であったのに対し、人口が100万人を超える県は13県にのぼり、日本の人口は地理的に分散していたことが分かる。

次に、第二次世界大戦が始まった1938年の人口分布についてみてみよう。当時の日本の人口は7,101万人であり、日本において急激な人口の増加があったことが分かる。このときの東京の人口は688万人で日本で最も多く、その人口を1888年と比較すると、実に5倍以上の規模になっており、全国の人口成長率の倍以上のスピードで成長していたことが分かる。また、東京に次いで多いのは、大阪、北海道、兵庫、愛知、福岡、新潟、神奈川、静岡、広島の順であり、これは現在

---

11 1884年の統計もあるが、これは大阪府と奈良県の人口と、愛媛県と香川県の人口とが合算されているので、都道府県レベルでの分析に用いることはしなかった。

の主要大都市地域である東京、大阪、愛知と、地方有力都市とが、入り混じった順位になっている。ここで、1888年と1938年の変動係数を比較してみると、1888年の人口の変動係数0.360であったのに対し、1938年の変動係数は0.753まで上昇し、その人口分布の地域的な格差は、ほぼ2倍にまで上昇していたことになる。

次に、第二次世界大戦終戦直後の1945年の人口分布についてみてみると、この時期の人口は7,200万人であり、大戦前の1938年からほとんど増えていないことが分かる。これは戦争の惨禍によるものであり、出生率は依然として高かったものの、死亡率が非常に高くなったため、その高い出生率を相殺したものと推測される。その一方で、人口は再度地方に向けて分散しており、その人口の変動係数は0.472まで下落している。これは当時、重化学工業が東京などの都市部において発展しており、終戦間近の日本本土への空襲は、この重化学工業の工場を標的にしていたことから、その空襲の惨禍から逃れるために、人口が地方に疎開したことによるものである。

次に、終戦から高度成長が始まった1955年の人口分布についてみてみると、このときの日本の人口は8,928万人であり、終戦と比較して1,600万人も増加している。この図から明らかになる通り、人口が最も多いのは東京であり、その人口は804万人と、戦前よりも多くなっている。それに次いで多いのは北海道であり、その後に大阪、福岡、愛知などの、主要工業地域が続いている。また、人口の変動係数は0.679にまで上昇し、人口分布の格差は戦前の水準まで戻している。

ここで注目すべき点は、人口の地理的な分布の再現力である。つまり、戦争の惨禍から逃れた人口は、都市部に向かって戻ってきており、人口が戻っているということは、そこに職があり、所得を得られるような産業があったことを意味する。そして、一度特定の地域で形成された産業は、その後、空襲や火事などによって破壊され、その生産活動が停止したとしても、再度のその地域において、同様の産業が再形成され、復元される傾向性があることを意味する。この産業の再形成・復元の傾向性の理由ついては、地域で固有化された生産活動のノウハウの存在や、すでに確立されている流通経路と方法の再現の容易さ、特定の人脈とネットワークの地域化など、様々な理由を挙げることができる。

この点については、これまで経済地理学分野で培われてきた、様々な理論と概念を応用することができそうであるが、この人口の地理的な分布の再現性は、需要と労働、生産活動の地理的な分布が再現される傾向にあることを示しており、

その意味において、それらの地理的な分布が、容易に変化することはなく、非常に長い期間に渡って維持されることが分かる。したがって、工業立地の地理的な分布は、この長期間にわたる人口の地理的分布と、固定化された中心地の存在に、非常に大きな影響を受けてきたことになり、本書の分析も、この人口の地理的分布と中心地の地理的な位置関係に、大きな影響を受けることに留意したい。

## 近年の人口分布と人口移動

　それでは次に、近年の人口の地理的な分布の移動について確認していくことにしよう。地域構造が変化する要因について考えるとき、単なる人口の地理的な分布よりも、人口移動の傾向性の方がより重要になる。地域の人口の増減は、その地域ごとの出生率と死亡率により影響を受け、地域の平均年齢が高くなればなるほど出生率が減少し、死亡率が増加する一方で、地域の平均年齢が低くなればなるほど出生率が増加し、死亡率が減少することになる。そして、近年の日本では地方の高齢化がすすんでいることから、都市部よりも地方部の人口減少率の方が高いのは明らかである。

　これに対し、人口移動の流動量について目を向ければ、それら地域ごとの出生率と死亡率の影響とは別に、純粋な人口の移動によって、人口が地域間で、どのように流出・流入し、また地理的な分布に対して、どのような影響を与えてきたのかについて知ることができる。また、ここで明らかになる地域間の人口の移動傾向性は、地域の出生率と死亡率の影響のよりも、個人の意志が直接的に反映されるという点で、労働力の移動の傾向性を反映したものであり、今後の工業の地理的分布を分析する際に、有力な根拠として参考にすることができる。

　まず図8は、都道府県の人口の規模を図で表したものである。このときの日本全体の人口は、1989年が12,321万人、2014年が12,730万人と、史上最多の水準にまで達しており、東京の人口は1989年が1,186万人、2014年が1,330万人と、日本全国の人口の、凡そ10分の1を吸収していることが分かる。その一方で、図7の1955年の分布と比較してみると、日本の人口の地理的な分布は、東京、大阪、愛知とその近県で高くなる傾向にあり、この傾向性は高度成長期以来、大きく変化していないことが分かる。また、この人口格差は一段と強まっており、例えば、1955年の人口の変動係数は0.697であるのに対し、1989年には0.916、2014年には

図8 都道府県の人口分布の変化 (2)

0.995と、飛躍的に上昇していることになる。したがって、日本では現在においても、地域間の人口格差が拡大する傾向にあり、この傾向は、少なくともしばらくの間は継続することが予想される。

それでは次に、都道県間の人口移動の傾向性について確認してみよう。この人口移動については、各都道府県への転入者数から転出者数を引くと、転入超過数を求めることができる。そして、この転入超過数が正になるとき、その都道府県に向けて転入が超過していることになり、転入超過数が負になるとき、その都道府県から転出が超過していることになる。

次の図9の左図は、1955年から1989年までの転入超過数の合計を求め、その値が正になった県について色を塗ったものであり、また右図は、1990年から2014年までの転入超過数の合計を求め、その値が正になった県について色を塗ったものである。

まず1955年から1989年まで人口移動についてみると、転入超過数が最も多かった県は、神奈川の2,579,088人であり、次いで埼玉の2,320,171人、千葉の1,824,926人である。これらの県は、すべて東京に隣接する県であり、東京が512,874人の転入超過数であったのに対し、東京の周辺地域で、特に際立った転入超過を確認することができる。これに対して、第二の都市である大阪は1,349,856人の転入超過数であり、その数は決して少なくはない。しかし、その大阪の周辺地域である京都では、その転入超過数が21,329人になり、奈良では277,423人、兵庫では311,121人と、東京の周辺県と比較するとき、その転入超過数に大きな開きがある。また、名古屋を中心とする愛知では、892,036人の転入

図 9　都道府県の人口移動1955年〜1989年（左）と1990年〜2014年（右）

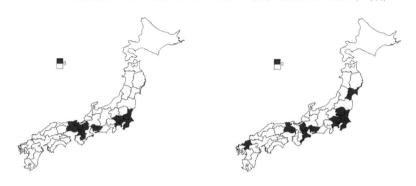

超過数であったのもの、その周辺地域ではすべて減少している。したがって、戦後から「バブル経済」の終わりにかけて、関東地方の転入超過数が、近畿地方と東海地方の転入超過数を圧倒し、東京一極集中の人口構造が確立されてきたことが分かる。

　次に、1990年から2014年までの人口移動についてみてみると、転入超過数が最も多いのは、東京の819,865人である。続いて神奈川の450,180人、埼玉の412,454人、千葉の330,674人になっており、転入超過数の最も多い4県が、首都圏に集中しており、その首都圏周辺地域の栃木では15,233人、茨城では31,701人であることから、東京を中心とする地域が、その地理的な範囲を拡大させながら、全国的に人口を吸収していることが分かる。

　この首都圏の4県に次いで転入超過数が多いのは、愛知の151,804人であり、その愛知に隣接する三重で11,748人、滋賀で94,321人であることから、愛知を中心とする東海地方が、近畿地方を凌いで、二番目の人口増加を達成していたことになる。その一方で、近畿地方で唯一人口が増加したのは、兵庫の27,524人であり、大阪に隣接する奈良では6,443人の減少、京都では75,007人の減少となり、中心地である大阪にいたっては414,341人の減少と、日本の47都道府県で、最も低い転入超過数となっている。

　以上により、「バブル経済」の終わり以降、関東地方の継続的な転入超過と、近畿地方の転出超過によって、本節でこれまで確認してきた、人口の東京一極集中構造は、更なる人口移動によって、不動のものになりつつあるといえる。したがって、「バブル経済」の終わりから「失われた十年」が終わりにかけて、日本

の国土計画で目立った政策が講じられなかった期間に、関東から名古屋までの地域に人口が移動し、地方の少子高齢化が一段と加速したことが分かる。またその後の、「第五次全国総合開発計画」として知られる「21世紀グランドデザイン」や、「地域産業集積活性化法」、「新事業創出促進法」、「中小企業新事業活動促進法」、「産業クラスター計画」などの政策の実施後も、こうした人口移動の流れを食い止めることができなかったことが伺える。

### 所得の分布と地域間所得格差

　次に、この人口の地理的な分布の変化を踏まえながら、所得の地理的な分布について分析していくことにする。この所得の地理的な偏りは、工業製品が売買取引される市場と、その需要の中心地として、製造工場の立地選択に大きな影響を与えるものであり、本章以降で行うアンケート調査の分析結果を解釈していく上で、考慮すべき重要な前提となるであろう。

　ところで、前節の分析から明らかになった通り、人口増加率は都市部で高くなり、特に近年においては、東京とその周辺地域において、人口移入率が著しく高くなっていることから、地域内の所得が地域内の人口に比例する限り、所得の地理的分布は、人口の地理的分布とほとんど同じになることが予想される。そこで本節では、都道府県間の所得格差の変化に焦点を当てて分析していくことにする。この分析は、中心地域と周辺地域の所得の格差の拡がりと、都道府県間の所得水準の分散を分析することを目的としており、この結果によって、需要の中心地となっている地域とそれ以外の地域との差が、どれほど顕著になっているのかについて明らかにすることができる。

　まず図10は、県民経済計算による県民所得統計にものづいて描いたローレンツ曲線を描いたものである。このローレンツ曲線は、45°線と右上がりの曲線の間の面積が大きくなればなるほど、その47都道府県間で格差が大きくなることを表している。ここでは利用可能な最も古い統計の1975年の所得統計と、最も新しい統計の2011年の所得統計に加えて、本書で分析するアンケート調査の開始年である、1989年の所得統計にもとづいて、3つのローレンツ曲線を描かれている。

　この図からは、その判別が困難であるが、1975年の曲線が最も上にあり、次いで1989年、2011年の曲線が下にある。参考までに、格差の大きさを表すジニ係数

図10　47都道府県の県民所得によるローレンツ曲線

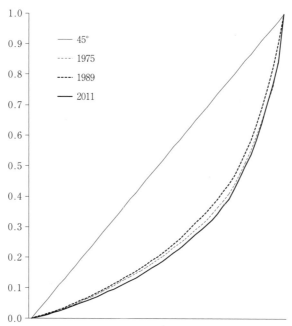

は、1975年が0.523、1989年が0.540、そして2011年が0.542と、その数値が微小ながら増加しており、少なくともこの25年間では、日本の47都道府県の所得格差は拡大する傾向にあったことが分かる。ところで、この格差の基準は、47都道府県全体の格差が拡大したことのみを示し、具体的にどの地域の所得が増大し、またどの地域の所得が減少したのかについて、何の情報も示さない。そこで次に、この点について、以下の図によって明らかにしていこうと思う。

　まず図11は、日本全国の所得に対する東京の所得の割合と、その東京に隣接する神奈川・千葉・埼玉の所得の割合について、その割合の変化を、過去25年間に渡って追ったものである。まず安定成長期における東京の所得の割合は、14.5％から13.5％の間で推移し、この時期すでに、日本全体の所得の1割以上が、東京に集中していたことが分かる。その一方で、「バブル経済」が終わった1989年以降は、東京の所得の割合は急激に減少し、この減少は、第一次平成不況（1991年）でさらに加速し、第二次平成不況（1997年）が終わるまで続いている。この地域

図11　全国の所得に対する東京と関東（神奈川・千葉・埼玉）の所得の割合

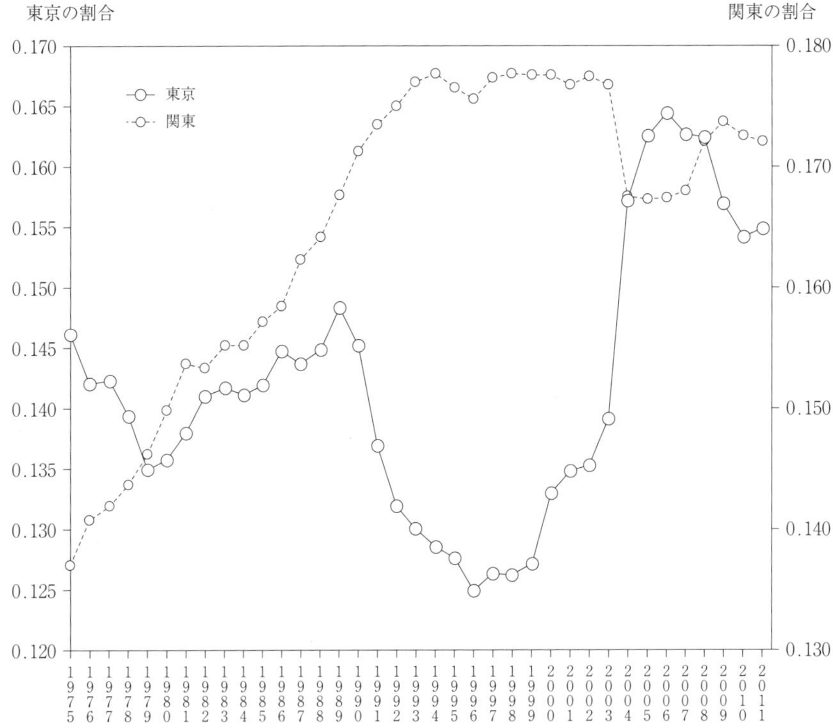

所得の急激な減少の仕方は、首都である東京に特有なものであり、その他の地域では確認することができない。

そして、IT 景気（1999年）が始まると、東京の所得は急速に回復し、それに続くいざなみ景気（2002年）で、それまでに失った所得を取り戻す水準にまで回復している。こうした地域の所得と日本経済の景気変動の相関関係が如実に現れたのは、他の都道府県と比較しても東京のみであり、東京の所得が、日本の景気循環の影響を受けやすいことを、よく表しているといえる。

次に、東京と隣接する関東周辺地域の所得は、安定成長期から「バブル経済」の終わり（1989年）まで急速に上昇し続け、それ以降は横ばいの推移が続いている。この関東周辺地域の割合の推移の仕方は、図４で確認した日本の GDP の推移の仕方とよく似ており、関東周辺地域の所得が増加と、日本の GDP との間には、

一定の相関関係が見出せそうである。また、いざなみ景気（2002年）以降は、東京とその周辺の所得の割合の変化は反比例しており、好景気の期間については、東京での所得の割合が増加する一方で、東京の周辺地域での所得の割合が減少していることが分かる。またリーマン・ショックによる世界同時不況（2008年）の不景気の期間については、東京での所得の割合が減少し、周辺地域での所得の割合が増加する傾向をみてとることができる。これは好景気期には、所得の中心地域への求心力が強まり、不景気期には、所得の周辺地域に向けた遠心力が強くなることを示唆している。

　この東京と関東の所得の割合については、「バブル経済」の終わりから「失われた十年」にかけて、大きな変動があったことが分かるが、全体の傾向としては、1975年から現在に至るまで、全国に占める所得の割合は増加傾向にあったといえる。したがって、東京を中心とした首都圏における需要の集中は増すばかりであり、製造工場の立地地域としての魅力は、高まる一方であったことが分かる。そして、次章以降の製造工場の立地パターンとしては、この関東に立地件数が集中することが予想され、その立地モーメントも、この関東において非常に強くなることが予想される。

　次に、図12は、大阪の所得の割合とその大阪に隣接する近畿三県（兵庫・京都・奈良）の所得の割合の変化を描いたものであり、この両地域に共通していることは、過去四半世紀にわたって、その域内の所得が減少し続けていることである。近畿は元々、関東と並ぶ日本の二大都市圏の一つであり、1975年の時点では、日本の2割近い所得を有していた。にもかかわらず、現在はその1.5割にも届かないような、急激な所得の減少を経験しており、これは日本の産業立地と地域構造に対して、多大な影響を与えたことが推測される。また、この急激な減少について、日本の景気の変動と関連付けることは難しく、むしろ、大阪という中心地域の衰退という特有な理由によって、地域全体の所得が下落してきたと解釈する方が、より合理的であるように思われる。その意味においては、中心地域と周辺地域との間に反比例の関係が見つかった、東京を中心とする首都圏とは対照的に、この近畿地方では、中心地域と周辺地域が強い比例関係の下で、その地域全体の所得が減少していると考えることができる。

　これにより、近畿地方における、大阪の需要の中心地としての役割は、年々弱まる傾向にあるといえる。また、本節の人口移動の分析の結果を踏まえれば、近

図12 全国の所得に対する大阪と近畿（京都・奈良・兵庫）の所得の割合

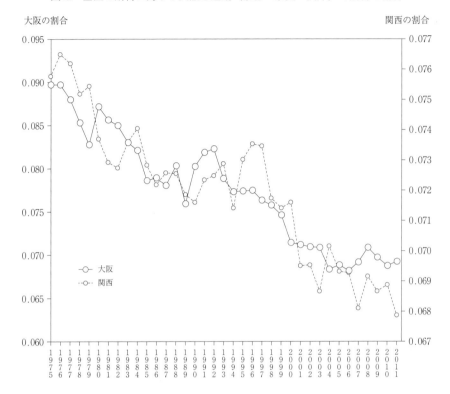

畿地方は人口を移出させている地域になり、今後、この状況が劇的に変化するとは考えられず、この近畿地方の衰退は、東京一極集中構造の形成に対して大きく寄与し、日本の地域構造を根幹から変化させる要因になることが予想される。

最後に、図13は、愛知の所得の割合と、その愛知に隣接する東海3県（静岡・岐阜・三重）の所得の割合の変化を描いたものである。愛知は古くから製造業を中心として発展してきた県であり、現在も愛知県は、輸送用機械工業を中心として、製造工場を多く有する県として知られている。

この図から、愛知の所得の割合は、安定成長期において堅調に伸びていたことが分かり、その所得の増加傾向は、大阪とその周辺地域に迫る勢いであったが、「バブル経済」の終わった1989年以降では、愛知の所得の割合の上昇は一服した。そして、第一次平成不況（1991年）と第二次平成不況（1997年）では、その所得

図13 全国の所得に対する愛知と他東海（静岡・岐阜・三重）の所得の割合

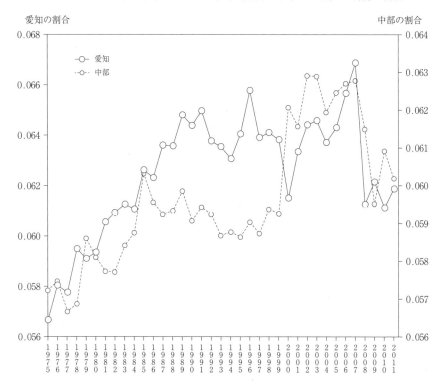

の割合は大きく減少するものの、IT景気（1999年）が始まると、愛知の所得の割合は急速に上昇し、それに続くいざなみ景気（2002年）では、それまでに失った所得の成長率を取り戻すかのように、所得の割合を上昇させた。その後の世界同時不況（2008年）では、再度、その所得の割合は大きく減少し、近年に至るまで、その所得の割合は、以前の水準まで回復してはいない。

　この愛知と東海地域は、東京と中心とする首都圏に隣接する地域であり、この愛知と東海地域の所得の割合の増加は、その地域の中心地としての役割を果たすだけではなく、首都圏周辺地域の所得の割合も増加させるものである。したがって、愛知と周辺地域の所得の割合の増加は、日本の一つの独立した極として、東京一極集中構造を弱める働きをする一方で、同時に北関東や、南東北、新潟などの首都圏周辺地域の成長と共に、東京一極集中構造を強化する働きにもなり、日

本の需要の中心地の構造変化に、大きな影響を与えるものになる。

これまでに確認した、大阪と近畿地域における所得の割合の減少と、愛知と東海地域における所得の割合の増加は、日本の所得の地理的な分布の重心を、西から東に移動させるものであり、それは、日本の製造業の最適な立地地域も、西から東に移動させる効果があったことになる。これを需要の地理的分布の東部移動と呼ぶことにし、市場となる需要の地理的な分布が、東京を中心とする東日本に偏って分布するように変化してきたことを再確認しておくことにしよう[12]。

〈要点〉
・人口増加の格差は、過去120年間で大きくなり続けている。
・その人口の格差は、都市部における人口増加と、地方部における人口減少によるものである。
・人口の増加が最も高いのは、東京を中心とする首都圏であり、これは人口移動の観点からも、東京一集中構造を再認識させるものである。
・大阪・近畿地域の所得は減少し続けており、これが需要の地理的分布の東部移動をもたらしている。
・日本の所得・需要の地理的な分布の重心は、東京を中心とする中心－周辺構造の方に移動してきており、これは製造業の立地件数の地理的な分布に、大きな影響を与えることが予想される。

### 地価の変化

前節では、所得と需要の地理的な分布と、その分布の時系列での変化について分析してきた。この所得と需要の中心地を分析することによって、立地選択をする製造工場にとって、どの地点に対して求心力が働いていたのかについて推察することができ、それは本章以降の分析を行っていく上で、重要な情報となりうる。その一方で、製造工場は常に、需要の中心地からの遠心力にさらされており、その最大の遠心力と成り得るものは、地価の上昇になる。日本において土地は希少資源であり、製造工場は工業用地の取得において、非常に高い対価を支払うこと

---

[12] 人口の東京圏における集中に関する研究については、荒井ほか編（2002）や石川編（2007）などが詳しい。人口の都心回帰の詳細に関する研究については、矢部（2003）などがある。

になるが、後で紹介するアンケート調査結果から明らかになる通り、工業立地選択における工業用地の確保の重要性は、時代の変化に対してほとんど変わることのない、最も重要な立地選択要因のひとつになっている。そして、この土地の価格が時間軸と空間軸において、どのように変化してきたのかについて知ることができれば、後で分析する、工業立地選択の変化を説明する有力な根拠にすることができる。

　ところで、地価の変動は、伝統的な工業立地研究において、次の2つの意味において重要である。一つは、工業用地の取得費用は、立地費用の大きな割合を占めることから、工業用地価格が中心地から離れるほど下落することによって、工業立地を中心地から分散させる作用になる。もう一つは、工業用地の価格は、その土地に対する需要の大きさを表すため、地価は、その土地に対する需要の大きさを表すと同時に、企業にとって、その地域どれだけ魅力的かを示す指標になる。そして、前者については、工業立地選択に負の影響を与えることから、地価の高さを、中心地域からの遠心力を与える要因として捉えることができ、また後者については、地価の高さを、工業立地選択において魅力的な立地地点として、その地点に対する求心力として捉えることができる。

　したがって、地価の高さとその変動について予め分析しておくことは、どこに工業立地の需要の中心地があるのかを明らかにすることができると同時に、製造業にとってその中心地がどれだけ魅力的であり、かつ、その中心地に近接した立地が、どれだけ困難であったかについても明らかにすることができる。そこで本節では、これまでの経済成長と景気循環に従いながら、工業用地の地価がどのように変化したのかについて、『都道府県地価調査』の統計結果に依拠しながら確認していくことにする。

### 全国の地価の変動

　本章でも紹介した通り、戦後の日本経済は1974年まで高度成長が続き、1990年までは安定成長期が続いたが、「バブル経済」の終わりの後は、「失われた十年」と呼ばれる低成長期を迎えることになる。その後、2000年代に入って、「実感なき景気回復」が続いているが、この景気の変動にともなって、日本の工業用地の地価は、どのように変動してきたのだろうか。この経済的な背景を踏まえた上で、

図14 工業用地の平均地価指数の変動（2000年の地価指数を100とする。）

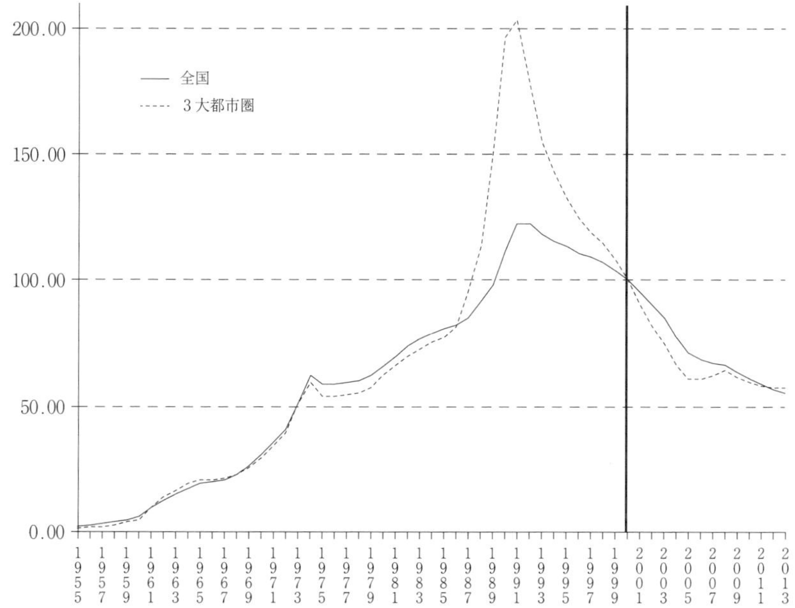

以下に地価の長期的な変動と、その地域格差について確認していくことにする。

まず図14は、全国の工業用地の平均地価と、3大都市（東京、名古屋、大阪）の工業用地の平均地価の長期変動の指数を、グラフに描いたものである[13]。この地価指数の変動から、次の2つのことを読み取ることができる。第一に、戦後の高度成長期の期間において、1990年の「バブル経済」が終わるまでは、1973年に起きたオイルショックによる多少の影響はあるものの、一貫して日本の地価は上昇し続けたということである。そして、その「バブル経済」の終わり以降は、地価は一貫して下落する傾向にあり、製造工場にとって、全域的に立地費用が軽減される傾向にあったことが伺える[14]。

第二に、全国平均地価と3大都市の平均地価を比較するとき、その平均地価の

---

[13] この指数は都道府県地価調査（土地総合ライブラリー）に掲載されている統計にもとづき、2000年3月末を基準として100に設定してある。
[14] ここで3大都市圏の地価の変化について、2005年から2007に掛けて、地価の上層を確認することができるが、これは「不動産の証券化」による上昇であり、日本において地価の「ミニバブル」と呼ばれている。

変動は、3大都市の平均地価の変動が大きく、またその地価の上昇率は、景気の回復期ほど大きく、その地価の下落率は、景気の悪化期ほど大きくなる傾向にあることから、景気回復期の立地行動には、都市の中心部からの遠心力が強まり、また景気悪化期の立地行動には、都市の中心部からの遠心力が弱まることが分かる。したがって、景気変動によって、新設工場の立地環境も、大きく変化していたことが予想される。

　次に、1980年から2014年までの、47都道府県間の工業用地地価の、地域間の変動係数について確認してみよう。この変動係数の値ついては、47都道府県の工業用地の地価の格差が、大きくなればなるほど、その値も大きくになり、逆に、その格差が、小さくなればなるほど、その値も小さくなり、異時点間の地価の格差を比較する際に有効である。

　図15は、工業用地の地価の格差を表す変動係数の変化を描いたものである。この図において特徴的な点は、まず、安定成長期後半の1985年から「バブル経済」が終わる1990年にかけて、変動係数が急激に上昇しているという点である。元々「バブル経済」とは、合理的な根拠のない不動産価格の上昇を伴う経済を意味していることから、この急激な変動係数の上昇は、「バブル経済」による不動産価格の上昇を受けたものと考えられ、工業立地の選択においても、この「バブル経済」による地価の上昇の影響を、少なからず受けたものと思われる。

　そして、「バブル経済」が終わった後、景気悪化期からゼロ成長期にかけて、変動係数は1980年代前半の水準まで戻り、その後、景気回復期から現在に至るまで、変動係数は上昇し続けている。この変動係数の上昇が、どの地域の地価の上昇によってもたらされているのかについては、次の地域ごとの地価の変動で確認していくが、前節で、人口が首都圏に集中する傾向にあったことから、この変動係数の上昇が、首都圏における地価の上昇によるものであることは、容易に想像できるであろう。

### 各地域の地価の変動

　これまで地価の変化と、その地価の地域間変動係数の変化によって、「バブル経済」という特異要素があったものの、地域間の工業用地の地価の格差は、近年、拡大する傾向にあることが明らかになった。そこで次に、どの地域において工業

図15　47都道府県間の工業用地の地価の変動係数変化

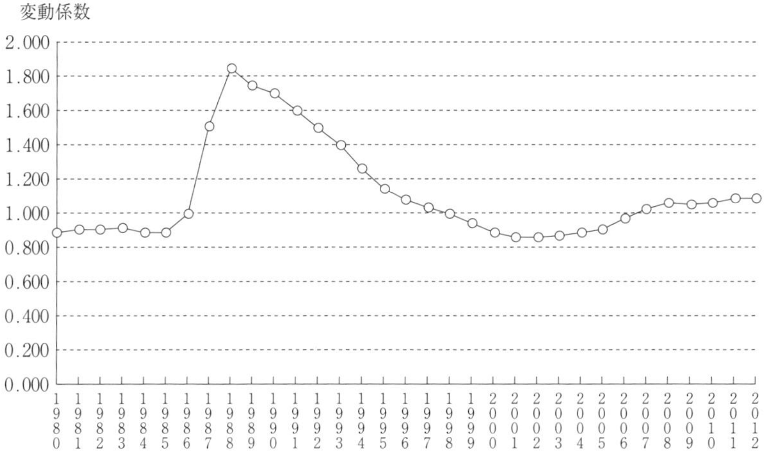

用地の価格が高くなっており、また、どの地域において安くなっているのかについて、図16と図17にもとづきながら確認していくことにしよう。

この図16と図17は、都道府県の各年の工業用地の平均地価について、その違いを四分位に分けて表したものであり、この図において、その色が濃くなればなるほど、その地価が高いことを表している。これら図から、工業用地の地価が高い地域と低い地域には差があり、その高い地域と低い地域の相対的な差は、過去25年間に渡って、ほとんど変化していないことが分かる。そこで、どの地域の工業用地の価格が相対的に高く、どの地域の工業用地の価格が相対的低かったのかについて確認してみると、これらの図から、工業用地の地価が相対的に高かった地域は、東京と大阪と名古屋の3つの大都市を中心とした、工業用地域（京浜工業地帯・阪神工業地帯・中京工業地帯）であることが分かる。また広島や宮城など、地方においても一部地価が高い地域もあるが、そのような例外を除けば、東京と大阪と名古屋の3つの大都市に隣接している県ほど、工業用地の地価が高くなることが明らかになる。したがって、製造工場が立地地域の選択をする際に、それらの大都市圏での立地費用は高くなる傾向があり、大都市の中心地からの、一定の遠心力が働いていたことが推察される。

図16　工業用地の平均地価：1989年（左）と1991年（右）（1,000円／m²）

図17　工業用地の平均地価：1995年（左）と2012年（右）（1,000円／m²）

地価の変化率

　次に、この工業用地の平均地価が、過去25年間でどれだけ変化したのかについて、その変化率を図18で確認してみよう。まず地方では、一部、地価が上昇している地域があるものの、全国的にその地価は、平均で28.24％ほど下落しており、特に、大都市圏での下落が高く、東京、神奈川、埼玉、千葉では、平均で64.01％も下落しており、また大阪、京都、奈良でも、平均で65.52％も下落している。
　したがって、地価の下落率は、大都市部とその周辺地域で大きくなることが分かり、これは図14において、工業用地の平均地価の変動が、全国平均よりも３大都市の平均の変動の方が大きかったように、この図18においても、その下落率は大都市圏で大きかったことを確認することができる。そして、この地価の下落に

図18　工業用地の平均地価の変化率1989年から2014年（％）

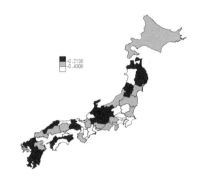

よって、それまで中心地から周辺地域に向けて働いていた遠心力が弱まり、新設の製造工場の立地を中心地に向けて引き戻すような、求心力が強まったことが予想される。

　その一方で、工業用地の地価は、相対的に東京、大阪、名古屋を中心とする3大都市圏において高かく、その周辺地域では低かったことから、中心地域と周辺地域という地理的な構造は、その地価の相対的な差によって、過去25年間、ほとんど変化することがなかったといってよいだろう。いずれにせよ、「バブル経済」以降の期間では、大都市圏における過剰な地価の高騰は収まり、その遠心力と求心力が均衡する地点は、それまでもより中心地に近い地点にシフトしてきたことが予想される。

　大都市圏がこれだけの工業用地の地価の下落を経験すれば、立地件数の多さを表す立地モーメントにも大きな影響を与えたことが予想され、もしその立地モーメントがネットワーク補完型の立地モーメントであったならば、その企業間取引ネットワークや生産工程のネットワークの地理的な拡がりにも、大きな変化があったことが想像できる。この立地モーメントと取引ネットワークの地理的な変化については、本書の主要分析結果において確認することになるが、もしそれらに地理的な変化を確認することができれば、その変化を引き起こした背景には、この地価の大幅な下落があったことに留意すべきである。

　本節では工業用地の地価の高さと、その変化率について確認してきたが、これらの図だけでは、特に、中心－周辺構造を有する大都市圏において、その地域間の相対的な地価の相関関係は判然としない。そこで次に、大都市圏を構成する県

について、その工業用地の地価の変動を、時系列に沿って分析していくことにしよう。

### 大都市圏の地価の変動

「バブル経済」が終わった後、日本の工業用地の価格は急激に下落することになり、この地価が下落し始まるのは、1990年に入ってからである。その際に、製造工場の中心－周辺構造における立地分析において重要になるのは、中心地域の地価の変動と周辺地域の地価の変動の相関関係である。そこで地価が最も高かった1990年を基準にして、地価の変化率が、3大都市圏の中心地域と周辺地域とではどれだけ異なり、またそれらはどれだけ相関していたのかについて確認しておくことにしよう。

まず、関東4県の地価の下落率を比較してみると、中心地域となる東京の地価の下落率は1994年では－37.99％、1998年では－36.24％と、他の地域よりもその下落率が大きく、その下落率の大きさも横ばいとなっている。これに対して、周辺地域である神奈川と千葉、埼玉では、最初の4年はそれぞれ－9.92％と－12.17％であり、それらの下落率は東京の下落率よりも小さかった一方で、次の4年ではそれぞれ－20.99％と－23.06％になり、その下落率は上昇していることが分かる。これにより、周辺地域の地価の下落には、時間的なラグがあるものの、その下落率については、中心地域である東京の方が、周辺地域である神奈川と千葉、埼玉よりも大きかったことが分かる。

次に、近畿4県の地価の下落率を比較してみると、中心地域である大阪は1994年までに－43.37％、1998年までに－18.87％と、最初の4年間の下落率は非常に高いものの、後の4年間の下落率はその半分以下になっている。その一方で、周辺地域である京都と奈良では、地価の下落率のパターンは大阪のそれと非常に似ており、前の4年間の下落率が非常に高く、後の4年間の下落率は小さくなっている。これは京都も奈良も、大阪と同じく土地が希少な県であり、かつ商業やサービス業が栄えている都市であることから、他の都市型産業の立地行動の影響が寄与したものであると考えられる。

これに対し、近畿の製造業の要である兵庫では、他の県と比較して安定した地価の推移を示しており、1994年までは－8.99％の下落率に止まり、1998年時点で

図19 関東4県（東京・神奈川・千葉・埼玉）の工業用地の平均地価の変化（円／m²）

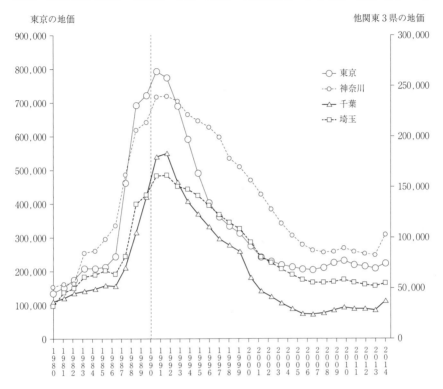

は14.65％の上昇に転じるなど、この期間ではその地価は、むしろ上昇していることが分かる。したがって、大阪と兵庫の地価の変化を比較するとき、兵庫の地価の変化にラグがあるというよりも、むしろ逆の相関をしているようにも見える。これは、その期間に中心地域に立地していた製造企業が転出していくと同時に、兵庫などの地価の安い周辺地域に転入してくることによって、兵庫の工業用地に対する需要が高まった結果である可能性がある。但し、長期的には兵庫の地価は下落し続けており、この兵庫の地価の変化は、中心地域である大阪の地価と相関関係にあるといえる。

　最後に、東海4県の地価の下落率を比較してみると、中心地域である愛知は1994年までに−3.37％、1998年までに−9.53％と、最初の4年間の下落率は低いものの、後の4年間の下落率は、その倍になっている。但し、その下落率は、東

図20 近畿4県（大阪・兵庫・京都・奈良）の工業用地の平均地価の変化（円／m²）

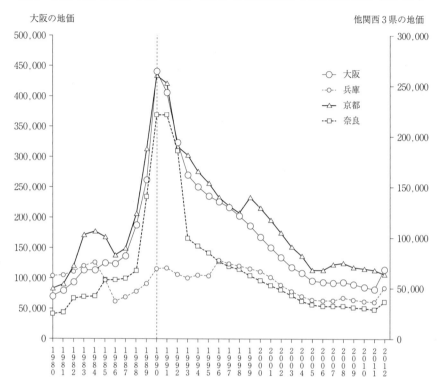

京と大阪のものと比べて非常に低く、この下落率の低さは、愛知の地価の89,000円が、東京と大阪の793,000円と439,000円よりも格段に安いことに起因するものであると考えられる。

　また、愛知と並ぶ主要工業用地域である静岡では、その地価の下落のパターンは愛知のものと似ており、元々静岡の地価は、愛知の地価よりも高かったことから、より大きく下落し、1998年時点では、その工業用地の地価は、ほとんど等しくなっている。これに対し三重では、予想通り地価が下落し続けた一方で、岐阜の地価は1994年までは上昇し、1998年では下落していることが分かるが、この岐阜の地価の動きは兵庫のものと似ており、やはり、この時期に周辺地域の工業用地に対する需要が高まったことが、その原因であると考えることができる。

　さらに、この東海4県の地価の下落の動きについて、関東と近畿の地価の動き

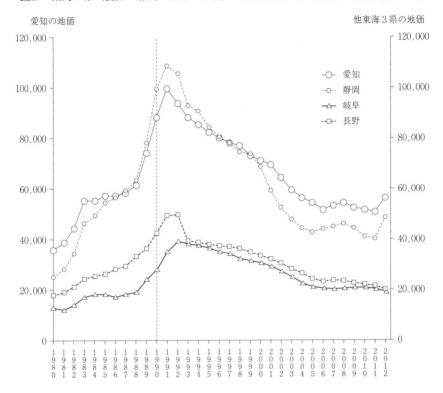

図21　東海4県（愛知・静岡・岐阜・三重）の工業用地の平均地価の変化（円／m²）

表3　東海4県の地価とその変化率（円／m²）

|  |  | 愛知県 | 静岡県 | 岐阜県 | 三重県 |
|---|---|---|---|---|---|
| 1990 | 地価 | 89,000 | 100,000 | 29,000 | 43,000 |
| 1994 | 地価 | 86,000 | 91,400 | 38,500 | 39,500 |
|  | 変化率 | −3.37% | −8.60% | 32.76% | −8.14% |
| 1998 | 地価 | 77,800 | 75,300 | 33,200 | 37,100 |
|  | 変化率 | −9.53% | −17.61% | −13.77% | −6.08% |

に対するラグが生じていることに気づく。つまり、愛知と静岡については、「バブル経済」が終わった1989年から2年が経過しても、その工業用地の地価は依然として上昇しており、その下落が始まるのは「バブル経済」が終わった3年後か

らである。また岐阜と三重に関しては、その3年が経過しても地価は依然として上昇しており、その下落が始まるのは4年目からである。したがって、この関東・近畿・東海の3大都市圏間においても、地価は同時期に下落しているのではなく、地方の主要都市地域の地価の下落には、ラグが生じていることが分かる。このようなラグが生じた理由として、「バブル経済」が終わった後も、この東海4県の工業用地に対する需要が安定したことを挙げることができ、これにより、この時期における東海地域の製造工場の立地件数は、堅調に推移していたことが予想される。

　以上の3地域の分析結果を要約すれば、まず1990年時点では、東京の地価と大阪の地価は、愛知の地価よりも、それぞれ8.9倍と4.9倍の差があったのに対し、1998年時点では、それらの差が4.0倍と2.6倍になっており、3大都市圏の中心地域の地価の差は、大きく縮小していることになる。また、ほとんどすべての地域において、中心地域の地価と周辺地域の地価に正の相関関係があり、その周辺地域の地価の下落の仕方には、大きく2種類のパターンがあることになる。一つは、東京と千葉、大阪と京都・奈良の関係のように、中心地域と同じように地価が下落する周辺地域の下落が始まるパターンであり、もう一つは、東京と神奈川・埼玉、大阪と兵庫の関係のように、中心地域の地価の下落から少し遅れて、周辺地域の地価の下落に波及するパターンである。さらに、3大都市圏間の比較においては、関東・近畿の地価の動きに対する、東海の地価の動きにラグがみられ、「バブル経済」の終わりと同時に、すべての地域で一律に地価が下落したものではないことが明らかになった。

　本節では、日本の都道府県の地価の変化について分析してきたが、この分析結果は、アンケート調査結果を分析する上で、次の重要なことを明らかにした。第一に、その変化の仕方に多少のラグはあるものの、中心地域の地価と周辺地域の地価との間には強い相関関係があり、中心地域の地価の変化について明らかにすれば、自ずと周辺地域の地価に変化においても、その地価の変化について妥当な推測が可能になるということである。

　第二に、その差は近年大きく収縮しているものの、中心地域の工業用地の地価は周辺地域の地価よりも常に高価で、また周辺地域の工業用地の地価は中心地域の地価よりも常に安価であるという意味で、立地選択における周辺地域の相対的な優位性は、ほぼ普遍的であるということである。したがって、需要の集中する

中心地域に対して、常に立地選択における求心力が働いていた一方で、その周辺地域における相対的な地価の安さから、周辺地域に向けた遠心力も働いており、このことは本節の分析からも、裏付けがなされたことになる。

　第三に、地価の変動は、中心地域の方が大きく、周辺地域の方が小さいことが明らかになった。本書の主要分析期間は、「バブル経済」終わり以降から現在に至るまでの25年間であるが、この期間に工業用地の地価は、ほぼ一律に下落していたことになる。そして、地価の変動が周辺地域よりも中心地域の方で大きかったということは、中心地域の地価の下落の方が大きかったことを意味することから、その工業用地の確保にかかる立地費用の軽減は、中心地域においてより容易だったことになる。したがって、日本全国で地価が下落しているとはいっても、地価の下落がより顕著になるのは中心地域であり、「バブル経済」が終わった後は、中心地域の方が、相対的に製造工場を誘致し易くなっていたことになる。以上の3点が、本節の分析により得られた重要な分析結果である。

〈要点〉
・「バブル経済」の影響を除いても、都市－地方間、都道府県間の地価の格差は拡大している。
・工業用地の地価が高い地域は、東京と大阪と名古屋の3つの大都市を中心とした、主要工業地域である。
・中心地域と周辺地域の地価は強く相関している。
・中心地域の地価は、相対的に周辺地域の地価よりも常に高く、周辺地域の地価は、相対的に中心地域の地価よりも常に低い。
・景気循環による地価の変動は、中心地域の方が大きく、周辺地域の方が小さい。
・「バブル経済」の終わりの後、工業用地の平均地価が下落し続けている。
・中心地域の方が周辺地域よりも、工業用地の平均地価の下落率は高くなる。

## まとめ

　本章では、まず第一節で、戦後日本の景気変動について概観したあと、立地選択のアンケート調査が実施された、1989年以降の分析対象となる期間について定義した。そして、本章以降では分析では、この5つの期間という景気循環を基準

にしながら分析していくことになる。

　次に、第二節では、日本における人口と所得の地理的な分布について分析し、戦後、日本の人口と所得が東京を中心とする首都圏に集中し、東京一極構造を形成してきたことについて確認した。この人口と所得の地理的な分布が東日本に偏って分布してきたことを、需要の地理的分布の東部移動と呼び、これは①日本国土における企業と家計の地理的な分布はどのようになっているのか、という疑問に対する回答を得るための有効な根拠となる。なぜなら、人口と所得が分布の地理的な分布は、家計の地理的な分布であると同時に、その家計が労働を提供している企業の地理的な分布と空間的に相関するからである。この企業の地理的な分布とその変化については、次章で詳しく分析していくことにする。

　最後に、第三節では、工業用地の地価が、東京と大阪と名古屋の３大都市圏で高くなっており、中心地域の地価は、周辺地域の地価よりも常に高くなっていることについて確認した。これにより、３大都市圏における工業用地の需要が高く、中心地域に向けた求心力が働いていたことに加え、その３大都市圏では、中心地域よりも周辺地域における地価が安かったことから、その中心－周辺構造では、常に、中心から周辺にむけて遠心力が働いていたことになる。これは、製造工場がその中心－周辺構造内で地域間取引ネットワークを拡げるとき、その地域間取引ネットワークは、その求心力によって中心地域を中心として拡がり、またその遠心力によって、周辺地域に向かって拡がり易かったことを示唆している。そして、地域間取引ネットワークの構造は、この中心－周辺構造にオーバーラップするように拡がっており、地域間取引ネットワークの構造と中心－周辺構造とは無関係ではなく、中心－周辺構造に依存して拡がることが予想される。この点については、地域間取引ネットワーク構造の分析において再度立ち返り、本書のまとめにおいても、再度検討していくことにする。

　これらの分析結果を踏まえ次章では、製造業の活動の地理的分布について分析していくことにする。日本の製造業は、その戦後経済の変動期を経験しながら、どのようにその地理的は分布を変えてきたのだろうか。製造業が、それぞれの中心－周辺構造の中で移動するとき、その事業所数を増加させ、そして減少させるとき、その製造事業所の地理的分布は、大きく変化することになる。そこで次章では、３大都市圏の中心－周辺構造に焦点を当てながら、中心地域の製造事業所数と、周辺地域の製造事業所数を比較することにより、製造業の事業所数の地理

的分布が、どのように変化したのかについて確認していくことにする。

## 第3章 工業立地の動向

　前章では、戦後の日本経済の変動を振り返りながら、日本国内における需要の中心地の変化と、地価の変動について概観してきた。中心地の変化については、東京・首都圏における一極集中構造の流れが強化される一方で、大阪・近畿地方の人口と所得の減少に伴って、雇用と所得の地理的な分布の重心が、西から東に移動してきたようにみえた。また、工業用地の地価の変化については、都市部における中心－周辺構造は固定化されており、景気の変動に伴う地価の変動幅は、中心地の方で大きくなることを確認した。

　本章では、これまでの経済的な背景を踏まえながら、戦後の工業立地の動向について分析することにする。この立地分析では、次の2つの分析を目的としている。一つは、『事業所・企業統計調査』にもとづきながら、製造活動の地理的な分布とその変化について確認することである。ここでは、生産拠点となる工場の立地の分布だけではなく、営業・管理・事務活動に要する事業所を含めた、製造活動全般の地理的分布を網羅することに努める。

　この製造業にたずさわる事業所の分析は、戦後50年という長期間に渡る分析であり、本書の主な分析対象となる期間は、バブル崩壊後の1989年以降の分析よりも、格段に長い期間になっているが、そのバブル崩壊までに、日本の製造活動がどのように増加し、またどのように分布してきたのかについて分析することにより、日本の工業立地の時系列的な傾向性と、その地理的な分布について把握することが可能になり、これは1989年以降の『工業立地動向調査』の結果を分析していく上での、準備的な分析になる。

　もう一つは、『工業立地動向調査』の対象となった、工場の地理的の分布とその変化について確認することである。次章以降では、立地選択理由のアンケート調査結果表を分析していくことになるが、本章ではその製造工場の立地件数の地理的分布について分析していくことにする。これは「バブル経済」が終わった後、製造工場の新規立地が、地理的にどのように分布していたのかを明らかにするた

めに有効である。したがって、『事業所・企業統計調査』が、製造事業所の数の調査したものであるのに対し、『工業立地動向調査』は製造工場の新規立地件数を調査したものであることから、『工業立地動向調査』の分析は、新規の製造工場の増加数のみを分析することになる。

また、次章では、その新規の製造工場の立地理由について分析することになるが、本章ではその予備的分析として、その新規の製造工場が、どのような地域に立地したのかを分析することになる。そうすることによって、次章で立地理由を分析する際に、その立地理由を分析される製造工場が、どのように地理的に分布していたのかを知ることができ、立地理由と立地地域と対比しながら分析することが可能になる。そして、その製造工場の新規の立地分布を、各期間に分けて分析することにより、「バブル経済」が終わった1990年以降の製造工場の時間的・空間的な推移を辿りながら、その工業立地の傾向性に、どのような変化があったのかを探ることができ、本書の主要な分析期間である、1989年以降のアンケート調査の結果を分析していく上で、重要な手がかりになるに違いない。

## 製造活動の地理的分布

まず過去50年間において、製造業の活動の地理的な分布は、時間的かつ空間的に、どのように変化したのだろうか。前章までは、日本の経済成長と景気循環、人口と所得の地理的な分布、また地価の変動について分析してきたが、本章では、それらを地域ごとの製造業の事業所数の変化と対比しながら、過去50年に渡る工立地の地理的分布の変化について、概観していくことから始める。ここで利用する統計は、『事業所・企業統計調査』であり、本書の主要な分析対象である『工業立地動向調査』ではない。この『事業所・企業統計調査』とは、製造業における事業所と企業の統計であり、それは製造工場という生産施設のみに限ったものではなく、営業部門や事務・管理部門が設置されている営業所も含むものである。したがって、ここでの分析対象となる事業所とは、製造業における生産活動のみならず、営業、調達、財務、経理、管理などの、経営全般に関わる製造業の諸活動に従事する施設になる。

図22 製造業の事業所数（左）と製造業の従業員数（右）の変化

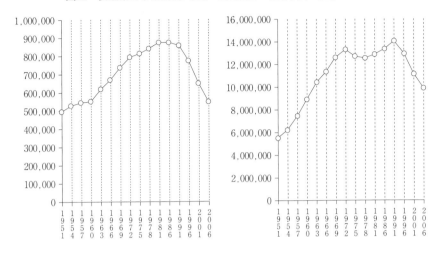

## 製造業における事業所数と従業員数の変化

　まず日本全体の製造活動が、戦後どのように変化してきたのかについて、その全体像について概観しておこう。本書では特に、製造工場の立地選択行動を扱っていることから、製造活動の規模を測る上では、製造業の生産量よりも、製造業の関連施設の件数や、その施設に従事する従業員の数の方が相応しいと思われる。そこで以下に、製造業の事業所数と従業員数の統計的な変化を示すことにする。

　図22は、日本の製造業における事業所数と従業員数をグラフに描いたものである。事業所数については、バブル経済末期までは堅調に増加していることが分かり、1991年の崩壊時から、事業所数が急減していることが分かる。この調査期間の中で、製造事業所の数が最も多かったのは、1991年の857,016件であったが、近年の2012年では、その数は493,380になっており、その減少率は40％を上回っている。この製造業の事業所数が減少した理由については、国内の製造工場の海外への移転が相次いだことが挙げられるが、それと同時に、国内の製造産業の衰退自体が、その最も大きな原因となっていることは否定できない。

　また、従業員数についても、この「バブル経済」の崩壊が一つの契機となって、製造業に携る労働人口が大幅に激減していることが分かる。その一方で、それ以前の1970年代に、従業員数が一度減少に転じているが、これは第１次、第２次オ

イルショックという、負の外生的なショックの影響に加え、労働力が製造用機械に置き換わったことや、第3次産業の成長による、第2次産業の雇用の浸食や、海外直接投資による生産拠点の海外移転など、様々な要因を挙げることができる。

この製造業に従事する従業員数の変化について、その数が最も多かったのは、1991年の14,095,757名であったが、2012年には9,247,717まで減少しており、その減少率は34％を超えている。2012年時点での日本の労働人口は、66,280,000人であると推計されており、製造業に従事する労働人口の数が減少したといっても、国民の7人に1人は製造業に直接的に従事していることから、この国内の製造産業の盛衰は、国の経済に大きな影響を与えてきたことになる。

いずれにせよ、以上のことから、本書の分析対象となる期間は、製造業の事業所数と従業員数が、共に減少している期間であり、日本国内の製造事業所において、大きな変革期間であったとことは間違いないだろう。次に、この製造業の地理的な分布の変化について分析するために、各地域における製造事業所数の変化について、個別的に分析していくことにする。

## 製造活動の主要8地域における地理的分布

これまでの分析によって、高度経済成長期から安定成長期、バブル経済期までの期間は、日本の製造業は比較的堅調に成長し、その後、日本国内における製造活動は、急激に衰退していったことが明らかになった。次に、製造事業所数と従業員数の、地域ごとの変化について確認することによって、製造活動の地理的分布の変化が明らかになり、それは本章以降において、製造業の立地行動と地域間取引の構造を分析していく上で、重要な予備知識になる。

そこで次に、日本の各地域の製造事業所数の変化と従業員数の変化について分析していくことにする。そのために、日本の国土を次の8つの地域に分けることによって、それぞれの地域において、どのような変化がみられるのかについて確認していくことにしよう。これにより、日本全体としては、1990までは製造産業が成長し続け、その後は衰退し続けているという傾向性の中で、どの地域でその成長が著しく、どの地域でその衰退が軽微だったのかについて明らかにすることができ、製造活動がどの地域に移動してきたのかについて知ることができる。

次の図23は、日本を8つの地域に分けたときの、各地域の地理的な範囲を描い

## 図23 主要8地域の名称と分布

## 表4 主要8地域の分類とその名称

| 地域名 | 都道府県 | 地域名 | 都道府県 |
|---|---|---|---|
| 北海道 | 北海道 | 近畿 | 大阪、京都、奈良、兵庫、滋賀、和歌山 |
| 東北 | 青森、岩手、宮城、秋田、山形、福島 | 中国 | 広島、岡山、山口、鳥取、島根 |
| 関東 | 東京、神奈川、埼玉、千葉、群馬、栃木、茨城 | 四国 | 愛媛、香川、徳島、高知 |
| 東海 | 愛知、静岡、長野、岐阜、三重 | 九州 | 福岡、大分、熊本、鹿児島、長崎、佐賀 |
| 北陸 | 新潟、富山、石川 | | |

たものである。また表4には、その8つの地域のそれぞれを構成する県の名称が整理されている。日本の国土をこの8つの地域に分けるとき、これまでの分析結果から製造業の分布の変化について予想できることがいくつかある。まず、近年、人口と所得の分布は東京圏に集中する傾向にある一方で、大阪を中心とする近畿地域では減少する傾向にあることから、製造業の地理的な分布は、人口と所得の地理的な分布の変化に対応する形で、東京を中心とする関東に移動してきたことが予想される。また、愛知を中心とする東海地域では、その人口と所得は増加する傾向にあり、その工業用地に対する需要も比較的安定的であったことから、東海地域における製造業の分布は横ばいか、もしくは増加傾向あったことが予想さ

表5　1951年当時の事業所数（千件）と従業員数（万人）の分布

| | | 東北 | 関東 | 北陸 | 東海 | 近畿 | 中国 | 四国 | 九州 |
|---|---|---|---|---|---|---|---|---|---|
| 事業所数 | 数 | 27.40 | 122.00 | 32.34 | 104.44 | 90.98 | 35.46 | 22.61 | 48.49 |
| | 割合 | 5.66% | 25.22% | 6.69% | 21.59% | 18.81% | 7.33% | 4.67% | 10.02% |
| 従業員数 | 人数 | 25.47 | 137.23 | 35.73 | 104.72 | 118.08 | 41.02 | 21.61 | 50.00 |
| | 割合 | 4.77% | 25.71% | 6.69% | 19.62% | 22.12% | 7.68% | 4.05% | 9.37% |

れる。特に、この2点に注意しながら、事業所数と従業員数の変化について確認していくことにしよう。

　表5は、1951年の製造業の事業所数と従業員数と、それぞれの全国に占める割合を、8地域ごとに分けて整理したものである。まず事業所数については、関東地域に25.22%と、全体の4分の1の事業所が集中しており、東海地方に21.59%、近畿地方に18.81%と、これら3つの地方に全体の65%の事業所が分布していることが分かる。したがって、終戦から5年が経過した時点では、東京−名古屋−大阪間に、全国の半分以上の製造活動が集中していたことになり、製造業の地理的な分布は、元々、地理的に不均等に分布していたことが分かる。

　この製造業の地域間不均等分布の傾向性については、従業員数についても同様であり、その割合が最も大きいのは、関東の25.71%、次いで近畿の22.21%、東海の19.62%である。したがって、事業所数と従業員数は、空間的に相関する関係にあることがわかり、事業所数が増えるほど、従業員数が増えるという傾向性を確認することができる。この事業所数と従業員数の比は、従業員数でみた事業所の平均的な規模を表しており、その比が地域間において大きく異ならないということは、事業所の平均的な規模に、大きな差がないことを意味しており、この1951年当時においては、事業所の規模にそれほど大きな差がなかったことが伺える。

　次に、高度成長が終わる1986年においての事業所数と従業員数と、その1951年からの増加率、また、直近の2012年においての事業所数と従業員数と、その1951年からの増加率について確認し、それらを比較してみることにしよう。まず表6から、戦後から「バブル経済」の終わりまでの、1951年から1986年までの期間では、すべての地域において、その事業所数と従業員数が増加している一方で、その増加率には地域差があり、関東地域と近畿地域において、その事業所数は倍以

表6　事業所数（千件）と従業員数（万人）の推移の結果（1951〜1986）

| | | 東北 | 関東 | 北陸 | 東海 | 近畿 | 中国 | 四国 | 九州 |
|---|---|---|---|---|---|---|---|---|---|
| 事業所数 | 件数 | 44.76 | 267.67 | 56.58 | 176.71 | 186.34 | 44.69 | 25.46 | 53.35 |
| | 割合 | 5.23% | 31.29% | 6.61% | 20.65% | 21.65% | 5.22% | 2.98% | 6.24% |
| | 増加率 | 63.37% | 119.40% | 74.97% | 69.19% | 104.82% | 26.03% | 12.60% | 10.02% |
| 従業員数 | 人数 | 89.21 | 428.69 | 72.56 | 264.80 | 240.16 | 83.83 | 37.92 | 88.13 |
| | 割合 | 6.83% | 32.84% | 5.56% | 20.29% | 18.40% | 6.42% | 2.91% | 6.75% |
| | 増加率 | 250.20% | 212.37% | 103.09% | 152.86% | 103.40% | 104.35% | 75.46% | 76.27% |

上になっており、2大都市圏における製造活動の拡大が著しかったことが目立つ。次いで、北陸地域や東海地域、東北地域などで高くなっている一方で、それとは対照的に、中国地域、四国地域、九州地域の増加率は低く、事業所数の地理的な分布は、全体的に東日本に偏って成長してきたことが伺える。

これに対して従業員数は、東北地域と関東地域で飛躍的に増加しており、次いで東海地方の増加率が目立っている。このことからも、高度成長期から安定成長期にかけて、製造業における事業所と従業員の地理的分布は、西から東に向かって移動していったことが分かると同時に、東北地域と関東地域においては、従業員の増加率が事業所数の増加率を、倍以上上回っていることから、それらの地域では事業所の規模が大幅に拡大してきたことが分かる。その原因として考えられるのは、東北地域と関東地域における、大企業の立地件数の増加であり、事業所数の地理的な分布が東日本に移動していく過程で、大企業の立地も東に移動してきたことが分かる。

ここで地域の製造活動の規模を、単純に事業所数と従業員数のみで測るとき、大都市を含む関東地域と東海地域、近畿地域での製造活動の規模は大きく、それ以外の地域での製造活動の規模が小さいことが分かる。これについては前章で確認した通り、製造活動が関東と近畿地域に集中していった歴史的経緯を考えると、この事業所の規模が大きいという事実は、製造業の活動の地理的な分布に、大きな影響を与える可能性があることが分かる。つまり、製造業の規模が大きいことが、製造業発展の優位性をもたらすという関係が明らかになり、規模の経済や集積経済の効果が、製造業の地理的な分布を左右してきたことが伺える。そして、戦後の国土計画において、工業の地方分散と地方創出の政策が必要に迫られたの

表7 事業所数（千件）と従業員数（万人）の推移の結果（1951～2012）

| | | 東北 | 関東 | 北陸 | 東海 | 近畿 | 中国 | 四国 | 九州 |
|---|---|---|---|---|---|---|---|---|---|
| 事業所数 | 件数 | 28.70 | 144.62 | 31.37 | 100.35 | 97.34 | 26.14 | 14.89 | 35.41 |
| | 割合 | 5.99% | 30.20% | 6.55% | 20.96% | 20.33% | 5.46% | 3.11% | 7.40% |
| | 増加率 | 4.76% | 18.54% | -2.99% | -3.92% | 7.00% | -26.27% | -34.16% | -26.96% |
| 従業員数 | 人数 | 62.33 | 265.03 | 52.66 | 209.23 | 155.32 | 59.40 | 25.82 | 71.78 |
| | 割合 | 6.91% | 29.40% | 5.84% | 23.21% | 17.23% | 6.59% | 2.86% | 7.96% |
| | 増加率 | 144.68% | 93.12% | 47.39% | 99.80% | 31.54% | 44.81% | 19.47% | 43.56% |

も、こうした背景があったことが分かる。

　次に表7には、戦後の1951年と直近の2012年時点とを比較したときの、製造業の事業所数と従業員数が整理されており、この表は過去60年間の製造活動の地理的な分布を比較するのに有効である。まず事業所数に関して、その増加率が正になったのは、関東地域と近畿地域の大都市圏に加えて、東北地域の1地方のみになっており、他の地方では戦後間もない1951年と比較して、その事業所数はむしろ減少していることになる。また関東地域の増加率は、他の地域の増加率を圧倒しており、東京と大阪という2大都市圏について考えるとき、東京を中心とした大都市圏の優勢が伺える。

　これに対して、従業員数はすべての地域において増加しており、日本の製造業は全国的に、大規模化が進んだことが分かる。中でもその事業所数を増やしながら、その大規模化を進めることができた地域は、東北地方、東海地方、関東地方であり、大きく事業所を減少させたのは、中国地方、四国地方、九州地方の3地方である。ここで得られた結果は、製造業の事業所は、東北地方、東海地方、関東地方を含む東日本で増加し、中国地方、四国地方、九州地方を含む西日本で減少したことを意味していることから、この結果からも、日本の製造活動の地理的な分布は、過去半世紀に渡って、西から東に向かって移動してきたという分析結果を裏付けることができる。そして、その地理的な分布の移行過程において、従業員数でみた事業所の規模は東日本において拡大しており、その事業所数の増加と規模の拡大との間には、何らか正の相関関係があった可能性がある。

　これまでの分析から、戦後から現在に至るまで、製造活動に従事する事業所数と従業員数は、西から東に向けて、その地理的な分布を移動させてきたことが明

らかになった。これは前章の分析によって明らかになった、人口と所得の地理的な分布の変化から予想することができたことであり、製造活動は人口と所得の地理的分布に相関する形で、東に向かって移動してきたことになる。そこでこれを、日本の製造業の東部拡大と西部縮小と呼ぶことにしよう。

この製造業の東部拡大と西部縮小とは、単なる東京一極集中構造を意味するのではなく、東京を中心とする首都圏から、東海地域と東北地域南部を含む広域に渡る製造活動の移動を意味しており、それと同時に、大阪を中心とする近畿地域と、中国、四国、九州地域における製造活動の衰退を意味している。したがって、この製造業の東部拡大と西部縮小とは、日本の製造業の地理的な分布を全体に渡って俯瞰したときの、その地理的な分布の変化の傾向性を意味しており、東京一極集中構造よりも、より広域的な変化の傾向性であるといえる。これにより、製造業の立地モーメントは東日本において強まっていたことは想像に難くないが、これについては次節で、改めて確認することにしよう。

ところで本節では、事業所数と従業員数の変化率について扱ってきたが、この変化率は、比較の基準となる年をどのように選ぶかによって、大きく変化し得るものである。そこで、その変化の詳細について把握するために、3年から5年ごとの事業所数と従業員数の変化について、その時間の経過に沿いながら観察することにより、国内における製造活動の地理的な分布がどのように変化したのかについて、図24と図25にしたがって確認しておくことにしよう。

図24は、日本列島を8地域に分けたときの、個々の地域の製造事業所数（縦軸）に対する、他の地域の事業所数（横軸）の合計の推移を、散布図に描いたものであり、図25はこれを製造業に携る従業員数について描いたものである。これにより、それぞれ地域での製造活動が、他の地域で行われた製造活動に対して、相対的に増加してきたのか、もしくは減少してきたのかについて、確認することが可能になる。

まず、どのグラフについても、ひとつの同一の傾向性を確認することができる。その傾向性とは、統計調査が開始された1951年から成長期の終わる1991年までは、事業所数と従業員数が共に増加していた一方で、それ以降は減少に転じ、直近の2012年までその減少が続いているという傾向である。そしてこの傾向は、国内の製造活動の増加が続く1951年から1991年までの、右上に向けたグラフの推移に現れており、その後、製造活動の減少が続く2012年までは、グラフの左下に向けた

図24 各地域の事業所数と全国他地域の事業所数の推移

(単位：1,000件)

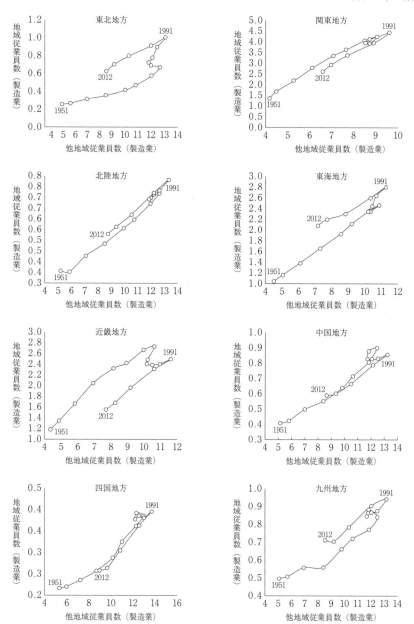

第3章 工業立地の動向 87

図25 各地域の従業員数と全国他地域の従業員数の推移

(単位:100万人)

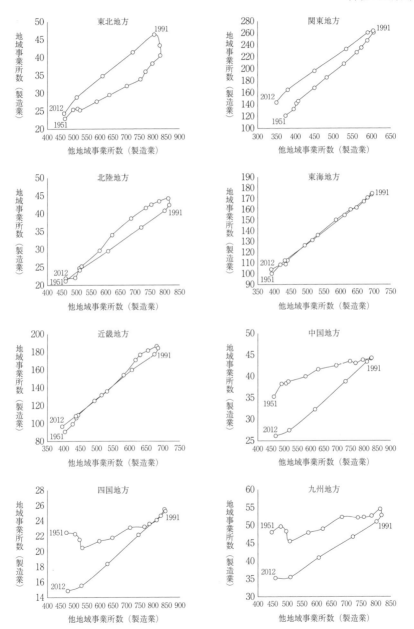

推移に現れている。このグラフの推移は、過去半世紀に渡って、その事業所数・従業員数を、相対的に大きく獲得した地域がないことを意味している。

その一方で、この同様のグラフの推移の傾向性の中にも、事業所数・従業員数の若干の移動を観察することができる。つまりこの図では、そのグラフの推移が反時計回りに回るとき、その期間に、他の地域よりも相対的に事業所数と従業員数を吸収した地域であることになり、逆に、そのグラフの推移が時計回りに回るとき、その期間に、他の地域よりも相対的に事業所数と従業員数を失った地域であることになる。

まず、事業所数については、中国地方と四国地方、九州地方の事業所数の推移が時計回りになっており、これらはいずれも西日本の地域に当たることから、日本の西部の事業所数が、相対的に減少したことが分かる。その一方で、関東地方と東北地方では、事業所数の推移が反時計回りになっており、これらはいずれも日本の東部の地域に当たることから、日本の東部の事業所数が、相対的に増加したことが分かる。したがって、これらの図において観察された結果は、これまでに確認した製造業の東部拡大と西部縮小の見方と一致していることになる。

次に、従業員数について、その変化が最も顕著であるのは、近畿地域の従業員数の相対的な減少であり、それとは対照的に際立っているのは、東北地域と東海地域における従業員数の相対的な増加である。また首都圏の関東地方でも従業員数は減少していることから、従業員数は、東京と大阪のある大都市地域から、東海地域や東北地域などの、地方に向けて移動していったことが分かる。このことは、前章で確認した通り、大都市において地価の高騰が著しかったことから、東京や大阪などの大都市から、地方の都市に向けて製造活動が移動し、その後、バブル経済崩壊後に地価が下落した後も、製造活動は大都市に、完全には回帰しなかったことを示唆している。

## 2 大都市圏の事業所数と従業員数の地理的分布

これまでの分析から、製造事業所は西から東に向けて、その地理的な分布を移動させてきたのに対し、従業員は大都市圏からその周辺地域へと移動する傾向にあったことを確認することができた。そこで次に、東京と大阪という大都市の中心とその周辺都市という、中心－周辺構造に焦点を絞って、この事業所数と従業

### 図26　東京都市圏と大阪都市圏の事業所数の推移

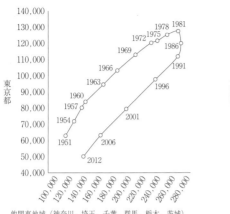
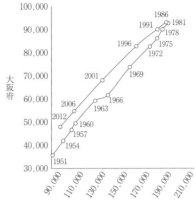

### 図27　東京都市圏と大阪都市圏の従業員数の推移

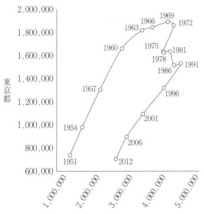
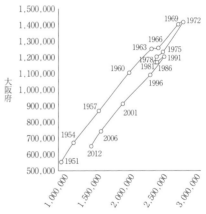

　員数の変化について確認しておくことにしよう。

　まず表8に関して、東京を中心とする関東地域では、その中心と周辺とでは、対照的な変化を確認することができる。つまり、中心地である東京では、事業所数と従業員数が共に減少しているのに対し、その周辺地域では、事業所数と従業員数が共に増加しており、特に、その従業員数については顕著な増加を確認することができる。また、事業所数に関しても、栃木と群馬という内陸の地域では、

表8　事業所数と従業員数の推移の結果（関東）

| | 全域 | 東京 | 神奈川 | 埼玉 | 千葉 | 栃木 | 群馬 | 茨城 |
|---|---|---|---|---|---|---|---|---|
| 事業所数変化率 | 18.54% | -20.49% | 149.47% | 124.51% | 46.23% | 6.58% | -2.62% | 38.97% |
| 従業員数変化率 | 93.12% | -4.40% | 120.26% | 285.39% | 309.58% | 189.59% | 140.35% | 384.91% |

表9　事業所数と従業員数の推移の結果（近畿）

| | 全域 | 大阪 | 京都 | 奈良 | 兵庫 | 滋賀 | 和歌山 |
|---|---|---|---|---|---|---|---|
| 事業所数変化率 | 7.0% | 33.57% | -20.44% | -20.51% | 13.48% | 18.80% | -45.22% |
| 従業員数変化率 | 31.5% | 17.18% | 27.67% | 83.41% | 29.14% | 181.65% | 6.30% |

その数が相対的に減少しているものの、その他の周辺県では、関東全域の成長率を、大幅に超える成長率を達成しており、製造業の立地行動に関して、東京を中心とした遠心力が強く働いていたことが伺える。その一方で、従業員数の増加率と事業所数の増加率を比較するとき、従業員数の増加率が事業所数の増加率を大きく上回っているのは、千葉、栃木、群馬、茨城などの周辺地域であり、東京に隣接する神奈川と埼玉よりも、それらの周辺地域においては、従業員数を基準とした事業所の規模が拡大したことが分かる。

次に、表9によれば、大阪を中心とする近畿地域では、事業所数は大阪で最も高い伸びを見せており、製造業の立地行動においては、大阪を中心とした求心力が強く働いていたことが推察される。その一方で、従業員数に関しては、奈良と滋賀という、東京－名古屋－大阪を結ぶ太平洋ベルト工業地帯で高い成長率が達成されており、奈良と滋賀では、その事業所数を減少させながらも、その規模が拡大していったことが分かる。また、事業所を減らした他の県についても、従業員数については増加していることから、事業所の平均規模は、近畿全域において拡大傾向にあったことが分かり、また従業員数の増加率が、事業所数の増加率を大きく上回っていたのは、京都、奈良、滋賀、和歌山などの周辺地域であり、関東地方と同様に、その周辺地域において、事業所の規模が拡大したことを確認することができる。

以上のことから、本節ではいくつかの点について明らかになったが、特に、製造業の立地行動分析と地域間取引ネットワーク分析に関して、次の2点が重要であると思われる。まず製造活動の地理的な分布の分析において、製造活動は「バ

ブル経済」崩壊後の1991年から減少しつつ、その事業所数の分布は、東京を中心とした大都市圏に偏って分布するようになり、その従業員の分布は、西側から関東地方、東海地方、東北地方という東側にシフトするという、製造業の東部拡大と西部縮小を再確認することができた。

また、事業所の規模に関して、日本全体では、関東地域と東北地域、そして東海地域において拡大する傾向があり、中心－周辺構造内では、中心地域よりも周辺地域において拡大する傾向にあることが明らかになった。この製造業の地理的な分布と事業所の規模については、地理的に相関する傾向にあることが分かり、製造業の東部拡大と西部縮小は、製造規模の東部拡大と西部縮小を伴うことになる。この２つの傾向性については、本章以降の分析において度々参照することになる。

〈要点〉
・戦後の国内の製造活動は、1991年まで増加し、それ以降は減少している。
・バブル経済崩壊以降、製造事業所・従業員は大きく減少した。
・1951年当時、事業所数・従業員数の分布は、東京－名古屋－大阪間に集中していた。
・1951年当時、従業員数でみた事業所の平均規模は、地域間で大きな差はなかった。
・過去60年間に渡って、事業所の地理的分布は、関東地方、近畿地方などの大都市圏とその周辺地域に移動してきた。
・過去60年間に渡って、従業員の地理的分布は、中国地方、四国地方、九州地方などの西側から、関東地方、東海地方、東北地方などの東側に向けて移動してきた。
・戦後、日本全国において従業員数からみた事業所の平均規模の大規模化が進行した。
・その大規模な事業所が著しく増加したのは、東北地方、東海地方、関東地方である。
・東京を中心とする関東地域においては遠心力が強く、製造業の分布は発散傾向にある。
・従業員数でみた事業所の規模は、中心地域よりも周辺地域において拡大する傾向がある。

## 工業立地動向の概観

　前節までは、『事業所・企業統計調査』に依拠しながら、戦後の工業立地の動向について概観してきたが、本節では、本書の主要な分析の対象となる、『工業立地動向調査』について、その立地理由に関するアンケート調査の対象となった、製造工場の立地選択行動の特徴とパターンについて分析していきたいと思う。

　本節の目的は大きく次の２つになる。まず、本章以降で分析される『工業立地動向調査』の対象となった製造工場について、その製造工場の地理的な分布を把握することである。これらの製造工場の立地選択理由を分析する際に、その立地選択理由と実際の立地選択地域とを照らし合わせて比較する必要があり、そのとき調査対象となった製造工場の地理的な分布が重要になる。したがって、アンケート調査の対象となった製造工場の地理的な分布の特徴とパターンを明らかにし、それを整理することが本節の最初の目的となる。

　もう一つの目的は、前節で利用した『事業所・企業統計調査』から導かれた製造活動の地理的分布と、本節で利用する『工業立地動向調査』から導かれる立地動向との間に、一定の整合性を確認することである。『事業所・企業統計調査』では、各年の事業所数が調査されているのに対し、『工業立地動向調査』では製造工場の新規立地件数を調査していることから、『事業所・企業統計調査』で調査された事業所数と比較するとき、『工業立地動向調査』で調査された新規立地件数は、その新規製造工場の増加数に対応することになる。この製造工場の立地件数は、絶対的な事業所数の変化よりも各地域の立地モーメントを測るのに相応しく、製造業の地域構造の進化を分析する際に、より重要な統計になる。そこで次に、どの地域において、製造業の立地モーメントが強かったのかについて明らかにするために、『工業立地動向調査』で調査された、製造工場の新規立地件数の地理的な分布について分析していくことにする。

## 工業立地動向調査における立地件数の変化

　まず、『工業立地動向調査』の統計をもとに、1974年から2015年までの過去40年間に渡る、工業立地件数の変化について確認していこう。ここで1974年から2015年までの統計を用いるのは、この『工業立地動向調査』において、1974年が

図28　全国の製造業立地件数の変動（1974年～2015年）

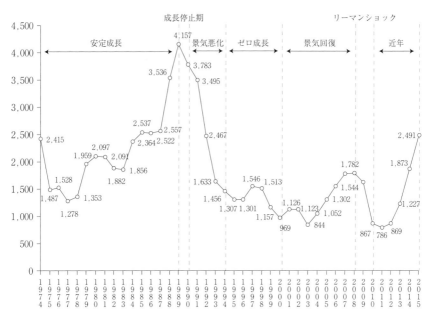

最も古い統計であり、2015年が最も新しい統計であるという、統計制度の理由によるものである。

　図28は、『工業立地動向調査』における製造工業の新設立地件数を、その時系列に沿って折れ線グラフで表したものである。まず、製造業の事業所数が1991年頃まで増加し続けていたことについては、前節の『事業所・企業統計調査』の結果から、すでに確認した通りであるが、この『工業立地動向調査』の結果からも、製造業の新規立地件数が、1990年までは増加傾向にあったことを確認することができる。特に、本書において重要になるのは、「バブル経済」が終わった1990年以降の立地件数の変化になるが、この『工業立地動向調査』による立地件数の変化から、立地件数ら景気の変動に伴って大きく変動することが分かり、特に、景気回復期と景気悪化期における、製造工場の立地件数の変化の仕方は顕著であるといえる。

　この景気の変動と製造工場の立地件数の相関関係について詳しくみていくと、1989年の「バブル経済」崩壊時から、製造工場の立地件数は減少に転じており、

その後の1991年から1994年の景気悪化局面において、ピーク時の4,157件の3分の1を下回る件数まで減少している。その後、1995年のIT景気など、一時的な好景気があったものの、長引く不良債権問題と構造改革によって、日本の経済は2000年までゼロ成長を続けることになり、工業立地件数もこれに呼応するかのように、1,000件を下回る水準で推移している。

2002年になると、戦後最長の好景気であるいざなみ景気が始まり、立地件数が最低水準だった2003年の844件から、2007年の1,782件まで、その件数はほぼ倍増している。その後、リーマンショックによる世界同時不況が起こり、立地件数は一時的に786件まで減少するものの、近年の「アベノミクス」による金融緩和政策と拡張的財政政策によって、日本経済の景気は再び回復し、製造工場の立地件数も回復傾向にあることが分かる。

このように、製造工業の新設立地件数は、景気の変動に対して敏感に反応しており、前節で確認した事業所数や従業員数などの絶対数よりも、この製造工場の新規の立地件数の方が、その反応の精度が高いことが分かる。これは事業所数が、存続事業所数に新設事業所数を足し合わせて、その数から廃止事業所を差し引いた値であるのに対し、ここで扱っている数は、製造工場の新築件数であることから、新規に製造工場を建設することによって、生産設備を拡大するかどうかの判断が、景気の動向に影響を受けやすいのは、当然のことであるといえよう。

次に、3大都市圏の立地件数の変動について、図29で確認してみることにしよう。国内最大の大都市圏を含む関東地域は、東京を中心とする経済圏であり、現在、人口の最も集中している地域である。この図29における関東地方には、東京・神奈川・埼玉・千葉、群馬、栃木、茨城の7県が含まれており、それらの県での新設工場の合計件数の推移が、グラフの高さによって表されている。次に、第2の都市圏である近畿地域は、大阪を中心とする経済圏であり、この近畿地域は、少なくとも高度成長期においては、関東地方と並ぶ日本第2の経済圏であった。この経済圏には、大阪・京都・奈良・兵庫・滋賀・和歌山の6県が含まれており、それらの県での新設工場の合計件数の推移も、このグラフの高さによって表されている。

この関東地域と近畿地域の立地件数を比較してみると、その立地件数の変化の仕方は、景気の変動に対応する形で、非常に似通っている一方で、その立地件数は、関東地域の件数が近畿地域の件数を常に上回っており、この差は特に、景

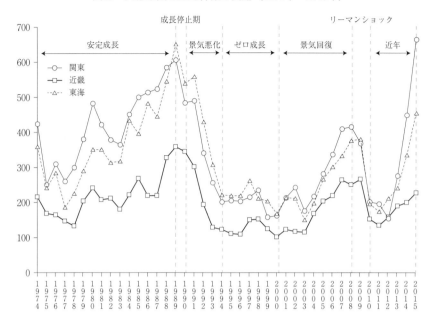

図29 大都市圏の立地件数の変動（1974年〜2015年）

気回復期において顕著になるようである。これについては、前節の事業所の分析において、関東地域と近畿地域の事業所数は、過去半世紀に渡って共に増加していた一方で、関東地方の増加率が、近畿地方の増加率を圧倒していたことから、この景気回復期における新設工場の件数の差が、その両地域での事業所数の増加率の差に、寄与していたものと考えることができる。

最後に、第3の都市圏である名古屋を中心とする東海地域についてみてみよう。この東海地域では、他の2大都市圏が金融・サービス業を主体とする第三次産業が発達しているのに対し、製造業を主体として発展しているところにその特徴がある。そして、この東海地域を立地件数と、関東地域と近畿地域の立地件数を比較してみると、東海地域の立地件数は、関東地域に匹敵するほど多かったことが分かり、近畿地域よりも常に多くの製造工場を誘致してきたことが分かる。このことは、日本製造業の立地件数が、安定成長期が始まった頃から現在に至るまで、関東地域と東海地域の両地域で多く、近畿地域と西部の地域では少なかったという、製造業の東部拡大と西部縮小の見方と一致しており、この製造工場の立地件

図30　14地域の名称と分布

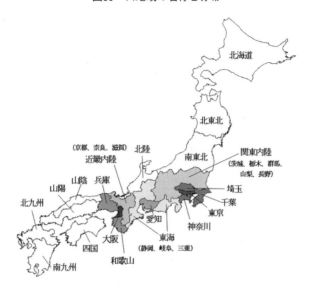

表10　14地域の分類とその名称

| 地域名 | 都道府県 | 地域名 | 都道府県 |
|---|---|---|---|
| 北海道 | 北海道 | 近畿内陸 | 滋賀、京都、奈良 |
| 北東北 | 青森、岩手、秋田 | 近畿臨海 | 大阪、兵庫、和歌山 |
| 南東北 | 宮城、山形、福島、新潟 | 山陰 | 鳥取、島根 |
| 関東内陸 | 茨城、栃木、群馬、山梨、長野 | 山陽 | 岡山、広島、山口 |
| 関東臨海 | 埼玉、千葉、東京、神奈川 | 四国 | 徳島、香川、愛媛、高知 |
| 東海 | 静岡、愛知、岐阜、三重 | 北九州 | 福岡、佐賀、長崎、大分 |
| 北陸 | 富山、石川、福井 | 南九州 | 熊本、宮崎、鹿児島、沖縄 |

　数の地域間の違いが、製造業の事業所の増加率の地域間の違いに貢献し、製造活動の地理的な分布が、関東地域、東海地域、東北地域に移動してきたことに貢献してきたと推察される。

　次に、関東地域と近畿地域のそれぞれについて、その中心－周辺構造における立地件数の分布について分析してみよう。まず図31は、東京と関東臨海（神奈川・埼玉・千葉）の立地件数と、その周辺地域である関東内陸（茨城・栃木・群

図31 関東地域とその周辺地域の立地件数の変動（1974年〜2014年）

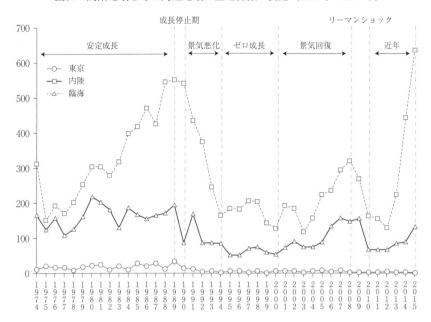

馬・山梨・長野）の立地件数を比較したものである。この表から読み取れる重要な点が2つある。一つは、東京と関東臨海、関東内陸を比較したとき、東京での新設工場の立地がほとんどない一方で、東京周辺の臨海地域から、その周辺の内陸地域にかけて、新設工場の立地件数が急激に増加したという点である。東京を中心とした経済圏では、特に、工業用地の地価の差が顕著に表れていることから、このような中心 – 周辺構造が形成されやすく、金融業やサービス業、小売業、飲食業などの、土地当たりの生産性が高い産業が、中心地域の大部分を占める一方で、土地の生産性が比較的低い製造業は、その周辺地域に立地する傾向にあると解釈することができる。

もう一つは、バブル経済や、1995年のIT景気、2002年からのいざなみ景気などの好景気時には、立地件数の周辺地域（関東内陸）への分散が大きくなる一方で、1975年のオイルショック、1989年の「バブル経済」の崩壊、2008年の世界同時不況など、経済情勢が深刻なときには、その周辺地域への立地件数の分散が小さくなるということである。これについては、前章で景気拡大期には、中心地域

図32 近畿地域とその周辺地域の立地件数の変動（1974年～2014年）

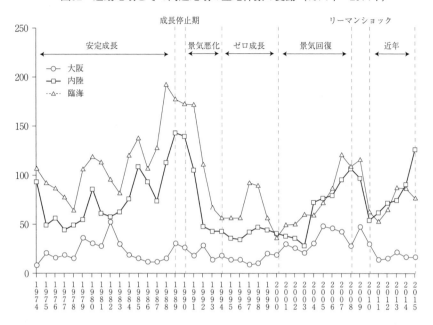

の工業用地の地価の値上がり率が高く、景気後退期には、中心地域の工業用地の地価の値下がり率が著しかったことから、工業立地は景気拡大期には、東京から離れた周辺地域に拡散していく一方で、景気後退期にはその拡散の度合いが弱まると解釈することができる。換言すれば、需要の中心地である東京に向けた求心力は、常に働いている一方で、景気拡大期には製造工場の立地件数が増えると同時に、中心地域の地価も大幅に上昇することから、その立地地点が周辺地域に分散していくような、東京を中心とする典型的な中心－周辺地域構造が拡がっているということになる。

　これに対し、図32は、大阪と近畿臨海（兵庫・和歌山）の立地件数と、その周辺地域である近畿内陸（京都・奈良・滋賀）の新設工場の立地件数を比較したものである。この図32を先ほどの図31と比較するとき、次の２つの点において対照的である。第一に、中心地域である東京圏の立地件数は、その周辺地域の立地件数よりも、非常に少なかったのに対し、この大阪圏の立地件数は、単県としてはその他の周辺県と変わらないか、むしろ多い時期もある。第二に、東京を中心と

する地域では、景気回復時と景気悪化時において、その立地件数の周辺地域への分散が拡大したのに対し、この近畿臨海と近畿内陸の2地域では、その分散が拡大するというよりは、むしろ、それぞれの立地件数が、その景気の状態に応じて、平行移動しているように見える。

　この2つの点から考えられることは、東京を中心とする地域と大阪を中心とする地域とでは、その構造的な違いが少なからずあるということである。その違いとは、例えば、東京を中心とする地域では、東京がその地域の中心としての役割を十分に果たし、その周辺地域が中心と全体との関係において、個々の役割を果たしながらも、互いに関係し合いながら活動していたことになる。これに対し、大阪を中心とする地域では、個々の地域が独立して経済活動を行い、中心−周辺構造が確立されないまま、互いにあまり依存し合わずに立地選択を行っていたという違いである。この違いの詳細について不明であるが、少なくとも大阪を中心とする地域では、中心地域−周辺地域という構造が確立されているとは断定することはできず、不用意に、大阪を近畿の中心として分析することは適当ではないだろう。

### 新設工場の立地件数の分布

　これまで製造工場の立地件数の変化について分析してきたが、この分析によって、立地件数と景気変動には相関関係があったことや、新設工場の立地件数が関東地域や東海地域、東北地域に偏って分布していること、東京を中心とする関東地域では、立地件数の間に相関関係があることなどが明らかになった。次に、この分析結果を踏まえながら、安定成長期である1974年から1989年までの立地件数の地理的分布と、バブル経済崩壊以降の1989年から2015年までの、立地件数の地理的分布について確認していくことにする。

　まず図33から図36は、製造工場の立地件数を各都道府県について求め、その立地件数の値にもとづいて、色の濃淡を付けたものである。特に、日本の安定成長期における立地件数については図33と図34で、バブル経済崩壊以降の立地件数について図35と図36で表している。ここで、そのそれぞれの期間について、4種類の分位図に分けて分析しているのは、経済状態に対応した立地件数の地理的な分布を明らかにするためである。

図33　1974年から1989年まで（安定成長期）の立地件数の割合、2分位（左）、3分位（右）

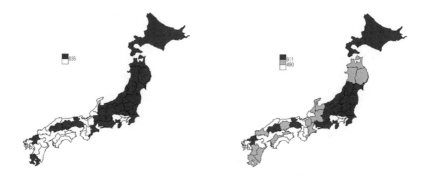

図34　1974年から1989年まで（安定成長期）の立地件数の割合、4分位（左）、5分位（右）

図35　1990年から2015年まで（バブル経済以降）の立地件数の割合、2分位（左）、3分位（右）

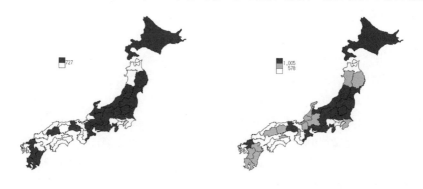

図36　1990年から2015年まで（バブル経済以降）の立地件数の割合、4分位（左）、5分位（右）

表11　首都圏と首都圏周辺地域

|  | 都道府県 | 地域 |
|---|---|---|
| 首都 | 東京 | 関東 |
| 首都圏 | 神奈川、埼玉、千葉 | 関東 |
| 首都圏周辺地域 | 福島 | 東北 |
|  | 群馬、栃木、茨城 | 関東 |
|  | 愛知、静岡、長野 | 東海 |
|  | 新潟 | 北陸 |

　これらの図において、色の濃淡が2種類に分けられている図では、立地件数の中央値を基準として、その中央値以上と未満とで色が分かれている。また色の濃淡が3種類に分けられている図では、3つのグループを構成する県の数が同じになるように、立地件数が多い順に色が分けられている。そして、4分割の場合も5分割の場合も同様に、それぞれ4つのグループを構成する県の数が同じになるように、もしくは5つのグループの県を構成する数が同じになるように、色の濃淡が分けられている。

　これらの図から明らかになる通り、日本国内における新設工場の立地分布は、安定成長期であった1974年から1989年までの期間と、バブル経済が終わった1990年から2015までの期間とでは、それほど大きな差はなく、製造業の東部拡大と西部縮小という、一貫した立地傾向が存在していたことが分かる。この一貫した傾向は、前節の『事業所・企業統計調査』の結果表の分析で確認した通りある。し

たがって、製造業の東部拡大と西部縮小という傾向性は、少なくとも日本の安定成長期よりも以前に始まっていたことが分かる。

その一方で、前節の分析とは異なり、その製造業の東部拡大と西部縮小が、地理的にどのように拡大してきたのかを確認することができる。まず、前節で立地件数が増加傾向にあった関東地域、東海地域、東北地域の中でも、その立地件数には地域的な差があり、特定の県に製造工場の新規立地が集中していることが分かる。つまり、関東地域の中でも北部の群馬、栃木、茨城の3県、東北地域の中でも南部の福島、東海地域の中でも愛知、静岡、長野での立地件数の多さが際立っており、これに北陸地域の新潟を加えれば、東京を中心とする新設工場の建設の多い地域を網羅することが可能になる。

ここで挙げた製造工場の新規立地件数の多い県を要約すれば、東京を中心とする首都圏と周辺地域であるということができる。つまり、東京に隣接している都道府県には、神奈川、埼玉、千葉が含まれるが、これらの地域は首都圏と呼ばれる東京の周辺地域であり、東京ほどではないものの、依然として人口密度が高く、工業用地に適した土地も少ないことから、工業立地選択の対象地域から外れやすい地域である。これに対して、その首都圏を取り囲む9県は、東京を中心とした首都圏に隣接しており、比較的人口密度も低く、工業用地に適した土地も多くあることから、首都圏に向けた輸送の便を考えるとき、この9県における立地は魅力的なものであり、多くの工場がこの9県に立地することは理に適っている。

これについては、第2章で、人口と所得の地理的な分析から、市場となる需要が、東京を中心とする関東地域に偏って分布していることが明らかになり、これを需要分布の東部移動と呼んだが、この需要分布の東部移動と製造業の東部拡大と西部縮小とを関連付けることは可能である。つまり、この需要分布の東部移動とは、人口と所得が東日本に向かって移動していることを意味し、人口が東日本に集中していることは、市場となる需要が東日本に集中していることだけでなく、労働を提供する労働力が東日本に集中していることも意味することから、製造工場の立地地域としては、西日本よりも東日本の方が、より魅力的になる。したがって、この製造業の東部拡大と西部縮小は、需要分布の東部移動という大きな流れを反映した、強い立地傾向であるといえる。

ところで、この神奈川、埼玉、千葉からなる首都圏と、群馬、栃木、茨城、福島、新潟、長野、静岡、愛知からなる首都圏周辺地域の違いは、次のように整理

することができる。神奈川、埼玉、千葉の首都圏は、多くの場合、東京まで移動するのに要する時間が1時間以内であり、東京にヒトが移動することが容易な県である。そのため、東京にある事業所・企業の対面によるコミュニケーションが容易であり、取引活動や営業活動、社内・社外コミュニケーションを可能にするために必要な、最低限の近接性を確保することができる。

これに対して、首都圏周辺地域では、東京までの距離が長すぎるため、ヒトが行き来するには非常に不便な地域であるといえる。その一方で、地価は首都圏よりも安く、工業用地の確保も容易であることから、この地域での製造工場の建設が増える傾向になる。そして、東京に向けたヒトの往来が少なくなる一方で、東京に向けたモノの往来が増えることになり、この首都圏周辺地域では、モノが東京に向けて移動することになる。

但し、この首都-首都圏-首都圏周辺地域の構造は、それほど単純なものではなく、首都圏周辺地域には、愛知と静岡を擁する主要工業地域があり、この地域ではトヨタやヤマハ、デンソーなど輸送用機械の本社と、その関連工場が集中している。これらの企業の生産活動においては、東京に向けたヒトの往来は、必ずしも必要とされていないことから、東京を中心とする経済圏の活動とは、部分的に独立した経済圏を形成していると考えることができる。また地理的にも東京と大阪の間にあることから、二大都市圏という消費地に向けた輸送の便を考えるとき、この東海地域の立地は最適なものになるに違いない。

さらに、この首都圏周辺地域には長野と新潟の2県も含まれており、この地域は東京を中心とする首都圏と、製造業の集中する東海地域の両方に対して等距離にあり、また高速道路や高速鉄道も両地域において発達していることから、輸送と交通の便の観点から、大きな地理的な利点があることになる。したがって、首都圏以北と東海地域以外での立地選択を考えるのであれば、この長野と新潟の2県は最適な立地県になるであろう。

ここで、この需要分布の東部移動の中心地域となり、製造業の東部拡大と西部縮小を推し進めている首都-首都圏-首都圏周辺地域の全域を含めた地域のことを、東京広域圏と呼ぶことにしよう。そして、この東京広域圏は、人口と所得が集中する地域であると同時に、製造業の立地件数が集中している地域であり、日本の様々な経済活動が集中する主要地域として認識することにする。また、この東京広域圏は、その地域で活動する企業が、東京に集中する経済活動から何らか

の影響を強く受けている地域であり、その地域に立地した企業の経営は、東京で行われている経済活動（例えば、消費や商取引、営業や市場調査、研究開発や情報交換、財務活動や社会活動など）とは切り離せない地域であることになる。

　ところで、この東京広域圏に含まれない県の中で、工場立地件数が非常に多い県が3県ある。1つ目は兵庫であり、兵庫は大阪に隣接しながらも人口密度が低く、かつ工業用地に適した土地が多くあることから、古くから近畿地域の製造業の中心となっている。したがって、兵庫に立地する製造工場は、主に近畿地域に向けた生産を行っている場合が多く、首都圏や東海地域とは別に、近畿地域と強く結びついた生産を行っているものと思われる。

　2つ目は福岡であり、この福岡は本州とは離れた九州の中心地域であることから、首都圏、東海地域、近畿地域とは独立して、比較的小さい経済圏が形成している可能性がある。また仮に、製造企業の本社が福岡になく、首都圏、東海地域、近畿地域にあったとしても、本州から離れたこの九州地域の市場に対応するために、企業が九州の中心である福岡に工場を建設することは想像に難くない。

　3つ目に北海道があるが、北海道はその土地面積が他県に比べて極端に大きいことから、その立地件数の分布の割合は必然的に高くなる傾向にある。その一方で、この北海道の土地の余剰は突出して高く、土地にまつわる費用も格段に低いことから、この北海道における立地件数の高さは、単純に他の県の立地件数と比較できるものではなく、その意義は独特なものであるといえる。

　次に、各都道府県の立地件数を、景気循環にしたがって5つの期間に分けて分析してみよう。図37と図38と図39の3つの図は、都道府県ごとの立地件数の頻度を、その色の濃淡によって表したものであり、ここでは成長停止期、景気悪化期、ゼロ成長期、景気回復期、近年という5つの期間のそれぞれについて区別している。

　これら5つの図を比較するとき、次の2点について読み取ることができる。第一に、前半の3つの期間である成長停止期、景気悪化期、ゼロ成長期については、各県で多少の増減はあるものの、立地件数の相対的な頻度は、都道府県間でほとんど変化していないということである。つまり、ここで立地件数の相対的な頻度が高い県とは、首都圏周辺地域に属する県であり、その他にも兵庫、福岡、北海道の3県が含まれる。これについては、これまでに特定してきた、工業立地件数が多い地域と大きな違いはない。

第3章　工業立地の動向　105

図37　立地件数の分布：成長停止期（左）と景気悪化の期間（右）

図38　立地件数の分布：ゼロ成長期（左）と景気回復期（右）

図39　立地件数の分布：近年

## 図40　新設工場の立地件数の分布の変化率

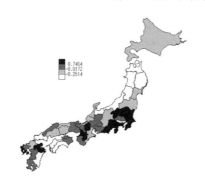

　第二に、景気回復期から近年に掛けて、立地件数の頻度が多い地域が、東京広域圏に狭まっていることが分かる。それまでは、立地頻度の高い地域が、関東北部から東北地方、北陸地方にまで広がっていたが、特に近年に至っては、その地域が東京に向けて狭まっている。そして、その立地頻度の高い地域とは、首都圏に隣接する首都圏周辺地域であり、その地域の拡がりは、東京に比較的近い地域に限られたものであることが分かる。

　この立地件数の多い地域の地理的な範囲の狭まりについて、立地件数の増加率でも確認してみることにしよう。図40は、成長停止期の立地件数と近年の立地件数とを比較して、その件数の増加率を各県ごとに算出し、その増加率に応じて46都道府県を4分割したものである。まず、東京と首都圏、その周辺地域の中で、その最も高い成長率を達成しているのは、東京に隣接している神奈川、千葉、山梨である。ここで神奈川、千葉は首都圏を構成する県であり、首都圏周辺地域である群馬、茨城、栃木などの県よりも、より東京に近い地域に位置している。これにより、立地件数が最も増加した県が、東京に隣接している首都圏の地域と、首都圏周辺地域の中でも東京寄りの県であり、同じ東京広域圏の中でも、東京に近接した地域で高くなっていることが分かる。

　また、これまでの分析では、近年までの立地傾向として、その東京広域圏だけでなく、兵庫と福岡でもその立地件数の多さが目立っていた。しかし、この立地件数の増加率をみてみると、近畿地方における大阪とその周辺地域の中で、最も高い成長率を達成しているのは、兵庫ではなく、大阪自体とその大阪に隣接している奈良と滋賀であることが分かる。これも従来の立地傾向とは異なり、近年な

って初めて現れた、特有の立地傾向あるといえる。また、九州地方についても立地傾向の変化はあり、近年までは福岡の立地件数の多さが目立っていたが、近年の増加率では、福岡に隣接する大分での立地件数が伸びてきていることが分かる。

それではなぜ、近年になって、このような立地傾向の変化が生じることになったのであろうか。特に首都圏に至っては、バブル経済以降に、その地価が急激に下落したとはいっても、その地価は全国平均と比較しても依然として高く、工業用地に適した土地が多いとは言い難い。しかも、首都圏では労働力が不足しがちであり、賃金も比較的高くなる傾向にあることから、その経済的な立地条件は、必ずしも望ましいものであるとはいえない。そこで本章以降は、この立地頻度の地理的な偏りの原因について、立地選択のアンケート調査の結果にもとづきながら、分析をすすめていくことにする。

〈要点〉
・立地件数は1991年以降減少している。
・新設工場の立地件数は、景気の変動に対して敏感に反応する。
・東京を中心とする関東地域では、中心－周辺構造が拡がっている。
・製造業の中心は、東京を中心とする関東以北と、名古屋を中心とする東海地域になっている。
・近年、立地件数の頻度が高い地域は、首都圏周辺地域という広範囲に渡る地域から、東京に近接する地域に狭まってきている。


## まとめ

本書ではこれまで、①日本国土における企業と家計の地理的な分布はどのようになっているのか、という問題に対して回答を得るために分析を積み重ねてきた。特に本章では、『工業立地動向調査』のアンケート調査の概要について説明し、そのアンケート調査の対象となった製造工場について、その業種の割合と地理的分布、規模の違いについて紹介してきた。その中で明らかになったことの中で、特に重要なことは、人口と所得が東日本に移動していくという需要分布の東部移動や、それに呼応しながら起こった製造業の東部拡大と西部縮小である。

そして、製造工場の立地が特に集中している地域のことを東京広域圏と呼び、

本章ではそれに北海道、兵庫、福岡を加えることによって、工業立地のホットスポットとなっている地域を特定した。これらの分析結果から、①日本国土における企業と家計の地理的な分布はどのようになっているのか、という問題に対して、十分な回答を得たように思う。そこで次に問題になるのが、②日本の地域間ネットワーク構造はどのようになっているのか、という問題である。

この②日本の地域間ネットワーク構造はどのようになっているのか、という問題に対しての回答を得るには、少なくとも地域間の取引ネットワークを直接的に分析していく必要があるが、その後の、③その日本の地域ネットワーク構造はどのように進化するのか、という問題に対して回答を得るには、そのネットワークの進化とダイナミズムを引き起こす要因である、ネットワーク補完型の立地モーメントについて分析しておくことが必要になる。

実際に、このネットワーク補完型の立地モーメントについて分析していくには、『工業立地動向調査』における、製造工場の立地選択理由の中で、企業内ネットワーク・企業間ネットワークを補完するような立地選択理由の分析が必要になる。そこで次章では、このネットワーク補完型の立地理由とは、具体的にどのようなものなのかについて、『工業立地動向調査』の概要について紹介しながら、明らかにしていくことにしよう。

# 第4章　立地調査の概要

　本書ではこれまで、戦後日本の経済の動向と需要の分布、地価の変動、製造業の立地の動向について分析してきた。それらの分析により、需要の地理的分布の東部移動という、人口と所得の地理的な分布が、日本の国土の東部に移動してきたことが明らかになり、またそれにより、工業製品の消費主体となる家計も、首都圏を中心とする地域に移動してきたことが明らかになった。さらに、製造業の活動が、東京を中心とする関東とその周辺地域で拡大すると共に、大阪を中心とした西日本、特に、福岡を除く近畿地域、中国地域と四国地域で縮小するという、製造業の東部拡大と西部縮小を確認することができ、日本の製造活動が近年特に集中している地域として、首都 - 首都圏 - 首都圏周辺地域の全域を東京広域圏と呼ぶことにした。これらの事実は、本書で行う製造工場の立地行動分析と、地域間取引ネットワーク構造の分析において、様々な判断をするための有力な根拠となりうる。

　本章では、その本格的な調査結果の統計分析に入る前に、同アンケート調査の方法について、その概要について説明していくことにする。特に、『工業立地動向調査』における調査方法は、この25年の間に幾度か変化し、本書ではそれらを時系列で比較可能にするために、いくつかの統計の操作を行っている。そこで、その統計の操作が、本書の分析結果において、どの程度影響を与えるものなのかについて、予め議論しておく必要がある。そして、『工業立地動向調査』の結果表の内容について概観することにより、日本の製造業の立地選択行動の全体像について把握し、次章で行う本格的な統計分析の準備とする。

## アンケート調査の概要

　アンケート結果の概要について説明していく前に、本書の分析対象となる立地調査がどのように実施されたかについて、簡単に説明しておくことにしよう。ア

ンケートによる立地調査は、経済地理学や地域科学の分野では、しばしば利用される手法である。本書で分析の対象となるのは、日本立地センター（JILC）が1989年より実施している、『工業立地動向調査』である。同調査は、現在、経済産業省の管轄にあり、その結果は国土開発の策定の際に利用されている。

アンケート調査の対象となった製造工場、次のような基準を満たしたものである。

・対象：製造設備の建設のために1,000$m^2$以上の土地を購入または借地した工場
・範囲：標準工業分類（SIC）2ケタまでの製造業
・時期：各企業が製造設備の建設を地方自治体に申請した際

有効なアンケートを回収できたのは、分析対象となる1989年から2015年までに42,202件あり、このアンケートは、土地面積1,000$m^2$以上[15]の製造工場を建設する事業主が、工業の建設を地方自治体に申請する際に、国土交通省からの委託によって実地されたものである。ここで工場とは、新設工場と既存の工場が移転する際の移転工場の両方を含み、本書ではこれらを区別していない。

また、同アンケート調査では、「なぜその申請した地点に立地することを選択したのか」について、その立地理由を選択する形式となっており、その選択では、立地選択において最も重要となった立地理由を一つだけ選択することができる。その他にも、その最も重要な立地理由に次いで重要な立地理由を、二つ選択することができた期間もあったが、そうでなかった期間もあったことから、本書では、最も重要であった一つの理由だけを分析対象とし、二番目、三番目の立地理由は分析の対象から除外することにした。

また、同調査票において、立地理由として挙げられた選択肢は、JILCにより作成されたものであり、後で紹介するように、主要な立地理由の多くが網羅されている。但し、製造業にとって重要になる立地理由は、時代と共に移り変わるものであり、それぞれの選択肢が選択される頻度は変化し、ほとんど選択されることのない選択肢は削除され、その代わりに「その他」の立地理由の欄で多く挙げられた立地理由を追加することにより、アンケート調査に掲載される立地理由は、

---

[15] 1,000$m^2$の土地の広さとは、土地を正方形とし考えるとき、一辺が31.62mとなる広さの土地となる。

## 第4章 立地調査の概要

少しずつ変化することになった。

さらに、本書で製造工場というとき、それは1種類の工場として同質なものとして扱うが、実際にアンケート調査の対象となった工場は、次の4種類に分けることができる。第一に、本社と一体となっている工場（局所集中型）であり、これは全体の38.2％を占めている。第二に、本社と切り離された生産のみを行う工場（分工場型）であり、これは全体の28.5％にのぼる。第三に、第二のタイプから特定の製造工程のみに従事する工場（部分工程型）であり、これは全体の21.9％になる。最後のタイプは研究開発（R&D）の機能を備えた工場であり、これは全体の8.4％になる。そして残りの3.0％は、これら4種類のいずれにも属さない、特殊な工場になる。

また、この四半世紀の間にアンケートに回答した工場の規模について、その平均従業員数は38.4人であり、平均の敷地面積は11,880km$^2$になる[16]。これにより工場の規模は、その多くが中規模また大規模なものであり、その立地した地域の経済に与えた影響は少なくなく、地方自治体の経済に、大きな影響を与えたと推測される。

さらに、新設工場に関して、その69.94％が本社のある同じ都道府県内に建設されており、本社のある都道府県から外に建設された工場は、全体30.06％であった。またこの30.06％の中では、関東・東海・近畿などの地域の外に建設された工場は、全体11.88％であり、ほとんどの工場が、本社のある都道府県または地域に建設されたことが分かる。また、移転工場に関して、その92.87％が移転元と同じ都道府県に立地してきた一方で、7.13％が移転元とは異なる都道府県に建設されており、移転元の地域を超えて建設された工場は、僅か1.06％であった。

これらの統計により、アンケート調査の対象となったほとんどの工場は、その本社のある地域または移転元の地域に近接して立地されており、その立地選択の視野は、比較的狭いものであったことが伺える。したがって、一言に立地選択とはいっても、その選択範囲が日本の国土全体に向けられているというよりは、むしろその企業の活動の中心となる地域があり、その地域内に限定された立地選択がなされているといえる。

---

[16] 11,880km$^2$の土地を正方形で考えるとき、その一辺の長さは109.00mになり、工場としては決して小さくない規模であるといえる。

〈要点〉
・分析対象となるのは、立地選択において最も重要であった立地理由である。
・アンケート対象となった工場のほとんどは、局所集中型、分工場型、部分工程型の３種類に分けられる。
・アンケート対象となった工場の多くは、中規模から大規模工場である。
・新規工場も移転工場も、生産活動の中心となる地域内に留まる傾向にある。

## アンケート調査項目の変遷

　この『工業立地動向調査』は、四半世紀に渡って毎年行われており、その間、アンケート調査における立地理由としての項目は、少なからず移り変わっている。その変更の理由は、以前の調査結果にもとづいた重要項目と非重要項目の取捨選択であり、多く選択される立地理由ほど、継続して選択肢として残り、ほとんど選択されない立地理由については、その選択肢から削除されている。したがって、このアンケート結果を単純に比較することはできず、いくつかの立地理由を、その類似性から要約的にまとめることにより、アンケート調査結果を比較可能なものにするという作業が必要になる。

　表12は、このアンケート調査票に掲載された立地理由の項目と、その移り変わりを整理したものである。この表から明らかになるように、調査票に掲載された立地理由の項目は、過去３度変更されており、アンケート調査票は４種類あったことになる。そしてこの表では、それらの４種類の調査票に掲載された立地理由と、その立地理由が選択された回数、またその回数の全体に対する割合が示されている。

　最初のアンケート調査票は、1989年から1990年までに利用された調査票であり、この調査票における立地理由として特徴的なのは、「地元である」という立地理由があることである。そして、次のアンケート調査票は、1991年から1992年までに利用された調査票であり、その内容は、1989年から1990年までに利用された調査票とほとんど同じであるが、その「地元である」という立地理由に加えて、「用地確保の容易さ」という立地理由が追加されている。

　３つ目のアンケート調査票は、1994年から2006年までに利用された調査票であり、これは最も長く利用された調査票である。この調査票の変更点は、まず「地

元である」という立地理由が削除され、その代わりに「地価」という項目が追加されている点にある。また「労働力の確保」という立地理由に加えて、高度な知識と技能、管理能力を有する「人材の確保（理工系大学・工専等）」という立地理由が追加され、「県・市・町・村の助成・協力」という立地理由に加えて、国の政策支援に関して「国の助成・協力」という立地理由が追加されている。

さらに、「取引企業への近接性」と「下請関連企業の集積・技術力の高さ」という立地理由が、「関連企業への近接性」という立地理由として要約され、工場に従事する従業員の生活環境について、「良好な住環境（教育、ショッピング）」という立地理由が追加され、ほとんど選択されることのなかった「高次都市機能の享受」の代わりに、「対事業所サービス業・流通業への近接性」という立地理由が追加されている。

そして、最後のアンケート調査票は、2007年から現在まで利用された調査票である。この調査票の特徴は、「用地確保の容易さ」という立地理由が、「工業団地である」という立地理由と、「周辺環境からの制約が少ない」という理由に分割されていることと、「高速道路の利用」と「空港・港湾・鉄道等を利用できる」という立地理由が追加されている点で、それまでの調査票とは異なっている。

以上のように、調査票に選択肢として掲載される立地理由は、より良い分析結果を得ようとする試行錯誤の中で変化してきたことが伺える。その一方で、その変化とは、選択頻度の高い立地理由の詳細について明らかにするために、その立地要因をいくつかの立地理由として分離させる場合や、選択頻度の低い立地理由の代わりに、他の立地理由で置き換えるような変化の仕方である。したがって、詳細を明らかにするために分離させた立地理由については、同じ立地要因として一つにまとめ、選択頻度の低い立地理由については、その他の立地理由としてまとめることによって、立地理由間の直接的な比較はできなくとも、要約的にまとまった立地理由間の比較はある程度可能になる。そこで次に、その立地理由を、どのように要約的に立地要因としてまとめたのかについて、その詳細について説明することにする。

## アンケート調査項目の操作

本節では、この調査票に選択肢として掲載された立地理由を要約することによ

表12　アンケート調査

| | | 1989-1990 | | | 1991-1992 | | |
|---|---|---|---|---|---|---|---|
| 原材料への近接性 | 原材料等の入手の便 | | 152 | 4.1% | 原材料等の入手の便 | 88 | 2.2% |
| 市場への近接性 | 市場への輸送の便 | | 471 | 12.8% | 市場への輸送の便 | 320 | 8.0% |
| 関連企業への近接性 | 取引企業への近接性 | | 388 | 10.5% | 取引企業への近接性 | 302 | 7.6% |
| | 下請関連企業の集積・技術力の高さ | | 25 | 0.7% | 下請関連企業の集積・技術力の高さ | 22 | 0.6% |
| | 小計 | | 413 | 11.2% | 小計 | 324 | 8.1% |
| 労働力の確保 | 労働力の確保 | | 591 | 16.1% | 労働力の確保 | 493 | 12.4% |
| 企業内組織の集中 | 本社への近接性 | | 275 | 7.5% | 本社への近接性 | 246 | 6.2% |
| 政策支援の効果 | 県・市・町・村の助成・協力 | | 482 | 13.1% | 県・市・町・村の助成・協力 | 360 | 9.0% |
| 個人的な繋がり | 経営者等の個人的つながり | | 118 | 3.2% | 経営者等の個人的つながり | 122 | 3.1% |
| 共同立地 | 他企業との共同立地 | | 81 | 2.2% | 他企業との共同立地 | 61 | 1.5% |
| 工業用水の確保 | 工業用水の確保 | | 25 | 0.7% | 工業用水の確保 | 14 | 0.4% |
| ビジネスインフラの利用 | 高次都市機能の亨受 | | 5 | 0.1% | 高次都市機能の亨受 | 3 | 0.1% |
| 学術機関との提携 | 学術研究機関の集積 | | 10 | 0.3% | 学術研究機関の集積 | 5 | 0.1% |
| 用地の確保の容易さ | 地元である | | 529 | 14.4% | 用地入手の容易さ | 366 | 9.2% |
| | | | | | 地元である | 388 | 9.7% |
| | | | | | 小計 | 754 | 18.9% |
| その他 | その他 | | 114 | 3.1% | その他 | 121 | 3.0% |
| 立地件数 | | | 3,679 | | | 3,989 | |

## 項目の変遷と要約

| 1994-2006 | | | 2007-2013 | | |
|---|---|---|---|---|---|
| 原材料等の入手の便 | 83 | 4.7% | 原材料等の入手の便 | 24 | 3.4% |
| 市場への近接性 | 191 | 10.8% | 市場への近接性 | 43 | 6.1% |
| 関連企業への近接性 | 105 | 5.9% | 関連企業への近接性 | 55 | 7.8% |
| 労働力の確保 | 80 | 4.5% | 人材・労働力の確保 | 36 | 5.1% |
| 人材の確保（理工系大学・工専等） | 6 | 0.3% | | | |
| 本社への近接性 | 118 | 6.7% | 本社・他の自社工場への近接性 | 124 | 17.5% |
| 国の助成・協力 | 15 | 0.8% | 国・地方自治体の助成 | 26 | 3.7% |
| 県・市・町・村の助成・協力 | 110 | 6.2% | 地方自治体の誠意・積極性・迅速性 | 18 | 2.5% |
| 小計 | 125 | 7.1% | 小計 | 44 | 6.2% |
| 経営者等との個人的つながり | 57 | 3.2% | 経営者等の個人的なつながり | 8 | 1.1% |
| 他企業との共同立地 | 18 | 1.0% | 他企業との共同立地 | 4 | 0.6% |
| 工業用水の確保 | 6 | 0.3% | 工業用水の確保 | 6 | 0.8% |
| 対事業所サービス業・流通業への近接性 | 19 | 1.1% | 対事業所サービス業・流通業への近接性 | 4 | 0.6% |
| 学術研究機関の充実（産学共同等） | 2 | 0.1% | 学術研究機関の充実（産学共同等） | 1 | 0.1% |
| 用地の確保が容易 | 271 | 15.3% | 工業団地である | 53 | 7.5% |
| 地価 | 106 | 6.0% | 地価 | 54 | 7.6% |
| | | | 周辺環境からの制約が少ない | 42 | 5.9% |
| 小計 | 377 | 21.3% | 小計 | 149 | 21.1% |
| その他 | 76 | 4.3% | 高速道路の利用 | 12 | 1.7% |
| 良好な住環境（教育、ショッピング） | 2 | 0.1% | 空港・港湾・鉄道等を利用できる | 4 | 0.6% |
| | | | その他 | 38 | 5.4% |
| 小計 | 78 | 4.4% | 小計 | 54 | 7.6% |
| | 1,767 | | | 707 | |

り、それらの異なる4種類のアンケート調査結果を、比較可能なものにする作業に移っていく。まずこれらの4つのアンケート調査票において、継続して掲載されてきた立地理由が6つある。それは、「原材料等の入手の便」「市場への近接性」「経営者等との個人的つながり」「他企業との共同立地」「工業用水の確保」「学術研究機関の充実」である。これらの立地理由は、他の立地理由と合併し、要約されることなく、そのまま分析対象として用いることにする。

　次に、いくつかの異なる立地理由を、その内容の類似性と要約のメリットを考慮しながら、ひとつの立地理由に要約していくことにする。ここで要約的にまとめられた立地要因は、以下の6つになる。第一に、修正があった立地理由として「本社への近接性」がある。これは4番目のアンケート調査票において、「本社・他の自社工場への近接性」として、本社だけではなく、自社の工場への近接性も含むものとなっている。このアンケート調査においてアンケート対象となっているのは工場のみであり、「本社への近接性」と「本社・他の自社工場への近接性」のどちらの立地理由も、立地選択をする工場の企業内組織との近接性を考慮した理由であることから、それらの理由を「企業内組織の集中」という立地理由として要約することにする。

　第二に、1番目と2番目の調査票にける「取引企業への近接性」と「下請関連企業の集積・技術力の高さ」という立地理由は、その後の「関連企業への近接性」という立地理由に変更されているが、「取引企業への近接性」と「下請関連企業の集積・技術力の高さ」という立地理由は、「関連企業への近接性」という立地理由に含まれるので、「取引企業への近接性」と「下請関連企業の集積・技術力の高さ」という立地理由を、「関連企業への近接性」という立地理由に要約することにする。

　第三に、1番目の「高次都市機能の享受」という立地理由は、その後の「対事業所サービス業・流通業への近接性」という立地理由に変更されている。この「高次都市機能の享受」という立地理由をどのように解釈するかについては、そのアンケート調査に回答する個人によって異なり得るが、この高次都市機能とは、概ね大都市に集中して発達しているサービス業・流通業のことであると考えられ、また、この「高次都市機能の享受」と「対事業所サービス業・流通業への近接性」は、その立地地域においてビジネスをしていく上での、インフラストラクチャーに関する理由であるので、それらを「ビジネスインフラの利用」として要約し、

それらの項目の選択を同等に扱うことにする。

　第四に、工場誘致政策に関して、当初は「県・市・町・村の助成・協力」という、地方自治体の政策の影響について調査されていたが、その後、「国の助成・協力」という、日本政府の政策も調査されるようになった。これらの立地理由は、他の立地理由とは大きく異なり、政府の工場誘致政策に関する立地理由であることから、「政策支援の効果」という理由に要約することにする。

　第五に、「用地確保の容易さ」や「地価」、「工業団地である」、「周辺環境からの制約が少ない」という立地理由は、すべて工場を建設するための用地の確保に関する立地理由であり、これらの立地理由をまとめて「用地確保の容易さ」という立地理由で要約することにする。

　また「地元である」という立地理由について、この立地理由は、他の立地理由とは大きく異なるが、それは土地に関する立地理由であり、地元であることによって、土地の確保も容易になることから、「この地元である」という立地理由は、「用地確保の容易さ」という立地理由に繰り入れることにする。

　この「用地確保の容易さ」という要約の仕方は、少し要約の度合いが過ぎるかもしれない。しかし、この「地元である」と「用地確保の容易さ」という立地理由は、非常に多く選択された立地理由であり、かつ時間の経過と地理的に違いに伴って、その重要性がほとんど変化しない立地理由である。したがって、次章で行う、立地行動の地域ごと・業種ごとの多様性の分析において、その判別にあまり重要な役割を果たしていない。その意味では、この「用地確保の容易さ」という項目として要約された立地理由は、地域と業種を超えて一律に重要な立地理由であり、選択頻度にあまり差がない立地要因として解釈することができる。

　また、本書の目的として重要になるのは、ネットワーク補完型の立地モーメントの分析であり、企業の取引関係の拡大に貢献する製造工場の立地件数が、その後の地域間取引ネットワーク構造の形成にどれだけ影響を与えるのかが重要になる。したがって、この「用地確保の容易さ」に要約された立地理由は、工業立地選択において選択される頻度は高いものの、地域間・業種間の差がないのであれば、地域ごと、業種ごとの立地行動の違いを説明する重要な説明変数には成り得ることはない。そこで、その「用地確保の容易さ」に要約された立地理由が重要であると認識しながらも、本書では主要な分析対象となることはない。

　最後に、試験的に掲載されたり、削除されたりした立地理由については、すべ

て「その他」に繰り入れることにする。具体的にその立地理由とは、「良好な住環境（教育、ショッピング）」と「高速道路の利用」と「空港・港湾・鉄道等を利用できる」である。これらの立地理由がいずれも、その選択された頻度が軽微であるので、すべて「その他」という立地理由として要約したとしても、結論に大きな影響を与えることはないだろう。

　以上の6つが立地理由の要約であるが、「関連企業への近接性」や「ビジネスインフラの利用」などの、立地理由の内容がほとんど同じ場合の要約については、それほど大きな問題は生じないと考えられる。その反面、「県・市・町・村の助成・協力」に「国の助成・協力」が加えられたケースや、「本社への近接性」に「他の自社工場への近接性」が加えられたケース、また「地元である」に「用地の確保が容易」が加えられたケースでは、その複数の立地理由の選択頻度が合算されるため、その要約された立地理由が選択される頻度は上昇する傾向にあるので、これに関しては、その選択の頻度を分析する際に注意が必要になる。

　但し、本書の目的である、製造業の立地行動と地域間取引ネットワーク構造の分析においては、時系列的な比較よりも、同時期における地域間と業種間の比較分析が重要になるため、この統計の操作が、それぞれの地域ごと、業種ごとで同じように操作されている限り、その比較分析において、大きな支障をきたすことはないといえる。

### アンケート調査結果の概略

　次に、以上のことを踏まえながら、アンケート結果の概略について紹介していくことにする。表13は1989年から2015年までの全期間と、前章で景気循環に従って区別した、成長停止期、景気悪化期、ゼロ成長期、景気回復期、そして近年の5つの期間について、それぞれの立地理由が選択された頻度の割合を整理したものである。

　まず、全期間を通して、最も重要な立地理由として選択された立地理由は、「用地確保の容易さ」であった。この「用地確保の容易さ」という立地理由は、地価の安さや周辺環境への配慮、工業団地の利用や、地元であることなどの利点を含むものである。もともと日本の国土は山が多いことから、工業用地に適した平地が少なく、農業用地や商業用地、住宅用地に対する土地の需要が高い。特に、人

表13　全期間と各期間での立地理由が選択された割合

| | 増減 | 全期間<br>1989-2013 | 成長停止期<br>1989-1990 | 景気悪化期<br>1991-1994 | ゼロ成長期<br>1995-2000 | 景気回復期<br>2002-2007 | 近年<br>2010-2013 |
|---|---|---|---|---|---|---|---|
| 原材料への近接性 | 一定 | 4.83% | 4.60% | 4.26% | 5.56% | 5.38% | 5.51% |
| 市場への近接性 | 減少 | 12.48% | 13.72% | 12.18% | 13.88% | 10.91% | 7.92% |
| 関連企業への近接性 | 減少 | 11.01% | 11.82% | 10.80% | 11.51% | 10.14% | 8.02% |
| 労働力の確保 | 減少 | 11.41% | 19.91% | 12.56% | 5.69% | 4.71% | 5.60% |
| 企業内組織の集中 | 増加 | 10.77% | 8.23% | 8.67% | 10.35% | 15.52% | 23.19% |
| 政策支援の効果 | 減少 | 11.73% | 14.98% | 12.04% | 9.99% | 9.38% | 9.95% |
| 個人的な繋がり | 減少 | 3.59% | 4.01% | 3.92% | 3.61% | 2.92% | 1.45% |
| 共同立地 | 減少 | 1.67% | 2.36% | 2.15% | 1.04% | 0.87% | 0.87% |
| 工業用水の確保 | 一定 | 0.68% | 0.66% | 0.50% | 0.79% | 0.97% | 0.87% |
| ビジネスインフラの利用 | 一定 | 0.72% | 0.26% | 0.38% | 1.50% | 1.13% | 0.87% |
| 学術機関との提携 | 一定 | 0.21% | 0.34% | 0.12% | 0.17% | 0.26% | 0.19% |
| 用地の確保の容易さ | 一定 | 25.01% | 15.72% | 27.79% | 29.23% | 28.33% | 22.90% |
| その他 | 増加 | 5.88% | 3.40% | 4.64% | 6.69% | 9.48% | 12.66% |

口の密集している地域では、工場を建設するための十分な土地の広さを確保することができないことから、この「用地確保の容易さ」という立地理由が最も重要になるのは、当然の結果であるといえる。

　またこの表から、2番目に高い頻度で選択された立地理由として、次の5つの立地理由が、ほとんど同等であったことが分かる。その第一の立地理由として「市場への近接性」があり、これは古典的な立地論において、主要な立地要因として挙げられ続けてきた理由である。本書ではこれまで、人口と所得が東日本に集中し始めているという需要の地理的分布の東部移動について確認していることから、製造工場がこの「市場への近接性」を重視して立地選択をするとき、その需要の地理的分布の東部移動に影響を受けながら、その立地地域の選択において、大きな影響を与え続けてきたことが推測される。

　第二の立地理由は「労働力の確保」であり、これは工場の生産活動に従事する従業員の確保を理由として挙げたものである。近年、特に日本では従業員の確保が難しく、中小製造企業を中心に、労働者不足による廃業が相次いでいることから、この立地要因は重要であることは理解に難くない。また、これについても、人口分布が東日本に偏っているという需要の地理的分布の東部移動から、製造工場が「労働力の確保」をめぐって立地選択をするとき、その立地選択地域は人口が集中する東京広域圏に偏って分布することになるであろう。したがって、この

「市場への近接性」と「労働力の確保」という2つの立地理由の選択頻度からも、製造業の東部拡大と西部縮小は必然的なものであり、製造工場の合理的な立地行動を反映したものであるといえる。

　第三の立地理由は「政策支援の効果」であり、この政策支援で特に重要になるのは、各地方自治体が実施している工場誘致政策である。この工場誘致政策の典型として、「税制の緩和」や「補助金の給付」、「流通インフラの整備」、「地域人材の活用」などが挙げられるが、その地域での立地を魅力的にするための方途は非常に多岐に渡る。

　この「政策支援の効果」という立地理由に関して、帝国データバンク㈱が、全国の地方自治体に向けて、『企業誘致政策に関するアンケート調査』を実施している。このアンケート調査は2007年5月に実施され、1,157の自治体から1,196件の有効回答（63.6％）を得た。このアンケート調査の結果によれば、有効回答を得た35県中34県が、企業誘致に「積極的に取り組んでいる」を選択し、最も多く「積極的に取り組んでいる」を選択した自治体が多かったのは九州地域（51.1％）で、その次に中部地域（49.5％）、中国地域（47.8％）、東北地域（46.8％）が続いている。これに対して、最も積極的に取り組んでいない県を多く含む地域として、北海道（25.6％）と四国地域（29.5％）が含まれていることが明らかになった。また具体的な企業誘致政策として、「PR用パンフレット等の作成」、「自治体のHPによる発信」、「域内遊休地の把握と発信」、「首長等による誘致交渉」、「正規職員による誘致交渉」、「税制面等の優遇措置」などが実施率9割を超え、それらが各自治体が共通して利用する一般的な企業誘致政策の手法であるといえる。

　さらに、このアンケート調査では、それぞれの自治体での企業誘致における強みも調査しており、最も多く選択された自治体の強みとしては、「産業連携が可能な大学がある」（85.7％）、「企業立地の専門部署がある」（80.0％）、「高速道路が充実している」（77.1％）、「ワンストップサービスの実施」（71.4％）、「助成処置が充実」（68.6％）などがあり、19項目中11の強みに関して、自治体の5割以上が、その地域の強みとして認識している。

　ところで、これらの地域の強みとは、その多くは各自治体が企業誘致政策として真似をすることが可能なものであり、各自治体が同じ企業誘致政策に取り組むことによって、各自治体の強みは似通ったものになるに違いない。そして、それ

らの強みは、立地選択を行う企業側とってのメリットになるものの、立地候補地の多くが同じ政策を実施する限り、その誘致政策がもたらす相対的な優位性は失われ、結局どの自治体に立地したとしても、この企業誘致政策の内容は変わらず、企業誘致政策自体は、立地選択において大きな影響を与えなくなるであろう。

　第四の立地理由は、「関連企業への近接性」である。この立地選択理由についての分析は、本書で最初に掲げた4つの課題の内、特に、②日本の地域間ネットワーク構造はどのようになっているのか、③その日本の地域ネットワーク構造はどのように進化するのかという2つの課題の分析で重要になる。なぜなら、新規に立地をする製造工場について、「関連企業への近接性」が最も重要であったとする製造工場は、その立地後に、地理的に近接した関連企業と地域間取引関係を結ぶことになり易いからである。そして、それはネットワーク補完型の立地モーメントの強さを表すと同時に、その立地選択地域における地域間取引ネットワークを強化し、地域構造全体を進化させる要因になるからである。したがって、この「関連企業への近接性」という立地理由の選択頻度の地域差を分析することにより、その後の地域間取引ネットワーク構造の分析おいて、その動的な視点の根拠を得ることができる。

　次に、第五の立地理由として「企業内組織の集中」がある。この立地理由は「本社への近接性」と「自社工場への近接性」により構成されており、企業内分業や企業内取引、企業内流通、企業内コミュニケーションに関わる利便性の観点から、それらの立地理由が選択されたと推察される。この「企業内組織の集中」という立地理由についても、その立地後に、地域間取引ネットワークだけではなく、企業ネットワークを補完し、強化することが予想され、地域間取引ネットワーク構造の分析をするための、最も重要な立地理由の一つになる。また本章以降で、地域間取引ネットワークの中でも、本社と製造工場のネットワークに焦点を当てて分析していくことから、この「企業内組織の集中」による立地モーメントの強い地域を特定しておくことが、その後の企業ネットワーク構造の分析において、非常に重要になってくる。

　以上が、「用地確保の容易さ」という立地理由に次ぐ、5つの主要な立地要因であるが、その他にも、「原材料への近接性」や「個人的な繋がり」などの立地理由がある。それらの立地理由は一定の影響力を有しており、かつそれらの立地理由は、都市部よりも地方部において重要になることが予想されることから、軽

視することができない立地要因であること認識しておく必要がある。それら以外にも、「共同立地」や「工業用水の確保」、「ビジネスインフラの利用」、「学術機関との提携」などがあるが、それらの選択頻度は低いことから、それらの立地要因が製造工場の立地選択に与える影響は軽微であるといえる。

　次に、成長停止期、景気悪化期、ゼロ成長期、景気回復期、そして近年という5つの期間を通して、これらの立地理由が選択される頻度が、どのように変化してきたかについて確認してみよう。まず「用地確保の容易さ」という立地理由は、その割合は増減しながら推移しているものの、近年を除いた期間において、最も高い頻度で選択された立地理由であることが分かる。前述した通り、この「用地確保の容易さ」という立地要因の重要性は、どの地域においても高く、地域間取引ネットワーク構造の在り方と、その進化のダイナミズムを説明していく上で、決定的な説明変数とは成りえない。これに対して、地域ごとの選択頻度が大きく変わる立地理由は他にあり、それは以下の4つの立地理由になる。

　まず、最も顕著な増加を確認することができたのは、「企業内組織の集中」である。この立地理由は、このアンケート調査期間において、「本社への近接性」という立地理由に加えて、「自社工場への近接性」という立地理由も含まれたことから、その立地理由が選択される頻度は増加する傾向にある。しかし、成長停止期の10.77%から近年の23.19%という割合の増加は、そうした事情を考慮したとしても、少し高すぎる割合であるといえよう。そして、少なくとも近年においては、この「企業内組織の集中」による立地要因は、他の立地理由よりも非常に高い頻度で選択されていることから、地域間取引ネットワーク構造に大きな影響を与えていることが予想される。

　これに対し、近年、最も顕著な減少を確認することができた立地理由は、「労働力の確保」である。この立地理由が選択される割合が減少した理由は、これまでに確認してきた通り、新規工場の建設が大幅に減少し、工場に従事する労働者に対する需要が減少したことに起因していると考えられる。しかし、日本の失業率は、いずれの期間においても低く推移しており、実際に労働者不足により廃業している製造中小企業は多いことから、この「労働力の確保」と立地理由が選択される割合が、大幅に減少したことは不可解である。

　その一方で、この表で表されている数値は、立地件数全体に対する選択頻度の割合であり、それは相対的な指標であることから、この「労働力の確保」という

立地理由が以前と変わらず重要であったとしても、その相対的な重要性が低くなることにより、その割合の数値も下落する場合がある。したがって、この「労働力の確保」の割合の低下は、「企業内組織の集中」などの、他の立地理由がより多く選択されることによって、その相対的な重要性が低下した結果であると推測することができる。

さらに、「市場への近接性」、「政策支援の効果」、「関連企業への近接性」という3つの立地理由は、成長停止期においては、最も重要な立地要因として選択されてきたが、近年、それらが選択される相対的な割合は減少し続けている。これもやはり、「企業内組織の集中」の相対的な選択頻度が高くなってきたからであると考えられ、それらの立地選択における重要性は、その相対的な数値の変化ほど低下していないとみるべきであろう。

この他にも「個人的な繋がり」と「共同立地」という立地理由が選択された割合が減少している。これらの立地理由に共通することは、「企業内組織の集中」のように、企業内の事業によって立地選択をするケースが増加するとき、個人的な繋がりによって立地したり、他社と共同で立地したりするケースが、必然的に減少するということである。したがって、この期間の間に、日本製造企業の立地選択は、企業外のアクターと何らかの協力をしながら立地選択をするというよりも、むしろ企業内の合理的な経営論理にもとづいて立地選択をする傾向が強まってきたと推察される。

〈要点〉
・長期間に渡って、「用地確保の容易さ」という立地理由が、最も重要な立地要因であった。
・全期間を通して、「市場への近接性」、「関連企業への近接性」、「労働力の確保」、「企業内組織の集中」、「政策支援の効果」が主要な立地要因として挙がった。
・過去25年間に渡って、その相対的な重要性が伸びた立地要因は、「企業内組織の集中」であり、その他の「市場への近接性」、「関連企業への近接性」、「労働力の確保」、「政策支援の効果」の立地要因の相対的な重要性は低下した。

## アンケート調査対象の質的分析

本書ではこれまで、『工業立地動向調査』の実施内容とその結果表の概要について紹介してきたが、これまでは特に、立地理由の選択頻度という観点から、その選択を行った製造工場の業種については区別してこなかった。しかし、一言で製造業とは言っても、その時期、その地域において、発展している業種があれば、衰退している業種もあり、そのアンケート調査に回答している業種の割合は、その時代とその地域において、必ずしも同じであるとはいえない。

そこで本節では、これまで同質に扱ってきた製造工場を、その質的な違いについて注目し、本書以降で扱う製造工場とは、より具体的に、どのような工場であるのかについて明らかにしておくことにする。ここでは特に、アンケート調査に回答した製造工場が属する業種の割合とその地理的な分布、そして、その製造工場の規模の違いと、その変化について明らかにしていくことにする。

## 新設工場の業種とその変化

まず日本全体の立地件数の業種別の割合について確認することから始めよう。これにより、過去25年間で41,334件あった立地件数において、何割の立地がどの業種に属するのかを知ることができる。表14は、1975年から2015年までに立地した工場の、業種別の割合を整理したものである。

日本の製造業において、この期間で最も多く立地したのは、食料品工業（13.2%）に属する工場であることが分かる。これに次いで多いのは、金属製品（13.1%）、一般機械（11.2%）、電気機械（11.1%）、輸送用機械（6.2%）になっている。そして1975年から2015年までに立地した工場において、その54.9%は、この5つの業種のいずれかに属していることになり、特に、食料品を除く4つの業種は、一般的に高度な知識と先端技術を要するハイテク産業であることが分かる。

次に、この5つの代表的な業種について、その立地件数の変化について確認してみよう。図41は、それらの業種に属する新設工場の、1975年から2015年までの立地件数を表したものである。この図から、立地件数の変動は、全体の立地件数の変動と同様に、景気の変化に対応していることが分かる。

この5つの業種の中で、最も特徴的であるのは、食料品工業の立地件数の変化

表14　1975年から2015年までの業種別の立地件数と割合

| | 立地件数 | 割合 | | 立地件数 | 割合 |
|---|---|---|---|---|---|
| 食料品 | 9,244 | 13.2% | パルプ紙紙加工 | 1,750 | 2.5% |
| 金属製品 | 9,185 | 13.1% | 繊維工業 | 1,629 | 2.3% |
| 一般機械 | 7,804 | 11.2% | 家具、装備品 | 1,619 | 2.3% |
| 電気機械 | 7,792 | 11.1% | 出版印刷同関連 | 1,372 | 2.0% |
| 輸送用機械 | 4,355 | 6.2% | 飲料・飼料・煙草 | 1,270 | 1.8% |
| 窯業、土石製品 | 4,054 | 5.8% | 非鉄金属 | 1,192 | 1.7% |
| 化学 | 3,284 | 4.7% | 精密機械 | 1,128 | 1.6% |
| 木材、木製品 | 3,277 | 4.7% | ゴム製品 | 759 | 1.1% |
| プラスチック製品 | 3,072 | 4.4% | 石油，石炭製品 | 575 | 0.8% |
| 鉄鋼 | 2,227 | 3.2% | 皮革、同製品 | 209 | 0.3% |
| 衣服、その他 | 2,071 | 3.0% | | | |

図41　食料品、金属製品、一般機械、電気機械、輸送用機械工業の、1975年から2015年までの立地件数

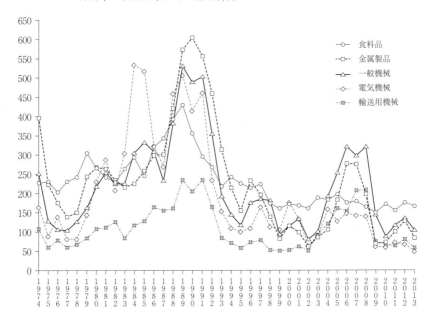

表15 産業の割合の変化

| | 以前 | 成長停止期 | 景気悪化期 | ゼロ成長期 | 景気回復期 | 現在 | 平均 |
|---|---|---|---|---|---|---|---|
| 食料品 | 12.82% | 10.31% | 12.47% | 15.67% | 14.13% | 19.73% | 14.70% |
| 飲料・飼料・煙草 | 0.74% | 1.56% | 2.00% | 3.53% | 3.74% | 4.18% | 3.10% |
| 繊維工業 | 6.30% | 8.05% | 4.99% | 2.82% | 1.68% | 1.87% | 3.26% |
| 木材、木製品 | 4.74% | 4.07% | 4.31% | 5.50% | 3.23% | 3.05% | 4.00% |
| 家具、装備品 | 2.15% | 3.04% | 2.94% | 2.02% | 1.24% | 0.82% | 1.76% |
| パルプ紙紙加工 | 2.56% | 2.56% | 2.17% | 2.35% | 2.24% | 2.63% | 2.42% |
| 出版印刷同関連 | 1.60% | 2.30% | 2.29% | 2.39% | 2.39% | 1.44% | 2.23% |
| 化学 | 4.97% | 3.61% | 3.54% | 4.89% | 5.14% | 6.64% | 5.07% |
| 石油、石炭製品 | 0.92% | 0.61% | 0.91% | 0.81% | 0.73% | 0.62% | 0.75% |
| プラスチック製品 | 1.83% | 5.71% | 5.33% | 6.23% | 7.22% | 6.69% | 6.37% |
| ゴム製品 | 1.06% | 1.18% | 0.66% | 1.13% | 1.19% | 1.45% | 1.18% |
| 皮革、同製品 | 0.29% | 0.53% | 0.33% | 0.17% | 0.08% | 0.07% | 0.19% |
| 窯業、土石製品 | 6.46% | 5.39% | 5.16% | 6.08% | 3.53% | 2.56% | 4.34% |
| 鉄鋼 | 2.57% | 2.85% | 3.01% | 2.73% | 3.83% | 3.84% | 3.53% |
| 非鉄金属 | 1.59% | 1.52% | 1.39% | 1.73% | 2.16% | 2.09% | 1.88% |
| 金属製品 | 11.79% | 13.93% | 17.30% | 11.87% | 11.18% | 11.61% | 12.45% |
| 一般機械 | 11.47% | 12.19% | 12.73% | 11.42% | 14.26% | 13.22% | 13.19% |
| 電気機械 | 14.16% | 12.06% | 10.03% | 10.47% | 8.89% | 7.77% | 9.61% |
| 輸送用機械 | 5.43% | 5.21% | 5.90% | 4.85% | 9.23% | 8.15% | 7.01% |
| 精密機械 | 6.55% | 3.29% | 2.55% | 3.34% | 3.91% | 1.58% | 2.98% |

である。つまり、食料品工業の立地件数は、他の業種と比較して安定的であり、バブル経済時には大きく増加したものの、その他の期間については、それほど大きな変動を確認することができない。したがって、食料品工業の立地件数は、景気の変動に対して、比較的非弾力的であり、安定して立地件数を維持していることが分かる。

　これに対して、残りの４つの業種の立地件数は、その程度は異なるものの、概ね景気の変動に対して弾力的であり、製造業全体の立地件数の変動は、主にこれら４つの業種に属する工場の立地件数の変化によってもたらされていたことが分かる。したがって、日本全体で立地件数が増減するとき、その増減をもたらす主たる要因は、この４つの業種に属する新設工場の増減であり、その増減を分析するとき、その分析対象は、主にこの４つの業種に属する工場であることに留意したい。

　次に表15は、立地工場の属する産業の割合を表に整理したものである。この表

表16　工業立地のホットスポット

| 食料品 | 北海道、東京周辺、九州一部、宮城、兵庫 |
| --- | --- |
| 金属工業製品 | 新潟、兵庫、福岡、東京周辺 |
| 一般機械 | 愛知、静岡、長野、群馬、新潟、東京周辺、兵庫、福岡 |
| 電気機械 | 新潟、長野、山梨、東北 |
| 輸送用機械 | 愛知、静岡、群馬、福岡 |

は、その割合の平均を、成長停止期、景気悪化期、ゼロ成長期、景気悪化期、そして近年の、5つの期間に区別したものである。また参考に、それ以前の期間として、統計が利用可能な範囲において、安定成長期からバブル経済崩壊までの、1979年から1988年までの平均の割合と、全期間の平均の割合も付け加えられている。

　この表から読み取れることは、第一に、日本の製造業は、近年、特定の製造業に特化しており、その新規に立地した工場の産業の割合は、全期間を通して、それほど劇的には変化していないということである。つまり、日本の新規に立地した製造工場の割合は、一般機械工業、金属製品工業、電気機械工業と、食料品工業において高く、この傾向性は、過去35年間、ほとんど変化していないことになる。

　その一方で、比較的その割合が少ない産業では若干の変化があり、繊維工業、木材・木工業、家具・装備品工業などは減少傾向にあり、輸送用機械工業、化学工業などは増加傾向にあることが分かる。これは軽工業などの、比較的高度な技術を必要としない工業が海外に移転する一方で、ハイテク産業や重化学工業などの先端技術が必要な工業の立地が、国内に留まり続けていることよるものであると推察される。このことから、日本の製造業がハイテク産業や重化学工業へ特化してきたことを読み取ることができ、それらの工業の盛衰が、日本の経済を大きく左右することになると考えることができる。

　次に、この5つの業種について、その立地件数の地理的分布について確認してみよう。それぞれの業種について、各都道府県の立地件数を全体の立地件数で割ると、その都道府県に何割の立地件数が分布しているのかを求めることができ、この値の大きさによって、色の濃淡をつけたものが図42から図44になる。

　まず食料品工業について、その全体の11.35％が北海道に立地しており、これは北海道には広大な土地があり、農業や酪農などが盛んなことに由来しているの

図42　食料品工業（左）と金属製品工業（右）に属する工場の立地件数の割合

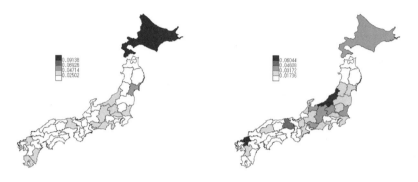

図43　一般機械工業（左）と電気機械工業（右）に属する工場の立地件数の割合

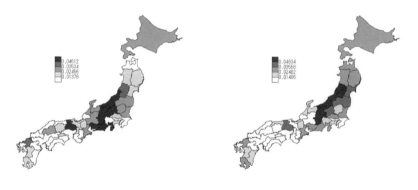

図44　輸送用機械工業に属する工場の立地件数の割合

であろう。その他の地域については、それほど大きな差はないものの、東京の周辺地域と九州の一部地域、宮城、兵庫で高くなっている。これは食料品工業が、大都市やその大都市に近接する地域に集中していることを意味している。

次に、金属製品工業の立地件数について、その割合が最も高いのは北陸の新潟であり、実に、その7.48％が新潟に立地している。そして、その新潟に次いで高い県は、兵庫の4.91％と福岡の4.09％であるが、3.00％を超える都道府県は、東京の周辺に集中しており、それらの多くは、東京広域圏に含まれる県になっている。次に、一般機械工業が多く分布しているのは、愛知から新潟を結ぶ地域（愛知・静岡・長野・群馬・新潟）であり、これらも東京広域圏を構成する県である。そして、この地域に隣接する県においても、一般機械工業の立地件数の割合は高くなっており、一般機械工業が、この東京広域圏の一部に集中していることが分かる。また、兵庫と福岡でもその割合が高くなっており、その大部分が人口の地理的な分布と重なっている。

次に、電気機械工業も東京広域圏に多く分布しており、特に新潟とそれに隣接する県（長野・山形）において、その割合が非常に高くなっていることが分かる。また関東以北の地域においても割合が高くなっており、その割合が高いのは首都圏に隣接する地域であるとは言っても、それは一般機械工業や他の工業とは異なる地域で割合が高くなっていることが分かる。最後に、輸送用機械工業について、その高い割合を占めているのは、愛知（11.93％）、静岡（10.07％）、群馬（8.47％）、福岡（4.91）である。これについても、他のどの工業とも異なる分布になっているが、まず愛知はトヨタの本社が立地しており、静岡はヤマハの本社があり、群馬はスバルの本社があり、福岡はダイハツの本社があるなど、それらの県では大企業の中心とする産業集積が進んでいることが容易に想像でき、輸送用機械の製造工場が、企業内組織の集中や関連企業への近接性を考慮して立地するとき、これらの県で輸送用機械の立地件数が伸びるのは理に適っているといえる。

以上のことから、製造業の主要5業種の製造工場の立地分布について、次の2つの特徴を挙げることができる。第一の特徴は、これら主要5業種の地理的分布は、食料品工業を除く4つの主要業種すべてについては、その大部分が東京広域圏に集中しているという特徴である。これについては前節で確認した通りであるが、主要4業種を別々に分析しても、この東京広域圏での集中を確認することができた。第二の特徴は、東京広域圏に集中しているとはいっても、その立地件数

の割合が最も高い地域については、主要4業種の間に若干の違いがあるという特徴である。その地理的分布の違いが最も顕著に表れたのは、輸送用機械工業の愛知と静岡における集中であり、この分布は他のどの工業の分布とも、似ても似つかないものである。

また金属製品工業については新潟における集中、電気機械工業においては、新潟から東北地域にかけて広がる集中、一般機械工業については、新潟から東海地域にかけて広がる集中と、各工業が独特な地理的な分布を有していることが分かる。このことは、次のような重要な点を示唆している。その重要な点とは、製造業と立地行動は、人口や所得、需要の中心地までの距離や、その交通の便や、地価などの経済的な要因によって、一律に決定するものではないということである。これについては、各工業の立地分布が、同様の経済的メリットを享受できる東京広域圏に集中しながらも、その立地頻度が高い地域が多様化していることから明らかである。

そして、この地域の多様化を引き起こしている要因の一つとして考えられるのは、それぞれの地域で固有に発達した、企業内生産組織や企業間取引関係などのネットワークの存在である。つまり、取引ネットワークの発達には、一定の地理的な近接性が必要になり、取引ネットワークは発達する際に、その地理的な近接性を保ちながら、特定の地域においてのみ発達し、特定の工業の地域特化をもたらすという原理である。

このことは、本章以降の立地理由の分析の際に重要になることから、製造業の特定の地域への集中を招く要因として、地域ネットワークの存在があることを銘記しておきたい。また、製造業ごとに、その地理的な分布が異なっているという事実を、製造業の地理的分布の固有性と呼び、これについては本章以降で、再び取り上げることにする。

また、この製造業の主要5業種の分布が多かった地域のことを、製造業のホットポットと呼び、他の地域とは区別することにする。この製造業のホットスポットとは、具体的に、東京から、愛知、新潟、東北南部までを含む、東京広域圏と、兵庫、福岡、宮城などの有力地方都市を有する県のことである。この製造業のホットスポットは、今後、製造業の盛んな地域の代名詞として利用することにする。

図45 新設工場の平均規模（雇用予定者人数／新設立地件数）

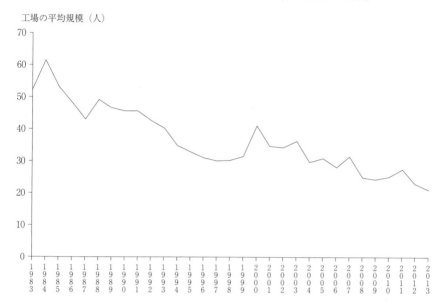

## 新設工場の規模とその変化

　次に、新設工業の規模の変化について確認していくことにしよう。図45は、新設工場の雇用予定人数を、新設立地件数で割ることにより、新設工場の平均規模を、雇用予定人数で推定したものである。この図から、1983年から2015年までの一般的な傾向として、新設工場の規模は縮小傾向にあることが明らかになる。最も規模が大きかったのは1984年の61.50人であったのに対し、最も規模が小さいのは2013年の13.08人であり、過去30年間で、その平均規模は4分の1以下になっている。

　この工場の規模の縮小は、本章の初めに確認した、従業員数でみたときの事業所の平均規模の拡大とは、一見矛盾するように思える。しかし、事業所の平均規模の場合は、戦後の1951年と比較したのに対し、この工場の平均規模は、バブル経済が終わる直前の1980年代との比較であり、その比較する時期があまりにも違いすぎる。また、事業所が経営管理部門を多く含むのに対し、工場は生産設備を有する施設のみを対象としていることから、その対象にも大きな違いがある。

さらに、戦後の1951年は、大量生産方式が主流となる以前の時期であり、その後、大量生産方式が導入され、拡大するにつれて、従業員数でみた事業所の規模が大きくなるのは自然であり、バブル経済以降のポスト・フォーディズム期に、その規模が縮小したことは、よく知られていることである。この工場の規模が縮小した理由として、具体的に次のような理由を挙げることができる。

　例えば、過去30年間において、労働を主体とする労働集約的な生産方式から、製造用機械のオートメーション化による、資本を主体とする資本集約的生産方式に変換され、同じ生産量を生産する際にも、投入される労働が少なくなったことが挙げられる。また新興国における製造業の発展によって、80年代のような、長期間に渡る大量生産を望めなくなっており、生産拠点への大規模投資に対して消極的になっていることが考えられる。つまり、大規模工場の建設のような大型投資は、その工場のフル稼働が保証されない限り、投資に見合うだけの収益の回収を望むことができず、例え大企業であっても、大規模工場の建設には、消極的にならざるを得ない。

　さらに、工業製品のプロダクト・サイクルの短縮によって、生産する工業製品もその生産方法も目まぐるしく変化する中で、大規模工場よりも小規模工場の方が機動性に優れ、そうした市場の変化に対して、機敏に対応することができるというメリットも挙げられる。また、企業利益を確保するためには、市場をリードするような工業製品の投入が必要になり、新しい技術の応用や、新しい工業製品の開発において、小規模工場による試みの方が、それが失敗した際の損失を抑制することができることから、そうした先の見えない市場競争において、小規模投資という傾向性は、不可避な現象であるといえるかもしれない。

　また、経営上・財務上の問題として、現在の製造業の多品種少量生産に対する時代の要請が、一段と強くなったことが挙げられる。つまり大規模工場で行うような、同一で単一な工業製品を大量生産による生産方式が、少なくとも日本国内では衰退し、その代りとして、在庫を減らすために生産のリードタイム[17]（生産工程）を短くするような、小ロットの生産方式が進んだことである[18]。この小ロットによる生産方式は、効率性よりも時間の短縮を優先する生産方式であり、規模の経済を最大限に発揮できるロットの大きさよりも、より小さい単位でのロットで生産することよって、生産に要する時間を短縮する生産方式である。この小ロット生産方式は、大規模生産方式よりも効率性が劣る一方で、納期の短縮、顧

客ニーズへの対応、在庫費用の節約に役立ち、ジャストインタイムの生産を、より実現し易くすることが可能になる。

　次の表17は、産業ごとの規模の変化を整理したものである。まず注目すべき点は、日本の製造業全体の平均規模が縮小しているのにもかかわらず、食料品工業は、その規模がほとんど変化しないか、むしろ拡大しているということである。これは、食料品工業が、近年の日本の製造工場の、平均的な規模の変化とは、独立した傾向性を有することを意味しており、その他にも、飲料・たばこ・飼料工業、繊維工業、木材・木工業製品工業など、一概に規模が縮小しているとはいえないような工業が、軽工業には多く含まれていることが分かる。

　その一方で、一般機械工業、電気機械工業、輸送用機械工業、化学工業、金属製品工業の規模は際立って縮小しており、それらの規模は、以前の約半分の規模にまで縮小している。その他にも、精密機械・その他の工業や、非鉄金属工業、鉄鋼工業、窯業・土石業なども、目立った規模の縮小があり、日本の製造業全体での、工業の規模の縮小を牽引していることが分かる。

　表17における新設工場の規模の変化は、食料品工業、一般機械工業、電気機械工業、輸送用機械工業、金属製品工業などの、その立地件数の多い産業に大きな影響をうけることから、この近年の新設工場の規模の変化は、一般機械工業、電気機械工業、輸送用機械工業、金属製品工業のようなハイテク産業、もしくは重化学工業の工場の規模の縮小によって、引き起こされていると考えられる。

　次に、新設工場の平均規模の変化と、その地理的な特徴についてみてみよう。工場の平均規模は、都市部において拡大し、地方部においては縮小する傾向がある。例えば図46は、こうした特徴を捉えた図である。この散布図で横軸は2013年の県民所得（兆円）の大きさを表し、縦軸は工場の平均規模（人）を表している。そして、図の各点の位置は、それぞれの都道府県の県民所得の大きさと、工場の平均規模の大きさによって決まり、例えば最も右上にある東京の位置は、県民所得も工場規模も、他都道府県と比較して最大になっていることを表している。

　またこの図は、県民所得の大きさと工場の規模との間に、正の相関関係がある

---

17 リードタイムとは、発注から納品までの時間のことを指す。
18 ロットとは仕入・納品等で用いられる工業製品の数の単位。小ロットとは、通常仕入・納品で必要よされる工業製品の数よりも、より小さい数のことを意味し、工場が小ロットの生産に対応すれば、それだけ少量の仕入・納品に対応することが可能になり、在庫の調整がし易くなり、納期を変化に柔軟に対応すること可能になる。

表17　産業ごとの規模の変化

|  | 以前 | 成長停止期 | 景気悪化期 | ゼロ成長期 | 景気回復期 | 現在 | 平均 |
|---|---|---|---|---|---|---|---|
| 食料品 | 52.4 | 45.3 | 45.1 | 48.2 | 49.3 | 50.0 | 48.7 |
| 飲料・飼料・煙草 | 21.9 | 21.8 | 20.1 | 21.1 | 16.3 | 20.5 | 19.3 |
| 繊維工業 | 63.2 | 46.8 | 29.6 | 32.7 | 30.5 | 33.0 | 40.1 |
| 木材、木製品 | 22.0 | 17.5 | 17.4 | 20.5 | 24.4 | 17.8 | 19.7 |
| 家具、装備品 | 43.3 | 35.1 | 20.3 | 29.5 | 28.2 | 15.1 | 28.5 |
| パルプ紙紙加工 | 45.5 | 32.0 | 31.3 | 34.4 | 26.2 | 20.0 | 31.2 |
| 出版印刷同関連 | 66.4 | 45.9 | 51.2 | 38.7 | 29.4 | 36.0 | 44.8 |
| 化学 | 42.1 | 40.1 | 33.6 | 32.0 | 21.8 | 21.4 | 31.3 |
| 石油、石炭製品 | 54.3 | 10.6 | 13.0 | 12.7 | 12.3 | 8.1 | 19.8 |
| プラスチック製品 | 42.0 | 36.4 | 22.9 | 31.4 | 26.6 | 19.7 | 29.3 |
| ゴム製品 | 57.4 | 43.3 | 44.7 | 53.7 | 29.7 | 28.4 | 41.9 |
| 皮革、同製品 |  |  |  |  |  |  |  |
| 窯業、土石製品 | 28.7 | 27.5 | 22.8 | 21.5 | 18.2 | 11.3 | 22.2 |
| 鉄鋼 | 48.9 | 33.4 | 22.8 | 21.4 | 16.1 | 16.6 | 26.2 |
| 非鉄金属 | 52.9 | 38.6 | 34.4 | 28.0 | 29.0 | 38.2 | 35.3 |
| 金属製品 | 36.1 | 32.4 | 19.8 | 24.7 | 20.9 | 18.4 | 25.6 |
| 一般機械 | 45.6 | 49.0 | 29.0 | 32.8 | 31.7 | 29.8 | 35.9 |
| 電気機械 | 115.8 | 80.3 | 44.1 | 57.9 | 76.3 | 52.1 | 76.5 |
| 輸送用機械 | 81.8 | 88.4 | 33.7 | 51.5 | 51.5 | 46.2 | 57.2 |
| 精密機械 | 56.0 | 50.8 | 38.0 | 33.0 | 39.8 | 14.3 | 38.1 |

ことを表しており、県民所得が増加すればするほど、その県に立地する工場の規模も大きくなり、逆に県民所得が減少すればするほど、その県に立地する工場の規模も小さくなることを表している。

　ここで県民所得が横軸（独立変数）で用いられているのは、県内の需要の大きさを表すためである。つまり、所得が大きければ大きいほど、製造品に対する需要は大きくなり易いことから、この図では、需要が大きい地域において、工場が大規模化するという傾向性が表していることになる。この需要と工場の規模の相関性は、日本全体の平均的な工場規模が縮小している一方で、その工場規模には地域ごとの差があり、需要の集中している都市部では、その規模は依然として大きいことを表している。

　また工場の規模は、関東における東京と中心とした、神奈川、千葉、埼玉という周辺地域で工場規模は拡大する一方で、近畿では中心となる大阪よりも、兵庫、

図46 各都道府県の県民所得と新設工場の規模の関係

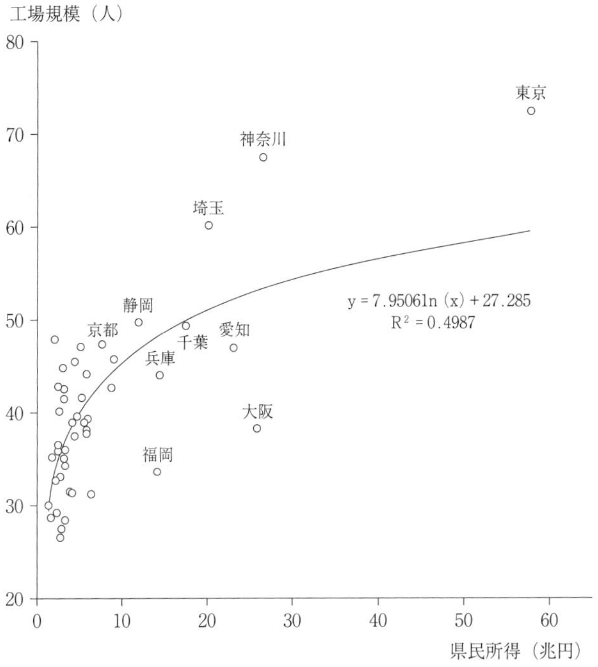

工場規模（人）、県民所得（兆円）

$y = 7.95061\ln(x) + 27.285$
$R^2 = 0.4987$

京都という周辺地域の方が大きくなり、また東海も同様に、中心となる愛知よりも、静岡という周辺地域で、工場規模が大きくなる傾向がある。したがって、この需要と工場の規模の相関性の中にも、中心地域と周辺地域という違いによって、その統計的なバラつきがあることを見て取ることができる。

〈要点〉
・日本の製造業の主要5業種は、食料品工業、金属製品工業、一般機械工業、電気機械工業、輸送機械工業の5つである。
・主要5業種のうち、食料品工業は景気の変動に対する反応が鈍く、その地理的分布は比較的一様に分布している。
・主要5業種のうち、金属製品工業、一般機械工業、電気機械工業、輸送機械工業は、景気の変動に対する反応が鋭く、その地理的分布は特定の地域に分布している。

・食料品工業を除く、主要4業種の立地件数は、首都圏周辺地域に集中している。
・食料品工業を除く、主要4業種の立地件数の割合の高い地域、それぞれの工業によって異なる。
・製造業の工場の規模は、過去30年間に渡り、縮小傾向にある。
・工業の規模の縮小の度合いが激しいのは、金属製品工業、一般機械工業、電気機械工業、輸送機械工業の主要4業種である。
・工場の規模と地域の需要の大きさには、正の相関関係があり、大都市に近い工場ほど、その規模は拡大する傾向にある。

## まとめ

　本書ではこれまで、①日本国土における企業と家計の地理的な分布はどのようになっているのか、という問題に対する回答を求める中で、人口と所得が東日本に移動していくという需要分布の東部移動や、それに呼応しながら起こった製造業の東部拡大と西部縮小という現象について明らかにしてきた。そして、製造工場の立地が特に集中している地域のことを東京広域圏と呼び、本章ではそれに北海道、兵庫、福岡を加えることによって、工業立地のホットスポットとなっている地域を特定した。

　これらの分析結果から、①日本国土における企業と家計の地理的な分布はどのようになっているのか、という問題に対して、少なからずその回答を得ることができた。次に、②日本の地域間ネットワーク構造はどのようになっているのか、また③その日本の地域ネットワーク構造はどのように進化するのか、という問題に取り組むことになるが、それらの問題に対して回答を得るには、そのネットワークの進化とダイナミズムを引き起こす要因である、ネットワーク補完型の立地モーメントについて分析していくことが必要になる。

　これについては本章で紹介した『工業立地動向調査』の概要から、ネットワーク補完型の立地モーメントの強さを表す「企業内組織の集中」と「関連企業への近接性」という立地理由が、日本の工業立地において主要な立地理由であることが明らかになった。そして、このネットワーク補完型の立地モーメントの強い地域を特定することにより、地域間取引ネットワークがどの地域において強化され、またどの地域において衰退しているのか知ることができ、地域間取引ネットワー

クの進化のダイナミズムが引き起こしている要因を分析し易くなる。そこで次章以降では、日本のこのネットワーク補完型の立地モーメントの強さについて分析していくことにより、本書の後半で分析していく、地域間取引ネットワーク構造分析と企業ネットワーク構造分析の準備をすることにする。

# 第5章　立地調査の結果と分析

　本書では、①日本国土における企業と家計の地理的な分布はどのようになっているのか、また、②日本の地域間ネットワーク構造はどのようになっているのか、そして、③その日本の地域ネットワーク構造はどのように進化するのか、さらに、④その地域間ネットワーク構造はどのように表現することができるのか、という4つの問題の解明を目的としている。

　本書ではこれまで、企業と家計の地理的な分布について手がかりを得るために、人口と所得の地理的は分布について分析し（第2章）、また、製造業の地理的な分布とその分布の変化の傾向性について知るために、製造事業所の地理的分布とその変化について分析した（第3章）。これにより、①日本国土における企業と家計の地理的な分布はどのようになっているのか、という問題については、需要分布の東部移動や、製造業の東部拡大と西部縮小、東京広域圏おける製造工場の集中立地、工業のホットスポットなどの形で、その一定の回答を得ることができた。

　これを受けて前章では、『工業立地動向調査』の調査方法について説明し、その調査結果の概要を分析することにより、「企業内組織の集中」と「関連企業への近接性」という立地要因が、製造工場の立地選択における主要な立地要因として浮かび上がってきた。これらの立地理由による立地件数は、地域ごとのネットワーク補完型の立地モーメントの強さを測っていく上で有効な指標となり、このネットワーク補完型の立地モーメントの強い地域を分析していくことによって、どの地域において地域間取引ネットワークを強化する製造工場が集中し、その地域間取引ネットワークを強化する製造工場が、地理的にどのように移動しているのかを明らかにすることができる。そして、それらの分析は、②日本の地域間ネットワーク構造はどのようになっているのか、という問題に対しての回答を得るためだけでなく、③その日本の地域ネットワーク構造はどのように進化するのか、という問題に対して回答を得るための有効な情報として活用することができる。

本章ではまず、製造業の主要5業種の立地理由の選択頻度の割合について分析し、それぞれの業種がどのような立地傾向を有しているのかについて明らかにしていく。その理由は、地域間において立地行動の傾向性に違いがあることが確認できたときに、それに対応する形で、その地域特有の立地行動の傾向性と似た立地傾向を有する産業が、その地域に集中しているかどうかを確認するためである。これによって、地理的な立地メリットの分布に応じた産業の発展や集中が起こるかどうかについて確認することができる。

　次に、その結果を踏まえた上で、バブル経済崩壊以降の景気変動の5つの期間のそれぞれについて、47県間の立地理由の選択頻度に相対的な違いがあるかどうかについて確認していく。そして、地域間において立地行動の傾向性に違いが現れるとき、ネットワーク補完型の立地モーメントの強い地域とは、どの地域なのかについて明らかにすることにより、日本の地域間取引ネットワークの中心地となっている地域を特定することが可能になる。

## 業種別の分析

　まず、日本の製造業における業種間において、それらの立地選択行動がどれだけ多様なものであるかについて確認することから始めよう。前章までの分析から、製造業の主要5業種というものが挙げられ、1974年から2015年までに立地した工場の54.9%が、この主要5業種に属していたことから、本節ではこの主要5業種間の立地理由の違いに焦点を当てて分析していくことにする。

　まず、1989年から2015年までの『工業立地動向調査』から、食料品工業、金属製品工業、一般機械工業、電気機械工業、輸送用機械工業の主要5業種について、各立地理由が選択された頻度の割合から確認していくことにしよう。そうすることによって、全期間を通じての各業種の立地行動の傾向性を把握することができ、業種ごとの立地傾向と地域ごとの立地傾向の対応関係について考察することが可能になる。

　表18は、1989年から2015年までに立地理由が選択された割合を、主要5業種ごとに区別して整理したものである。この結果をもとに、主要5業種の立地行動の相対的な特徴について注目するならば、最も平均的な立地行動をしているのは、金属製品工業であることがわかる。なぜなら、この金属製品工業では、「用地確

表18 主要5業種における立地理由が選択された割合

|  | 食料品 | 金属製品 | 一般機械 | 電気機械 | 輸送用機械 | 平均 |
|---|---|---|---|---|---|---|
| 原材料への近接性 | 0.125 | 0.021 | 0.012 | 0.009 | 0.008 | 0.049 |
| 市場への近接性 | 0.174 | 0.119 | 0.079 | 0.068 | 0.083 | 0.123 |
| 関連企業への近接性 | 0.043 | 0.142 | 0.131 | 0.137 | 0.216 | 0.109 |
| 労働力の確保 | 0.084 | 0.101 | 0.137 | 0.212 | 0.138 | 0.117 |
| 企業内組織の集中 | 0.111 | 0.105 | 0.117 | 0.111 | 0.134 | 0.104 |
| 政策支援の効果 | 0.106 | 0.104 | 0.129 | 0.143 | 0.104 | 0.117 |
| 個人的な繋がり | 0.027 | 0.037 | 0.041 | 0.039 | 0.027 | 0.036 |
| 共同立地 | 0.015 | 0.020 | 0.023 | 0.014 | 0.015 | 0.017 |
| 工業用水の確保 | 0.023 | 0.005 | 0.004 | 0.006 | 0.004 | 0.009 |
| ビジネスインフラの利用 | 0.017 | 0.006 | 0.009 | 0.007 | 0.006 | 0.009 |
| 学術機関との提携 | 0.002 | 0.000 | 0.004 | 0.006 | 0.003 | 0.002 |
| 用地の確保の容易さ | 0.234 | 0.299 | 0.270 | 0.212 | 0.212 | 0.246 |
| その他 | 0.040 | 0.041 | 0.044 | 0.035 | 0.051 | 0.062 |

保の容易さ」の頻度が最も高く、その他の主な立地理由である「市場への近接性」、「関連企業への近接性」、「労働力の確保」、「企業内組織の集中」、「政策支援の効果」については、ほぼ同程度の頻度で選択されているからである。これは主要5業種の合計の、立地理由の平均的な選択頻度の分布と非常によく似ており、金属製品工業の立地選択行動の特徴とは、それらの主な立地理由を均等に重視している点にあるといえる。

これに対し、食料品工業では、「市場への近接性」と「原材料への近接性」が選択される割合が相対的に高く、「関連企業への近接性」と「労働力の確保」の選択される割合は、相対的に低いことが分かる。この食料品工業については、その中間投入物おいて原材料が占める割合が非常に高く、消費期限などの問題から輸送時間の制約が大きいことから、この「市場への近接性」と「原材料への近接性」を重視した立地行動は、食料品工業に特有な立地行動であるということができる。

この食料品工業と対照的なのが、一般機械工業と電気機械工業と輸送用機械工業である。つまり、食料品工業では、「市場への近接性」と「原材料への近接性」という立地理由が選択される頻度が非常に高いのに対して、一般機械工業と電気機械工業と輸送用機械工業では、それらの立地理由が選択される頻度が非常に低

表19　主要5業種における立地理由の相対的特徴

| | 高い | 低い |
|---|---|---|
| 食料品 | 市場への近接性、原材料への近接性 | 関連企業への近接性、労働力の確保 |
| 金属製品 | — | — |
| 一般機械 | — | 原材料への近接性 |
| 電気機械 | 労働力の確保、政策支援の効果 | 原材料への近接性、市場への近接性 |
| 輸送用機械 | 関連企業への近接性、企業内組織の集中 | 原材料への近接性、市場への近接性 |

くなっている。これにより、この「市場への近接性」と「原材料への近接性」という立地理由の選択頻度の割合の小ささが、この一般機械工業と電気機械工業の立地行動の特徴であるといえる。

　その一方で、一般機械工業では、「市場への近接性」と「原材料への近接性」が立地理由として選択される頻度は低いものの、相対的に際立って選択されている立地理由がないことから、その意味では金属製品工業の立地行動と似ており、主な立地理由を均等に重視していることが、この一般機械工業の立地行動の特徴であるといえる。また、電気機械工業ついては、他の工業と比べて「労働力の確保」と「政策支援の効果」という立地理由が選択される頻度が高くなっており、この「労働力の確保」と「政策支援の効果」という立地理由の選択頻度の高さが、電気機械工業の立地行動の特徴であるいえる。

　さらに、輸送用機械工業については、「関連企業への近接性」と「企業内組織の集中」という立地理由が選択される頻度が高いことから、これらの理由が輸送用機械工業の立地行動を特徴づけていることになる。この関連企業と企業内組織に関わる立地理由は、地域間取引ネットワークの形成に、最も寄与し得る立地理由であることから、輸送用機械の地域における活動は、地域間取引ネットワーク構造に大きな影響を与える可能性がある。

　以上のことから、製造業の主要5業種の立地行動の特徴を、次のように整理することができる。まず食料品工場の立地行動については、「市場への近接性」と「原材料への近接性」という立地理由の重視によって特徴づけられる一方で、電気機械工業については、「労働力の確保」と「政策支援の効果」、輸送用機械工業については、「関連企業への近接性」と「企業内組織の集中」によって特徴づけられ、金属製品工業と一般機械工業については、主要な立地理由をバランスよく

重視していることによって特徴づけられるといえる。
　次に、景気変動のそれぞれの期間において、この主要5業種の立地地域の地理的分布が、どのように変化したのかについて確認していくことにしよう。

　〈要点〉
・食料品工業は、原材料と市場への近接性を重視する傾向にある。
・電気機械工業は、労働力の確保と政策支援の効果を重視する傾向にある。
・輸送用機械工業は、関連企業への近接性と企業内組織の集中を重視する傾向にある。

## 成長停止期（1989年から1990年）

　製造工場の立地行動の分析においても、その製造工場が形成する地域間取引ネットワークの分析においても、地域間の立地行動の多様性を確認することは重要である。なぜなら、各地域においてどのような立地理由が重視されているかという、地域特有の立地行動の傾向性の詳細について明らかにすることができると同時に、それによってネットワーク補完型の立地モーメントの強い地域を明らかにすることができ、そのネットワーク補完型の立地モーメントの強い地域において、地域間取引ネットワークはより発達すると考えられるからである。
　そこで本章では、47県ごとに回収したアンケート調査の結果をもとに、47県それぞれの立地行動の相対的の違いを明らかにしていくことにする。特に、アンケート調査に対する回答の客観的・統計的な類似性を基準として、47県をいくつかのグループに分類し、その類似している県の地理的な分布の中から、ネットワーク補完型の立地モーメントの強い地域を特定していく。
　具体的には、まずクラスター分析によって、アンケート調査結果の回答の仕方の類似性をもとに、47県を2つから4つのグループに分け、その各グループの立地行動の相対的な特徴を分析すると共に、特に対照的なグループを発見することができる場合には、その対照的なグループを二極化して捉えることに努める。そして、そのグループ間の違いの統計的有意性について確認するために、判別分析によって、最もグループ間の違いを特徴付けている立地理由を特定し、地域間の立地行動の違いを明らかにしていくことにする。

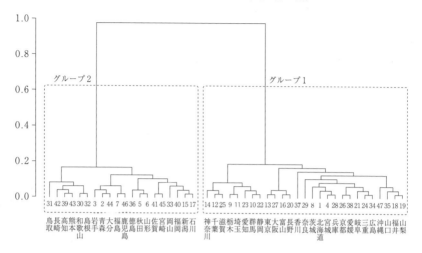

図47 クラスター分析結果（成長停止期）

　それでは初めに、成長停止期の相対的な立地行動の違いについて分析していくことにしよう。この成長停止期である1989年から1990年においては、まだこれから景気が大きく減速するという自覚はなく、これまでに確認した通り、製造業における生産量と新規立地件数は、依然として高い水準にあった。また同時に、都市部での地価は上昇し続けており、立地行動も中心地域から周辺地域への遠心力も、強く働いていたと思われる。

　この成長停止期の各県に立地した製造工場の立地理由について、各立地理由の選択された回数を県ごとの比率に直し、その比率についてクラスター分析した結果を表したものが図47になる。この図47のクラスター分析の結果から、日本の47県を立地理由の選択頻度の傾向性によって、大きく2つのグループに分けることができた。そして図48は、その2つのグループに分かれた県の地理的な位置を区別したものである。

　この図48より、グループ1に属する県の地理的な分布は、東京・大阪・名古屋という3大都市を含む主要工業地域（太平洋ベルト）とその周辺地域になっており、グループ2に属する県の地理的分布は、グループ1とは対照的に、伝統的な農村地域に分布しているという特徴がある。したがって、この県の分類は、製造工場の都市部と農村部の立地行動の違いを反映したものであると特徴づけることも可能である。その一方で、グループ1の県は工業立地が盛んな地域であり、グ

### 図48　グループ１とグループ２に属する県の地理的分布（成長停止期）

ループ１の立地行動を分析することによって、日本における工業が発展している地域において、どのような立地行動がなされているのかについても分析することができる。

またグループ１は、近年、製造工場の立地が集中している東京広域圏だけでなく、大阪を中心とする近畿地域を含むことから、このグループ１の方が、グループ２よりも多くの製造工場の立地を呼び込んでおり、アンケート調査の対象となった大半が、このグループ１に属していることになる。そうした理由から、グループ１の立地行動は、当時の日本の製造工場の代表的な立地行動を要約するものであり、国土計画において、より参考にすべき立地行動になる。

それでは次に、この２つのグループに分類された製造工場の立地理由がどのように異なるのかについて、表20にもとづきながら分析してみよう。表20には、グループ１とグループ２の地域に立地した製造工場の立地理由のそれぞれについて、そのグループ内の平均値と標準偏差が示されている。そして、この２つの平均値の間には相対的な差があり、その平均値が相対的に大きく、かつその標準偏差が小さいほど、その立地理由の違いが、そのグループに属する製造工場の立地行動を特徴づけていると考えることができる。

まず、グループ１に属する県における立地行動を特徴づけているのは、「市場への近接性」と「関連企業への近接性」、そして「企業内組織の集中」であることが分かり、これらの立地理由は、グループ２に属する県に立地した製造工場よ

表20 グループ１とグループ２に属する県の立地理由のグループ平均値と標準偏差

|  |  | 個数 | 原材料への近接性 | 市場への近接性 | 関連企業への近接性 | 労働力の確保 | 企業内組織の集中 | 政策支援 |
|---|---|---|---|---|---|---|---|---|
| 平均値 | グループ１ | 27 | 0.045 | 0.162 | 0.137 | 0.123 | 0.100 | 0.134 |
|  | グループ２ | 20 | 0.048 | 0.089 | 0.082 | 0.288 | 0.053 | 0.198 |
| 標準偏差 | グループ１ | 27 | 0.035 | 0.060 | 0.060 | 0.052 | 0.051 | 0.063 |
|  | グループ２ | 20 | 0.028 | 0.043 | 0.037 | 0.072 | 0.036 | 0.074 |

|  |  | 個人的な繋がり | 共同立地 | 工業用水の確保 | ビジネスインフラ | 学術機関との提携 | 用地の確保 | その他 |
|---|---|---|---|---|---|---|---|---|
| 平均値 | グループ１ | 0.045 | 0.019 | 0.005 | 0.003 | 0.005 | 0.165 | 0.058 |
|  | グループ２ | 0.040 | 0.023 | 0.010 | 0.003 | 0.001 | 0.144 | 0.021 |
| 標準偏差 | グループ１ | 0.049 | 0.026 | 0.007 | 0.006 | 0.012 | 0.076 | 0.062 |
|  | グループ２ | 0.026 | 0.032 | 0.009 | 0.008 | 0.002 | 0.036 | 0.012 |

りも、ほぼ倍の頻度で選択されていたことが分かる。これはグループ１に属する県が主要工業地域であり、そこでは需要と製造企業が集中していることから、グループ１における製造工場が選択した立地地域と、立地理由の傾向性との間に、一定の整合性をみてとることができる。

　これに対し、グループ２に属する県に立地した製造工場を特徴づける立地理由は、「市場への近接性」と「関連企業への近接性」、「企業内組織の集中」の３つである。この３つ立地理由が選択された頻度は、グループ１と比較して相対的に低いのに対し、「労働力の確保」と「政策支援の効果」という立地理由が高い頻度で選択されている。これについては、グループ２に属する県が農村地域であり、そこでは都市部とは対照的に、労働力の余剰が比較的多いことから、グループ２おける製造工場が、「労働の確保」を主たる立地理由として挙げていることと矛盾しない。また、そうしたグループ２の地域では、他の立地理由で挙げられているような立地メリットが少ないため、地方自治体の実施する企業誘致政策によって、「政策支援の効果」による立地件数が多くなっていると推察される。

　以上のことから、ネットワーク補完型の立地モーメントの強い地域とは、東京広域圏から近畿地域までを含む日本の主要工業地域であり、しかも、その主要工業地域に集中している日本の大半を占める製造工場が、そのネットワーク補完型の立地行動をしていたことが分かる。これにより東京広域圏から近畿地域までの

表21 判別分析の結果（成長停止期）

| 独立変数 | 判別関数 | | 分類関数 | | | |
| --- | --- | --- | --- | --- | --- | --- |
| | 判別係数 | 標準化判別係数 | グループ1 | グループ2 | 偏F値 | P値 |
| 労働力の確保 | −51.3394 | −5.1968 | −93.358 | −196.36 | 62.2694 | <0.001 |
| 市場への近接性 | 22.3078 | 1.4163 | −122.384 | −77.769 | 4.7052 | 0.0356 |
| 共同立地 | −44.2863 | −1.2403 | −135.098 | −223.67 | 4.5552 | 0.0386 |
| 定数項 | 8.675 | | 16.948 | 34.306 | | |

マハラノビスの汎距離：3.21067

理論的誤判別率：0.0542

ウィルクスのΛ：0.27533

等価なF値：37.724

自由度：(3, 43.00)

P値：<0.001

地域において、地域間取引ネットワークが拡がっていることが予想され、その地域における製造工場の成長と衰退が、地域構造に対して大きな影響を与えることが予想される。そこでこれを、ネットワーク補完型の立地モーメントによる地域ネットワーク形成の予想と呼ぶことにしよう。

次に、このグループ1とグループ2の立地行動の区別における、統計的な有意性について確認していくことにしよう。この有意性の確認のために判別分析という手法を用いることにする。この判別分析という手法は、グループ間の違いを特徴づける、統計的に最も有意な変数を特定する際に有効である。ここでは具体的に、グループ1とグループ2の立地理由の選択頻度の割合について、グループ間で統計的に最も差異が大きい立地理由を特定するために用いることにする。

表21は、ステップワイズ法による判別分析の結果である。この結果では、「労働力の確保」と「市場への近接性」と「共同立地」という3つの立地理由が挙げられているが、これらの3つの立地理由は、選択頻度の割合の平均と分散の観点から、グループ1とグループ2の違いを、統計的に最も有意に特徴づける変数として挙げられている。また、それらの変数の係数を調節することにより、それら2つのグループの所属の識別を、判別関数という直線によって行うことができる。この判別関数を用いることにより、その直線よりも上方もしくは下方にあるかによって、それらのサンプルがどちらのグループに所属するのかを判別することができ、その判別関数は、2つのグループに属するサンプルを区別する、境界線としての役割を果たすことになる

図49 「労働力の確保」と「市場への近接性」が選択された割合散布図

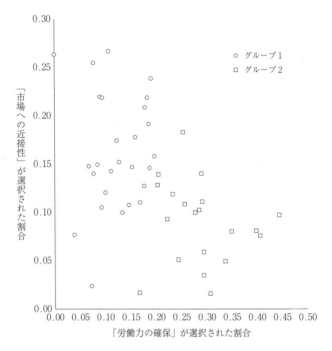

　また、このステップワイズ法では、それらのサンプルが2つのグループの内のどちらに属するのかを判別するために、統計的に最も有意な独立変数から、判別分析の独立変数に組み入れることによって、最小限の独立変数によって、最も効率的な判別関数を構成することになる。この独立変数の選定では、特に、F値が最も大きく、かつP値が最も小さい独立変数から判別関数に組み入れられ、そのP値が0.20以下になる独立変数ついては、すべて判別関数の独立変数に加えるように設定してある。

　次に、この判別分析の結果について解釈すると、まず、グループ2における製造工場の「労働力の確保」という立地理由が、その最も高い有意性によって、グループ2の製造工場とグループ1の製造工場の違いを判別しており、これについては、その標準化された判別係数である－5.1968の大きさと、そのF値である62.2694の高さによって明らかになる。ここで「労働力の確保」は、グループ2に属する製造工場の立地行動を特徴づけていることから、その判別係数は－5.1968

第5章　立地調査の結果と分析　149

表22　立地行動の二極化

|  | 近接性 | | | | 他の立地条件 | | |
| --- | --- | --- | --- | --- | --- | --- | --- |
|  | 原材料 | 市場 | 関連企業 | 企業内組織 | 労働 | 政策 | 用地 |
| グループ1 |  | ◎ | ○ | ○ |  |  |  |
| グループ2 |  |  |  |  | ◎ | ○ |  |

のような負の値になっており、この判別係数の値の絶対値が大きくなればなるほど、それだけその立地理由が、そのグループの立地行動を特徴づけていることになる。

次に、この「労働力の確保」ほど統計的に優位ではないが、「市場への近接性」と「共同立地」という立地理由も、統計的に十分な有意性を保ちながら、この判別関数の独立変数を構成している。ここで「市場への近接性」は、グループ1に属する製造工場の立地行動を特徴づけていることから、その判別係数は1.4163のように正の値になっており、また「共同立地」は、グループ2に属する製造工場の立地行動を特徴づけていることから、その判別係数は−1.2403のように負の値になっている。但し、この「共同立地」という立地理由は、グループ1とグループ2の両グループにとって、2％から3％ほどのあまり重要でない立地理由であることから、両者の立地行動を特徴づけるには、それほど有効ではないことが分かる。

この判別分析の結果が、どれだけ効果的なものであるかについては、図28を観ると分かり易い。この図28の散布図において、横軸は各県において「労働力の確保」が選択された頻度の割合を表しており、縦軸は「市場への近接性」が選択された頻度の割合を表している。そして、その散布図を構成する各点は、グループ1とグループ2に分かれており、グループ1は「市場への近接性」をより高い頻度で選択しているのに対し、「労働力の確保の割合」はより低い頻度で選択されている。またグループ2については、「労働力の確保」をより高い頻度で選択しているのに対し、「市場への近接性」はより低い頻度で選択されていることが分かる。そして、これら2つの分布の間に、右上がりの直線を描くとき、それが判別直線になる。

この成長停止期では、製造工場の立地行動は二極化しており、それらは工業地域での立地行動と、地方農村部における立地行動として、表22のように整理する

表23　グループ1とグループ2の業種の割合

|  | 全体 | 全体 | |
| --- | --- | --- | --- |
|  |  | グループ1 | グループ2 |
| 食料品飲料 | 9.9% | 8.4% | 11.6% |
| 金属製品 | 14.9% | 14.9% | 14.9% |
| 一般機械 | 12.9% | 13.8% | 11.9% |
| 電気機械 | 11.6% | 10.1% | 13.2% |
| 輸送用機械 | 5.6% | 6.9% | 4.2% |

ことが可能である。まず、グループ1の立地行動を特徴づけるのは、「市場への近接性」と「関連企業への近接性」と「企業内組織の集中」であり、これらの立地理由の中でも、統計的に特に有意なのは「市場への近接性」になる。これに対し、グループ2の立地行動を特徴づけるのは、「労働力の確保」と「政策支援の効果」であり、これらの立地理由の中でも、統計的に特に有意なのは「労働力の確保」であることになる。

したがって、「関連企業への近接性」や「企業内組織の集中」、「政策支援の効果」などのように、グループ1とグループ2における立地理由の選択頻度の割合が倍近く違うものがあっても、それらはグループ1とグループ2の立地行動の違いを統計的に決定づけるものではなく、それらの都市部と農村部の立地行動の違いを判別する要因としては、不十分な立地理由であることになる。但し、それらの立地理由の選択頻度は大きく異なっていることから、その意味に限っては、主要工業におけるネットワーク補完型の立地モーメントは非常に強いといえる。

また表23は、グループ1とグループ2に属する製造工場の業種の割合を表しており、グループ2においてその割合が高くなっているのは、食料品工業と電気機械工業である。まず食料品工業については、その立地選択において「原材料への近接性」と「市場への近接性」を重視する工業であり、食料品の原材料が豊富な農村部において、その割合が高くなる傾向にあるのは妥当である。また電気機械工業については「労働力の確保」と「政策支援の効果」を重視する工業であることから、それら2つの工業の割合が農村部におけるグループ2において高くなる傾向にあることは、前節の業種別の分析の結果と一致している。

この成長停止期において、立地選択の傾向が2つの地域で大きく分かれたこと

は、地域間において、立地行動に有意な差があることを示唆している。しかも、その立地行動の地域間の多様性は、その地理的な特徴の違いによって、合理的に説明することが可能な多様性であり、主要工業地域のグループ1の地域に立地した製造工場が、「市場への近接性」や「関連企業への近接性」、「企業内組織の集中」という立地理由によって特徴づけられていることから、人口の集中が著しい都市とその近郊において、企業内組織や関連企業が集中することによって、さらに製造工場が集中し易くなるという構造が浮かび上がってくる。

つまり、このグループ1の立地行動は、需要と生産組織の地理的な分布に依存する立地行動であり、消費主体と生産主体が形成するネットワークの構造に依存した、構造的な立地行動であるといえる。これに対して地方のグループ2の地域に立地した製造工場は、「労働力の確保」と「政策支援の効果」という、地理的に拡がるネットワークのような構造に依存しない立地行動であると捉えることができ、その意味では非構造的な立地行動ということができる。

以上のことから、グループ1とグループ2の立地行動の違いとは、構造的な立地行動と非構造的な立地行動の違いとして捉えることができる。特にグループ1の立地行動については、地域に拡がる何らかのネットワークの構造に依存した立地行動となっていることから、製造工場の立地行動と地理的に拡がるネットワーク構造とシンクロしていることが予想される。そして、この成長停止期においては、ネットワーク補完型と非ネットワーク補完型、もしくは、構造的な立地行動と非構造的な立地行動との2種類に分類することができ、こうした立地行動の分化を、立地行動の二極化と呼ぶことにする。

この立地行動の二極化について、その業種の割合の差についてみてみると、ネットワーク補完型・構造的な立地のグループ1では、一般機械行動と輸送用機械工業の割合が高くなり、非ネットワーク補完型・非構造的な立地のグループ2では、食料品工業と電気機械工業の割合が高くなっている。したがって、この立地行動の二極化は、単純に立地行動の地域差のみを反映したものではなく、業種ごとの立地行動の違いも反映する傾向にあると理解することができる。

〈要点〉
・ネットワーク補完型の立地モーメントの強い地域では、地域間取引ネットワークが発展していること考えられる。

・「市場への近接性」や「関連企業への近接性」、「企業内組織の集中」を重視する立地行動を構造的な立地行動と呼ぶ。
・主要工業地域とそれ以外の地域とに間には、明らかに立地行動の違いがあり、それを立地行動の二極化と呼ぶ。

## 景気悪化期（1991年から1994年）

　次に、「バブル経済」が崩壊し、景気が急激に悪化した1991年から1994年までの立地行動について分析していく。この時期は、「バブル経済」の崩壊と共に、製造業における生産量が急減し、製造工場の新規立地件数も急落していていた時期である。また同時に、都市部での地価の急落により、工業立地の中心地域から周辺地域に向けた遠心力が弱まっていた可能性がある。

　この景気悪化局面における、各県に立地した製造工場の立地理由について、各立地理由の選択された回数を、県ごとに比率に直し、その比率についてクラスター分析した結果が図50になる。この図50では、その製造工場の立地理由によって、47県を大きく2つのグループに分けることができ、さらにグループ2に関しては、グループ2aとグループ2bの2つのグループに分けることができる。このグループ1、2a、2bの3つのグループに属する県の地理的な分布は、図51に描かれている。

　この図51により、グループ1に属する県の地理的分布は、東京広域圏というよりは、むしろ旧太平洋ベルト地帯に分布しており、成長停止期の図48と比較するとき、大都市圏の中心地域やその周辺地域のような、より人口が密集している地域に偏って分布していることが分かる。また、グループ2に属する県の地理的分布は、グループ2aとグループ2bに分けることができ、グループ2aは日本の国土の北部と南部の地域に分かれて集中しており、またグループ2bは、主要工業地域の外縁地域に分布していることが分かる。

　それでは次に、この3つのグループに分類された地域に立地した製造工場の立地理由が、どのように異なるのかについて、表24にもとづきながら分析してみよう。表24には、グループ1とグループ2の地域に立地した製造工場のそれぞれの選択頻度について、グループ内の平均値と標準偏差が示されている。まず、グループ1に属する県に立地した製造工場の立地行動を特徴づけているのは、「市

第 5 章 立地調査の結果と分析　153

図50　クラスター分析結果（景気悪化局面）

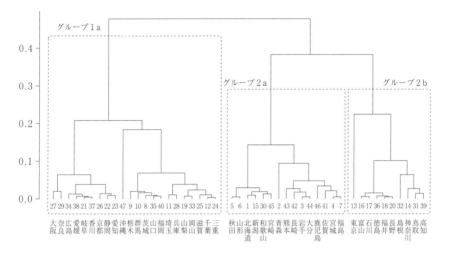

図51　グループ1とグループ2に属する県の地理的分布（景気悪化局面）

表24 グループ1とグループ2に属する県の立地理由のグループ平均値と標準偏差

|  |  | 個数 | 原材料への近接性 | 市場への近接性 | 関連企業への近接性 | 労働力の確保 | 企業内組織の集中 | 政策支援 |
|---|---|---|---|---|---|---|---|---|
| 平均値 | グループ1 | 22 | 0.035 | 0.149 | 0.111 | 0.077 | 0.111 | 0.091 |
|  | グループ2 | 25 | 0.050 | 0.092 | 0.097 | 0.166 | 0.069 | 0.164 |
|  | グループ2a | 15 | 0.062 | 0.103 | 0.110 | 0.207 | 0.054 | 0.112 |
|  | グループ2b | 10 | 0.034 | 0.075 | 0.077 | 0.105 | 0.092 | 0.242 |

|  |  | 個人的な繋がり | 共同立地 | 工業用水の確保 | ビジネスインフラ | 学術機関との提携 | 用地の確保 | その他 |
|---|---|---|---|---|---|---|---|---|
| 平均値 | グループ1 | 0.045 | 0.019 | 0.005 | 0.003 | 0.005 | 0.165 | 0.058 |
|  | グループ2 | 0.040 | 0.023 | 0.010 | 0.003 | 0.001 | 0.144 | 0.021 |
| 標準偏差 | グループ1 | 0.049 | 0.026 | 0.007 | 0.006 | 0.012 | 0.076 | 0.062 |
|  | グループ2 | 0.026 | 0.032 | 0.009 | 0.008 | 0.002 | 0.036 | 0.012 |

場への近接性」と「企業内組織の集中」であることが分かり、それらの立地理由は、グループ2に属する県に立地した製造工場よりも、ほぼ倍近い頻度で選択されていることが分かる。その一方で、成長停止期とは対照的に、「関連企業への近接性」が選択される頻度の差は、グループ1とグループ2の間でそれほど大きくなく、それらの地域差の決定づける立地理由ではなくなっていることになる。

これに対し、グループ2に属する県に立地した製造工場を特徴づける立地理由は、高い頻度で選択されている「労働力の確保」という立地理由と、「政策支援の効果」という立地理由であることが分かる。この「労働力の確保」と「政策支援の効果」という立地理由によって、グループ2の立地行動は特徴づけられているが、そのグループ2の中でも、グループ2aでは「労働力の確保」がより高い頻度で選択されており、逆にグループ2bでは「政策支援の効果」がより高い頻度で選択していことから、同じグループ内であっても、どちらの立地理由がより高い頻度で選択されているかによって、両者は区別されていることになる。

次に、グループ1に属する主要工業地域での製造工場の立地行動と、グループ2に属するその他の地域での製造工場の立地行動の違いを明らかにするために、その統計的有意性を判別分析によって確認してみよう。まず、成長停止期の分析結果と同様に、「労働力の確保」という立地理由が、統計的に最も高い有意性を保って、グループ2の製造工場とグループ1の製造工場の立地行動の違いを判別

## 表25 判別分析の結果（景気悪化局面）

| 独立変数 | 判別関数 | | 分類関数 | | 偏F値 | P値 |
|---|---|---|---|---|---|---|
| | 判別係数 | 標準化判別係数 | グループ1 | グループ2 | | |
| 労働力の確保 | −50.8832 | −3.6708 | −174.312 | −276.078 | 25.9293 | <0.001 |
| 政策支援の効果 | −51.7975 | −3.6120 | −138.824 | −242.419 | 31.0326 | <0.001 |
| 市場への近接性 | 21.6731 | 1.2857 | −183.575 | −140.229 | 3.6337 | 0.0635 |
| 企業内組織の集中 | 22.9212 | 1.0852 | −227.823 | −140.229 | 2.5226 | 0.1197 |
| 定数項 | 8.1002 | | 39.378 | 34.306 | | |

マハラノビスの汎距離：3.23967

理論的誤判別率：0.0526

ウィルクスの$\Lambda$：0.26815

等価なF値：0.26815

自由度：(4, 42.00)

P値：<0.001

しており、これはその標準化された判別係数−3.6708の大きさと、そのF値25.9293の高さによって読み取ることができる。ここで「労働力の確保」は、グループ2に属する製造工場の立地行動を特徴づけていることから、その判別係数は−3.6708のように負の値になっており、この判別係数の値の絶対値が大きくなればなるほど、その立地理由がグループの立地行動を特徴づけていることになる。

また、バブル経済末期の分析結果とは対照的に、「政策支援の効果」という立地理由も、それらのグループの立地行動の違いを統計的に有意に判別しており、これはその標準化された判別係数−3.6120の大きさと、そのF値31.0326の高さによって明らかになる。ここでも「政策支援の効果」は、グループ2に属する製造工場の立地行動を特徴づけていることから、その標準化された判別係数−3.6120は負の値になっており、この判別係数の値の絶対値が大きくなればなるほど、そのグループの立地行動を特徴づけていることになる。

次に、この「労働力の確保」の立地理由ほど統計的に優位ではないが、「市場への近接性」と「企業内組織の集中」という立地理由も、その統計的な有意性を保ちながら、この判別関数の独立変数を構成しており、ここで「市場への近接性」と「企業内組織の集中」は、グループ1に属する製造工場の立地行動を特徴づけていることから、その標準化された判別係数は1.2857と1.0852のように正の値になっており、グループ1に属する製造工場の立地行動を特徴づけていることが分かる。

図52 労働力の確保と市場への近接性が選択された割合散布図

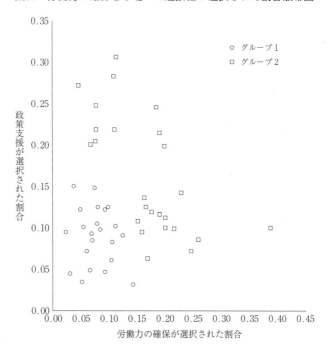

　この判別分析の結果がどれだけ有効なものであるかについては、図52を観ると分かり易い。この図52の散布図において、横軸は「労働力の確保」が選択された割合を表しており、縦軸は「政策支援の効果」が選択された割合を表している。そして、その散布図を構成する各点は、グループ1とグループ2の2つに分かれており、グループ1については、それらの立地理由が選択された頻度の割合は両方とも低く、逆にグループ2についてはそれらの立地理由が選択された頻度の割合が両方とも高い。そして、これら2つの分布の間に、右下がりの直線を描くとき、それがそれらのグループを判別する判別直線になる。

　以上のことから、この景気悪化期では、主要工業地域とその他の地域との間の立地行動の二極化が、再度、鮮明になっており、主要工業地域以外の地域では、「労働力の確保」と「政策支援の効果」が最も重要な立地理由になる一方で、主要工業地域では、それらの理由よりも、むしろ「市場への近接性」と「企業内組織の集中」が重要な立地要因となる傾向にある。

表26 立地行動の二極化

| | 近接性 | | | | 他の立地条件 | | |
|---|---|---|---|---|---|---|---|
| | 原材料 | 市場 | 関連企業 | 企業内組織 | 労働 | 政策 | 用地 |
| グループ1 | | ○ | | ○ | | | |
| グループ2 | | | | | ◎ | ○ | |

表27 グループ1とグループ2、グループ2aとグループ2bの業種の割合

| | 全体 | 全体 | | グループ2 | |
|---|---|---|---|---|---|
| | | グループ1 | グループ2 | グループ2a | グループ2b |
| 食料品飲料 | 11.4% | 10.4% | 12.2% | 13.2% | 10.0% |
| 金属製品 | 17.2% | 17.5% | 16.9% | 16.3% | 18.3% |
| 一般機械 | 13.2% | 14.4% | 12.3% | 11.1% | 14.8% |
| 電気機械 | 10.7% | 8.5% | 12.5% | 12.6% | 12.5% |
| 輸送用機械 | 6.1% | 8.2% | 4.4% | 4.9% | 3.3% |

　その一方で、この判別分析の結果として際立ったのは、グループ2の「労働力の確保」と「政策支援の効果」という立地理由の選択頻度の高さである。これらの立地メリットは、点と線によるネットワークのような構造を有する立地メリットではなく、労働力の地理的な分布や、各地方自治体の離散的な施策を反映したものであることから、この主要工業地域以外の地域では、依然として非ネットワーク補完型の非構造的な立地傾向が強いことが伺える。

　次に、この立地行動の二極化について、各グループの業種の割合について分析してみると、顕著な差を確認できるのは、電気機械工業と輸送用機械工業になる。電気機械工業は「労働力の確保」と「政策支援の効果」を重視する傾向にあることから、電気機械工業がグループ2においてその割合が高くなることは、その立地行動の傾向性を反映しているといえるし、また輸送用機械工業は「企業内組織の集中」を重視する傾向にあることから、その割合がグループ1において高くなることは、輸送用機械工業の立地行動の傾向性を反映したものといえる。したがって、この景気悪化期においても、立地行動の二極化と、それに対応した業種の分布を確認することができる。

　以上のことから、成長停止期における立地行動の二極化を、この景気悪化期に

おいても確認することができた。やはりこの期間においても、製造工場の立地行動は地理的に異なっており、その立地行動は、地理的な立地メリットの分布に依存しながら質的に異なるだけでなく、その質に応じて地域ごとの立地モーメントの強さも異なると考えることができる。

〈要点〉
・主要工業地域以外の地域の立地行動は、「労働力の確保」や「政策支援の効果」など、非構造的な立地理由によって特徴づけられた。
・立地行動の二極化が再度鮮明になった。

## ゼロ成長期（1995年から2000年）

　次に、失われた十年の後半、不良債権処理と構造改革に追われた1995年から2000年までの立地行動について分析することにしよう。このゼロ成長期におけるクラスター分析の結果は図53に描かれており、この図53では、その製造工場の立地理由によって、47県を大きく2つのグループに分けている。そして、このグループ1とグループ2に属する県の地理的な分布は図54に描かれており、この図54により、グループ1に属する県の地理的分布は、依然として主要工業地域（太平洋ベルト）に分布していることが分かり、中でも東京広域圏と、大阪を中心とした近畿地域に集中していることが分かる。但し、前の2つの期のグループ1の地理的な分布と比較するとき、このグループ1の地理的な範囲は狭まっており、その代わりに、有力地方都市である仙台の周辺地域と福岡の周辺地域が含まれるという変化が起こっている。

　この地理的分布を、「バブル経済」が終わった後の、景気悪化局面における図50の地理的分布と比較するとき、そのグループ1に属する県は、東京・大阪・名古屋という3大都市部と、その周辺地域に偏って分布していることが分かり、これとは対照的に、グループ2に属する県の地理的分布の範囲は、地方農村部から主要工業地域の周辺地域にかけて拡大していることが分かる。

　それでは次に、この2つのグループに分類された地域に立地した製造工場の立地理由が、どのように異なるのかについて、表28にもとづきながら分析してみることにしよう。表28には、グループ1とグループ2の地域に立地した製造工場の

第5章 立地調査の結果と分析　159

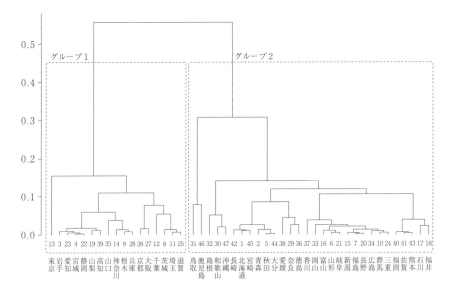

図53　クラスター分析結果（ゼロ成長期）

立地理由のそれぞれについて、そのグループ内の平均値と標準偏差が示されている。まず、グループ1に属する県に立地した製造工場の立地行動を特徴づけているのは、「市場への近接性」と「関連企業への近接性」と「企業内組織の集中」であることが分かる。但し、これまでこれらの立地理由の割合は、グループ1とグループ2との間に、ほぼ倍に近い差があったが、ここに至っては凡そ1.5倍の差になっており、その差が小さくなっている。

　その一方で、これまで農村部のグループ2に属する製造工場では、「労働力の確保」という立地理由が高い頻度で選択されており、これまではこの「労働力の確保」がグループ2の立地行動を特徴づけていたが、ここに至ってはグループ1との違いはそれほど顕著ではなくなっている。この「労働力の確保」という立地理由の地域差が無くなった理由は、ゼロ成長期における「労働力の確保」という立地理由が選択される頻度が、成長停止期のそれと比較して凡そ3分の1になっており、工業立地の一般的な傾向性として、「労働力の確保」という立地理由が、以前ほど重要でなくなったことに起因すると考えられる。

　確かにこの時期には、日本の製造企業は景気の低迷による余分な生産設備を抱えていたことに加え、不良債権処理のために固定資産の売却を図ることにより、

図54 グループ1とグループ2に属する県の地理的分布（ゼロ成長期）

製造工場が減少していた時期であることから、労働力の不足がそれほど深刻な問題にはならなかったのかもしれない。その反面、「用地の確保」と「政策支援の効果」の2つの立地理由が、このグループ2における立地行動を特徴づける立地理由になっており、これもやはり景気後退期におけるコスト競争力の改善の観点から、工業用地の取得費用などの軽減と、地方自治体による立地優遇処置が、強く作用していることによるものであると推察することができる。

次に、このグループ1とグループ2に属する県に立地した製造工場の立地行動について、判別分析によりその統計的有意性について確認してみることにしよう。まず、このゼロ成長期では、成長停止期とその後の景気悪化時の分析結果とは対照的に、「労働力の確保」という立地理由が判別関数の独立変数ではなくなっていることが分かる。その一方で、このゼロ成長期後半では、「用地の確保」が初めて統計的に高い有意性を保ちながら、グループ2の製造工場の立地行動を特徴づけ、グループ1の立地行動とグループ2の立地行動とを区別している。また、景気悪化期の分析結果と同様に、「政策支援の効果」という立地理由も、統計的に有意にそれらのグループの違いを判別しており、「政策支援の効果」が引き続き、そのグループ2の主要工業地域以外の地域に立地した製造工場の立地行動を、特

表28 グループ1とグループ2に属する県の立地理由のグループ平均値と標準偏差（ゼロ成長期）

|  |  | 個数 | 原材料への近接性 | 市場への近接性 | 関連企業への近接性 | 労働力の確保 | 企業内組織の集中 | 政策支援 |
|---|---|---|---|---|---|---|---|---|
| 平均値 | グループ1 | 27 | 0.063 | 0.185 | 0.136 | 0.062 | 0.122 | 0.079 |
|  | グループ2 | 20 | 0.062 | 0.105 | 0.096 | 0.054 | 0.083 | 0.133 |
| 標準偏差 | グループ1 | 27 | 0.038 | 0.078 | 0.059 | 0.041 | 0.043 | 0.034 |
|  | グループ2 | 20 | 0.041 | 0.045 | 0.037 | 0.033 | 0.048 | 0.086 |

|  |  | 個人的な繋がり | 共同立地 | 工業用水の確保 | ビジネスインフラ | 学術機関との提携 | 用地の確保 | その他 |
|---|---|---|---|---|---|---|---|---|
| 平均値 | グループ1 | 0.045 | 0.019 | 0.005 | 0.003 | 0.005 | 0.165 | 0.058 |
|  | グループ2 | 0.040 | 0.023 | 0.010 | 0.003 | 0.001 | 0.144 | 0.021 |
| 標準偏差 | グループ1 | 0.049 | 0.026 | 0.007 | 0.006 | 0.012 | 0.076 | 0.062 |
|  | グループ2 | 0.026 | 0.032 | 0.009 | 0.008 | 0.002 | 0.036 | 0.012 |

徴づけていることが分かる。これらの立地理由は、いずれも構造的な立地理由でなく、グループ1とグループ2を統計的に有意に分けるのは、非構造的な立地理由の選択頻度であることが分かる。

この判別分析の結果がどれだけ有効なものであるかについては、図55を観ると分かり易い。この図55の散布図において、横軸は「用地確保の容易さ」が選択された割合を表しており、縦軸は「政策支援の効果」が選択された割合を表している。そして、その散布図を構成する各点は、グループ1とグループ2の2つに分かれており、グループ2は特に、「用地確保の容易さ」が立地理由として選択された頻度の割合が高く、この「用地確保の容易さ」の選択頻度の割合だけでも、グループ1とグループ2を判別する精度の高い判別直線を、垂直な線として描くことができそうである。これに加えて、「政策支援の効果」の選択頻度の割合を縦軸で考慮すれば、その2つのグループに属する県の分布を縦に広げることができ、その拡がりに対して右下がりの直線を描くとき、その直線は垂直な判別直線よりも、より高い精度で判別することが可能になる。

次に、このグループ2を占める業種の割合を確認してみると、グループ2については、食料品工業のみがその割合が大きくなっていることが分かる。本章の初めに確認した通り、この食料品工業は、特に「用地確保の容易さ」や「政策

表29　判別分析の結果（ゼロ成長期）

| 独立変数 | 判別関数 | | 分類関数 | | | |
|---|---|---|---|---|---|---|
| | 判別係数 | 標準化判別係数 | グループ1 | グループ2 | 偏F値 | P値 |
| 用地の確保 | -42.228 | -3.2848 | -154.64 | -239.1 | 44.6088 | <0.001 |
| 政策支援の効果 | -19.429 | -1.4527 | -62.524 | -101.38 | 8.897 | 0.0047 |
| 個人的な繋がり | -28.561 | -1.0016 | -75.406 | -132.53 | 4.175 | 0.0472 |
| 定数項 | 14.445 | | 19.88 | 48.77 | | |

マハラノビスの汎距離：2.53592
理論的誤判別率：0.102

ウィルクスのΛ：0.39205
等価なF値：22.227
自由度：(3, 43.00)
P値：<0.001

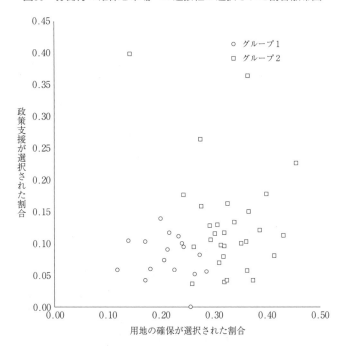

図55　労働力の確保と市場への近接性が選択された割合散布図

表30 立地行動の二極化

|  | 近接性 | | | | 他の立地条件 | | |
|---|---|---|---|---|---|---|---|
|  | 原材料 | 市場 | 関連企業 | 企業内組織 | 労働 | 政策 | 用地 |
| グループ1 |  | ○ | ○ | ○ |  |  |  |
| グループ2 |  |  |  |  |  | ○ | ◎ |

表31 グループ1とグループ2、グループ2aとグループ2bの業種の割合

|  | 全体 | 全体 | |
|---|---|---|---|
|  |  | グループ1 | グループ2 |
| 食料品飲料 | 11.7% | 8.6% | 13.6% |
| 金属製品 | 15.9% | 19.1% | 13.9% |
| 一般機械 | 8.7% | 9.8% | 8.0% |
| 電気機械 | 6.7% | 7.7% | 6.1% |
| 輸送用機械 | 5.9% | 6.2% | 5.8% |

支援の効果」を重視する傾向性にある業種ではない。にもかかわらず、この食料品工業が「用地確保の容易さ」や「政策支援の効果」を重視するグループ2において多くなっていることは、業種ごとの立地行動の傾向性が、特定の地域への立地に導いているのではなく、むしろ地域に存在する立地的メリットによって、その地域内に誕生する製造工場の立地行動が左右される可能性があることを示唆している。

　したがって、これまでのように、業種ごとの立地行動の傾向性と、地域の特有の立地要因とを照らし合わせながら、どの地域にどのような業種の立地が期待されるかについて、単純な予測をすることは困難であると考えられる。そして、前章で確認した通り、ほとんどの製造工場は、その製造工場の本社がある地域や、その製造工場が以前に立地した地域から、外に出ることはないという事実と照らし合わせてみると、地域ごとの製造工場の立地行動は、その地域に存在する立地要因によって変化しうると考える方が、より妥当であるかもしれない。そこでこのような地域に固有の立地要因に応じて、製造工場の立地行動が多様化することを、周辺立地要因に依存した立地選択と呼ぶことにする。そして、立地メリット

の地理的な分布に依存した立地行動が、製造工場の立地行動を多様化させる一因となる可能性を強調しておくことにする。

また、このゼロ成長期において、大都市圏では、「市場への近接性」と、「企業内組織の集中」、「関連企業への近接性」といった、構造的な立地理由が選択される頻度が高くなることが明らかになり、ネットワーク補完型の立地モーメントは大都市圏で強くなることが分かった。これにより、景気変動に応じて分けた5つの期間において、特に立地件数が多かった2000年までの製造工場の立地件数の中で、その多くの製造工業が構造的な立地行動に従っていたことを伺い知ることができる。よって、次章で行う地域間取引ネットワークの構造分析では、このネットワーク補完型の立地モーメントの強い大都市圏に焦点を当てることにし、この大都市圏を中心とする地域間取引ネットワーク構造の全容について解明していくことにしたい。

〈要点〉
・「用地の確保」と「政策支援の効果」という非構造的な立地要因が、地方の立地行動を特徴づけている。
・全国という視野で立地選択をするのではなく、周辺の立地要因に依存して立地選択をするという近視眼的な立地傾向がある。

## 景気回復期（2002年から2007年）

本節で分析対象となる景気回復期は、戦後最長の好景気となった2002年から2007年までの期間である。これまでの分析期間は、バブル景気が終わった後の、成長停止期に始まる景気の悪化と低成長の期間であったが、その期間の分析では、比較的安定した分析結果が得られ、主要工業地域と地方、もしくは大都市圏とそれ以外の地域における、立地行動の二極化を確認することができた。

その一方で、前の期に当たるゼロ成長期においては、「用地の確保」と「政策支援の効果」が、その二極化を統計的に最も有意に判別する立地理由となっており、「企業な組織の集中」や「関連企業への近接性」などの構造的な立地理由は、積極的に立地行動の二極化を特徴づけているとは言えない部分もある。そこでこの景気回復期においては、その構造的な立地理由が、再度、地域の立地行動を特

図56 クラスター分析結果（景気回復）

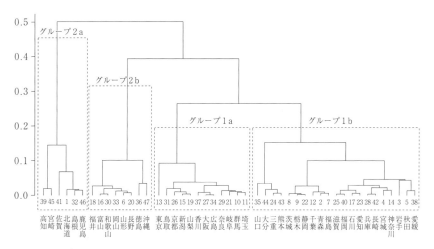

徴づけることができるかどうかについて注視していくことにしたい。

　この景気回復局面におけるクラスター分析の結果は図56に描かれており、この図56により47県はいくつかグループに分けられることになる。しかし、これまでのように、明確に2つのグループに分けることができず、ここではやむを得ず4つのグループに分けるとすれば、それらのグループに属する県の地理的な分布は、図57に描かれているようになる。

　まず、グループ1aの地理的な特徴は、東京と大阪を含む2大都市と、その周辺地域を含んでおり、それらの地域は産業集積が特に進んでいる地域であると言える。これに対してグループ1bは、そのグループ1aに隣接する地域であり、それらは、これまでグループ1を構成していた県に加えて、仙台や福岡など、地方の大都市が含まれている。その意味においては、グループ1aとグループ1bを合わせることにより、これまでのグループ1を包含した上で、地方の有力都市も含んだ、より広範囲に渡る地域として捉えることができる。その一方で、グループ2もグループ2aとグループ2bの2つのグループに分けることができ、グループ2aは東西沿岸の末端地域に位置しているのに対し、グループ2bは、グループ1aと1bに囲まれた地域として、その地域を地理的に特徴づけることが可能になる。

　それでは次に、この2つのグループに分類された地域に立地した製造工場の立

図57　グループ1とグループ2に属する県の地理的分布（景気回復）

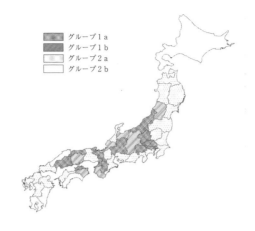

地理由が、どのように異なるのかについて、表32にもとづきながら分析してみよう。表32には、グループ1とグループ2の地域に立地した製造工場の立地理由のそれぞれについて、そのグループ内の平均値が示されているが、これまでとは異なり、4つのグループに分かれていることから、その表は非常に複雑になっている。そこで、グループ1とグループ2という、大きなグループの違いについて注目しながら、これらの結果について吟味していきたい。

　まずグループ1aの製造工場は、「企業内組織の集中」という立地理由によって特徴づけることができる。確かにグループ1aには東京と大阪が含まれており、それらの都市では製造企業の本社が数多く立地していることから、その都市部とその周辺地域に立地する製造工場が、本社とのやりとりを含む企業内組織の集中を、その立地理由として高い頻度で選択していることは、その地理的な特徴と一致しているといえる。

　これに対しグループ1bは、その「企業内組織の集中」に加え、「関連企業への近接性」についても、その選択頻度が高くなっていることが分かる。これについては、このグループ1bの県がグループ1aに隣接した県であることから、「企業内組織の集中」という立地理由が、高い頻度で選択されることは想像に難くないし、それと同時に、グループ1bは、東京の周辺地域、愛知とその周辺地域、地方都市とその周辺地域を含んでいることから、製造工場も比較的集中しており、「関連企業への近接性」が主要な立地理由として挙げられることも、その地理的

表32 グループ1とグループ2に属する県の立地理由のグループ平均値（景気回復）

|  |  | 個数 | 原材料への近接性 | 市場への近接性 | 関連企業への近接性 | 労働力の確保 | 企業内組織の集中 | 政策支援 |
|---|---|---|---|---|---|---|---|---|
| 平均値 | グループ1 | 33 | 0.042 | 0.097 | 0.103 | 0.057 | 0.188 | 0.079 |
|  | グループ2 | 14 | 0.101 | 0.076 | 0.074 | 0.067 | 0.081 | 0.163 |
|  | グループ1a | 12 | 0.032 | 0.079 | 0.053 | 0.062 | 0.261 | 0.068 |
|  | グループ1b | 21 | 0.047 | 0.108 | 0.131 | 0.055 | 0.147 | 0.085 |
|  | グループ2a | 6 | 0.167 | 0.131 | 0.090 | 0.073 | 0.076 | 0.172 |
|  | グループ2b | 8 | 0.051 | 0.036 | 0.063 | 0.063 | 0.084 | 0.156 |

|  |  | 個人的な繋がり | 共同立地 | 工業用水の確保 | ビジネスインフラ | 学術機関との提携 | 用地の確保 | その他 |
|---|---|---|---|---|---|---|---|---|
| 平均値 | グループ1 | 0.028 | 0.010 | 0.010 | 0.007 | 0.002 | 0.284 | 0.092 |
|  | グループ2 | 0.033 | 0.006 | 0.012 | 0.011 | 0.002 | 0.293 | 0.080 |
|  | グループ1a | 0.025 | 0.018 | 0.009 | 0.003 | 0.001 | 0.292 | 0.097 |
|  | グループ1b | 0.029 | 0.006 | 0.011 | 0.010 | 0.003 | 0.280 | 0.090 |
|  | グループ2a | 0.019 | 0.006 | 0.016 | 0.004 | 0.005 | 0.148 | 0.087 |
|  | グループ2b | 0.044 | 0.002 | 0.009 | 0.016 | 0.000 | 0.402 | 0.074 |

な条件と整合的であることが分かる。

　次に、グループ2aは、「原材料への近接性」、「市場への近接性」、「政策支援の効果」の3つの立地理由によって特徴づけることができる。まず「原材料への近接性」と「市場への近接性」について、この地域の製造産業は、後で確認するように、食料品工業の割合が著しく高くなっており、食料品工業の立地行動の傾向性を強く反映したものであるといえる。そして、農村部の沿岸で水揚げされる魚介類が、その地域で加工され、その地域に近隣する地域で消費されるとき、それら2つの近接性による立地理由が、同時に高い頻度で選択されることが可能になり、また「政策支援の効果」ついては、これまでグループ2の立地行動を特徴づける、代表的な立地理由であったことから、これまでに明らかになった地域特有の立地行動と整合的であることが分かる。

　その一方で、グループ2bは、「用地確保の容易さ」と「政策支援の効果」が高い頻度で選択されていることから、このグループ2bは、これまでのグループ2の県における立地行動と、それほど大きく変わるものではないことが分かる。

それに加えて、このグループ2bは、グループ1に隣接する地域であることから、用地の取得が困難なグループ1の県から、その工業用地の取得の容易さから、その周辺地域であるグループ2bの県に立地したと考えれば、この「用地確保の容易さ」が高い頻度で選択されていることは頷ける。

このクラスター分析の結果のみでは、これら4つのグループが、互いにどのグループと近いかについては判定しづらいが、そのクラスター分析の結果とその地理的な分布を照らし合わせてみると、グループ1aとグループ1bは、これまでの主要工業地域に属するグループに近く、またグループ2aとグループ2bは、これまでの農村部に属するグループに近いといえる。その一方で、グループ1に属する地域の領域が著しく大きくなった反面、グループ2に属する地域が極端に小さくなっており、これは「企業内組織の集中」を重視する企業が、全国的に拡大して立地してきた影響か、もしくはその他の立地理由を重視する製造工場の立地が、地方部において減少した影響であると解釈しても良いだろう。そこで、この4つのグループを、グループ1とグループ2という2グループのみに焦点を当てて、その立地理由の影響の大きさと統計的有意性について、判別分析で確認してみることにしよう。

この表33の判別分析結果において顕著に表れた特徴は、これまでの分析結果とは対照的に、「企業内組織の集中」という立地理由が、その最も高い有意性を保ちながら、その判別関数の独立変数を構成しているということである。この「企業内組織の集中」は、グループ1aとグループ1bの両グループの製造工場によって、非常に高い頻度で選択されており、それは、その標準化された判別係数の値が2.6579という高い値になっていることからも分かる。

また「関連企業への近接性」は、特にグループ1bに属する製造工場によって高い頻度で選択されていたことから、これもグループ1の構造的な立地行動を特徴づける立地理由となっている。これに対し、標準化された判別係数が唯一負の値になるのは「政策支援の効果」であり、この「政策支援の効果」は、これまでと同様にグループ2を特徴づける立地理由であったことに加え、実際にこの「政策支援の効果」は、グループ2aとグループ2bの両グループにおいて、高い頻度で選択されていることから、このグループ2の立地行動を特徴づける、代表的な立地理由として相応しい。

したがって、主要工業地域とその周辺地域によって構成されるグループ1での

第5章 立地調査の結果と分析

表33 判別分析の結果（景気回復）

| 独立変数 | 判別関数 | | 分類関数 | | | |
| --- | --- | --- | --- | --- | --- | --- |
| | 判別係数 | 標準化判別係数 | グループ1 | グループ2 | 偏F値 | P値 |
| 企業内組織の集中 | 32.2504 | 2.6579 | −151.801 | −83.3 | 20.8624 | <0.001 |
| 政策支援の効果 | −28.6778 | −1.7821 | −86.648 | −144.004 | 9.5717 | 0.00347 |
| 関連企業近接性 | 16.5873 | 1.1638 | −99.026 | −65.852 | 4.8349 | 0.03332 |
| 定数項 | −2.6165 | | 22.794 | 17.561 | | |

マハラノビスの汎距離：2.56510　　　ウィルクスのΛ：0.41029

理論的誤判別率：0.0998　　　等価なF値：20.601

自由度：(3, 43.00)

P値：<0.001

立地行動が、「企業内組織の集中」と「関連企業への近接性」という、構造的な立地行動によって特徴づけられるのに対し、その他の地方の地域によって構成されるグループ2とでは、依然として「政策支援の効果」という、非構造的な立地行動によって特徴づけられていることが分かる。しかし、この「企業内組織の集中」と「政策支援の効果」、関連企業への近接性の偏F値は、これまでの判別分析の結果と比較して、それほど大きいものでなく、これについては図58の散布図により、グループ1内での分散が大きいことに起因していることが分かる。

この図58の散布図において、横軸は「企業内組織の集中」が選択された割合を表しており、縦軸は「政策支援の効果」が選択された割合を表している。そして、これら2つの両軸において、グループ1とグループ2の点の分布は大きく重複しており、明確な判別直線を描くことは困難である。しかし、グループ1の中でも、グループ2の分布の方に広がっている要素の多くは、グループ1bに属する要素であり、その要素をグループ2から区別するために、判別関数の第三の独立変数として、そのグループ1bの立地行動を特徴づける、「関連企業への近接性」の立地理由の軸を加えれば、判別関数の精度が格段に向上することは、容易に想像することができるであろう。

以上の景気回復期における立地行動の分析結果を整理すると、次の3点について挙げることができる。第一に、前章での分析から予想できた通り、この景気回復期にあって、「企業内組織の集中」という立地理由が、主要な立地要因として

図58 労働力の確保と市場への近接性が選択された割合散布図

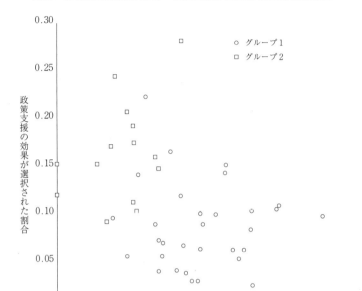

際立ってきたことである。そして、この「企業内組織の集中」という立地理由は、その重要性が増すばかりではなく、グループ1とグループ2を区別する中心的な立地要因となり、従来の主要工業地域とその周辺地域の外縁まで、その地理的な範囲を拡大してきたことになる。この「企業内組織の集中」を重視する傾向は、これまでの景気低迷期よりも強くなってきており、景気回復により生産量が改善し、立地件数が増加している期間において、この「企業内組織の集中」という立地理由が重要になったことは、非常に興味深い事実である。

　第二に、その地理的な境界は曖昧になったものの、依然として、主要工業地域での立地行動の傾向性と地方部の立地行動の傾向性とを区別することができ、未だに、立地行動の二極化が観察されることである。その一方で、農村部における製造工場の立地行動が、これまでと同様に「政策支援の効果」によって特徴づけられたのに対し、工業地域とその周辺地域において、「企業内組織の集中」が高い割合を占めるようになってきており、主要工業地域での立地行動は、大きく変

表34 立地行動の二極化

| | 近接性 | | | | 他の立地条件 | | |
|---|---|---|---|---|---|---|---|
| | 原材料 | 市場 | 関連企業 | 企業内組織 | 労働 | 政策 | 用地 |
| グループ1 | | | ○ | ◎ | | | |
| グループ2 | | | | | | ◎ | |

表35 グループ1とグループ2、グループ2aとグループ2bの業種の割合

| | 全体 | 全体 | | グループ1 | | グループ2 | |
|---|---|---|---|---|---|---|---|
| | | グループ1 | グループ2 | グループ1a | グループ1b | グループ2a | グループ2b |
| 食料品飲料 | 13.2% | 12.6% | 14.8% | 12.7% | 12.5% | 26.1% | 9.8% |
| 金属製品 | 12.0% | 12.1% | 11.7% | 13.9% | 11.2% | 7.3% | 13.6% |
| 一般機械 | 15.1% | 15.1% | 15.0% | 15.5% | 14.9% | 9.6% | 17.4% |
| 電気機械 | 8.9% | 8.7% | 9.4% | 8.7% | 8.7% | 7.3% | 10.3% |
| 輸送用機械 | 9.5% | 10.6% | 6.7% | 9.5% | 11.2% | 3.3% | 8.2% |

化してきたことになる。

　第三に、業種内での立地行動が多様化しているという点である。これまではグループ1とグループ2に占める製造業種の割合は大きく異なっていたが、この景気回復期に至っては、例えば金属製品工業と一般機械工業は、グループ1aとグループ2bの両方において高い割合は占めており、輸送用機械工業もグループ1に多い一方で、グループ2bでも多くなっているなど、同一の業種内においても、その属するグループが特定のグループに偏っていないことが分かる。これはそれぞれの業種の立地行動が、必ずしも同じ業種内で類似するわけではなく、同じ業種内の製造工場であっても、その立地行動は多様化しうることを示唆している。これは製造工場が所属する業種に応じて、製造工場の立地行動が似る傾向にある反面、製造工場が所属する地域によっても、立地行動が影響を受ける傾向があることを示している。

　以上が、この景気回復期における立地行動の分析結果であるが、ネットワーク補完型の立地モーメントの分析については、この景気回復期におけるネットワーク補完型の立地モーメントが強い地域は、大都市圏から地方都市圏にまで拡がってきたといえる。このネットワーク補完型の立地が地理的に拡がるとき、地域間

取引ネットワークも地理的に拡大することが予想され、その地域間取引ネットワークは大都市圏と地方都市圏を中心として拡大しているといえる。よって、本節の分析結果からも、地域間取引ネットワーク構造の分析は、大都市と地方都市を軸とした分析が望ましいことが分かる。

〈要点〉
・「企業内組織の集中」と「関連企業への近接性」という構造的な立地要因が、積極的に主要工業地域の立地行動を特徴づけるようになった。
・依然として立地行動の二極化を確認することができる。
・工業ごとの立地行動は、元々その地域に分布する立地要因に影響受けて変化する傾向がある。

## 近年（2010年から現在）

最後に、近年である2010年から2015年までの立地行動について分析していくことにしよう。この期間は、リーマンショックによる世界同時不況の後、再度景気回復に向かっている期間であり、近年の製造業を取り巻く様々な環境の変化の中で、今現在の製造業の立地行動を知る上で重要になる。この近年におけるクラスター分析の結果は図59に描かれており、この図59は、47県を大きく2つのグループに分け、それらのグループに属する県の地理的な分布は、図60に描かれているようになる。

まずグループ1は、名古屋から大阪までの、主要工業地域を包含している一方で、その他には東京と地方の両方を含むなど、これまでのような明確な地理的な特徴を見つけることは困難になった。それ以外の県、はグループ2に属することになるが、その大半はグループ2aに属しており、このグループ2aとグループ2bの地理的な特徴の違いについても、明確なものを見つけることができない。そこで、なぜこれまでのような分析結果とは異なり、グループ間の地理的な特徴が曖昧になったのかについて、次の表36にもとづきながら分析することにしよう。

まずグループ1の県は、「企業内組織の集中」を理由とした立地の選択頻度が著しく高いことから、このグループ1は「企業内組織の集中」を主たる立地理由とすることにより、グループ2とは区別されることが分かる。このグループに属

第5章　立地調査の結果と分析　173

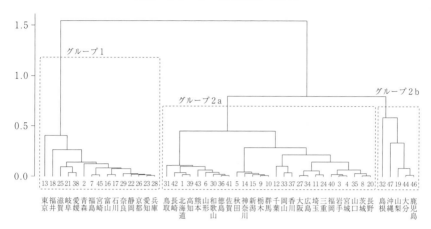

図59　クラスター分析結果（近年）

する県には、愛知・静岡・岐阜という東海地域の代表的な製造企業城下町が含まれており、また大阪を除く、京都・奈良・兵庫・滋賀という近畿地域の工業地域も含まれていることから、それらの県に立地した製造工場にとって、その地域において「企業内組織の集中」を最も重要な立地理由として挙げていることは、その地理的な特徴と整合的である。これに対し、グループ2aの県に立地した製造工場では、グループ1の県に立地した製造工場と同様に、ある程度「企業内組織の集中」が重要な立地理由として挙げられている一方で、その最も重要な立地理由は「用地確保の容易さ」になっており、その選択頻度の割合は、グループ1の割合のほぼ倍になっている。

　ここで特に問題になるのは、なぜ東京広域圏に含まれる大半の県が、グループ1に含まれなくなったのかという問題になるが、この問題については、おそらくこれまで続いてきた需要の地理的分布の東部移動や製造業の東部拡大と西部縮小によって、東日本における土地の余剰が少なくなることに起因していると考えられる。つまり、「企業内組織の集中」は重要であるにも関わらず、東京広域圏における工業用地の取得が困難になったことから、必然的に「用地確保の容易さ」を重視せざるを得なくなった製造工場が、東京広域圏において増加したと推察される。これに対し西日本では、需要の地理的分布の東部移動や製造業の東部拡大と西部縮小によって、工業用地に利用できる土地の余剰が増えたことから、「用地確保の容易さ」の立地理由を選択する頻度が減少する一方で、一段と「企業内

図60 グループ1とグループ2に属する県の地理的分布（近年）

表36 グループ1とグループ2に属する県の立地理由のグループ平均値と標準偏差（近年）

| | | 個数 | 原材料へ の近接性 | 市場への 近接性 | 関連企業へ の近接性 | 労働力の 確保 | 企業内組 織の集中 | 政策支援 |
|---|---|---|---|---|---|---|---|---|
| 平均値 | グループ1 | 15 | 0.026 | 0.053 | 0.069 | 0.059 | 0.389 | 0.127 |
| | グループ2 | 32 | 0.068 | 0.077 | 0.082 | 0.059 | 0.150 | 0.110 |
| | グループ2a | 27 | 0.051 | 0.082 | 0.079 | 0.045 | 0.159 | 0.110 |
| | グループ2b | 5 | 0.188 | 0.049 | 0.104 | 0.153 | 0.090 | 0.111 |

| | | 個人的な 繋がり | 共同立地 | 工業用水 の確保 | ビジネスイ ンフラ | 学術機関 との提携 | 用地の確 保 | その他 |
|---|---|---|---|---|---|---|---|---|
| 平均値 | グループ1 | 0.024 | 0.011 | 0.012 | 0.001 | 0.001 | 0.137 | 0.091 |
| | グループ2 | 0.009 | 0.009 | 0.012 | 0.011 | 0.001 | 0.261 | 0.151 |
| | グループ2a | 0.010 | 0.010 | 0.014 | 0.012 | 0.001 | 0.290 | 0.138 |
| | グループ2b | 0.000 | 0.000 | 0.000 | 0.000 | 0.000 | 0.063 | 0.243 |

組織の集中」を立地選択理由として選択する製造工場が増えたと考えることができる。したがって、東京広域圏と農村部の両方を含むグループ2の県では「用地確保の容易さ」が高い頻度で選択されているが、東京広域圏では工業用地が極めて不足していることから、このような分布になったと考えられる。

次に、このグループ1とグループ2に属する県に立地した製造工場の立地行動

表37 判別分析の結果（近年）

| 独立変数 | 判別関数 | | 分類関数 | | | |
|---|---|---|---|---|---|---|
| | 判別係数 | 標準化判別係数 | グループ1 | グループ2 | 偏F値 | P値 |
| 企業組織の集中 | 45.42 | 6.4348 | −148.952 | −58.113 | 54.1970 | <0.001 |
| 用地の確保 | −23.843 | −2.9317 | −31.428 | −79.114 | 11.8464 | 0.00137 |
| 関連企業への近接性 | −24.317 | −2.3656 | 20.592 | −28.043 | 8.8690 | 0.00491 |
| 原材料への近接性 | −15.484 | −0.9090 | −62.719 | −93.687 | 1.8842 | 0.17751 |
| 市場近接性 | 22.461 | 1.6000 | −79.182 | −34.250 | 4.5954 | 0.03819 |
| 工業用水 | 15.659 | 1.2242 | −104.649 | −73.332 | 1.7754 | 0.19026 |
| 定数項 | −6.514 | | 33.968 | 20.939 | | |

マハラノビスの汎距離：3.78498

理論的誤判別率：0.0292

ウィルクスのΛ：0.23522

等価なF値：21.675

自由度：(6, 40.00)

P値：<0.001

について、その立地理由の影響の大きさと、その統計的有意性について確認してみよう。まず、「企業内組織の集中」という立地理由が最も高い有意性を保ちながら、その判別関数の独立変数を構成している。この「企業内組織の集中」という立地理由については、グループ1の選択頻度の割合は、グループ2aの選択頻度の割合よりも、2倍以上になっていることから、その標準化された判別係数は6.4348にもなり、グループ1の県の立地行動を特徴づけている。これに対し「用地確保の容易さ」の標準化された判別係数は、−2.9317と負の値になっており、この「用地確保の容易さ」という立地理由は、グループ2はグループ1よりも、2倍以上の高い頻度で選択されていることから、このグループ2の立地行動を特徴づける立地理由として相応しく、このことは図61の散布図により確認することができる。

これについては図61から明らかになり、グループ1に属する県とグループ2に属する県は、「企業内組織の集中」と「用地確保の容易さ」という2つの立地理由によって、十分に判別することができ、ここに至っても、立地行動の二極化は維持されることになった。そして、このグループ1に属する県に立地した製造工場の立地行動を特徴づけるとすれば、企業の生産の成長と発展に伴う、内部取引主導型の立地行動として特徴づけることができ、この企業による内部取引主導型

表38　立地行動の二極化

|  | 全体 | 全体 | | グループ2 | |
|---|---|---|---|---|---|
|  |  | グループ1 | グループ2 | グループ2a | グループ2b |
| 食料品飲料 | 20.4% | 14.6% | 24.0% | 25.0% | 23.9% |
| 金属製品 | 11.7% | 11.5% | 11.8% | 8.1% | 12.1% |
| 一般機械 | 11.0% | 13.0% | 9.7% | 13.5% | 9.4% |
| 電気機械 | 7.9% | 8.3% | 7.6% | 11.5% | 7.3% |
| 輸送用機械 | 7.0% | 7.7% | 6.6% | 4.7% | 6.7% |

図61　企業内組織の集中と用地の確保が選択された割合散布図

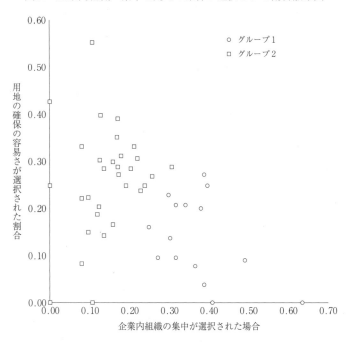

の立地行動の傾向性は、本社を中心とする、各企業の主要機関・事業所の近接性を重視する、空間的に制限されたネットワークに依存する立地パターンとして捉えることができる。

　換言すれば、グループ1は内部取引の利便性をより重要視する傾向にあり、都

市部の経済的なコストの負担増による遠心力よりも、企業内ネットワークの局所的な集中による求心力に従っていることが分かる。そして、このグループ１に属する製造工場と、その製造工場を有する企業の関連事業所は、その企業の生産の増加に伴って、企業内での累積的な集積をもたらす可能性があり、これが内部取引主導型の立地パターンの最たる特徴であるといえる。

最後に、それぞれのグループの業種の割合について確認しておけば、グループ１に比較的多いのは一般機械工業であり、これに対しグループ２に多いのは食料品工業である。この近年において、一般機械工業は、主要５業種の中でも、最も「企業内組織の集中」を最も重要な立地理由として挙げている割合が高い業種であり、また食料品工業も「用地確保の容易さ」を強く重視する傾向にあることから、これらの割合の分布は正当なものであるといえる。

しかし、その一方で、他の主要業種については、その割合の差はそれほど大きくはなく、食料品工業も「企業内組織の集中」を重視する傾向にあることから、単純に業種ごとの立地行動の傾向性の違いによって、これらのグループの業種の割合の違いを説明することは困難である。それよりもむしろ、同業種内においても、「企業内組織の集中」を重視する製造工場と、「用地確保の容易さ」を重視する製造工場とに分かれ、地域ごとにその立地行動が変化すると解釈する方が、より現実的であるといえる。これは前章で確認した通り、企業はその企業が誕生した地域の外に、その製造工場を建設することはほとんどないことから、製造工場の立地選択は、その地域の地理的メリットに影響を受け、立地選択の基準は、その地域特有の地理的メリットによって、多様化すると考えることができる。

本節での立地行動の分析からも確認できたように、「企業内組織の集中」という立地理由が、立地行動の二極化の中心的な役割を果たしていることになる。この「企業内組織の集中」という立地理由は、最初に分析した成長停止期の主要工業地域における立地行動を、「市場への近接性」「関連企業への近接」と共に特徴づける一方で、近年に至っては、「企業内組織の集中」の立地理由が選択される頻度が25％を超えるかどうかによって、グループ１とグループ２の県のほとんどを判別することができる。そして、これは近年の製造工場の立地行動が、本社－製造工場間の企業ネットワークという、ネットワーク構造の地理的な拡がりに大きく依存していることを意味し、次章以降で行う地域間取引ネットワークの分析において、企業ネットワークが特に重要になるということができる。

表39 グループ1とグループ2、グループ2aとグループ2bの業種の割合

|  | 全体 | 全体 | | グループ2 | |
| --- | --- | --- | --- | --- | --- |
|  |  | グループ1 | グループ2 | グループ2a | グループ2b |
| 食料品飲料 | 20.4% | 14.6% | 24.0% | 25.0% | 23.9% |
| 金属製品 | 11.7% | 11.5% | 11.8% | 8.1% | 12.1% |
| 一般機械 | 11.0% | 13.0% | 9.7% | 13.5% | 9.4% |
| 電気機械 | 7.9% | 8.3% | 7.6% | 11.5% | 7.3% |
| 輸送用機械 | 7.0% | 7.7% | 6.6% | 4.7% | 6.7% |

〈要点〉
・立地行動を二極化させる主要な立地要因として、「企業内組織の集中」と「用地の確保の容易さ」という2つの立地要因が決定的な役割を果たしている。
・二極化した立地行動する地域について、主要工業地域とそれ以外の地域というように、単純な区別をすることはできなくなったが、これは関東地域における工業用地の不足に起因するものと考えられる。

## まとめ

本章では、『工業立地動向調査』のアンケート結果にもとづいて、製造工場の過去25年間に渡る立地行動を、5つの期間に分けて分析してきた。まず、立地行動の時間的な多様性に着目してみると、製造業全体と主要5業種の立地理由の選択頻度の割合を、5つの期間に分けて分析したが、これにより製造工場の立地行動は、時間軸において変化することを確認することができた。

具体的には、「市場への近接性」と「原材料への近接性」という、古典的な立地論による輸送費用にもとづいた立地行動は、年々弱まる傾向にあり、また「政策支援の効果」が立地理由として選択される頻度も半減する一方で、「労働力の確保」という立地理由は景気の変動に応じて変化し、「企業内組織の集中」という立地理由が、すべての業種において、急激に重要になっていることが目立った。この製造工場の立地選択において重要であると考えられる様々な立地因子が、なぜこれほどまでに変化するのかについて明らかにするには、今後の更なる研究が

第5章　立地調査の結果と分析　179

必要になるが、少なくとも現時点では、製造工場の立地行動が時代と共に移り変わることは明らかなことのように思える。

次に、立地行動の空間的な多様性に着目してみると、成長停止期から景気悪化期にかけて、グループ1の立地行動の傾向性は、「市場への近接性」と「関連企業の近接性」、「企業内組織の集中」という立地理由によって特徴づけられ、グループ2の立地行動の傾向性は、「用地確保の容易さ」と「政策支援の効果」という立地理由によって特徴づけられていた。そして、そのグループ1に属する県は、工業立地のホットスポットの大部分を占める、旧太平洋ベルト工業地帯を中心とした主要工業地域に広がっており、グループ2に属する県は、その他の地方農村地域に広がっていた。

その一方で、ゼロ成長期から景気回復期にかけて、このグループ1とグループ2を構成する県は刻々と変化すると同時に、そのグループの立地行動の傾向性も次第に変化することになり、その立地行動の変化の仕方には、次のような特徴があった。まず、ゼロ成長期以降、47県のグループは複雑化・細分化されていく一方で、もともとグループ1に属していた県の数が徐々に減少し、近年においては、グループ1は2つのグループに分割されることになった。つまり、ゼロ成長期時点では、このグループ1は依然として「市場への近接性」と「関連企業の近接性」、「企業内組織の集中」という立地理由によって特徴づけられていたのに対し、景気回復期に至っては、「関連企業の近接性」と「企業内組織の集中」という2つの立地理由に減少し、最終的に近年では、同じグループ1に属していた県においても、「企業内組織の集中」によって特徴づけられるグループと、そうでないグループとの、2つのグループに分かれることになった。しかし、この近年の結果については、「関連企業の近接性」と「企業内組織の集中」という立地理由が依然として高い頻度で選択されていることから、この変化は、東日本における工業用地の不足という、立地環境の変化によるものであると推測され、工業立地のホットスポットにおける立地行動は、依然として「関連企業の近接性」と「企業内組織の集中」という構造的な立地行動によって特徴づけることができた。

さらに、本章の結果から立地行動の二極化という現象が浮かび上がり、その二極化された立地行動には若干の違いはあるものの、大都市圏と地方都市圏を含む工業立地のホットスポットとそれ以外の地域とでは、その立地行動の違いに統計的に有意な差があり、その差は構造的な立地か非構造的な立地かという違いによ

って要約することができた。ここで構造的な立地とは、製造工場の立地選択が何らかの地理的に拡がるネットワークに依存するような立地のことであり、この工業立地の文脈におけるネットワークとは、特に、売買取引の相手となる企業が点となって、その取引関係が線となるような取引ネットワークのことである。そして、それらの企業と製造工場との地理的な位置に応じてネットワークが形成されることになり、さらに、それらの製造工場と取引関係を有する別の製造工場が立地選択をするとき、その製造工場の立地選択は、地理的に拡がる取引ネットワークの構造に依存することになる。そして、このネットワークに依存した立地が累積的に繰り返されるとき、その結果として重層的な地域間取引ネットワークが形成されることになる。

　さらに、業種ごとの立地行動の傾向性について、最初の成長停止期と景気悪化期については、業種の立地行動の傾向性とグループを構成する業種の割合を照らし合わせることによって、各グループの立地行動の傾向性を、ある程度その業種の割合から理解することができた。しかし、その後の期については、各グループを構成する業種の割合について、グループの間にそれほど顕著な差がなくなったり、もしくは業種間の立地行動の傾向性に、それほど特徴的な差が無くなったりしたことから、地域間の立地行動の違いは、業種の割合の違いによって説明することができるというよりも、むしろその地域に固有の地理的条件に影響を受けて、変化するという解釈する方が、より妥当であるように思われた。

　このことは特に、製造工場がその製造工場の本社がある地域や、その製造工場が以前に立地した地域から出ることがほとんどないことからも、その妥当性を確認することができる。つまり製造工場は、その業種が重視する立地因子を求めて、全国を自由に移動することによって、その立地因子を有する地域に集中して立地するというよりも、むしろ特定の地域に誕生したが製造工場が、その地域にある立地因子に依存して、立地行動を決定するという見方の方が現実的であることになる。したがって、製造工場はある程度近視眼的であり[19]、周りの地理的な条件に応じて、製造工場の立地選択要因は変化し得ることに留意したい。そして、企業の立地行動が空間的に多様化する原因としては、一概に業種の割合の違いによるものであるいうことはできず、純粋な地理的な違いによる影響も大きいと考えることができる。

---

[19] この近視眼的な立地行動については、Maskell and Malmberg（2007）が詳しい。

以上のように、本章から様々なことが明らかになり、様々な議論の余地が残ることになったが、その中でも本書の目的において最も重要なことは、ネットワーク補完型の立地モーメントが強い地域を明らかにすることができたといことである。つまり、「市場への近接性」と「企業内組織の集中」、「関連企業への近接性」といったネットワーク補完型の立地モーメントは、大都市圏と地方都市圏で強くなることが分かり、このネットワーク補完型の立地モーメントの強い大都市圏と地方都市圏に焦点を当てることにより、日本の国土に拡がる地域間取引ネットワーク構造の全容について、解明していくことができるようになる。そして、この地域間取引ネットワークの分析により、②日本の地域間ネットワーク構造はどのようになっているのか、という問題に対して、その回答を得ることができるようになり、また③その日本の地域ネットワーク構造はどのように進化するのか、という問題に対しても、ネットワーク補完型の立地モーメントの地域格差の観点から、その回答を提示していくことが可能になる。

　そこで、次章からは、『全国貨物純流動量調査』の結果表にもとづきながら、日本の地域間取引ネットワークについて分析していくことにする。この地域間取引ネットワークについては、「市場への近接性」と「企業内組織の集中」、「関連企業への近接性」という3種類に取引関係にもとづいた取引ネットワークの分析と、「企業内組織の集中」による本社－製造工場という企業ネットワークの分析の、2種類の分析に分けて行うことにする。

# 第6章　地域間ネットワークの分析

　本書の研究テーマは、「国土のグランドデザイン2050」(以下 GD2050) の中で扱われている、日本国内の地域構造を解明していくことにある。本書における地域構造とは、地域間取引ネットワーク構造のことであり、この地域間取引ネットワーク構造のネットワークを形成するのは、企業内もしくは企業間で取引されたモノの量である。このモノの流れの他にも、ヒトとカネの流れや情報の流れなどがあるが、GD2050で謳われている、ネットワークによる地域間の統合という構想において、最も重要になるのはモノの流れになる。なぜならモノの地域間取引によって、所得が地域間で分配されることになり、その所得の地域間移動をもたらす主体としては、ヒトやカネ、情報の流れよりも、モノの流れの果たす役割の方が、圧倒的に大きいからである。そこで、この地域構造の解明において、地域間の取引ネットワークにおける流動量の解明は、必要不可欠なものになる。そこで本章では、『全国貨物純流動量調査』(物流センサス) の結果表をもとに、地域間のモノの流れを、貨物の地域間流動量によって分析していくことにする。

　前章までは、製造工場の立地選択行動について分析してきたが、どの地域に立地した製造工場であっても、その工場に工業生産物を移入させ、その工場から工業生産物を移出させることにより、地域間取引ネットワークの一部を構成することになる。特に、立地行動分析においては、「企業内組織の集中」と「関連企業への近接性」、「市場への近接性」の立地理由が重要になり、製造工場がそれらの立地理由によって立地選択をするとき、企業内の生産組織における製造品の流れや、関連する企業間での製造品の流れ、卸売や小売業者までの製造品の流れができ、それらは物流の流れによるネットワーク形成することになる[20]。そして、製造工場間の移出・移入の流れを集合的に捉えるとき、国土に地域間取引ネットワークが現れることになり、それは、生産活動と消費活動、所得と雇用を広域的

---

[20] Coase (1937) は、生産とは、取引のネットワークであり、取引の複合体と考えることができると述べており、Coaseにとって地域間取引ネットワークが生産を行う主体となる

に分散させながら、日本の地域経済を支える大動脈になる。それでは、この地域間取引ネットワークの構造とは、どのような構造になっているのであろうか。

　これまでの分析結果から、地域間取引ネットワークの構造について、凡その見当をつけることができる。つまり、東京広域圏と大都市圏、地方都市圏を含む主要工業地域において、「企業内組織の集中」と「関連企業への近接性」、「市場への近接性」のような、企業内・企業間組織の配置を理由とした立地理由が選択される頻度が高くなっていたことから、その地域では、企業内・企業間取引が集中することになるに違いない。また、地域間取引ネットワークの中心地は、3大都市圏により構成される「スーパーメガリージョン」(以下SMR)であり、製造業の産業集積は、SMR内の大都市圏を基軸として累積的に発展し、重層的かつ過密的な企業内・企業間取引ネットワークが拡がっていることが予想される[21]。

　このことは、GD2050の計画において、非常に重要な示唆をなげかけている。なぜなら、立地行動分析から明らかになったように、ネットワーク補完型の立地モーメントがSMRにおいて強いということは、地域間取引ネットワークの中心地が、SMRに偏って集中する傾向にあることを意味しており、企業内・企業間組織の近接性により立地選択をする製造工場だけでなく、取引を行うすべての製造工場が、その空間的な費用を節約する目的から、地域間取引ネットワークの中心地に近接して立地しようとする求心力が働くことになるからである。すると、その求心力によって、製造業の生産活動はSMRに集中することになり、日本の地域構造の根幹をなす、地域間取引ネットワークの中心地が、SMRに集中していることになる。このことは、②日本の地域間ネットワーク構造はどのようになっているのか、という問題に対して、その回答を与えるばかりでなく、③その日本の地域ネットワーク構造はどのように進化するのか、という問題に対しても、そのネットワーク補完型の立地モーメントの地域格差の観点から、その回答を提示し得ることを意味している。

　そこで本章では、その地域間取引ネットワークの構造について詳しく分析していくことにする。特に、地域間取引ネットワークの中心地となる地域はどこにあるのか、またそのネットワークの構造は、どれだけ周辺都市、地方都市圏を内包し、もしくは排除しているのかについて分析し、また、大都市圏を超えた地域間

---

[21] 戸所 (2004) は、地域の経済発展について、大都市圏における垂直的なネットワークよりも、水平的なネットワークの発展が重要であると主張している。

第6章　地域間ネットワークの分析　185

取引ネットワークが存在するとき、日本の国土を覆うような、巨大な地域間取引ネットワークが存在するのかどうか、もし存在するとすれば、それはどれだけ強固なものであり、どのように時間軸上で変化するものなのかついても明らかにしていくことにする。

　本章の内容は、次のように構成されている。まずこの『全国貨物純流動量調査』の結果表によって明らかにすることができるネットワークとは、地域間取引ネットワークであり、具体的には、主要製造工業で生産された生産物の、その重量による地域間物流量のネットワークである。なぜこの取引ネットワークが大切になるのかといえば、GD 2050で実現を目指している国土とは、生産とそれに付随する雇用・所得・人口を、SMRなどの特定の地域に偏ることなく、それらが地方に向けて平衡的に配置される国土であり、そこで生じる地理的な距離にまつわる費用を、そのネットワークの構築によって補おうとする目的があるからである。したがって、このGD 2050で想定されている一義的なネットワークとは、地域間を移出・移入される生産物のネットワークであり、それは主に、製造企業による取引ネットワークであることになる。そして、その取引ネットワークの中でも、生産物の生産地と消費地の関係が重要であり、この生産地と消費地のネットワークを、国土にどれだけ均等に分散することができるかが重要になる。

　ところで、本章で分析する『全国貨物純流動量調査』の結果表とは、主要製造業の47都道府県間で移出・移入された純流動量であり、この純流動量とは、生産物が生産された地点から、その生産物が消費される別の地点に移送される際に、移送元から移送先までの純粋な移送量を測った量である。つまり、移送元から移送先の間で第三地点を経由したとしても、この移送元から第三地点の流動量と、第三地点から移送先までの流動量との区別はなされず、移送元から移送先までの移送量のみを計測することになる。

　例えば、A県にある工場からB県にある店舗に移送する際に、C県にある物流センターを経由したとする。このとき移送された生産物の重量が1トンであるとき、純流動量ではなく総流動量の計算では、A県からC県まで1トンが移送され、C県からB県まで1トンが移送されたとみなし、最終的にA県からB県までの総流動量は2トンとして計算されることになる。しかし、この総流動量の計算の仕方では、A県からB県までの経由地の数が増えれば増えるほど、その総流動量も増加することになり、その生産地であるA県から消費地であるB県

までの流動量の実態を捉えづらくなる。

　そこで純流動量の計算では、生産物の生産地と消費地の流動量のみに着目し、経由地であるC県まで移送量、もしくはC県からの移送量という区別はせず、生産地であるA県から消費地であるB県までの純粋な移送量について計算することになる。そしてこの場合、生産地のA県から消費地のB県まで移送された重量は1トンであり、それは生産地で生産された生産の重量と消費地で消費された消費の重量に等しくなる。確かにA県からC県、C県からB県までの移送重量はそれぞれ1トンずつであり、移送の実態を反映したものになるといえる。

　このように純流動量の計算方法によって、流動量の二重カウント、三重カウントを避けることができ、移送元と移送先の移送重量について、その経由地の数に関係なく、正確に把握することができるようになる。そして、この純流動量による計算方法は、GD2050で想定されている地域間ネットワークの実態を捉えるのに相応しく、適切な統計であるということができる。

　それでは次に、地域間ネットワークをどのように把握していくのか、その分析方法について説明しておこう。本書の初めに、地域間ネットワークを①大都市圏内のネットワーク、②大都市圏間のネットワーク、③大都市圏と地方都市圏のネットワーク、④地方都市圏内のネットワークの4つに区別することについて述べたが、これら4種類のネットワークの内、まず、①大都市圏内のネットワークと④地方都市圏内のネットワークの分析が重要になる。なぜなら、これらの域内ネットワーク構造の存在が確定しなければ、それ以外の②大都市圏間のネットワークと③大都市圏と地方都市圏のネットワークという、地域と地域を結ぶ域間ネットワーク構造の分析を始めることはできないからである。

　また、①大都市圏内のネットワークと④地方都市圏のネットワークを分析していく上で、それらのネットワーク構造における、中心地の特定が優先されることになる。なぜなら、物流のネットワークでは特に、そのネットワークを構成する主体について、中心地にある主体と周辺地にある主体とを区別することができ、その中心－周辺とを区別をすることができなければ、ネットワークの構造を把握することができたとは言い難いからである。そこで本章では、社会ネットワーク分析の中心性の概念を利用することによって、この①大都市圏内のネットワークと④地方都市圏のネットワークの中心地を特定することから始める。

　その次に、①大都市圏内のネットワークと④地方都市圏のネットワークのネッ

表40　地域間輸送総重量

(単位：トン)

|  | 食料品工業 | 産業用機械 | 電気機械 | 輸送用機械 | 金属製品 |
|---|---|---|---|---|---|
| 1975年 | 928,563 | 239,862 | 177,388 | 336.566 | 489,416 |
| 1990年 | 1,435,984 | 286,506 | 356,084 | 805.108 | 593,535 |
| 2010年 | 1,719,534 | 293,710 | 274,741 | 934,806 | 502,082 |

トワーク構造について把握し、そのネットワーク内の中心地域と周辺地域の区別をしていく。一言で地域間ネットワークと言っても、すべての地域は他のほとんどの地域との間に何らかの物流の流れがあり、その全国的な物流のネットワークと地域的に拡がるネットワークを区別することは容易ではない。そこでこの地域的に拡がるネットワークの中でも、特に繋がりが強いネットワークを、社会ネットワーク分析の部分グラフの概念を応用して特定していく。

さらに、②大都市圏間のネットワークの特定ついては、GD2050における「スーパーメガリージョン」の構想とは、東京圏・大阪圏・名古屋圏という具体的な3つの大都市圏が想定されていることから、それらの大都市圏の域内ネットワークを確認した上で、それらのネットワーク同士のつながりの強度について分析していく。最後に、③大都市圏と地方都市圏のネットワークについては、地方都市を中心とする域内ネットワークが確認されるとき、「スーパーメガリージョン」を構成する東京圏・大阪圏・名古屋圏の3大都市圏のネットワークと、それらの地方都市圏のネットワークの繋がりについて分析していくことにする。

以上の4つの分析の段階を経ることにより、①大都市圏内のネットワーク、②大都市圏間のネットワーク、③大都市圏と地方都市圏のネットワーク、④地方都市圏のネットワークという4つのネットワーク構造を、数理的な立場から明らかにすることができる。また異なる期間におけるそれら4種類のネットワーク構造を、同じ数理的な基準によって比較することにより、それらのネットワーク構造が時間の経過に応じて、どのように変容してきたのかを分析すると共に、どのような傾向の下に、今後どのように変容していくのかについて検討していくことにする。

ところで、製造業全体という単一の地域間ネットワークを分析するだけでは、その業種別の構造を把握することはできないし、かといって、すべての地域間ネ

ットワークを分析することもできなない。そこで本章では、これまでに焦点を当てて分析してきた、製造業主要5業種について、食料品工業、産業用機械工業、電気機械工業、輸送用機械工業、金属製品工業の5つの製造業の地域間取引ネットワークについて分析していく。これらは前章までに明らかにした通り、近年、立地件数が最も多い工業であり、産業用機械工業、電気機械工業、輸送用機械工業などは、ハイテク産業を多く含む工業であると同時に、その生産組織のネットワークにおいては、地理的に広い範囲に渡って取引がなされていることが期待される。その意味において、地域間取引ネットワークの分析対象として、相応しいものであるということができる。

また、金属製品工業については、家計に対して販売される完成品などの最終財を生産する一方で、それらは産業用機械工業、電気機械工業、輸送用機械工業などの部門において、部材や部品などの中間投入財としても扱われることが多く、産業連関上の強い関係があることが予想される。その一方で、産業用機械工業、電気機械工業、輸送用機械工業に属する企業の多くは、大企業とその関連企業によって構成され易いのに対し、金属製品工業の多くは中小企業であることが予想され、それらの間には、企業間の元請け・下請けの関係があると推測される。そうした意味において、それらの地域間取引ネットワークの関係が、地理的にどのような相関関係を有するかについては興味深いところである。また、食料品工業については、他の4つのとは異なり、農林水産業との産業連関が強く、それほど多くの生産工程・企業間取引を必要としないことから、他の4つの工業との比較対象として、地域間取引ネットワークを分析することに大きな意義がある。

地域間取引ネットワークの分析を始める前に、本章で分析する『全国貨物純流動量調査』（物流センサス）の統計の概要について、簡単に触れておくことにしよう。まず、本調査で調査された内容とは、部材、部品、装置、完成品などの種類の違い問わず、それぞれの地域で製造された製造品について、発送された地域から配送された地域までの、輸送重量であり、物流量の単位はトン（1,000kg）である。そして、その調査期間は3日間であり、曜日は火曜日、水曜日、木曜日になることから、週の初めや週の終わりは避けて、通常営業日における日を調査対象としている。

上の表40では、本章で分析する5つの工業の、3日間の総重量について整理しており、この総重量は、地域間で輸送がなされた製造品の重量について、そのす

べてを合計した重量になる。また、その重量は1975年と1990年、2010年の３つの期間に区別されており、これにより国内で輸送重量が、どのように変化してきたのかを分析することができる。ここで、すべての工業において、その輸送重量が増加傾向にあったことが分かるが、この輸送量の増加は、生産量の増加によるものだけではなく、地域間の移送・取引の増加にも比例することになる。

また、この輸送重量について比較すると、新規立地件数と同様に、食料品工業の輸送量が最も多いことが分かり、日本の製造業の地域間取引ネットワークの構造は、食料品の地域間取引ネットワークの構造に、大きく影響を受けていることが予想される。その一方で、他の産業用機械工業、電気機械工業、輸送用機械工業、金属製品工業の４つの工業の輸送重量を合わせれば、その食料品工業の輸送重量を上回ることになることから、それらの工業が重層的に広げる地域間取引ネットワークの構造も、日本の地域間取引ネットワークの構造に、多大な影響を与えることが分かる。

以上のことを踏まえて、以下に食料品工業、産業用機械工業、電気機械工業、輸送用機械工業、金属製品工業の順で、その地域間取引ネットワークの構造について分析していくことにしよう。

## 食料品工業の取引ネットワーク

まず食料品工業の地域間取引ネットワークの分析から始めることにしよう[22]。取引ネットワーク構造を分析していく上で重要なのは、そのネットワークの中心となる地域と、その中心地域に連なる周辺地域の構成である。この２種類の地域を特定するために、最初にネットワーク分析の中心性による分析を行うことによって、その中心となる地域を特定し、その後に、その中心地域を含む部分ネットワークの抽出することにより、中心地域と周辺地域から構成される、地域間取引ネットワークについて分析していくことにする。

またこの取引ネットワークの分析について、日本の主要５業種に分けて分析する理由は、これまでに分析した主要５業種の立地選択の傾向性と対比しながら、地域間取引ネットワークを分析することができることに加え、国土のグランドデ

---

[22] この食料品工業の物流ネットワークに関して、野菜類の物流については Araki（2003）があり、水産物の物流については Hayashi（2003）があるが、そのネットワーク構造を解明したものではない。

ザイン (GD 2050) が、製造業のどの業種において有効なのかについて議論するためである。また、この主要5業種は、現在の日本の製造活動のおよそ5割を占めるため、この主要5業種の取引ネットワーク構造の解明は、日本の中心となる製造活動における取引ネットワークの解明に、そのまま繋がることになるであろう。

### 中心性の分析

　この中心性の分析を始める前に、地域間の物流の有無をどのように定義するかが問題となる。なぜなら物流量は地域間によって異なり、その物流量の異なる地域間に、物流が有るとしたり、もしくは無いとしたりする判断は、物流量の違いを反映したものに他ならないからである。このネットワークの繋がりの強弱を区別する場合には、通常、一定の強さを反映させるようなカットオフ値が設定される。ここでは47都道府県の地域間流動量の平均値を算出し、その平均流動量の1％にも満たないような流動量は、安定的な流動量とはみなさず、地域間の物流の流れは無いものと見なす。
　しかしその反面、地域間平均流動量の1％以上ある物流の流れは、その流動量の大小にかかわらず、一律に物流の流れが有るものとして判断されることから、その点については問題が残ることになる。そこで、地域間平均流動量の5％と10％という、さらに高いカットオフ値を設けることにする。この5％と10％という水準は、有意水準などの数理的な根拠にもとづかない恣意的な基準ではあるが、本章で分析する様々なネットワークを分析するなかで、流動量の多い物流とそうでない物流とを区別するために、もっとも有効な水準であると判断した。
　その判断の根拠は、この10％よりも高い水準では、ほとんどの地域間に物流が無くなってしまい、自明なネットワークしか残らないからである。本書の目的である地域間取引ネットワーク構造の解明のために、この地域間平均流動量が10％より多い場合の分析を加える必要性は低く、1％から10％までの3つの基準で分析をすれば、取引ネットワークの構造を明らかにするのに適当であると判断した。
　また、この3つの水準による分析を、1975年と1990年、そして2010年の3つの年について繰り返している。まず、1975年が選択された理由は、『全国貨物純流動調査』の結果表の中で、最も古い統計であるからである。また、1990年が選ば

れた理由は、バブル経済崩壊直後の、日本の製造業が最も発展していた時期であると同時に、先の『工業立地動向調査』における最初の期間になるからである。そして2010年を選んだ理由は、直近の調査結果であり、近年の地域間取引ネットワークの構造を明らかにするためである。

　これらの３つの年の地域間取引ネットワークの構造を明らかにすることによって、日本の地域構造がどのように変化し、また変化しなかったのかについて明らかにすることができ、同時にその地域構造が、これからどのように変化し、また変化しなかったのかについて議論することが可能になる。これは③地域間ネットワークの構造がどのように進化し、進化していくのかについて分析するために、有効な根拠になるに違いない。そこで、各年のネットワーク構造のみならず、各年のネットワーク構造の違いについても注視していくことにする。それではまず中心性についての分析結果からみてみよう[23]。

## 次数による中心性

　表41から表43は、47都道府県の中心性について、３つの中心性の定義について分析したものであり、それらを1975年と1990年、2010年の時期に分けて整理したものである。まず1975年における次数による中心性について、この表では次数をそのまま掲載している。その理由は、本来、次数による中心性は、そのネットワークを構成する点の数で割ることにより、その値が１よりも大きくならないように調整される。しかし、本書の分析では、この次数による中心性の分母は常に46になるため、46で割った値を掲載するよりは、その次数をそのまま掲載し、その地域に対して移出・移入している地域が、何地域あるのかを明らかにしたほうがより良いと考えた。

　また、ここでは入力次数と出力次数とに分けた理由は、生産物が移入される地域、移出される地域とは、その次数の大きさの違いによって、中心となる地域が異なるためである。例えば、東京に対して移出している県は24県であり、愛知に対して移出している県は13県、大阪に対して移出している県は21県あることにな

---

[23] この次数と近接性、媒介性の３つの中心性の指標を選択した理由は、経済地理学における、多くの複雑系ネットワークの実証研究において、それらが利用されているためである。（Ducruet and Beauguitte 2014）

## 表41　食料品工業の中心性分析 (1975)

| 1975年 | | 1％水準 | | | | 5％水準 | | | | 10％水準 | | | |
|---|---|---|---|---|---|---|---|---|---|---|---|---|---|
| | | 入力次数 | 出力次数 | 近接性 | 媒介性 | 入力次数 | 出力次数 | 近接性 | 媒介性 | 入力次数 | 出力次数 | 近接性 | 媒介性 |
| 1 | 北海道 | 12 | 3 | 0.55 | 0.012 | 1 | 1 | 0.22 | 0.000 | 1 | 0 | 0.10 | 0.000 |
| 2 | 青森 | 8 | 6 | 0.48 | 0.035 | 0 | 0 | 0.00 | 0.000 | 0 | 0 | 0.00 | 0.000 |
| 3 | 岩手 | 4 | 2 | 0.41 | 0.000 | 0 | 0 | 0.00 | 0.000 | 0 | 0 | 0.00 | 0.000 |
| 4 | 宮城 | 7 | 8 | 0.48 | 0.019 | 0 | 2 | 0.06 | 0.000 | 0 | 1 | 0.04 | 0.000 |
| 5 | 秋田 | 4 | 1 | 0.36 | 0.000 | 0 | 0 | 0.00 | 0.000 | 0 | 0 | 0.00 | 0.000 |
| 6 | 山形 | 2 | 4 | 0.43 | 0.001 | 1 | 0 | 0.04 | 0.000 | 0 | 0 | 0.00 | 0.000 |
| 7 | 福島 | 6 | 4 | 0.44 | 0.001 | 1 | 0 | 0.04 | 0.000 | 1 | 0 | 0.04 | 0.000 |
| 8 | 茨城 | 6 | 7 | 0.47 | 0.008 | 1 | 3 | 0.20 | 0.010 | 1 | 2 | 0.12 | 0.000 |
| 9 | 栃木 | 5 | 7 | 0.49 | 0.004 | 2 | 3 | 0.19 | 0.018 | 1 | 1 | 0.09 | 0.006 |
| 10 | 群馬 | 5 | 8 | 0.46 | 0.009 | 1 | 3 | 0.21 | 0.009 | 1 | 1 | 0.11 | 0.012 |
| 11 | 埼玉 | 6 | 12 | 0.51 | 0.013 | 3 | 1 | 0.22 | 0.000 | 1 | 1 | 0.13 | 0.016 |
| 12 | 千葉 | 7 | 12 | 0.53 | 0.008 | 4 | 3 | 0.22 | 0.029 | 3 | 2 | 0.14 | 0.002 |
| 13 | 東京 | 24 | 15 | 0.68 | 0.190 | 12 | 3 | 0.30 | 0.069 | 6 | 2 | 0.16 | 0.036 |
| 14 | 神奈川 | 15 | 19 | 0.65 | 0.110 | 4 | 6 | 0.28 | 0.066 | 1 | 3 | 0.16 | 0.039 |
| 15 | 新潟 | 7 | 7 | 0.53 | 0.008 | 1 | 1 | 0.20 | 0.000 | 0 | 1 | 0.12 | 0.000 |
| 16 | 富山 | 2 | 0 | 0.42 | 0.000 | 0 | 0 | 0.00 | 0.000 | 0 | 0 | 0.00 | 0.000 |
| 17 | 石川 | 2 | 1 | 0.44 | 0.003 | 0 | 0 | 0.00 | 0.000 | 0 | 0 | 0.00 | 0.000 |
| 18 | 福井 | 2 | 0 | 0.39 | 0.000 | 0 | 0 | 0.00 | 0.000 | 0 | 0 | 0.00 | 0.000 |
| 19 | 山梨 | 3 | 1 | 0.42 | 0.000 | 0 | 0 | 0.00 | 0.000 | 0 | 0 | 0.00 | 0.000 |
| 20 | 長野 | 8 | 8 | 0.52 | 0.013 | 1 | 2 | 0.23 | 0.013 | 0 | 1 | 0.07 | 0.000 |
| 21 | 岐阜 | 1 | 4 | 0.47 | 0.000 | 1 | 0 | 0.19 | 0.000 | 1 | 0 | 0.10 | 0.000 |
| 22 | 静岡 | 6 | 8 | 0.55 | 0.007 | 3 | 3 | 0.22 | 0.010 | 2 | 1 | 0.14 | 0.037 |
| 23 | 愛知 | 13 | 15 | 0.63 | 0.119 | 4 | 8 | 0.30 | 0.070 | 1 | 4 | 0.13 | 0.035 |
| 24 | 三重 | 1 | 4 | 0.46 | 0.000 | 1 | 2 | 0.21 | 0.008 | 1 | 1 | 0.10 | 0.006 |
| 25 | 滋賀 | 4 | 1 | 0.43 | 0.000 | 1 | 0 | 0.18 | 0.000 | 0 | 0 | 0.00 | 0.000 |
| 26 | 京都 | 3 | 8 | 0.51 | 0.024 | 0 | 0 | 0.00 | 0.000 | 1 | 1 | 0.09 | 0.000 |
| 27 | 大阪 | 21 | 15 | 0.68 | 0.214 | 6 | 5 | 0.29 | 0.096 | 3 | 1 | 0.13 | 0.013 |
| 28 | 兵庫 | 9 | 18 | 0.64 | 0.125 | 2 | 4 | 0.27 | 0.012 | 1 | 2 | 0.09 | 0.007 |
| 29 | 奈良 | 3 | 3 | 0.44 | 0.000 | 1 | 0 | 0.15 | 0.000 | 0 | 0 | 0.00 | 0.000 |
| 30 | 和歌山 | 4 | 2 | 0.47 | 0.003 | 2 | 1 | 0.20 | 0.013 | 1 | 0 | 0.08 | 0.000 |
| 31 | 鳥取 | 1 | 1 | 0.41 | 0.000 | 0 | 0 | 0.00 | 0.000 | 0 | 0 | 0.00 | 0.000 |
| 32 | 島根 | 2 | 0 | 0.40 | 0.000 | 0 | 0 | 0.00 | 0.000 | 0 | 0 | 0.00 | 0.000 |
| 33 | 岡山 | 4 | 12 | 0.56 | 0.040 | 1 | 4 | 0.26 | 0.018 | 1 | 3 | 0.12 | 0.006 |
| 34 | 広島 | 6 | 6 | 0.52 | 0.015 | 2 | 2 | 0.22 | 0.022 | 1 | 1 | 0.10 | 0.000 |
| 35 | 山口 | 4 | 1 | 0.47 | 0.001 | 1 | 0 | 0.09 | 0.000 | 0 | 0 | 0.00 | 0.000 |
| 36 | 徳島 | 3 | 1 | 0.44 | 0.001 | 1 | 0 | 0.15 | 0.000 | 0 | 0 | 0.00 | 0.000 |
| 37 | 香川 | 4 | 4 | 0.45 | 0.009 | 1 | 2 | 0.20 | 0.014 | 0 | 0 | 0.00 | 0.000 |
| 38 | 愛媛 | 4 | 4 | 0.51 | 0.007 | 0 | 0 | 0.16 | 0.000 | 0 | 0 | 0.00 | 0.000 |
| 39 | 高知 | 2 | 0 | 0.37 | 0.000 | 0 | 0 | 0.00 | 0.000 | 0 | 0 | 0.00 | 0.000 |
| 40 | 福岡 | 14 | 11 | 0.60 | 0.177 | 1 | 7 | 0.17 | 0.003 | 0 | 4 | 0.11 | 0.000 |
| 41 | 佐賀 | 2 | 4 | 0.45 | 0.002 | 1 | 1 | 0.09 | 0.000 | 0 | 0 | 0.00 | 0.000 |
| 42 | 長崎 | 3 | 6 | 0.49 | 0.014 | 1 | 0 | 0.09 | 0.000 | 1 | 0 | 0.06 | 0.000 |
| 43 | 熊本 | 2 | 5 | 0.41 | 0.003 | 1 | 0 | 0.09 | 0.000 | 1 | 0 | 0.06 | 0.000 |
| 44 | 大分 | 2 | 1 | 0.38 | 0.000 | 1 | 0 | 0.09 | 0.000 | 1 | 0 | 0.06 | 0.000 |
| 45 | 宮崎 | 4 | 0 | 0.39 | 0.000 | 0 | 0 | 0.00 | 0.000 | 0 | 0 | 0.00 | 0.000 |
| 46 | 鹿児島 | 2 | 2 | 0.39 | 0.000 | 1 | 0 | 0.10 | 0.000 | 1 | 0 | 0.06 | 0.000 |
| 47 | 沖縄 | 2 | 0 | 0.41 | 0.000 | 0 | 0 | 0.00 | 0.000 | 0 | 0 | 0.00 | 0.000 |
| | 変動係数 | 0.89 | 0.92 | 0.17 | 2.09 | 1.36 | 1.34 | 0.72 | 2.10 | 1.57 | 1.54 | 0.97 | 2.31 |
| | 次数合計 | 261 | 261 | | | 70 | 70 | | | 33 | 33 | | |
| | 相関係数 | 0.74 | | | | 0.49 | | | | 0.38 | | | |

## 表42 食料品工業の中心性分析 (1990)

| | 1975年 | 1％水準 | | | | 5％水準 | | | | 10％水準 | | | |
|---|---|---|---|---|---|---|---|---|---|---|---|---|---|
| | | 入力次数 | 出力次数 | 近接性 | 媒介性 | 入力次数 | 出力次数 | 近接性 | 媒介性 | 入力次数 | 出力次数 | 近接性 | 媒介性 |
| 1 | 北海道 | 12 | 13 | 0.60 | 0.025 | 0 | 3 | 0.29 | 0.000 | 0 | 2 | 0.14 | 0.000 |
| 2 | 青森 | 6 | 4 | 0.43 | 0.001 | 1 | 0 | 0.18 | 0.000 | 0 | 0 | 0.00 | 0.000 |
| 3 | 岩手 | 4 | 6 | 0.44 | 0.002 | 0 | 1 | 0.22 | 0.000 | 0 | 0 | 0.00 | 0.000 |
| 4 | 宮城 | 16 | 8 | 0.56 | 0.029 | 1 | 3 | 0.23 | 0.036 | 0 | 0 | 0.00 | 0.000 |
| 5 | 秋田 | 5 | 0 | 0.39 | 0.000 | 0 | 0 | 0.00 | 0.000 | 0 | 0 | 0.00 | 0.000 |
| 6 | 山形 | 4 | 3 | 0.45 | 0.000 | 0 | 0 | 0.18 | 0.000 | 0 | 0 | 0.00 | 0.000 |
| 7 | 福島 | 6 | 8 | 0.48 | 0.004 | 1 | 1 | 0.23 | 0.009 | 0 | 0 | 0.00 | 0.000 |
| 8 | 茨城 | 10 | 15 | 0.58 | 0.006 | 2 | 6 | 0.29 | 0.027 | 0 | 2 | 0.12 | 0.000 |
| 9 | 栃木 | 9 | 14 | 0.55 | 0.012 | 3 | 1 | 0.26 | 0.000 | 0 | 0 | 0.00 | 0.000 |
| 10 | 群馬 | 10 | 10 | 0.53 | 0.003 | 1 | 4 | 0.25 | 0.012 | 0 | 0 | 0.00 | 0.000 |
| 11 | 埼玉 | 17 | 17 | 0.61 | 0.041 | 6 | 3 | 0.29 | 0.003 | 3 | 1 | 0.13 | 0.000 |
| 12 | 千葉 | 12 | 18 | 0.61 | 0.013 | 4 | 4 | 0.27 | 0.001 | 2 | 3 | 0.13 | 0.002 |
| 13 | 東京 | 27 | 18 | 0.71 | 0.138 | 12 | 6 | 0.36 | 0.105 | 7 | 3 | 0.20 | 0.016 |
| 14 | 神奈川 | 16 | 18 | 0.60 | 0.024 | 7 | 5 | 0.32 | 0.076 | 2 | 3 | 0.14 | 0.014 |
| 15 | 新潟 | 7 | 8 | 0.54 | 0.004 | 1 | 0 | 0.19 | 0.000 | 0 | 0 | 0.00 | 0.000 |
| 16 | 富山 | 5 | 1 | 0.47 | 0.000 | 0 | 0 | 0.00 | 0.000 | 0 | 0 | 0.00 | 0.000 |
| 17 | 石川 | 6 | 2 | 0.46 | 0.003 | 0 | 0 | 0.00 | 0.000 | 0 | 0 | 0.00 | 0.000 |
| 18 | 福井 | 3 | 1 | 0.43 | 0.000 | 0 | 0 | 0.00 | 0.000 | 0 | 0 | 0.00 | 0.000 |
| 19 | 山梨 | 5 | 4 | 0.49 | 0.000 | 0 | 1 | 0.18 | 0.000 | 0 | 0 | 0.00 | 0.000 |
| 20 | 長野 | 11 | 14 | 0.60 | 0.011 | 1 | 1 | 0.25 | 0.011 | 0 | 0 | 0.00 | 0.000 |
| 21 | 岐阜 | 3 | 2 | 0.45 | 0.000 | 1 | 1 | 0.23 | 0.000 | 1 | 0 | 0.12 | 0.000 |
| 22 | 静岡 | 16 | 17 | 0.63 | 0.041 | 4 | 5 | 0.32 | 0.049 | 3 | 3 | 0.17 | 0.019 |
| 23 | 愛知 | 20 | 27 | 0.72 | 0.107 | 6 | 8 | 0.35 | 0.088 | 3 | 5 | 0.20 | 0.015 |
| 24 | 三重 | 6 | 8 | 0.52 | 0.001 | 1 | 2 | 0.25 | 0.000 | 1 | 0 | 0.12 | 0.000 |
| 25 | 滋賀 | 4 | 9 | 0.49 | 0.003 | 0 | 1 | 0.21 | 0.000 | 0 | 0 | 0.00 | 0.000 |
| 26 | 京都 | 8 | 11 | 0.56 | 0.006 | 2 | 6 | 0.28 | 0.002 | 2 | 2 | 0.12 | 0.002 |
| 27 | 大阪 | 27 | 18 | 0.73 | 0.142 | 6 | 4 | 0.29 | 0.049 | 4 | 2 | 0.14 | 0.008 |
| 28 | 兵庫 | 20 | 23 | 0.70 | 0.094 | 7 | 4 | 0.32 | 0.041 | 1 | 3 | 0.13 | 0.002 |
| 29 | 奈良 | 3 | 6 | 0.48 | 0.000 | 1 | 0 | 0.21 | 0.000 | 0 | 0 | 0.00 | 0.000 |
| 30 | 和歌山 | 4 | 3 | 0.47 | 0.000 | 0 | 0 | 0.00 | 0.000 | 0 | 0 | 0.00 | 0.000 |
| 31 | 鳥取 | 3 | 2 | 0.45 | 0.000 | 0 | 1 | 0.22 | 0.000 | 0 | 0 | 0.00 | 0.000 |
| 32 | 島根 | 3 | 0 | 0.42 | 0.000 | 0 | 0 | 0.00 | 0.000 | 0 | 0 | 0.00 | 0.000 |
| 33 | 岡山 | 4 | 12 | 0.54 | 0.009 | 1 | 2 | 0.23 | 0.011 | 0 | 0 | 0.00 | 0.000 |
| 34 | 広島 | 8 | 10 | 0.53 | 0.020 | 0 | 2 | 0.18 | 0.000 | 0 | 0 | 0.00 | 0.000 |
| 35 | 山口 | 2 | 7 | 0.48 | 0.007 | 1 | 0 | 0.14 | 0.000 | 0 | 0 | 0.00 | 0.000 |
| 36 | 徳島 | 5 | 4 | 0.50 | 0.003 | 0 | 0 | 0.00 | 0.000 | 0 | 0 | 0.00 | 0.000 |
| 37 | 香川 | 5 | 6 | 0.49 | 0.004 | 1 | 2 | 0.25 | 0.010 | 1 | 0 | 0.04 | 0.000 |
| 38 | 愛媛 | 7 | 6 | 0.54 | 0.008 | 2 | 2 | 0.25 | 0.024 | 0 | 2 | 0.06 | 0.000 |
| 39 | 高知 | 5 | 0 | 0.39 | 0.000 | 1 | 0 | 0.18 | 0.000 | 1 | 0 | 0.04 | 0.000 |
| 40 | 福岡 | 19 | 10 | 0.61 | 0.160 | 2 | 6 | 0.15 | 0.004 | 1 | 3 | 0.11 | 0.001 |
| 41 | 佐賀 | 3 | 2 | 0.39 | 0.000 | 1 | 2 | 0.09 | 0.000 | 0 | 0 | 0.00 | 0.000 |
| 42 | 長崎 | 3 | 5 | 0.48 | 0.007 | 2 | 1 | 0.09 | 0.000 | 0 | 0 | 0.00 | 0.000 |
| 43 | 熊本 | 4 | 4 | 0.39 | 0.001 | 0 | 1 | 0.08 | 0.000 | 0 | 0 | 0.06 | 0.000 |
| 44 | 大分 | 2 | 4 | 0.39 | 0.000 | 0 | 1 | 0.08 | 0.000 | 1 | 0 | 0.06 | 0.000 |
| 45 | 宮崎 | 4 | 2 | 0.41 | 0.001 | 2 | 0 | 0.08 | 0.000 | 2 | 0 | 0.08 | 0.000 |
| 46 | 鹿児島 | 5 | 4 | 0.47 | 0.016 | 1 | 0 | 0.09 | 0.000 | 0 | 1 | 0.05 | 0.000 |
| 47 | 沖縄 | 0 | 0 | 0.00 | 0.000 | 0 | 0 | 0.00 | 0.000 | 0 | 0 | 0.00 | 0.000 |
| | 変動係数 | 0.80 | 0.81 | 0.23 | 1.98 | 1.34 | 1.14 | 0.60 | 2.06 | 1.81 | 1.66 | 1.24 | 2.72 |
| | 次数合計 | 384 | 384 | | | 86 | 86 | | | 36 | 36 | | |
| | 相関係数 | 0.82 | | | | 0.70 | | | | 0.62 | | | |

表43 食料品工業の中心性分析（2010）

| 1975年 | | 1％水準 | | | | 5％水準 | | | | 10％水準 | | | |
|---|---|---|---|---|---|---|---|---|---|---|---|---|---|
| | | 入力次数 | 出力次数 | 近接性 | 媒介性 | 入力次数 | 出力次数 | 近接性 | 媒介性 | 入力次数 | 出力次数 | 近接性 | 媒介性 |
| 1 | 北海道 | 11 | 15 | 0.60 | 0.007 | 2 | 1 | 0.31 | 0.000 | 0 | 1 | 0.17 | 0.000 |
| 2 | 青森 | 5 | 2 | 0.51 | 0.004 | 0 | 0 | 0.00 | 0.000 | 0 | 0 | 0.00 | 0.000 |
| 3 | 岩手 | 4 | 5 | 0.51 | 0.001 | 0 | 0 | 0.00 | 0.000 | 0 | 0 | 0.00 | 0.000 |
| 4 | 宮城 | 15 | 8 | 0.59 | 0.031 | 2 | 1 | 0.26 | 0.013 | 1 | 0 | 0.17 | 0.000 |
| 5 | 秋田 | 1 | 0 | 0.37 | 0.000 | 0 | 0 | 0.00 | 0.000 | 0 | 0 | 0.00 | 0.000 |
| 6 | 山形 | 3 | 7 | 0.52 | 0.001 | 0 | 0 | 0.00 | 0.000 | 0 | 0 | 0.00 | 0.000 |
| 7 | 福島 | 9 | 8 | 0.53 | 0.001 | 1 | 1 | 0.24 | 0.013 | 0 | 1 | 0.17 | 0.000 |
| 8 | 茨城 | 14 | 11 | 0.61 | 0.018 | 5 | 4 | 0.31 | 0.000 | 1 | 2 | 0.20 | 0.000 |
| 9 | 栃木 | 13 | 17 | 0.62 | 0.016 | 1 | 3 | 0.29 | 0.000 | 0 | 1 | 0.19 | 0.000 |
| 10 | 群馬 | 16 | 18 | 0.62 | 0.013 | 5 | 5 | 0.33 | 0.013 | 4 | 3 | 0.27 | 0.007 |
| 11 | 埼玉 | 24 | 20 | 0.69 | 0.042 | 12 | 6 | 0.43 | 0.052 | 9 | 4 | 0.28 | 0.011 |
| 12 | 千葉 | 20 | 18 | 0.67 | 0.027 | 11 | 7 | 0.38 | 0.089 | 8 | 5 | 0.26 | 0.018 |
| 13 | 東京 | 23 | 19 | 0.67 | 0.062 | 11 | 4 | 0.36 | 0.030 | 6 | 3 | 0.24 | 0.003 |
| 14 | 神奈川 | 24 | 20 | 0.69 | 0.047 | 9 | 8 | 0.35 | 0.030 | 4 | 3 | 0.24 | 0.001 |
| 15 | 新潟 | 9 | 9 | 0.58 | 0.005 | 0 | 1 | 0.27 | 0.000 | 0 | 0 | 0.00 | 0.000 |
| 16 | 富山 | 3 | 4 | 0.46 | 0.001 | 1 | 0 | 0.04 | 0.000 | 0 | 0 | 0.00 | 0.000 |
| 17 | 石川 | 5 | 3 | 0.51 | 0.003 | 0 | 1 | 0.04 | 0.000 | 0 | 0 | 0.00 | 0.000 |
| 18 | 福井 | 3 | 0 | 0.44 | 0.000 | 0 | 0 | 0.00 | 0.000 | 0 | 0 | 0.00 | 0.000 |
| 19 | 山梨 | 4 | 8 | 0.51 | 0.000 | 0 | 0 | 0.00 | 0.000 | 0 | 0 | 0.00 | 0.000 |
| 20 | 長野 | 11 | 14 | 0.58 | 0.016 | 0 | 5 | 0.32 | 0.000 | 0 | 2 | 0.19 | 0.000 |
| 21 | 岐阜 | 3 | 9 | 0.54 | 0.001 | 1 | 2 | 0.26 | 0.000 | 1 | 0 | 0.17 | 0.000 |
| 22 | 静岡 | 14 | 24 | 0.68 | 0.028 | 3 | 8 | 0.35 | 0.006 | 1 | 5 | 0.26 | 0.007 |
| 23 | 愛知 | 24 | 21 | 0.74 | 0.076 | 9 | 12 | 0.39 | 0.088 | 4 | 5 | 0.25 | 0.024 |
| 24 | 三重 | 7 | 11 | 0.56 | 0.005 | 1 | 2 | 0.26 | 0.000 | 1 | 2 | 0.18 | 0.000 |
| 25 | 滋賀 | 3 | 10 | 0.54 | 0.001 | 0 | 3 | 0.27 | 0.000 | 0 | 2 | 0.19 | 0.000 |
| 26 | 京都 | 16 | 13 | 0.63 | 0.020 | 3 | 3 | 0.29 | 0.000 | 1 | 1 | 0.16 | 0.000 |
| 27 | 大阪 | 31 | 20 | 0.78 | 0.120 | 9 | 4 | 0.36 | 0.043 | 5 | 2 | 0.22 | 0.015 |
| 28 | 兵庫 | 22 | 28 | 0.74 | 0.114 | 5 | 9 | 0.40 | 0.130 | 2 | 4 | 0.20 | 0.020 |
| 29 | 奈良 | 4 | 1 | 0.49 | 0.000 | 0 | 0 | 0.00 | 0.000 | 0 | 0 | 0.00 | 0.000 |
| 30 | 和歌山 | 3 | 6 | 0.52 | 0.000 | 0 | 1 | 0.24 | 0.000 | 0 | 0 | 0.00 | 0.000 |
| 31 | 鳥取 | 3 | 0 | 0.45 | 0.000 | 0 | 0 | 0.00 | 0.000 | 0 | 0 | 0.00 | 0.000 |
| 32 | 島根 | 1 | 1 | 0.38 | 0.000 | 0 | 0 | 0.00 | 0.000 | 0 | 0 | 0.00 | 0.000 |
| 33 | 岡山 | 10 | 10 | 0.59 | 0.031 | 1 | 3 | 0.30 | 0.000 | 1 | 2 | 0.21 | 0.005 |
| 34 | 広島 | 10 | 6 | 0.54 | 0.010 | 3 | 2 | 0.27 | 0.024 | 0 | 1 | 0.15 | 0.000 |
| 35 | 山口 | 4 | 2 | 0.46 | 0.001 | 2 | 1 | 0.25 | 0.001 | 0 | 0 | 0.00 | 0.000 |
| 36 | 徳島 | 3 | 7 | 0.54 | 0.001 | 0 | 0 | 0.00 | 0.000 | 0 | 0 | 0.00 | 0.000 |
| 37 | 香川 | 5 | 7 | 0.53 | 0.015 | 0 | 0 | 0.00 | 0.000 | 0 | 0 | 0.00 | 0.000 |
| 38 | 愛媛 | 5 | 5 | 0.52 | 0.009 | 1 | 0 | 0.25 | 0.000 | 0 | 0 | 0.00 | 0.000 |
| 39 | 高知 | 2 | 0 | 0.36 | 0.000 | 0 | 0 | 0.00 | 0.000 | 0 | 0 | 0.00 | 0.000 |
| 40 | 福岡 | 21 | 20 | 0.68 | 0.101 | 3 | 8 | 0.36 | 0.112 | 1 | 3 | 0.20 | 0.003 |
| 41 | 佐賀 | 13 | 14 | 0.63 | 0.031 | 2 | 2 | 0.25 | 0.024 | 1 | 1 | 0.15 | 0.000 |
| 42 | 長崎 | 3 | 4 | 0.49 | 0.000 | 2 | 0 | 0.24 | 0.000 | 0 | 0 | 0.00 | 0.000 |
| 43 | 熊本 | 5 | 5 | 0.48 | 0.002 | 1 | 1 | 0.24 | 0.000 | 1 | 0 | 0.15 | 0.000 |
| 44 | 大分 | 4 | 6 | 0.52 | 0.005 | 1 | 0 | 0.24 | 0.000 | 0 | 0 | 0.00 | 0.000 |
| 45 | 宮崎 | 5 | 5 | 0.51 | 0.000 | 0 | 0 | 0.00 | 0.000 | 0 | 0 | 0.00 | 0.000 |
| 46 | 鹿児島 | 5 | 6 | 0.53 | 0.006 | 1 | 1 | 0.30 | 0.014 | 0 | 1 | 0.17 | 0.000 |
| 47 | 沖縄 | 4 | 0 | 0.48 | 0.000 | 1 | 0 | 0.24 | 0.000 | 0 | 0 | 0.00 | 0.000 |
| | 変動係数 | 0.82 | 0.77 | 0.17 | 1.62 | 1.45 | 1.28 | 0.71 | 2.11 | 1.89 | 1.39 | 0.99 | 2.37 |
| | 次数合計 | 447 | 447 | | | 109 | 109 | | | 53 | 53 | | |
| | 相関係数 | 0.87 | | | | 0.72 | | | | 0.73 | | | |

る。また東京から移出している県は15県であり、愛知から移出している県は15県、大阪から移出している県は15県であることになる。これは移入元の県と移出先の県の数が、その次数の数に等しくなっており、3大都市圏の中心となる地域では、食料品の移入と移出の両方が高くなっていることを表している。

つまり、食料品の移入元地域が最も多いのは東京であり、東京に食料品を移出している県は24県にのぼる。また東京に次いで多いのは大阪の21県であり、その次に多いのは福岡の14県、愛知の13県になる。その一方で、移出先を多く有している県は、神奈川の19県、兵庫の18県になっている。ここで神奈川は東京に隣接している地域であり、兵庫は大阪に隣接している地域であることから、移出先を多く有する県とは、大都市に隣接する傾向にあることを読み取ることができる。

さらに、東京圏に属するその他の県である千葉、埼玉、群馬、栃木、茨城では、その移出先の数が多くなっており、また大阪圏では、兵庫や京都、岡山などの地域で、その移出先の数が多くなっている。その一方で、宮城や福岡などの地方都市を有する地域では、その移入元と移出先の両方の数が、その中心となる地域で高くなり、その周辺地域の移出先の数は、大都市圏の周辺地域よりは少なくなるが、その移入元の数に比べると、比較的多くなっている。こうした傾向は、そうした周辺地域が中心地域に食料品を移出するばかりでなく、中心地域からも周辺地域に食料品を移出されていることを表している。

次に、この1975年の次数による中心性が、1990年と2010年では、どのように変化したのかについて観察してみよう。まず東京圏については、非常に顕著な変化をみてとることができる。1975年では、東京の移入元の県数の多さが際立っていたが、1990年に至っては、神奈川や埼玉、千葉において、その移入元の県数が10県を超えている。これはそれらの地域が、東京圏を超えて、全国的にその移入元を拡大したことを示している。また、このことは移出先の県数の変化にも当てはまり、東京圏を構成する7つの県の全ての県において、移出先となる県数が10県を超えており、特に東京とそれに隣接する神奈川、千葉で18県、埼玉で17県と、その移出先の県数が拡大している。この交易圏の拡大は、1990年までの経済成長期に整備された、高速道路の交通インフラの充実が影響しているものと考えられる。

次に、その移出先の多さで際立っているのが愛知の27県であり、これは実に、日本の半数以上の県が、愛知から食料品を調達していたことを表している。この愛知の移出先の県の数として、5％水準でも8県、10％水準でも5県と、全国の

中で最も多く、食料品移出の中心地としての地位を、この1990年の時点で確立していたということができる。また、この愛知と東京までを結ぶ中間地域である静岡と長野、また愛知と大阪までの結ぶ中間地域である滋賀と三重、京都においても、この移出先の県数が伸びており、東京－大阪間の地域は、全体的にその移出先地域を増やしている。したがって、こうしたSMRの主軸となる地域が、日本全国に対して食料品を移出する地域として発展してきたことを伺い知ることができる。

　この移出先数に、2010年に入って大きな変化が起きる。その変化とは、移出先の県数の平準化である。この移出先の県数の平準化とは、1975年においては、特定の地域の移出先の県数が突出して多く、その他の地域の移出先の県数は少なかったのに対し、2010年に入って、多くの地域の移出先の県数が、均等になるように変化する傾向である。特に、東京圏を構成する6県については、その移出先の県数が17県から20県まで上昇し、その産業の集中の度合いや人口の規模の違いにかかわらず、その移出先の県数が等しくなるように変化しており、愛知から大阪までの地域に含まれる7県においても、その平準化が進行する傾向が観られる。

　その一方で、移入元の県数の変化については、依然としてその数に格差があり、人口の多い地域では移入元の県数が多くなり、人口の少ない地域では移入元の県数が少なくなる傾向にあり、この傾向は1975年からほとんど変化することのない傾向である。また地方に目を向けると、福岡の移入元と移出先の両方の県数が際立って多く、これは過去40年間にわたって一貫している傾向である。そして、この福岡に隣接する佐賀では、2010年になって移入元と移出先の両方の県数が急増していることから、この佐賀が福岡の周辺地域として発展してきたことが分かる。

　その一方で、東北の中心地域である宮城は、地方都市では移入元の県数が各段に多いにもかかわらず、その移出先の県数が少ないという点で、福岡とは対照的である。また最も輸送の便の悪い地域である北海道ついては、1975年から2010年にかけて、多くの移入元を維持しながらも、その移出先を大きく増やしており、他の地域とは異なる独特な発展をしながらも、日本の取引ネットワークにおいて重要な位置を占めてきたことが分かる。

### 近接性による中心性

　次に、地域間取引ネットワークの近接性による中心性について分析してみよう。

この近接性による中心性とは、単純にどれだけの地域と物流があるのかという次数の数よりも、取引ネットワークを構成する全ての地域に対して、どれだけその距離が近いかを重視する指標である。したがって、より広範囲に渡って、より直接的な物流の流れを形成している地域ほど、この中心性の指標は高い値を示すことになり、その中心性の高い県が集まっている地域では、より高密度の地域間取引ネットワークが発達しているといえる。

　1975年当時、この近接性による中心性が高いのは、東京と大阪の0.676である。それに次いで、神奈川の0.648、兵庫の0.639が高く、それらの県はそれぞれ東京と大阪に隣接する地域になる。これと同じように、愛知が0.630で、それに隣接する静岡が0.554となっており、やはり3大都市とそれに隣接する一つ県の中心性が高くなっている。これは取引ネットワークの中心地域と周辺地域では、その中心地域のみならず、その周辺地域においてもその中心性が高くなる傾向にあることを意味しており、その証拠として、東京圏では千葉、埼玉、群馬で高くなり、大阪圏では京都、岡山で高くなっている。したがって、この中心地域の中心性の高さが、隣接する地域の中心性も改善させる傾向にあることが読み取れる。

　この地域間取引ネットワークの中心地が、周辺地域に移行して行く過程は、特に驚くべきものではない。なぜなら都市圏の発展の過程において、工業立地は中心地から周辺地域に移動していくものであり、この様子は十分な実証研究を必要とするまでもなく、多くの都市圏において、事実として認識されてきたことだからである。そして、この地域間取引ネットワークにおいて、生産物の移出入を行っているのは製造工場であり、その製造工場が周辺地域に移動すれば、その地域間取引ネットワークの中心地もまた、その周辺地域に移動することは、当然の帰結であるといえる。

　また1990年になって、その中心性が高くなった地域がいくつかある。まず東京圏の埼玉と茨城で20％を超える上昇があり、千葉と群馬で16％、最も低い栃木でも13％上昇している。したがって、首都圏の東京と神奈川に加えて、他の県においても、より広範囲に渡って、直接的な物流ネットワークを形成する傾向にあることが分かる。同様に、この中心性の上昇は、愛知から大阪までの地域においてもみられ、愛知と静岡がそれぞれ15％と14％の上昇、三重、滋賀、京都においても10％以上の上昇率となっている。これらの変化は、前出の入出力次数の地理的な平準化から予想することができたといえる。

また、宮城においても15％の改善を示しており、1975年時点ですでに高い中心性を有していた福岡と北海道に加えて、この宮城も地方の有力都市として、高い中心性を有するようになっていたことが分かる。これらの地方都市は、地方都市圏ネットワークを維持しながらも、大都市圏ネットワークと地方都市圏ネットワークを繋ぐハブ都市として役割を、今後も期待されることになるだろう。

　ところで、これまでに確認した、地域間取引ネットワークの中心地が、その周辺地域に移動していく現象は、これまで学際的にほとんど扱われることがなかった現象である。周辺化といえば、工業立地の周辺化がしばしば扱われるが、ここで問題となっている周辺化とは、取引ネットワークの中心地の周辺化のことである。

　そして、伝統的な工業立地の周辺化とは、一般的に中心地にある市場に対する周辺化であり、それは必ずしも、周辺に立地する製造工場が、周辺地域同士で交易圏を形成することや、その中心－周辺構造の枠組みを超えて、広域的な交易の展開を予見するものではない。むしろ逆に、輸送費の最小化の観点から、経済的な合理性に適い、かつ最適な選択をするのであれば、新経済地理学モデルが予見するように、多くの製造工場は特定の地域に集中することになり、取引ネットワークの中心性も、特定に地域において高くなるに違いない。

　しかし、ここでは各地域の産業や人口、所得の地理的な分布に比例するように、取引ネットワークの中心地が周辺化し、同一の中心地を共有しながらも、それぞれの周辺地域において、中心性が上昇する過程を観察することができた。この現象については、この後の分析結果踏まえながら、再度検討することにして、大都市圏の取引ネットワークの中心性が、周辺地域に移動することを、取引ネットワークの中心地の周辺化と呼ぶことにし、このネットワーク分析の結果から得られた、特別な地理的現象として認識することにしよう。

　最後に2010年に至っては、2つの重要な変化が起こっている。一つは九州各県における中心性の上昇である。まず福岡に隣接する佐賀の中心性は0.63まで上昇し、福岡と同等の中心性を有するようになっており、これも中心地の周辺化の影響によるものであると推測される。その他にも九州では、大分で0.33％の中心性の上昇、宮崎で0.24％の上昇、熊本で0.23％の上昇を確認することができ、九州全域で製造業の移出入が活発化してきたことが分かる。その一方で、同様の傾向を東北においても確認することができ、中心地域である宮城の中心性はほぼ一定

に維持されたものの、青森では18％の上昇、岩手と山形では16％の上昇、福島では16％上昇と、全国と比較しても高い中心性の上昇を達成している。これも東北における地域間ネットワークが、より広範囲に渡る直接的なネットワークに発展してきたことを伺わせる。

　この地方における地域間ネットワークの発展に加えて、もう一つの重要な変化は、SMRを構成する地域での中心性の平準化である。特に愛知－大阪間の滋賀、三重、京都において、近接性による中心性が10％前後上昇しており、その近接性による中心性の水準は、全国的にも高い水準になっている。また、それらの地域の中心性の高さは、流動量を5％基準と10％基準にしても大幅に下落することなく、その地域間の流動量は非常に多いものであることが分かる。

　この大都市圏内の地域において、取引ネットワークの中心性が一様に等しくなるような傾向を、大都市圏内の中心性の平準化と呼び、大都市圏間の地域において、取引ネットワークの中心性が一様に等しくなるような傾向を、大都市圏間の中心性の平準化と呼ぶことにしよう。この2つの中心性の平準化は、これまでに明らかになった、立地モーメントの強い工業立地のホットスポットの定義や、前章で扱ったグループ1に属する県のような、主要工業におけるネットワーク補完型の構造的な立地行動からも予想することができた。なぜなら、製造業の立地件数が多く、それが「企業内組織の集中」や「関連企業への近接性」、「市場への近接性」にもとづくものならば、立地後に地域間の取引がなされる可能性が高くなるからである。

　ところで、この中心性の平準化は、前出の中心地の周辺化とは区別されるべきである。なぜなら中心地の周辺化は、東京圏や大阪圏などの単一の中心－周辺構造における現象であるのに対し、中心地の平準化は、東京－大阪間や愛知－大阪間などの、複数の中心－周辺構造間でも起きる現象だからである。もっといえば、中心地の周辺化は、おそらく単一の中心－周辺構造における地価の高さや交通の混雑に大きく影響を受ける現象であるのに対し、この中心性の平準化は、複数の中心地が輸送範囲に含まれる場合、その輸送費用の軽減するために、複数の中心地の中間地点に立地選択することによって起こるものとして考えられ、その因果関係に相違があるからである。その意味では、一方をもう一方の延長線上に置き、それらを同じものとして扱うのは適当でないだろう。

**媒介性による中心性**

次に、媒介性による中心性についてみてみよう。媒介性による中心性とは、ネットワークを構成する複数の主体間を結ぶ経路において、別の第三者の主体を経由するとき、その経由される回数が多ければ多いほど、中心性が高いとみなす指標である。したがって、ネットワーク内でこの経由地点の役割を果たす県ほど、その中心性が高くなる傾向にある。特に、取引ネットワークの観点からは、この中心性が高いということは、それだけ多くの地域から生産物を移入しており、また多くの地域に対して生産物を移出していることを意味することから、消費と生産の両方が集中すると同時に、多くの地域と物流の流れを形成していることを意味する。

まず、1975年の媒介性による中心性をみてみると、明らかに3大都市圏の中心地域である東京、愛知、大阪で高くなっていることが分かる。また、取引ネットワークの中心地の周辺化から、その大都市に付随する神奈川と兵庫でも高くなっている。さらに、3大都市圏ではないものの、九州地方の中心都市である福岡でも、この媒介の中心性が高くなっている。但し、平均流動量の10%以上の水準でみてみると、この中心性が高いのは東京周辺と愛知周辺に限られており、この当時の物流の大動脈は、東京と愛知を中心に張り巡らされていたと考えられる。

1990年になってからも、こうした傾向性に大きな変化はないものの、それ以降は予想された通り、東京圏の神奈川、千葉、埼玉、栃木、群馬、茨城などにおいて、この媒介性による中心性が上昇しつづけている。また愛知－大阪間の滋賀、三重、京都などにおいても、中心性の上昇を確認することができる。これについても、これまでに確認してきた中心性の平準化から予想されることと一致しており、前章で確認した東京広域圏での強いネットワーク補完型の立地モーメントと、製造業の東部拡大と西部縮小とは無関係ではないだろう。

**部分ネットワークの分析**

次に、特に繋がりの強い地域を部分ネットワークとして区別し、①大都市圏内のネットワーク、②大都市圏間のネットワーク、③大都市圏と地方都市圏のネットワーク、④地方都市圏のネットワークの4種類のネットワークについて分析していくことにする。そして、これら4種類の地域間取引ネットワークの強度を分析していくことにより、日本の地域構造の全容を明らかにしていくと同時に、

GD2050で描かれている地域間取引ネットワークが、現在どのような構造になっているのかついて明らかにしていくことにする。

この物流のネットワークには、物流の流れという方向があり、地域と地域とがその流れによって結びつけられるとき、その結びつきには方向性が伴うことになる。ネットワーク分析においては、このような方向があるネットワークのことを有向ネットワークと呼び、方向のない無向ネットワークとは区別して扱われるが、ここで扱う取引ネットワークは、有効ネットワークになる。そして、その物流の有効ネットワークを、実際に食料品工業の物流で描いてみると、それは次の図62から図70のようになる。

この図の食料品工業の取引ネットワークにおいて、特に繋がりの強い地域のネットワークは、クリークという部分ネットワークとして特定することができる。クリークとは完全グラフと呼ばれる基準によって抽出され、完全グラフとは、そのネットワークに属している点のすべてが、互いにその他のすべての点と繋がっているネットワークになる。この地域間取引ネットワークの観点からは、そのネットワークに属する県のすべてが、互いにその他のすべての県に対して、生産物の移出入を行っているような地域になる。

また、この取引ネットワークは、『全国貨物純物流調査』の結果表にもとづいていることから、物流センターや倉庫などを仲介させない、生産地から消費地までの物流の流れを表し、ネットワークに表されている県と県とを結ぶ矢印は、生産地から消費地に移送された、生産物の流れを表していることになる。したがって、この取引ネットワークのクリークとは、そのクリークに属するすべての県の間で、互いに生産物の移送をし合う関係があり、生産地と消費地が同じ県にあるのではなく、一方の県に生産地があり、もう一方の県に消費地があるような関係を表していることになる。

実際に、食料品工業の取引ネットワークにもとづいて、その抽出されクリークと、クリークに属する県との関係について描いてみると、それは図71から図79のようになる。まずこのイメージでは、正方形と円が数多く描かれており、正方形には数字が付与されており、円には都道府県の名称が与えられている。これは正方形がクリークを表し、円が各都道府県を表しており、円から正方形に対して矢印が描かれているとき、その円によって表されている県が、その正方形によって表されているクリークに属していることを表している。

図62 食料品工業のネットワーク（1975、1％）

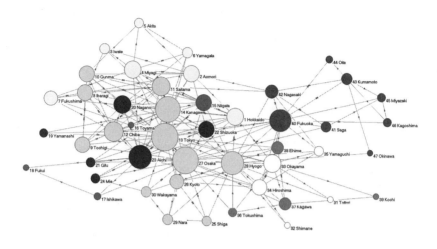

図63 食料品工業のネットワーク（1975、5％）

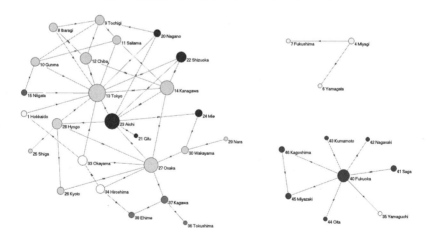

第6章 地域間ネットワークの分析 203

図64 食料品工業のネットワーク（1975、10％）

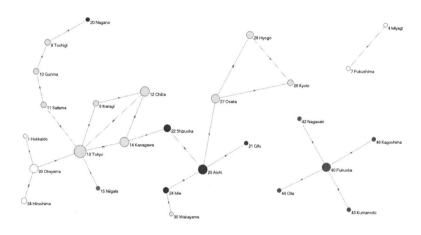

図65 食料品工業のネットワーク（1990、1％）

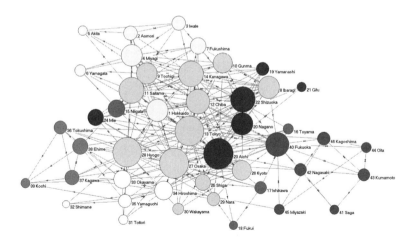

図66 食料品工業のネットワーク（1990、5％）

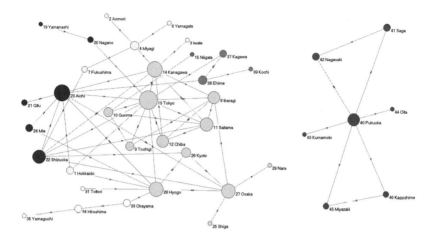

図67 食料品工業のネットワーク（1990、10％）

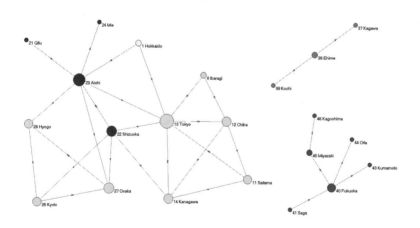

第6章 地域間ネットワークの分析 205

図68 食料品工業のネットワーク（2010、1％）

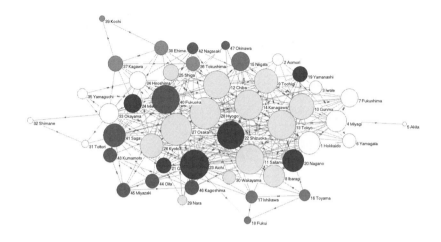

図69 食料品工業のネットワーク（2010、5％）

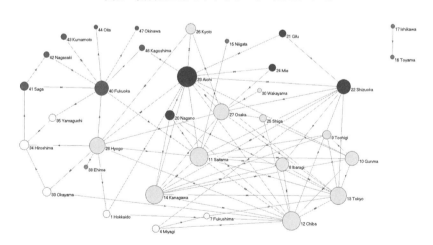

## 図70　食料品工業のネットワーク（2010、10％）

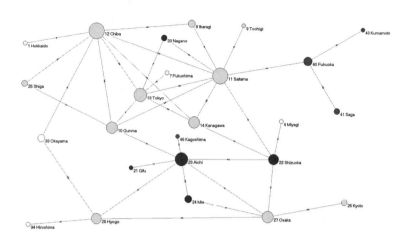

　このイメージでは、平均流動量の1％水準と5％水準、10％水準とに分かれて描かれているが、いずれのイメージにおいても、東京や愛知、大阪などの大都市が中心にきており、それらの大都市部は、多くのクリークに属していることを表していることになる。そして、それらが多くのクリークに属しているということは、それらの中心県はその周辺の県と、完全グラフによる地域間取引ネットワークを形成しており、生産物の交易による経済圏を形成していることを表している。

　それではこのクリークを用いて、どのように①大都市圏のネットワークを特定することができるのであろうか。まず、これまでの中心性の分析によって、中心となる地域がすでに特定されており、その中心となる地域とは、東京・愛知・大阪の3県であった。そこで、それらを大都市圏の中心地であると考え、その中心地と中心地に隣接する県、もしくはその隣接する県に隣接する県と、どれだけ同じクリークを構成し、交易によるネットワークを形成しているのかについて分析していくことにする。

### 大都市圏内のネットワーク

　次の表44は、東京、愛知、大阪と、その周辺に位置する県が、どれだけ同じクリークに属しているのかについて、その流動量を3つの水準に分けて整理したものである。表中の数値は、クリークの数を表しており、そのクリークとは、大都

表44 大都市圏内のネットワークのクリークの数（食料品工業）

| | 水準 | 年代 | 茨城 | 栃木 | 群馬 | 埼玉 | 千葉 | 東京 | 神奈川 |
|---|---|---|---|---|---|---|---|---|---|
| 東京 | 1% | 1975年 | 3 | 3 | 2 | 8 | 9 | 25 | 18 |
| | | 1990年 | 11 | 6 | 6 | 17 | 18 | 29 | 15 |
| | | 2010年 | 7 | 8 | 12 | 13 | 13 | 20 | 15 |
| | 5% | 1975年 | 1 | 0 | 2 | 2 | 2 | 9 | 3 |
| | | 1990年 | 2 | 2 | 2 | 3 | 1 | 7 | 3 |
| | | 2010年 | 2 | 2 | 5 | 3 | 2 | 9 | 9 |
| | 10% | 1975年 | 1 | 0 | 0 | 0 | 2 | 2 | 1 |
| | | 1990年 | 1 | 0 | 0 | 1 | 2 | 5 | 2 |
| | | 2010年 | 0 | 0 | 1 | 3 | 2 | 3 | 1 |

| | 水準 | 年代 | 新潟 | 長野 | 岐阜 | 静岡 | 愛知 | 三重 | 滋賀 |
|---|---|---|---|---|---|---|---|---|---|
| 愛知 | 1% | 1975年 | 4 | 3 | 1 | 3 | 15 | 1 | 0 |
| | | 1990年 | 3 | 10 | 1 | 9 | 29 | 2 | 5 |
| | | 2010年 | 4 | 5 | 3 | 21 | 38 | 3 | 4 |
| | 5% | 1975年 | 0 | 1 | 0 | 1 | 5 | 0 | 0 |
| | | 1990年 | 0 | 0 | 0 | 0 | 0 | 0 | 0 |
| | | 2010年 | 2 | 1 | 1 | 3 | 26 | 2 | 5 |
| | 10% | 1975年 | 0 | 0 | 0 | 0 | 0 | 0 | 0 |
| | | 1990年 | 0 | 0 | 0 | 2 | 4 | 0 | 0 |
| | | 2010年 | 0 | 0 | 0 | 1 | 3 | 1 | 0 |

| | 水準 | 年代 | 三重 | 滋賀 | 京都 | 大阪 | 兵庫 | 奈良 | 和歌山 |
|---|---|---|---|---|---|---|---|---|---|
| 大阪 | 1% | 1975年 | 2 | 1 | 4 | 25 | 16 | 2 | 3 |
| | | 1990年 | 2 | 3 | 6 | 26 | 27 | 2 | 1 |
| | | 2010年 | 5 | 4 | 13 | 47 | 35 | 1 | 2 |
| | 5% | 1975年 | 0 | 0 | 1 | 4 | 2 | 0 | 0 |
| | | 1990年 | 1 | 0 | 1 | 2 | 4 | 0 | 0 |
| | | 2010年 | 2 | 2 | 1 | 12 | 4 | 0 | 0 |
| | 10% | 1975年 | 0 | 0 | 1 | 1 | 1 | 0 | 0 |
| | | 1990年 | 0 | 0 | 2 | 4 | 1 | 0 | 0 |
| | | 2010年 | 1 | 0 | 0 | 3 | 1 | 0 | 0 |

表45 地方都市圏内のネットワークのクリークの数（食料品工業）

| | 水準 | 年代 | 北海道 | 青森 | 岩手 | 宮城 | 秋田 | 山形 | 福島 |
|---|---|---|---|---|---|---|---|---|---|
| 宮城 | 1% | 1975年 | 2 | 3 | 1 | 7 | 2 | 2 | 1 |
| | | 1990年 | 2 | 5 | 3 | 13 | 2 | 1 | 4 |
| | | 2010年 | 3 | 2 | 2 | 8 | 0 | 1 | 1 |
| | 5% | 1975年 | 0 | 0 | 0 | 0 | 0 | 0 | 0 |
| | | 1990年 | 0 | 0 | 0 | 0 | 0 | 0 | 0 |
| | | 2010年 | 0 | 0 | 1 | 1 | 0 | 0 | 0 |
| | 10% | 1975年 | 0 | 0 | 0 | 0 | 0 | 0 | 0 |
| | | 1990年 | 0 | 0 | 0 | 0 | 0 | 0 | 0 |
| | | 2010年 | 0 | 0 | 0 | 0 | 0 | 0 | 0 |

| | 水準 | 年代 | 鳥取 | 島根 | 岡山 | 広島 | 山口 | 香川 | 愛媛 |
|---|---|---|---|---|---|---|---|---|---|
| 広島 | 1% | 1975年 | 0 | 1 | 3 | 6 | 1 | 0 | 1 |
| | | 1990年 | 1 | 1 | 3 | 8 | 3 | 1 | 3 |
| | | 2010年 | 0 | 0 | 2 | 8 | 2 | 0 | 0 |
| | 5% | 1975年 | 0 | 0 | 1 | 1 | 0 | 0 | 0 |
| | | 1990年 | 0 | 0 | 0 | 0 | 0 | 0 | 0 |
| | | 2010年 | 0 | 0 | 1 | 3 | 1 | 0 | 0 |
| | 10% | 1975年 | 0 | 0 | 0 | 0 | 0 | 0 | 0 |
| | | 1990年 | 0 | 0 | 0 | 0 | 0 | 0 | 0 |
| | | 2010年 | 0 | 0 | 0 | 0 | 0 | 0 | 0 |

| | 水準 | 年代 | 福岡 | 佐賀 | 長崎 | 熊本 | 大分 | 宮崎 | 鹿児島 |
|---|---|---|---|---|---|---|---|---|---|
| 福岡 | 1% | 1975年 | 15 | 3 | 4 | 3 | 1 | 2 | 1 |
| | | 1990年 | 11 | 1 | 3 | 3 | 2 | 1 | 4 |
| | | 2010年 | 25 | 14 | 2 | 4 | 4 | 5 | 4 |
| | 5% | 1975年 | 1 | 0 | 0 | 0 | 0 | 1 | 1 |
| | | 1990年 | 2 | 1 | 1 | 0 | 0 | 1 | 0 |
| | | 2010年 | 3 | 0 | 0 | 0 | 0 | 0 | 0 |
| | 10% | 1975年 | 0 | 0 | 0 | 0 | 0 | 0 | 0 |
| | | 1990年 | 0 | 0 | 0 | 0 | 0 | 0 | 0 |
| | | 2010年 | 0 | 0 | 0 | 0 | 0 | 0 | 0 |

表46　大都市圏・地方都市圏間のネットワークのクリークの数（食料品工業）

| | 水準 | 年代 | 仙台圏 | 東京圏 | 名古屋圏 | 大阪圏 | 広島圏 | 福岡県 |
|---|---|---|---|---|---|---|---|---|
| 東京圏 | 1% | 1975年 | 16 | 124 | 37 | 38 | 3 | 4 |
| | | 1990年 | 45 | 187 | 89 | 106 | 0 | 7 |
| | | 2010年 | 29 | 189 | 141 | 162 | 7 | 33 |
| | 5% | 1975年 | 0 | 28 | 7 | 2 | 1 | 0 |
| | | 1990年 | 0 | 25 | 8 | 1 | 0 | 0 |
| | | 2010年 | 1 | 61 | 34 | 15 | 0 | 0 |
| | 10% | 1975年 | 0 | 9 | 0 | 0 | 0 | 0 |
| | | 1990年 | 0 | 18 | 5 | 0 | 0 | 0 |
| | | 2010年 | 0 | 26 | 2 | 0 | 0 | 0 |
| | 水準 | 年代 | 仙台圏 | 東京圏 | 名古屋圏 | 大阪圏 | 広島圏 | 福岡県 |
| 名古屋圏 | 1% | 1975年 | 2 | 37 | 24 | 15 | 1 | 3 |
| | | 1990年 | 5 | 89 | 54 | 71 | 7 | 7 |
| | | 2010年 | 9 | 141 | 97 | 120 | 7 | 43 |
| | 5% | 1975年 | 0 | 7 | 7 | 4 | 0 | 0 |
| | | 1990年 | 0 | 8 | 11 | 8 | 0 | 0 |
| | | 2010年 | 1 | 34 | 34 | 24 | 7 | 3 |
| | 10% | 1975年 | 0 | 0 | 0 | 0 | 0 | 0 |
| | | 1990年 | 0 | 5 | 10 | 6 | 0 | 0 |
| | | 2010年 | 0 | 2 | 6 | 5 | 0 | 0 |
| | 水準 | 年代 | 仙台圏 | 東京圏 | 名古屋圏 | 大阪圏 | 広島圏 | 福岡県 |
| 大阪圏 | 1% | 1975年 | 0 | 38 | 15 | 79 | 28 | 16 |
| | | 1990年 | 6 | 105 | 69 | 114 | 33 | 11 |
| | | 2010年 | 7 | 162 | 119 | 168 | 32 | 60 |
| | 5% | 1975年 | 0 | 2 | 4 | 12 | 2 | 0 |
| | | 1990年 | 0 | 1 | 8 | 15 | 0 | 0 |
| | | 2010年 | 1 | 15 | 24 | 30 | 12 | 2 |
| | 10% | 1975年 | 0 | 0 | 0 | 6 | 0 | 0 |
| | | 1990年 | 0 | 0 | 6 | 13 | 0 | 0 |
| | | 2010年 | 0 | 0 | 5 | 5 | 0 | 0 |

210

図71 食料品工業のクリーク構造（1975、1％）

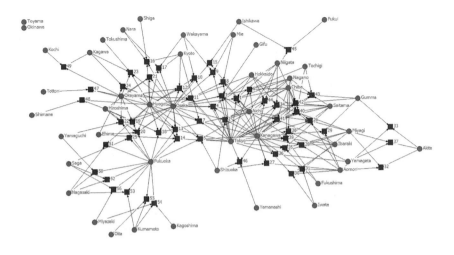

図72 食料品工業のクリーク構造（1975、5％）

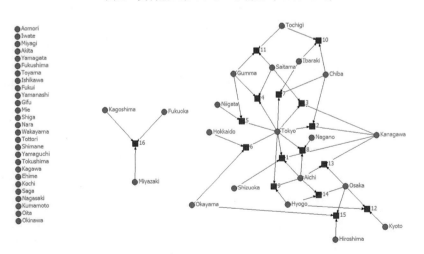

第6章 地域間ネットワークの分析 211

図73 食料品工業のクリーク構造（1975、10%）

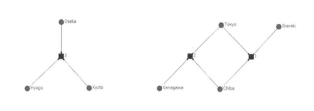

図74 食料品工業のクリーク構造（1990、1%）

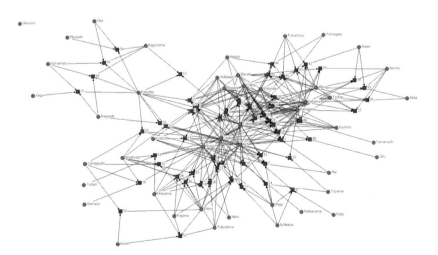

図75　食料品工業のクリーク構造（1990、5％）

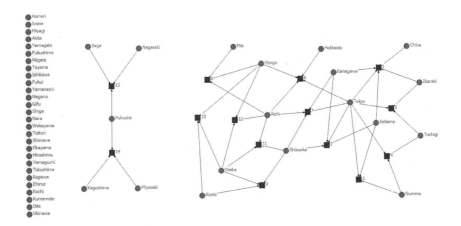

図76　食料品工業のクリーク構造（1990、10％）

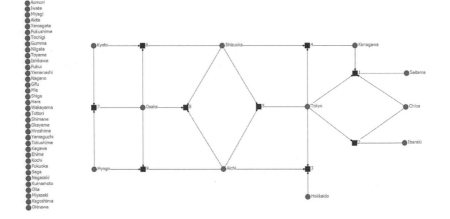

第6章 地域間ネットワークの分析 213

図77 食料品工業のクリーク構造（2010、1％）

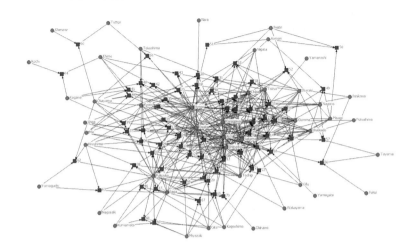

図78 食料品工業のクリーク構造（2010、5％）

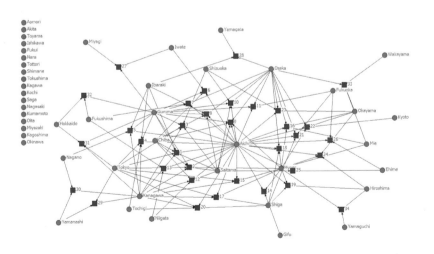

## 図79 食料品工業のクリーク構造（2010、10%）

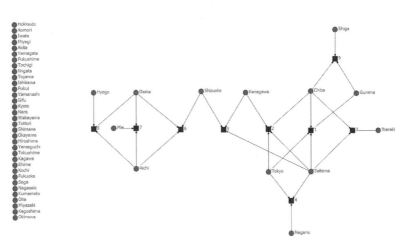

市とその周辺に位置する県が構成しているクリークである。そして、このクリークの数が多ければ多いほど、その中心地域と周辺地域との間の物流が盛んで、完全グラフとして表される地域間取引ネットワークの数が多いことを示している。例えば、1975年の東京の１％水準の数値をみると、神奈川は18となっている。これは、東京と神奈川の両方が構成するクリークが18個あることを意味し、東京と神奈川を含む地域間取引ネットワークが18個あることを表している。これにより、少なくとも東京と神奈川との間には、大都市圏内の取引ネットワークが存在していることが分かる。

さらに、1975年の東京の１％水準では、東京はすべての県とクリークを共有しており、特にその数が多いのは、東京に隣接する神奈川、千葉、埼玉の周辺県になる。この傾向性は1975年の５％水準においても確認することができ、東京は栃木以外のすべての県とクリークを形成し、東京圏において重層的な取引ネットワークが形成されていることが伺える。また10％水準になると、そのクリークの数は格段に減少し、ここで東京は２つのクリークに属しているが、そのクリークの詳細は、東京－神奈川－千葉というクリークと東京－千葉－茨城というクリークになる。このことから、流動量の大きいクリークは、地理的に近接している地域と形成されることが分かり、東京圏における大都市圏ネットワークの実態が明

らかになる。

　次に、それぞれの流動量の水準について、その時系列上の変化について注目してみると、この東京圏の取引ネットワークは、年々拡大する傾向にあることが分かる。つまり、1％水準における、1975年と1990年、2010年のクリークの数を比較してみると、そのクリークの数は、東京と神奈川で減少傾向にある一方で、千葉、埼玉、群馬、栃木、茨城のすべてにおいて、東京と共に構成するクリークの数が、年々増加する傾向にある。これは取引ネットワークの中心地の周辺化との関連から、生産物の移送元が、中心地域から周辺地域へと移動したのと同時に、交通インフラの発展によって、東京圏の輸送の便が改善され、また東京広域圏において、ネットワーク補完型の製造工場の立地が集中したことによって生じたものであると推察される。

　次に、1975年当時、大阪圏ではすべての周辺の県が、1％水準で大阪と同じクリークを共有しており、特にその共有する回数が多かったのは兵庫になる。これは東京と神奈川の関係がそうであったように、大阪の高い中心性が兵庫に波及したものであり、取引ネットワークの中心性の周辺化の影響によるものであると推察される。また10％水準においては、大阪、兵庫、京都がそれぞれ1つずつクリークに属しているが、これは大阪−兵庫−京都の3県による、同一のクリークを構成していたことによるものである。したがって大阪圏についても、中心地に隣接する地域において、強い物流の流れをみてとることができる。

　また、時系列での変化について着目してみると、東京圏とは対照的に、大阪と神戸という物流の中心地が、そのクリークの数を増やしていることが分かる。そして、その他の地域で特徴的なのは、他の大阪圏の県と比べて比較的人口密度が小さく、農村地域に当たるような滋賀と三重において、そのクリークの数が増加していることになる。これは滋賀と三重が、大阪圏と名古屋圏との中間地域に当たり、両大都市圏に向けた輸送の便について考えるとき、滋賀と三重が最適な立地地域になり易いことに起因していると思われる。そして、製造工場をそれらの地域に立地させることによって、輸送費用の軽減を図った結果である推察される。

　最後に、1975年の名古屋圏のクリークについて確認してみると、愛知は静岡や長野のような限られた周辺県としか同じクリークを構成せず、名古屋圏を超えた広域的な取引ネットワークを構成する傾向にあることが分かる。なぜなら愛知が属するクリークは、1％水準で15であるのに対し、その周辺地域で最も多くク

リークを構成している静岡と長野においても、愛知と共に構成しているクリークの数は3つしかないからである。したがって、愛知が構成している残りのクリークは、名古屋圏を超えた県と共に構成していることになる。

ところで、この静岡と長野が構成しているクリークの詳細について確認してみると、静岡が属するクリークは全国に4つあり、この4つの内3つのクリークに愛知も属していることになる。したがって、静岡を中心とする取引ネットワークの観点からは、愛知は必要不可欠な存在であるといえる。これに対して、長野は全国の7つのクリーク属しており、その7つの内3つに愛知も属していることになる。したがって、静岡と長野は同じように、愛知と3つのクリークを共有しているが、長野は静岡と異なり、他の中心地ともクリークを構成しており、その分、長野の名古屋圏の取引ネットワークに対する所属は弱いといえる。そこで、これを名古屋圏における地域間取引ネットワークの脆弱性と呼ぶことにしよう。

この傾向性は、水準を5％、10％と上昇させていくにしたがって、より顕著になる。つまり5％水準では、愛知は5つのクリークに属しているが、そのクリークを構成する他の県は名古屋圏の周辺県ではなく、5つの内3つは東京とクリークを構成し、2つは大阪とクリークを構成している。したがって、この5％水準という流動量において、愛知が構成するクリークは、大都市圏間の取引ネットワークとして理解することができ、その取引ネットワークは域内のネットワークではなく、域外に延びるネットワークのであることが分かる。また10％水準においては、この名古屋圏ではどの県もクリークに属していないことから、名古屋を中心とする大都市圏内ネットワークが弱いことを確認することができる。

次に、その時系列での変化について注目してみると、大阪圏と同様に、愛知と静岡という中心地において、そのクリークの数が増加している。また、滋賀と三重に着目すると、大阪圏の場合と同様に、その中心地である愛知と共にクリーク数を増加させている。このクリークの詳細について確認してみると、三重の3つのクリークとは、東京－神奈川－愛知－三重－兵庫と愛知－三重－大阪－兵庫－岡山と三重－大阪－和歌山－岡山によるクリークであり、この三重は3大都市圏もしくは2大都市圏の中心地を結ぶネットワークに属しており、物流の重要な拠点に成長していることが分かる。また滋賀の5つのクリークについては、その2つに東京と愛知の両方が含まれ、その3つに愛知と大阪の両方が含まれており、この滋賀についても2大都市圏の中心地を結ぶネットワークの要所として発展し

てきたことが分かる。これについては、前節の中心性の分析で確認された、取引ネットワークの中心性の平準化の影響下にあるものであると推測される。

以上により、①大都市圏内のネットワークの分析において、東京圏と大阪圏については、十分な域内ネットワークの発達することができたが、名古屋圏については、東京圏と大阪圏と比較して、大都市圏内のネットワークの発達が弱いことを確認することができた。その反面、これら3つの大都市圏に共通することは、その物流ネットワークの範囲が、地域的なものというよりは、むしろ全国的なものであり、このネットワークの地理的な拡がりについては、後で詳しく確認することになる。

## 地方都市圏内のネットワーク

次に、④地方都市圏内のネットワークの発達について確認する。表45は、宮城、広島、福岡という、SMRの域外にある地方有力都市と、その周辺地域の県とで構成されるクリークの数について整理したものである。これまでの分析から、大都市を中心とする取引ネットワークが発達していることを確認することができたので、次に地方都市についても、この取引ネットワークの発達を確認することができるかどうかについて試してみる。

まず全体として、平均流動量の10％水準でのクリークについては、どの地方都市においても確認することができない。これは、それらの地方都市が、東京、名古屋、大阪などの大都市と比べて、その人口と所得の大きさが比較的小さいことから、食料品の流動量の割合も小さくなることに起因しているに違いない。したがって、この10％水準のクリークの数によって、取引ネットワークの発達の度合いを判断すべきではないだろう。

そこで特に、1％水準と5％水準に注目してみると、宮城については1975年から1990年に掛けて、そのクリークの数はどの県においても増加する傾向にあったが、1990年と2010年について比較してみると、その増加傾向が維持されているとは言い難い。特に、宮城が属するクリーク数は減少しており、地域の中心地となるはずの県が、その構成するクリーク数を減少させれば、それだけその中心地域と共にクリークを構成する周辺県も少なくなることから、この東北地方におけるクリーク数の減少は、宮城のクリーク数の減少に起因していると推測することができる。実際に、この宮城の8つのクリークの詳細について調べてみると、実に

その6つが東京圏の県と構成しているクリークであり、宮城が構成する地域間取引ネットワークは、より東京圏の地域と密接に結びついていることが明らかになる。

次に、広島圏についてみてみると、1990年までは、そのクリーク数はその周辺地域にいて増加傾向にあったが、仙台とその周辺地域と同様に、広島圏のクリーク数は2010年までに減少している。これは広島を含む地域間取引ネットワークが、その周辺地域と共に構成されていないことを意味するが、その反面、広島に隣接し、かつ山と海で隔てられていない岡山と山口では、そのクリーク数にそれほど大きな変化はみられず、比較的安定的であったといえる。しかも、2010年の5％水準についてみてみると、広島と岡山と山口の間にクリークがあることが分かり、これらのクリークの詳細は、愛知－滋賀－兵庫－広島という2大都市圏の中心地とのクリークと、愛知－兵庫－岡山－広島という岡山を含むクリークと、兵庫－広島－山口という山口を含むクリークである。これにより、広島という中国地方の中心地を介して、その広島に隣接する岡山と山口が、大都市圏の中心地との取引ネットワークに組み込まれていることが分かる。

最後に福岡についてみてみると、これまでの宮城と広島とは異なり、1975年から2010年まで、そのクリーク数は、全域で増加傾向にあることが分かる。特に福岡に関しては、1％水準のクリーク数が15から25に増加しており、これに呼応するように、佐賀の属するクリーク数は3から14まで増加していることが分かる。また熊本、大分、宮崎、鹿児島のような、日本の南端の地域と共に地域間取引ネットワークを形成していることは、福岡が九州地域の中心地として、その重要な役割を果たしているといえる。さらに、2010年の5％水準において、福岡は3つのクリークに属しているが、その詳細は群馬－愛知－大阪－福岡と愛知－滋賀－大阪－福岡と愛知－愛媛－福岡であり、2大都市圏との繋がりも強いことから、都市圏間の地域間取引ネットワークにおいても、福岡の果たす役割は大きいといえる。

**都市圏間のネットワーク**

これまで①大都市圏内のネットワークと、④地方都市圏内のネットワークについて確認してきた。まず、①大都市圏内のネットワークについては、関東地域における地域間取引ネットワークの強さが目立ち、④地方都市圏内のネットワーク

においては、福岡圏のネットワークの拡がりが際立っていた。その一方で、名古屋圏については、その域内ネットワークの拡がりよりも、域外の主要都市とのネットワークの拡がりを示唆する結果を確認することができ、福岡圏についても、大阪や愛知、関東周辺地域との強い繋がりを確認することができた。そこで次に確認していくのは、②大都市圏間のネットワークと③大都市圏と地方都市圏のネットワークになる。

まず、②大都市圏間のネットワークは、SMR を構成する中心的な取引ネットワークであり、この②大都市圏間のネットワークが強固なものでなければ、GD 2050 で掲げられている国土計画の成否について展望していくことは困難になる。そこで次に、この②大都市圏間のネットワークが、十分な物流の流れによって形成され、維持されていることについて確認していくことにしたい。また、③大都市圏と地方都市圏のネットワークによる繋がりは、地域間の不均等発展を是正していく上で、必要不可欠なる物流の流れであり、これも GD 2050 の国土計画を実現していく上で、中心的な役割を果たす取引ネットワークである。そこで本節では、これについても確認していくことにする。

ところで、これまでの中心性の分析の結果や、クリークによる分析の結果にもとづいて、日本における 6 つの都市圏を特定してきたが、②大都市圏間のネットワークと③大都市圏と地方都市圏のネットワークという、2 種類の地域間取引ネットワークについて分析していくには、その都市圏間の取引ネットワークについて分析する必要が生じる。ここで、その 6 つの都市圏とは、大都市を有する県に隣接する複数の県によって構成され、具体的には、

- 仙台圏：宮城・秋田・福島
- 東京圏：東京・神奈川・千葉・埼玉
- 名古屋圏：愛知・静岡・岐阜
- 大阪圏：大阪・兵庫・京都・奈良
- 広島県：広島・岡山・山口
- 福岡圏：福岡・佐賀・熊本・大分

によって構成されるとする。

つまり、ここで分析されるクリーク数とは、東京圏、名古屋圏、大阪圏の 3 つの大都市圏に属する県が、他の都市圏を構成する県と共に、どれだけのクリーク

を構成したかという、クリークの合計の数を表すことになる。例えば、東京圏は東京・神奈川・千葉・埼玉の４県により構成され、その４県のそれぞれが名古屋圏の愛知・静岡・岐阜のそれぞれの３県とクリークを構成しうることになるため、この東京圏と名古屋圏の共通のクリークとは、各県間で構成したクリーク数の合計を表すことになり、その数に比例して、その都市圏を構成する県間でのクリークが多いことを表すことになる。

　それでは表46にもとづきながら、その分析結果について確認していこう。まず、東京圏を構成する県とクリークを構成している県が多いのは、名古屋圏と大阪圏を構成する県であり、このクリーク数は年々増加する傾向にある。また、この東京圏と名古屋圏・大阪圏との地域間取引ネットワークの発展と同様に、名古屋圏と東京圏・大阪圏、大阪圏と東京圏・名古屋圏との間においてもクリーク数が増加し続けており、②大都市圏間のネットワークが過去35年間に渡って発展し続けてきたことが分かる。

　その一方で、大都市圏と地方都市圏とのネットワークの発展は、大都市圏ごとに異なる。まず東京圏については、仙台圏と広島圏とのクリークの数の変化に、はっきりとした傾向があるとはいえない。その反面、福岡圏とのクリーク数については、１％水準において大幅な増加を確認することができ、東京圏と福岡圏の取引ネットワークによる繋がりは強くなっているといえる。

　ところで、この仙台圏とのネットワークの発達については議論の余地が残り、それらの都市圏の人口や所得の規模について考慮すれば、１％水準で２ケタのクリークが見つかったことは、東京圏との強い繋がりがあるといえるかもしれない。しかし、過去35年間において、他の都市圏とのクリーク数が大幅に増加したのに対し、それら２つの地方都市圏とのクリーク数が伸びていないことから、それらの繋がりが今後どのように発展していくかについては不透明である。その一方で、この仙台圏は地理的に東京圏に近接しており、他の地方都市と比較して、そのクリーク数も多いことから、東京圏との繋がりは、③大都市圏と地方都市圏のネットワークの発展において重要な位置を占めることになる。

　次に、大阪圏の視点から、他の２大都市圏との繋がりの強さについてみてみると、そのクリークは急増しており、１％水準については３ケタまで増加している。またこの大阪圏は、その地理的な位置により、広島圏と福岡圏と最も繋がりの強い大都市圏となり、特に広島圏は、他の２大都市圏とも繋がりが強いことから、

③大都市圏と地方都市圏のネットワークの発展において重要な位置を占めているといえるだろう。

最後、名古屋圏について確認してみると、名古屋圏は東京圏と大阪圏の中間地点にあることから、それらの2大都市圏との繋がりのバランスがとれており、そのクリーク数も増加傾向にある。その一方で、東京圏と大阪圏と比較して、地方都市圏との繋がりは弱く、②大都市圏間のネットワークの支えていく上で、重要な位置を占める反面、③大都市圏と地方都市圏のネットワークの発展における位置づけは不透明であるといえる。

これらの分析結果によって、この4種類のネットワークの時系列での発展について、次のことがいえそうである。まずクリーク数の変化についていえることは、大都市圏内のクリーク数と大都市圏間のクリーク数については増加傾向にあるか、少なくとも高い水準を維持している。これに対して、大都市圏と地方都市圏のクリーク数は、その大都市圏と地方都市圏ごとに異なっており、増加している都市圏もあれば、減少している都市圏もある。さらに、地方都市圏については、仙台圏と広島圏のように、その数が増加する場合と減少する場合とが混在しており、地方都市圏において取引ネットワークが発展しているのか、もしくは衰退しているのかについて判然としない。

よって、この食料品工業の取引ネットワークは、主に①大都市圏内の取引ネットワークと、②大都市圏間の取引ネットワークが発展をしており、その取引ネットワークの中で安定的なものは、地理的にSMRの範囲に限定されているといえる。そこで、この大都市圏内・大都市圏間の安定的な取引ネットワークを、大都市圏の取引ネットワークの二重構造と呼ぶことにしよう。

つまりこの二重構造とは、一つは、大都市圏を構成する地域が、相互に取引関係を結ぶことによって、その取引関係がネットワークとなり、重層化していくことによって形成される、大都市圏内における相互取引ネットワークのことである。この大都市圏内のネットワークは、その大都市圏内の生産に必要とされる資源があれば、必ずしも他の大都市圏もしくは地方都市圏との横断的なネットワークを必要としないネットワークであり、かつ、おそらくこの大都市圏内で取引ネットワークが、GD2050の成否を占う上で、最も重要なネットワークになると同時に、構造的にもその中心となるネットワークになる。

もう一つの構造は、大都市圏間における相互取引ネットワークであり、これは

東京圏と名古屋圏、大阪圏という３大都市圏間の取引ネットワークである。東京圏と名古屋圏、大阪圏を結ぶクリーク数は、年々増加する傾向にあり、これはそれぞれの大都市圏が単独で、その需要と供給を満たすのではなく、相互に需要と供給を分担しながら、支え合っていく関係にある取引ネットワークになる。そして、この大都市圏間の取引ネットワークは、SMR のバックボーンとなり、もしこの大都市圏間の取引ネットワークが頑健なものでなければ、SMR を中心とした国土のグランドデザインを描くことは、困難になってしまうであろう。

以上が、食料品工業の地域間取引ネットワーク構造の分析になる。この分析によって、４種類のネットワークが、それぞれどのように発達しているのかが明らかになり、また地域間取引ネットワークの全体像が明らかになってきた。以下では、この食料品工業のネットワーク構造と比較しながら、電気機械工業、輸送用機械工業、産業用機械工業、金属製品工業の取引ネットワークについて分析していくことにする。

〈要点〉
・1975年から2010年にかけて、中心地域よりも周辺地域の中心性が高くなるという中心地の周辺化を確認することができた。
・SMR を構成する地域では中心性の平準化が起り、それは大都市圏内の中心性の平準化と大都市圏間の中心性の平準化に分かれる。
・大都市圏内の地域間取引ネットワークと、大都市圏と他の都市圏を結ぶ地域間取引ネットワークが特に強い。（二重構造化）

## 産業用機械工業の取引ネットワーク

次に、産業用機械工業の取引ネットワークについて分析していくことにしよう。産業用機械工業は、消費者が集中している地域を基準として取引ネットワークを構成する食料品工業とは異なり、製造業の生産工場が集中している地域を基準として取引ネットワークを構成することが予想される。また食料品は賞味期限・消費期限などの時間的な制約が強いことから、その流通経路は需要地に対して最適化されていると考えられるが、産業用機械はそうした時間的な制約が弱いことから、需要地に対する制約は比較的弱いと予想される。さらに、食料品の需要地と

は対照的に、産業用機械は企業または工場という、特定の需要者に対する生産を行うことにより、その市場の分布は人口分布よりも、工業立地の分布に従っていることが予想される。そうして点に注意しながら、産業用機械工業の取引ネットワークについて分析していくことにする。

### 中心性の分析

まず、1975年の次数による中心性から確認してみると、1％水準での入力次数については大阪の次数が21で最大となり、次いで、東京と神奈川の17、愛知の16になっている。また、地方の有力都市圏については、福岡が15、広島が13、岡山が11、宮城が8になっているなど、それほど大きな開きはないように思える。またその他の地域についても、北海道や、北陸、四国、九州などの県において、一定の入力次数を確認することができることから、3大都市圏が産業用機械を多くの地域から移入している一方で、地方の有力都市圏についても多くの地域から産業用機械を移入していることが分かる。したがって、産業用機械製品については、地理的に広い範囲に渡って移入がなされていることになる。

次に、1％水準での出力次数については、大阪で32、神奈川で28、愛知で25の順で高くなっており、一般的に3大都市圏の県において、出力次数が高くなる傾向になる。また5％水準、10％水準についてみてみると、大阪と愛知よりも、神奈川と東京の方が高い次数を有するようになっている。したがって、大阪などは広範囲に渡って産業用機械を移出しているのに対し、神奈川はその移出範囲は比較的狭くとも、より強固な産業用機械の移出の流れを形成していることが分かる。

次に、1990年から2010年までの中心性についてみてみると、入力次数と出力次数が共に、3大都市圏の地域で高くなっており、それに次いで福岡と広島で高くなっている。そこで1975年と比較して、この取引ネットワークの中心性はどのように変化したのかについてみてみると、最も顕著な違いは、入力次数と出力次数のばらつきの変化に現れている。つまり、1975年での入力次数の標準偏差は4.85で、出力次数の標準偏差は7.89であったの対し、1990年ではそれぞれ7.15と7.69、2010年では7.23と8.88になり、その出力次数と入力次数の分散は、それぞれが大きくなりながらも、その分散の違いは小さくなる傾向にある。

この標準偏差の値の変化は、1975年当時の産業用機械を移入していた県につい

## 表47 産業用機械工業の中心性分析 (1975)

| 1975年 | | 1％水準 | | | | 5％水準 | | | | 10％水準 | | | |
|---|---|---|---|---|---|---|---|---|---|---|---|---|---|
| | | 入力次数 | 出力次数 | 近接性 | 媒介性 | 入力次数 | 出力次数 | 近接性 | 媒介性 | 入力次数 | 出力次数 | 近接性 | 媒介性 |
| 1 | 北海道 | 10 | 2 | 0.52 | 0.025 | 0 | 0 | 0.00 | 0.000 | 0 | 0 | 0.00 | 0.000 |
| 2 | 青森 | 1 | 1 | 0.36 | 0.000 | 0 | 0 | 0.00 | 0.000 | 0 | 0 | 0.00 | 0.000 |
| 3 | 岩手 | 5 | 0 | 0.48 | 0.000 | 1 | 0 | 0.04 | 0.000 | 1 | 0 | 0.04 | 0.000 |
| 4 | 宮城 | 8 | 5 | 0.54 | 0.045 | 0 | 0 | 0.00 | 0.000 | 0 | 0 | 0.00 | 0.000 |
| 5 | 秋田 | 2 | 0 | 0.40 | 0.000 | 0 | 0 | 0.00 | 0.000 | 0 | 0 | 0.00 | 0.000 |
| 6 | 山形 | 3 | 4 | 0.50 | 0.029 | 0 | 1 | 0.04 | 0.000 | 0 | 1 | 0.04 | 0.000 |
| 7 | 福島 | 5 | 0 | 0.47 | 0.000 | 0 | 0 | 0.00 | 0.000 | 0 | 0 | 0.00 | 0.000 |
| 8 | 茨城 | 10 | 12 | 0.60 | 0.009 | 5 | 1 | 0.29 | 0.001 | 3 | 0 | 0.20 | 0.000 |
| 9 | 栃木 | 9 | 9 | 0.54 | 0.005 | 3 | 1 | 0.28 | 0.003 | 1 | 1 | 0.17 | 0.001 |
| 10 | 群馬 | 6 | 7 | 0.49 | 0.001 | 2 | 3 | 0.27 | 0.013 | 2 | 2 | 0.18 | 0.009 |
| 11 | 埼玉 | 10 | 17 | 0.61 | 0.013 | 5 | 6 | 0.29 | 0.007 | 4 | 3 | 0.21 | 0.007 |
| 12 | 千葉 | 7 | 5 | 0.52 | 0.000 | 4 | 2 | 0.28 | 0.000 | 2 | 1 | 0.20 | 0.000 |
| 13 | 東京 | 17 | 18 | 0.63 | 0.043 | 7 | 8 | 0.37 | 0.033 | 4 | 7 | 0.25 | 0.023 |
| 14 | 神奈川 | 17 | 28 | 0.73 | 0.090 | 11 | 11 | 0.42 | 0.075 | 7 | 8 | 0.28 | 0.046 |
| 15 | 新潟 | 6 | 14 | 0.56 | 0.041 | 0 | 4 | 0.30 | 0.000 | 0 | 1 | 0.18 | 0.000 |
| 16 | 富山 | 4 | 3 | 0.49 | 0.010 | 1 | 0 | 0.22 | 0.000 | 0 | 0 | 0.00 | 0.000 |
| 17 | 石川 | 6 | 8 | 0.55 | 0.008 | 1 | 1 | 0.28 | 0.000 | 1 | 1 | 0.19 | 0.000 |
| 18 | 福井 | 2 | 1 | 0.38 | 0.000 | 0 | 0 | 0.00 | 0.000 | 0 | 0 | 0.00 | 0.000 |
| 19 | 山梨 | 0 | 2 | 0.43 | 0.000 | 0 | 1 | 0.26 | 0.000 | 0 | 0 | 0.00 | 0.000 |
| 20 | 長野 | 7 | 7 | 0.50 | 0.002 | 0 | 0 | 0.00 | 0.000 | 0 | 0 | 0.00 | 0.000 |
| 21 | 岐阜 | 7 | 6 | 0.53 | 0.009 | 1 | 0 | 0.23 | 0.000 | 0 | 0 | 0.00 | 0.000 |
| 22 | 静岡 | 7 | 18 | 0.60 | 0.012 | 3 | 4 | 0.31 | 0.001 | 2 | 2 | 0.19 | 0.000 |
| 23 | 愛知 | 16 | 25 | 0.69 | 0.077 | 6 | 7 | 0.32 | 0.026 | 4 | 6 | 0.24 | 0.015 |
| 24 | 三重 | 8 | 11 | 0.56 | 0.006 | 1 | 2 | 0.30 | 0.000 | 0 | 2 | 0.21 | 0.000 |
| 25 | 滋賀 | 8 | 7 | 0.53 | 0.007 | 1 | 1 | 0.26 | 0.000 | 0 | 0 | 0.00 | 0.000 |
| 26 | 京都 | 7 | 2 | 0.50 | 0.027 | 0 | 0 | 0.16 | 0.000 | 0 | 0 | 0.11 | 0.000 |
| 27 | 大阪 | 21 | 32 | 0.80 | 0.289 | 7 | 11 | 0.41 | 0.080 | 4 | 5 | 0.26 | 0.035 |
| 28 | 兵庫 | 12 | 13 | 0.60 | 0.025 | 3 | 6 | 0.34 | 0.030 | 3 | 2 | 0.23 | 0.018 |
| 29 | 奈良 | 2 | 2 | 0.46 | 0.003 | 1 | 1 | 0.27 | 0.017 | 1 | 1 | 0.19 | 0.013 |
| 30 | 和歌山 | 3 | 1 | 0.37 | 0.000 | 1 | 1 | 0.20 | 0.009 | 1 | 1 | 0.14 | 0.007 |
| 31 | 鳥取 | 3 | 3 | 0.48 | 0.002 | 0 | 0 | 0.00 | 0.000 | 0 | 0 | 0.00 | 0.000 |
| 32 | 島根 | 2 | 14 | 0.56 | 0.006 | 0 | 0 | 0.00 | 0.000 | 0 | 0 | 0.00 | 0.000 |
| 33 | 岡山 | 11 | 4 | 0.52 | 0.009 | 3 | 0 | 0.25 | 0.000 | 1 | 0 | 0.16 | 0.000 |
| 34 | 広島 | 13 | 7 | 0.57 | 0.076 | 4 | 4 | 0.36 | 0.020 | 2 | 3 | 0.22 | 0.014 |
| 35 | 山口 | 4 | 1 | 0.49 | 0.023 | 1 | 0 | 0.24 | 0.000 | 1 | 0 | 0.16 | 0.000 |
| 36 | 徳島 | 2 | 2 | 0.45 | 0.010 | 1 | 0 | 0.26 | 0.000 | 0 | 0 | 0.00 | 0.000 |
| 37 | 香川 | 6 | 2 | 0.49 | 0.002 | 0 | 0 | 0.00 | 0.000 | 0 | 0 | 0.00 | 0.000 |
| 38 | 愛媛 | 5 | 3 | 0.49 | 0.011 | 0 | 1 | 0.19 | 0.000 | 0 | 0 | 0.00 | 0.000 |
| 39 | 高知 | 3 | 0 | 0.46 | 0.000 | 0 | 0 | 0.00 | 0.000 | 0 | 0 | 0.00 | 0.000 |
| 40 | 福岡 | 15 | 8 | 0.59 | 0.122 | 4 | 5 | 0.36 | 0.036 | 2 | 2 | 0.22 | 0.013 |
| 41 | 佐賀 | 1 | 2 | 0.38 | 0.000 | 1 | 0 | 0.24 | 0.000 | 0 | 0 | 0.00 | 0.000 |
| 42 | 長崎 | 5 | 1 | 0.44 | 0.001 | 1 | 0 | 0.24 | 0.000 | 1 | 0 | 0.16 | 0.000 |
| 43 | 熊本 | 4 | 1 | 0.49 | 0.000 | 1 | 0 | 0.24 | 0.000 | 1 | 0 | 0.16 | 0.000 |
| 44 | 大分 | 4 | 1 | 0.49 | 0.002 | 2 | 0 | 0.28 | 0.000 | 0 | 0 | 0.00 | 0.000 |
| 45 | 宮崎 | 3 | 0 | 0.39 | 0.000 | 0 | 0 | 0.00 | 0.000 | 0 | 0 | 0.00 | 0.000 |
| 46 | 鹿児島 | 5 | 1 | 0.50 | 0.021 | 1 | 0 | 0.24 | 0.000 | 0 | 0 | 0.00 | 0.000 |
| 47 | 沖縄 | 0 | 0 | 0.00 | 0.000 | 0 | 0 | 0.00 | 0.000 | 0 | 0 | 0.00 | 0.000 |
| | 変動係数 | 0.73 | 1.16 | 0.23 | 2.11 | 1.34 | 1.63 | 0.72 | 2.37 | 1.48 | 1.83 | 1.04 | 2.27 |
| | 次数合計 | 312 | 312 | | | 83 | 83 | | | 49 | 49 | | |
| | 相関係数 | 0.78 | | | | 0.86 | | | | 0.88 | | | |

第6章 地域間ネットワークの分析 225

表48 産業用機械工業の中心性分析（1990）

| | 1975年 | 1％水準 | | | | 5％水準 | | | | 10％水準 | | | |
|---|---|---|---|---|---|---|---|---|---|---|---|---|---|
| | | 入力次数 | 出力次数 | 近接性 | 媒介性 | 入力次数 | 出力次数 | 近接性 | 媒介性 | 入力次数 | 出力次数 | 近接性 | 媒介性 |
| 1 | 北海道 | 9 | 2 | 0.55 | 0.000 | 1 | 0 | 0.30 | 0.000 | 0 | 0 | 0.00 | 0.000 |
| 2 | 青森 | 3 | 0 | 0.47 | 0.000 | 0 | 0 | 0.00 | 0.000 | 0 | 0 | 0.00 | 0.000 |
| 3 | 岩手 | 6 | 3 | 0.55 | 0.009 | 2 | 0 | 0.35 | 0.000 | 1 | 0 | 0.22 | 0.000 |
| 4 | 宮城 | 9 | 8 | 0.58 | 0.026 | 3 | 1 | 0.35 | 0.015 | 1 | 0 | 0.25 | 0.000 |
| 5 | 秋田 | 2 | 1 | 0.46 | 0.000 | 0 | 0 | 0.00 | 0.000 | 0 | 0 | 0.00 | 0.000 |
| 6 | 山形 | 4 | 2 | 0.50 | 0.000 | 1 | 0 | 0.25 | 0.000 | 0 | 0 | 0.00 | 0.000 |
| 7 | 福島 | 10 | 4 | 0.55 | 0.004 | 1 | 0 | 0.28 | 0.000 | 0 | 0 | 0.00 | 0.000 |
| 8 | 茨城 | 14 | 20 | 0.68 | 0.039 | 5 | 3 | 0.43 | 0.019 | 1 | 2 | 0.25 | 0.000 |
| 9 | 栃木 | 12 | 8 | 0.59 | 0.004 | 5 | 3 | 0.37 | 0.008 | 2 | 1 | 0.26 | 0.012 |
| 10 | 群馬 | 7 | 9 | 0.58 | 0.002 | 3 | 4 | 0.36 | 0.004 | 3 | 3 | 0.28 | 0.008 |
| 11 | 埼玉 | 18 | 21 | 0.71 | 0.042 | 6 | 7 | 0.43 | 0.020 | 3 | 5 | 0.27 | 0.020 |
| 12 | 千葉 | 16 | 11 | 0.63 | 0.032 | 5 | 4 | 0.41 | 0.030 | 4 | 3 | 0.28 | 0.022 |
| 13 | 東京 | 21 | 20 | 0.72 | 0.061 | 9 | 8 | 0.46 | 0.075 | 5 | 3 | 0.30 | 0.027 |
| 14 | 神奈川 | 27 | 23 | 0.75 | 0.141 | 13 | 13 | 0.50 | 0.144 | 10 | 10 | 0.40 | 0.127 |
| 15 | 新潟 | 5 | 11 | 0.57 | 0.002 | 1 | 5 | 0.35 | 0.004 | 1 | 4 | 0.27 | 0.019 |
| 16 | 富山 | 3 | 9 | 0.53 | 0.001 | 1 | 3 | 0.38 | 0.001 | 0 | 1 | 0.18 | 0.000 |
| 17 | 石川 | 9 | 7 | 0.56 | 0.003 | 3 | 4 | 0.41 | 0.017 | 2 | 2 | 0.23 | 0.011 |
| 18 | 福井 | 4 | 1 | 0.50 | 0.000 | 1 | 0 | 0.28 | 0.000 | 1 | 0 | 0.17 | 0.000 |
| 19 | 山梨 | 6 | 8 | 0.53 | 0.001 | 2 | 1 | 0.34 | 0.001 | 1 | 0 | 0.25 | 0.000 |
| 20 | 長野 | 10 | 16 | 0.62 | 0.025 | 2 | 2 | 0.36 | 0.002 | 1 | 1 | 0.26 | 0.000 |
| 21 | 岐阜 | 7 | 9 | 0.57 | 0.004 | 3 | 3 | 0.38 | 0.005 | 0 | 2 | 0.24 | 0.000 |
| 22 | 静岡 | 13 | 19 | 0.64 | 0.038 | 4 | 4 | 0.36 | 0.009 | 3 | 3 | 0.27 | 0.002 |
| 23 | 愛知 | 24 | 27 | 0.77 | 0.090 | 10 | 8 | 0.45 | 0.075 | 6 | 6 | 0.32 | 0.074 |
| 24 | 三重 | 8 | 6 | 0.54 | 0.004 | 2 | 2 | 0.32 | 0.001 | 1 | 1 | 0.21 | 0.000 |
| 25 | 滋賀 | 11 | 18 | 0.65 | 0.012 | 1 | 4 | 0.39 | 0.000 | 1 | 1 | 0.24 | 0.000 |
| 26 | 京都 | 6 | 2 | 0.52 | 0.001 | 3 | 1 | 0.36 | 0.000 | 1 | 0 | 0.22 | 0.000 |
| 27 | 大阪 | 26 | 30 | 0.79 | 0.159 | 12 | 16 | 0.56 | 0.187 | 5 | 6 | 0.34 | 0.078 |
| 28 | 兵庫 | 24 | 20 | 0.73 | 0.116 | 7 | 5 | 0.46 | 0.082 | 3 | 1 | 0.25 | 0.033 |
| 29 | 奈良 | 4 | 6 | 0.51 | 0.004 | 1 | 4 | 0.38 | 0.007 | 0 | 0 | 0.00 | 0.000 |
| 30 | 和歌山 | 1 | 7 | 0.51 | 0.000 | 1 | 2 | 0.36 | 0.004 | 0 | 1 | 0.21 | 0.000 |
| 31 | 鳥取 | 1 | 3 | 0.48 | 0.000 | 0 | 0 | 0.00 | 0.000 | 0 | 0 | 0.00 | 0.000 |
| 32 | 島根 | 4 | 4 | 0.51 | 0.001 | 1 | 1 | 0.30 | 0.000 | 0 | 1 | 0.19 | 0.000 |
| 33 | 岡山 | 12 | 13 | 0.62 | 0.010 | 3 | 7 | 0.44 | 0.035 | 2 | 3 | 0.30 | 0.020 |
| 34 | 広島 | 15 | 13 | 0.65 | 0.033 | 6 | 3 | 0.43 | 0.048 | 3 | 1 | 0.27 | 0.014 |
| 35 | 山口 | 6 | 3 | 0.54 | 0.004 | 1 | 3 | 0.34 | 0.016 | 0 | 0 | 0.00 | 0.000 |
| 36 | 徳島 | 2 | 3 | 0.48 | 0.009 | 1 | 1 | 0.27 | 0.017 | 1 | 0 | 0.04 | 0.000 |
| 37 | 香川 | 8 | 5 | 0.54 | 0.004 | 2 | 1 | 0.37 | 0.034 | 0 | 0 | 0.00 | 0.000 |
| 38 | 愛媛 | 6 | 8 | 0.55 | 0.041 | 1 | 1 | 0.29 | 0.001 | 0 | 0 | 0.00 | 0.000 |
| 39 | 高知 | 2 | 2 | 0.42 | 0.002 | 0 | 1 | 0.21 | 0.000 | 0 | 1 | 0.04 | 0.000 |
| 40 | 福岡 | 16 | 6 | 0.63 | 0.049 | 3 | 1 | 0.38 | 0.010 | 1 | 1 | 0.22 | 0.011 |
| 41 | 佐賀 | 1 | 3 | 0.46 | 0.001 | 0 | 0 | 0.00 | 0.000 | 0 | 0 | 0.00 | 0.000 |
| 42 | 長崎 | 3 | 3 | 0.51 | 0.007 | 2 | 1 | 0.36 | 0.000 | 1 | 0 | 0.04 | 0.000 |
| 43 | 熊本 | 4 | 4 | 0.53 | 0.005 | 1 | 0 | 0.28 | 0.000 | 0 | 0 | 0.00 | 0.000 |
| 44 | 大分 | 1 | 3 | 0.45 | 0.000 | 1 | 0 | 0.25 | 0.000 | 1 | 0 | 0.04 | 0.000 |
| 45 | 宮崎 | 1 | 0 | 0.43 | 0.000 | 0 | 0 | 0.00 | 0.000 | 0 | 0 | 0.00 | 0.000 |
| 46 | 鹿児島 | 2 | 0 | 0.40 | 0.000 | 2 | 0 | 0.28 | 0.000 | 1 | 0 | 0.16 | 0.000 |
| 47 | 沖縄 | 2 | 0 | 0.46 | 0.000 | 0 | 0 | 0.00 | 0.000 | 0 | 0 | 0.00 | 0.000 |
| | 変動係数 | 0.83 | 0.89 | 0.17 | 1.76 | 1.15 | 1.22 | 0.44 | 2.03 | 1.46 | 1.51 | 0.79 | 2.38 |
| | 次数合計 | 405 | 405 | | | 129 | 129 | | | 64 | 64 | | |
| | 相関係数 | 0.87 | | | | 0.86 | | | | 0.87 | | | |

表49 産業用機械工業の中心性分析（2010）

| 1975年 | | 1％水準 | | | | 5％水準 | | | | 10％水準 | | | |
|---|---|---|---|---|---|---|---|---|---|---|---|---|---|
| | | 入力次数 | 出力次数 | 近接性 | 媒介性 | 入力次数 | 出力次数 | 近接性 | 媒介性 | 入力次数 | 出力次数 | 近接性 | 媒介性 |
| 1 | 北海道 | 10 | 5 | 0.58 | 0.002 | 3 | 1 | 0.35 | 0.002 | 2 | 1 | 0.24 | 0.010 |
| 2 | 青森 | 6 | 0 | 0.50 | 0.000 | 0 | 0 | 0.00 | 0.000 | 0 | 0 | 0.00 | 0.000 |
| 3 | 岩手 | 3 | 7 | 0.53 | 0.003 | 3 | 1 | 0.36 | 0.015 | 0 | 0 | 0.00 | 0.000 |
| 4 | 宮城 | 5 | 2 | 0.52 | 0.001 | 1 | 1 | 0.32 | 0.000 | 0 | 0 | 0.00 | 0.000 |
| 5 | 秋田 | 5 | 1 | 0.51 | 0.000 | 0 | 0 | 0.00 | 0.000 | 0 | 0 | 0.00 | 0.000 |
| 6 | 山形 | 3 | 6 | 0.53 | 0.001 | 3 | 0 | 0.34 | 0.000 | 0 | 0 | 0.00 | 0.000 |
| 7 | 福島 | 7 | 8 | 0.58 | 0.003 | 3 | 2 | 0.38 | 0.016 | 0 | 0 | 0.17 | 0.000 |
| 8 | 茨城 | 16 | 21 | 0.68 | 0.028 | 8 | 7 | 0.43 | 0.022 | 4 | 0 | 0.26 | 0.000 |
| 9 | 栃木 | 12 | 8 | 0.60 | 0.004 | 4 | 2 | 0.39 | 0.000 | 3 | 1 | 0.26 | 0.000 |
| 10 | 群馬 | 12 | 33 | 0.78 | 0.044 | 4 | 16 | 0.51 | 0.043 | 3 | 9 | 0.33 | 0.036 |
| 11 | 埼玉 | 19 | 17 | 0.66 | 0.026 | 8 | 6 | 0.45 | 0.025 | 4 | 4 | 0.30 | 0.014 |
| 12 | 千葉 | 16 | 22 | 0.69 | 0.068 | 10 | 4 | 0.44 | 0.041 | 7 | 1 | 0.32 | 0.010 |
| 13 | 東京 | 21 | 12 | 0.67 | 0.023 | 12 | 4 | 0.45 | 0.025 | 7 | 3 | 0.34 | 0.041 |
| 14 | 神奈川 | 27 | 24 | 0.75 | 0.128 | 12 | 11 | 0.49 | 0.094 | 8 | 5 | 0.35 | 0.048 |
| 15 | 新潟 | 11 | 10 | 0.57 | 0.002 | 2 | 3 | 0.38 | 0.006 | 0 | 0 | 0.21 | 0.000 |
| 16 | 富山 | 6 | 8 | 0.56 | 0.002 | 0 | 1 | 0.31 | 0.000 | 0 | 0 | 0.00 | 0.000 |
| 17 | 石川 | 9 | 9 | 0.58 | 0.005 | 0 | 0 | 0.00 | 0.000 | 0 | 0 | 0.00 | 0.000 |
| 18 | 福井 | 3 | 1 | 0.51 | 0.000 | 0 | 1 | 0.31 | 0.000 | 0 | 1 | 0.22 | 0.000 |
| 19 | 山梨 | 9 | 7 | 0.58 | 0.084 | 1 | 2 | 0.31 | 0.000 | 0 | 1 | 0.22 | 0.000 |
| 20 | 長野 | 8 | 12 | 0.58 | 0.005 | 2 | 3 | 0.39 | 0.015 | 1 | 0 | 0.23 | 0.000 |
| 21 | 岐阜 | 11 | 11 | 0.61 | 0.009 | 2 | 1 | 0.35 | 0.001 | 0 | 1 | 0.23 | 0.000 |
| 22 | 静岡 | 17 | 13 | 0.66 | 0.034 | 5 | 4 | 0.41 | 0.005 | 1 | 2 | 0.27 | 0.000 |
| 23 | 愛知 | 22 | 37 | 0.85 | 0.146 | 9 | 22 | 0.58 | 0.187 | 6 | 11 | 0.36 | 0.060 |
| 24 | 三重 | 12 | 12 | 0.62 | 0.011 | 6 | 2 | 0.42 | 0.008 | 2 | 0 | 0.26 | 0.000 |
| 25 | 滋賀 | 16 | 19 | 0.67 | 0.038 | 1 | 8 | 0.44 | 0.000 | 1 | 4 | 0.28 | 0.003 |
| 26 | 京都 | 6 | 9 | 0.57 | 0.002 | 3 | 4 | 0.38 | 0.017 | 1 | 4 | 0.27 | 0.003 |
| 27 | 大阪 | 29 | 24 | 0.78 | 0.126 | 14 | 10 | 0.48 | 0.112 | 7 | 5 | 0.34 | 0.045 |
| 28 | 兵庫 | 19 | 22 | 0.71 | 0.079 | 9 | 9 | 0.48 | 0.048 | 6 | 5 | 0.33 | 0.053 |
| 29 | 奈良 | 1 | 2 | 0.45 | 0.000 | 0 | 0 | 0.00 | 0.000 | 0 | 0 | 0.00 | 0.000 |
| 30 | 和歌山 | 2 | 5 | 0.51 | 0.000 | 1 | 3 | 0.34 | 0.001 | 0 | 1 | 0.22 | 0.000 |
| 31 | 鳥取 | 0 | 1 | 0.42 | 0.000 | 0 | 0 | 0.00 | 0.000 | 0 | 0 | 0.00 | 0.000 |
| 32 | 島根 | 1 | 3 | 0.48 | 0.000 | 0 | 0 | 0.00 | 0.000 | 0 | 0 | 0.00 | 0.000 |
| 33 | 岡山 | 8 | 9 | 0.59 | 0.005 | 4 | 5 | 0.40 | 0.003 | 2 | 1 | 0.23 | 0.009 |
| 34 | 広島 | 13 | 10 | 0.61 | 0.009 | 5 | 1 | 0.37 | 0.000 | 2 | 1 | 0.22 | 0.000 |
| 35 | 山口 | 4 | 4 | 0.52 | 0.001 | 1 | 3 | 0.34 | 0.001 | 0 | 2 | 0.22 | 0.000 |
| 36 | 徳島 | 4 | 1 | 0.47 | 0.000 | 1 | 0 | 0.31 | 0.000 | 0 | 0 | 0.00 | 0.000 |
| 37 | 香川 | 6 | 7 | 0.57 | 0.004 | 1 | 1 | 0.28 | 0.001 | 0 | 0 | 0.00 | 0.000 |
| 38 | 愛媛 | 5 | 5 | 0.54 | 0.002 | 2 | 2 | 0.38 | 0.017 | 1 | 1 | 0.21 | 0.000 |
| 39 | 高知 | 1 | 1 | 0.43 | 0.000 | 0 | 0 | 0.00 | 0.000 | 0 | 0 | 0.00 | 0.000 |
| 40 | 福岡 | 19 | 15 | 0.68 | 0.064 | 7 | 6 | 0.44 | 0.084 | 3 | 0 | 0.25 | 0.000 |
| 41 | 佐賀 | 1 | 3 | 0.47 | 0.000 | 0 | 1 | 0.29 | 0.000 | 0 | 0 | 0.00 | 0.000 |
| 42 | 長崎 | 4 | 1 | 0.52 | 0.000 | 1 | 0 | 0.34 | 0.000 | 1 | 0 | 0.21 | 0.000 |
| 43 | 熊本 | 9 | 1 | 0.54 | 0.043 | 0 | 0 | 0.00 | 0.000 | 0 | 0 | 0.00 | 0.000 |
| 44 | 大分 | 4 | 1 | 0.50 | 0.000 | 1 | 0 | 0.29 | 0.000 | 0 | 0 | 0.00 | 0.000 |
| 45 | 宮崎 | 4 | 0 | 0.51 | 0.000 | 0 | 0 | 0.00 | 0.000 | 0 | 0 | 0.00 | 0.000 |
| 46 | 鹿児島 | 2 | 1 | 0.48 | 0.000 | 1 | 0 | 0.29 | 0.000 | 0 | 0 | 0.00 | 0.000 |
| 47 | 沖縄 | 2 | 0 | 0.46 | 0.000 | 1 | 0 | 0.31 | 0.000 | 0 | 0 | 0.00 | 0.000 |
| | 変動係数 | 0.79 | 0.97 | 0.17 | 1.74 | 1.19 | 1.41 | 0.53 | 2.14 | 1.58 | 1.64 | 0.87 | 2.21 |
| | 次数合計 | 430 | 430 | | | 149 | 149 | | | 69 | 69 | | |
| | 相関係数 | 0.82 | | | | 0.65 | | | | 0.62 | | | |

ては、各県間のばらつきが少なく、比較的均等な数の地域から移入をしていたのに対し、産業用機械を移出していた県に関しては、限られた地域だけが多く地域に対して移出していたことを示している。こうした傾向が現れる理由は、産業用機械工業が特定の地域だけに集中し、その他の地域については、その産業用機械工業が集中している地域からの移入に依存していることにあると推察される。そして、1990年と2010年については、入力次数の分散も大きくなっていき、これは産業用機械が特定の地域に向けて集中的に移入することになり、他の地域で産業用機械を利用する工業が減少していったことを物語っている。

　この入力次数と出力次数の両次数の中心性が、地理的に偏って高くなる傾向のことを、ネットワーク中心性の地理的な偏りと呼ぶことにしよう。この中心性の地理的な偏りは、出力次数については、産業が特定の地域に集中していることにより起こるものであり、ここでは産業用機械工業が、大阪や神奈川、愛知などの3大都市圏に集中して立地しており、他の地域では産業用機械工業が発達していなかったことにより起こったものである。また、入力次数については、産業用機械を利用する工業が、特定の地域に集中していることを意味しており、他の地域では産業用機械を利用する工業が発達しなかったことにより起こったものである。したがって、この中心性の地理的な偏りは、工業の地理的な分布の偏りによって起こる出力次数の地理的な偏りと、需要地の地理的な偏りに起こる入力次数の地理的な偏りに分けることができる。

　また、1990年と2010年について、各県ごとの入力次数と出力次数を比較すると明らかになるように、この出力次数が大きい地域ほどその入力次数も大きくなり、また出力次数が小さい地域ほどその入力次数も小さくなるという、出力次数と入力次数との間に相関関係があることが分かり、この相関関係のことを、ネットワーク中心性の空間的相関と呼ぶことにする。実際に、この入力次数と出力次数の相関係数について調べてみると、1975年の0.78から1990年の0.87へと、相関係数が上昇していることが分かり、地域間で中心性が相関することが分かる。これは産業用機械を供給する工業が、その産業用機械を需要する工業と、空間的に近接して立地することによって起こるものであり、関連産業の地理的な集中によって現われる現象である。

　次に、近接性による中心性と媒介性による中心性についてみてみよう。近接性による中心性は、より広範囲に渡って、より直接的な物流の流れを形成している

県ほど、その県の中心性の指標は高い値を示すことになり、その中心性の高い県が集まっている地域では、地域間ネットワークがより発達していると考えられる。また媒介性による中心性は、地域間取引ネットワーク内で経由される回数が多ければ多いほど、その県の中心性が高くなる傾向にあり、特に地域間取引ネットワークの観点からは、この中心性が高いことは、より多くの地域から生産物を移入していることを表し、また多くの地域に対して生産物を移出していることを表すことから、その県に消費と生産の両方が集中していることになる。

　まず、1975年の1％水準での近接性による中心性については、次数による中心性が高かった、大阪、神奈川、愛知において高くなっている。但し、5％と10％という物流量の高い水準では、神奈川が最も高く、次いで大阪が高くなっており、東京圏と大阪圏の2大都市圏の中心性の高さが目立つ。しかし、1990年、2010年と時代が進むにつれて、東京圏と大阪圏の周辺地域に、その中心性の高さが分散していき、愛知の中心性が最も高くなっていく様子がみてとれる。ここで前者は、大都市圏内における地域間取引ネットワークの中心地の周辺化として解釈することができるし、後者については、中心性が名古屋圏内だけではなく、東京－大阪間でも高くなっていることから、大都市圏間の中心性の平準化として理解することも可能である。

　次に、媒介性による中心性についてみてみると、1975年の1％水準では、大阪の中心性の高さが目立っており、5％から10％の水準では、大阪よりも神奈川の中心性が顕著になっている。したがって、入出力の次数でもそうであったように、大阪は物流量の少ない流れについては、広範囲に渡る産業用機械の移出入があるのに対して、物流量の多い流れについては、神奈川は大阪を上回る中心性を有することになる。また愛知については、大阪や神奈川ほど媒介性による中心性は高くないが、これは主に、愛知が産業用機械の生産地との役割が強い一方で、消費地としての役割が強くないからであり、この移入元地域と移出先地域の両方が多いことを必要とする、この媒介性の定義の影響によるものであろう。その一方で、1990年から2010年に掛けて、この愛知の媒介性のよる中心性は、1％から10％の水準までのすべての水準において、大阪と神奈川を凌ぐほど高くなっている。これは産業用機械の生産地と消費地が、愛知に最も集中するように変化してきたことを表しており、愛知が産業用機械工業の取引ネットワークの中心として、成長してきたことを物語っている。

この愛知が、地域間取引ネットワークの中心地として成長する様子は、すでに食料品工業においても観察することができており、これは愛知が東京圏と大阪圏という2大都市圏に中間に位置していることに起因していると推測される。そして、この2大都市圏に中間地域とは、日本の国土における人口の地理的分布や産業の地理的分布、所得の地理的分布の重心にあること意味し、それらの分布の重心が、地域間取引ネットワークの中心地になり易いことを示唆している。この様々な経済活動の地理的分布の重心が、地域間ネットワークの中心になる現象を、分布の重心の中心化と呼ぶことにする。

　そして、この分布の重心の中心化は、前章の立地選択理由の分析結果の、企業内組織の集中と関連企業への近接性によって立地した製造工場が、どの期間においても愛知を中心に拡がっていたことと関連している。なぜなら、愛知を中心に立地選択する製造工場ほど、より地域間取引ネットワークに依存して立地選択する傾向にあり、それはこの愛知が地域間取引ネットワークの中心地であるという事実と、整合的であるからである。したがって、この分布の重心の中心化は、工業立地選択においても強く作用するものであり、互いに近接し合う空間的分業において、この人口や所得、産業の分布の重心になる地域が、その国土の中で特別な立地優位性をもつことになると考えることができる。

## 部分ネットワークの分析

　次に、①大都市圏内の取引ネットワークについてみてみると、1975年の時点で、すべての県が東京とクリークを共有している一方で、1990年から2010年にかけて、そのクリーク数は、東京圏のその他の県で増加している。また5％水準、10％水準においてもクリークを確認することができ、この取引ネットワークは非常に強いものであるといえる。したがって、この産業用機械においても、物流の二重構造における、域内ネットワークの発達を確認することができる。

　次に、愛知が構成するクリークについてみてみると、静岡と共に多くのクリークを構成している一方で、滋賀と構成するクリーク数の上昇が著しいことが分かる。この静岡と滋賀の2つの県については、次のような共通した特徴がある。まず静岡については、東京に隣接している神奈川と隣接していることから、東京と愛知を中継する名古屋圏の周辺地域である。また滋賀については、大阪に隣接し

ている京都と隣接していることから、大阪と愛知を中継する名古屋圏の周辺地域である。したがって、この静岡と滋賀はそれぞれ、名古屋圏から東京圏と大阪圏という2大都市圏を結ぶ中間地域であり、そのどちらも名古屋圏の周辺地域であるという特徴がある。

　この滋賀については、大阪とも多くのクリークを構成しており、その成長は近年特に著しく、それは兵庫のクリーク数に追いつく勢いである。また三重についても、愛知と大阪と共にクリークを多く構成していることから、この三重は滋賀に準ずるような県であると考えることができる。このように、その取引ネットワークが著しく発展する県と、そうでない県とに二分化される傾向にあり、発展する県とは、大都市圏間の中間位置にある県になる傾向が強い。そして、その中間地域の代表として、東京と愛知の中間にある静岡と、愛知と大阪の中間にある滋賀とを挙げることができる。

　この静岡と滋賀の発展については、これまでの食料品工業のことを考慮しても、次のことがいえそうである。東京－大阪間のネットワークの発展については、東京－神奈川－静岡－愛知－滋賀－京都－大阪－兵庫という、隣接し合う県が直線的に並んでおり、それらの県における地域間取引ネットワークの発展が顕著である。そして、旧太平洋ベルト地域に沿うように中心性の高い県が一列に並んでおり、東京から大阪を結ぶ取引ネットワークの枢軸となっているようである。そこで、これらの県のことを、日本の地域間取引ネットワークの基軸と呼び、特段の注意を払うことにしよう。この取引ネットワークの基軸は、これまでに明らかになった、東京－大阪間で起こるネットワークの中心性の平準化に影響を受けていると考えられ、この大都市圏間の中心性の平準化は、この基軸を軸に拡がっていると見なすことも可能である。そして、この基軸となる県は、SMRの背骨となりうる地域であり、GD2050の計画において、重要な位置を占めることが予想される。

　これまでの結果から、取引ネットワークの基軸となる地域によって、産業用機械工業についても、①大都市圏内の取引ネットワークにおいて、一定の繋がりの強さと安定性を確認することができた。そこで次に、地方都市圏内の取引ネットワークがどのようになっているのかについて確認することにする。まず仙台圏と広島圏に共通していることは、それらの地方都市とクリークを構成する地域が減少しているということである。これは1％水準において、1975年から2010年まで

第6章 地域間ネットワークの分析 231

図80 産業用機械工業のネットワーク（1975、1％）

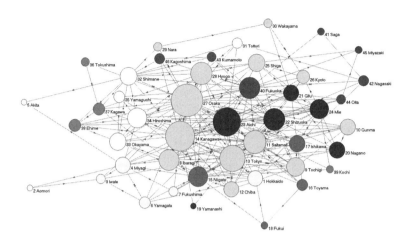

図81 産業用機械工業のネットワーク（1975、5％）

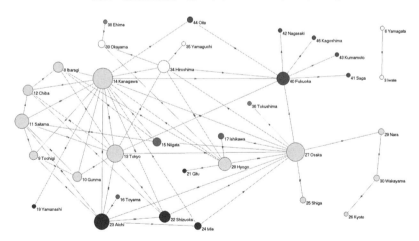

図82 産業用機械工業のネットワーク (1975、10%)

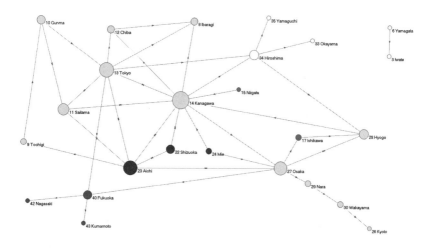

図83 産業用機械工業のネットワーク (1990、1%)

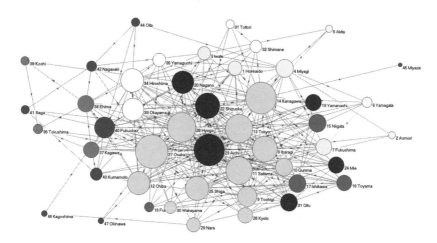

第6章 地域間ネットワークの分析 233

図84 産業用機械工業のネットワーク(1990、5％)

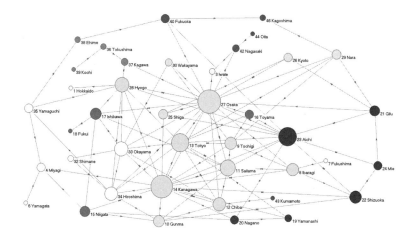

図85 産業用機械工業のネットワーク(1990、10％)

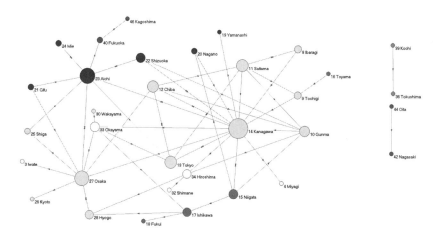

図86　産業用機械工業のネットワーク（2010、1％）

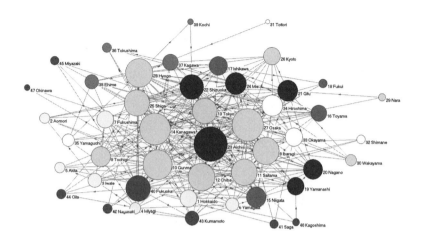

図87　産業用機械工業のネットワーク（2010、5％）

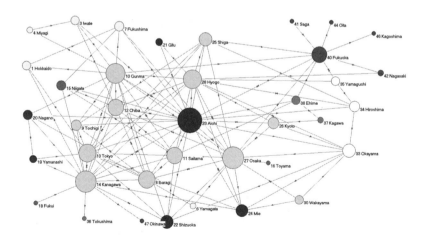

## 図88 産業用機械工業のネットワーク（2010、10％）

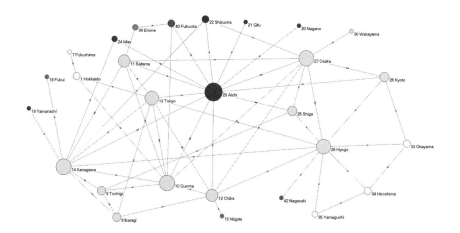

のクリークの数をみれば明らかになる。1990年における仙台圏では、中心地域である宮城とクリークを構成する周辺県は、全部で7県中6県となっていたが、2010年においてそれは、宮城に隣接する岩手の1県のみになっている。これは仙台圏内の地方都市圏内ネットワークの大きな衰退であると考えることができる。

また広島圏についても、1990年において中心地域である広島とクリークを構成する周辺県は、7県中6県となっていたが、2010年においては、広島に隣接する岡山と山口の2県のみになっている。それらのクリークは10％水準においても維持されているが、広島圏の地方都市圏内ネットワークとしては、衰退していると考える方が妥当であろう。また福岡圏については、域内取引ネットワークの盛衰について、はっきりとした判断をすることができないが、食料品工業で確認することができたような、クリーク数の伸びを確認することはできない。その一方で、5％水準と10％水準では、福岡とクリークを構成する県はほとんどないことから、この福岡の産業用機械工業の物流の流れは、非常に弱く不安定なものであるといえる。

この産業用機械工業の地方都市圏内のネットワークの弱さと不安定さは、これまでのクリークによるネットワーク分析において、初めて観察された取引ネットワークの脆弱性である。この地方都市圏内のネットワークの衰退は、GD2050が目指している地域間取引ネットワークの形成にとっては悪材料となることから、

表50 大都市圏内のネットワークのクリークの数（産業用機械工業）

| | 水準 | 年代 | 茨城 | 栃木 | 群馬 | 埼玉 | 千葉 | 東京 | 神奈川 |
|---|---|---|---|---|---|---|---|---|---|
| 東京 | 1 % | 1975年 | 7 | 6 | 2 | 12 | 3 | 26 | 25 |
| | | 1990年 | 19 | 9 | 9 | 26 | 8 | 41 | 35 |
| | | 2010年 | 11 | 2 | 16 | 10 | 16 | 24 | 15 |
| | 5 % | 1975年 | 1 | 0 | 1 | 3 | 3 | 7 | 7 |
| | | 1990年 | 0 | 3 | 0 | 3 | 2 | 11 | 7 |
| | | 2010年 | 2 | 2 | 5 | 3 | 2 | 9 | 9 |
| | 10% | 1975年 | 1 | 0 | 1 | 2 | 1 | 4 | 3 |
| | | 1990年 | 0 | 0 | 0 | 1 | 1 | 3 | 3 |
| | | 2010年 | 2 | 0 | 3 | 1 | 3 | 7 | 3 |

| | 水準 | 年代 | 新潟 | 長野 | 岐阜 | 静岡 | 愛知 | 三重 | 滋賀 |
|---|---|---|---|---|---|---|---|---|---|
| 愛知 | 1 % | 1975年 | 5 | 4 | 4 | 12 | 35 | 11 | 3 |
| | | 1990年 | 4 | 8 | 8 | 13 | 55 | 6 | 19 |
| | | 2010年 | 10 | 8 | 9 | 16 | 72 | 10 | 30 |
| | 5 % | 1975年 | 0 | 0 | 0 | 1 | 4 | 1 | 0 |
| | | 1990年 | 0 | 1 | 2 | 2 | 10 | 2 | 1 |
| | | 2010年 | 2 | 1 | 1 | 3 | 26 | 2 | 5 |
| | 10% | 1975年 | 0 | 0 | 0 | 1 | 3 | 0 | 0 |
| | | 1990年 | 0 | 0 | 1 | 1 | 5 | 0 | 1 |
| | | 2010年 | 0 | 0 | 0 | 2 | 10 | 1 | 1 |

| | 水準 | 年代 | 三重 | 滋賀 | 京都 | 大阪 | 兵庫 | 奈良 | 和歌山 |
|---|---|---|---|---|---|---|---|---|---|
| 大阪 | 1 % | 1975年 | 10 | 4 | 2 | 51 | 16 | 1 | 0 |
| | | 1990年 | 10 | 28 | 3 | 75 | 38 | 3 | 3 |
| | | 2010年 | 10 | 26 | 5 | 58 | 31 | 1 | 2 |
| | 5 % | 1975年 | 1 | 0 | 0 | 6 | 2 | 0 | 0 |
| | | 1990年 | 0 | 2 | 2 | 19 | 4 | 2 | 1 |
| | | 2010年 | 2 | 2 | 1 | 12 | 4 | 0 | 1 |
| | 10% | 1975年 | 1 | 0 | 0 | 4 | 2 | 0 | 0 |
| | | 1990年 | 0 | 1 | 0 | 5 | 0 | 0 | 0 |
| | | 2010年 | 0 | 2 | 2 | 8 | 3 | 0 | 0 |

表51 地方都市圏内のネットワークのクリークの数（産業用機械工業）

| | 水準 | 年代 | 北海道 | 青森 | 岩手 | 宮城 | 秋田 | 山形 | 福島 |
|---|---|---|---|---|---|---|---|---|---|
| 宮城 | 1% | 1975年 | 0 | 1 | 2 | 6 | 0 | 2 | 1 |
| | | 1990年 | 0 | 1 | 2 | 8 | 1 | 1 | 2 |
| | | 2010年 | 0 | 0 | 1 | 3 | 0 | 1 | 0 |
| | 5% | 1975年 | 0 | 0 | 0 | 0 | 0 | 0 | 0 |
| | | 1990年 | 0 | 0 | 0 | 1 | 0 | 0 | 0 |
| | | 2010年 | 0 | 0 | 1 | 1 | 0 | 0 | 0 |
| | 10% | 1975年 | 0 | 0 | 0 | 0 | 0 | 0 | 0 |
| | | 1990年 | 0 | 0 | 0 | 0 | 0 | 0 | 0 |
| | | 2010年 | 0 | 0 | 0 | 0 | 0 | 0 | 0 |

| | 水準 | 年代 | 鳥取 | 島根 | 岡山 | 広島 | 山口 | 香川 | 愛媛 |
|---|---|---|---|---|---|---|---|---|---|
| 広島 | 1% | 1975年 | 0 | 3 | 5 | 13 | 2 | 0 | 2 |
| | | 1990年 | 0 | 1 | 7 | 19 | 2 | 3 | 3 |
| | | 2010年 | 0 | 0 | 3 | 12 | 1 | 0 | 0 |
| | 5% | 1975年 | 0 | 0 | 1 | 3 | 0 | 0 | 0 |
| | | 1990年 | 0 | 1 | 2 | 4 | 0 | 0 | 0 |
| | | 2010年 | 0 | 0 | 1 | 3 | 1 | 0 | 0 |
| | 10% | 1975年 | 0 | 0 | 0 | 2 | 0 | 0 | 0 |
| | | 1990年 | 0 | 0 | 0 | 1 | 0 | 0 | 0 |
| | | 2010年 | 0 | 0 | 1 | 3 | 1 | 0 | 0 |

| | 水準 | 年代 | 福岡 | 佐賀 | 長崎 | 熊本 | 大分 | 宮崎 | 鹿児島 |
|---|---|---|---|---|---|---|---|---|---|
| 福岡 | 1% | 1975年 | 14 | 1 | 2 | 2 | 2 | 1 | 2 |
| | | 1990年 | 16 | 2 | 0 | 3 | 1 | 0 | 0 |
| | | 2010年 | 23 | 1 | 2 | 5 | 2 | 1 | 1 |
| | 5% | 1975年 | 2 | 0 | 0 | 0 | 1 | 0 | 0 |
| | | 1990年 | 1 | 0 | 0 | 0 | 0 | 0 | 0 |
| | | 2010年 | 3 | 0 | 0 | 0 | 0 | 0 | 0 |
| | 10% | 1975年 | 0 | 0 | 0 | 0 | 0 | 0 | 0 |
| | | 1990年 | 0 | 0 | 0 | 0 | 0 | 0 | 0 |
| | | 2010年 | 1 | 0 | 0 | 0 | 0 | 0 | 0 |

表52 大都市圏・地方都市圏間のネットワークのクリークの数（産業用機械工業）

| | 水準 | 年代 | 仙台圏 | 東京圏 | 名古屋圏 | 大阪圏 | 広島圏 | 福岡県 |
|---|---|---|---|---|---|---|---|---|
| 東京圏 | 1 % | 1975年 | 7 | 152 | 111 | 94 | 34 | 18 |
| | | 1990年 | 26 | 318 | 166 | 239 | 62 | 33 |
| | | 2010年 | 17 | 238 | 173 | 158 | 16 | 35 |
| | 5 % | 1975年 | 0 | 55 | 13 | 9 | 3 | 4 |
| | | 1990年 | 1 | 64 | 12 | 26 | 8 | 0 |
| | | 2010年 | 1 | 61 | 34 | 15 | 0 | 0 |
| | 10% | 1975年 | 0 | 15 | 2 | 0 | 1 | 0 |
| | | 1990年 | 0 | 38 | 6 | 4 | 4 | 0 |
| | | 2010年 | 0 | 29 | 10 | 8 | 0 | 0 |
| | 水準 | 年代 | 仙台圏 | 東京圏 | 名古屋圏 | 大阪圏 | 広島圏 | 福岡県 |
| 名古屋圏 | 1 % | 1975年 | 5 | 111 | 71 | 67 | 16 | 13 |
| | | 1990年 | 6 | 166 | 107 | 123 | 33 | 21 |
| | | 2010年 | 11 | 173 | 128 | 144 | 34 | 31 |
| | 5 % | 1975年 | 0 | 13 | 7 | 3 | 0 | 0 |
| | | 1990年 | 0 | 12 | 22 | 12 | 0 | 1 |
| | | 2010年 | 1 | 34 | 34 | 24 | 7 | 3 |
| | 10% | 1975年 | 0 | 1 | 2 | 0 | 0 | 0 |
| | | 1990年 | 0 | 6 | 10 | 4 | 0 | 0 |
| | | 2010年 | 0 | 10 | 14 | 7 | 0 | 1 |
| | 水準 | 年代 | 仙台圏 | 東京圏 | 名古屋圏 | 大阪圏 | 広島圏 | 福岡県 |
| 大阪圏 | 1 % | 1975年 | 9 | 94 | 67 | 89 | 29 | 17 |
| | | 1990年 | 3 | 234 | 120 | 170 | 51 | 21 |
| | | 2010年 | 3 | 158 | 143 | 140 | 43 | 26 |
| | 5 % | 1975年 | 0 | 9 | 3 | 12 | 5 | 1 |
| | | 1990年 | 1 | 24 | 11 | 37 | 10 | 1 |
| | | 2010年 | 1 | 15 | 24 | 30 | 12 | 2 |
| | 10% | 1975年 | 0 | 3 | 1 | 11 | 0 | 0 |
| | | 1990年 | 0 | 4 | 4 | 5 | 1 | 0 |
| | | 2010年 | 0 | 8 | 7 | 26 | 6 | 0 |

第6章 地域間ネットワークの分析　239

図89　産業用機械工業のクリーク構造（1975、1％）

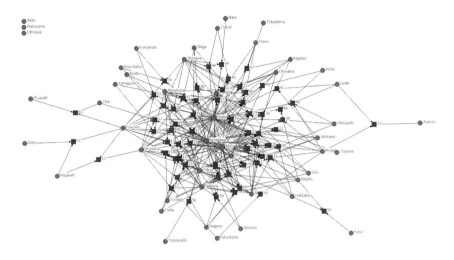

図90　産業用機械工業のクリーク構造（1975、5％）

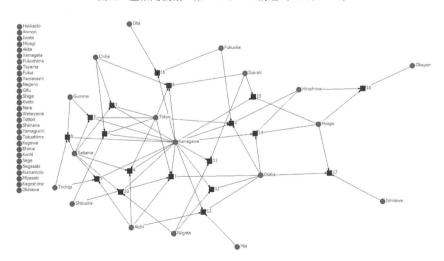

図91　産業用機械工業のクリーク構造（1975、10%）

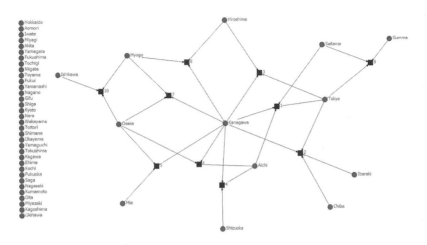

図92　産業用機械工業のクリーク構造（1990、1%）

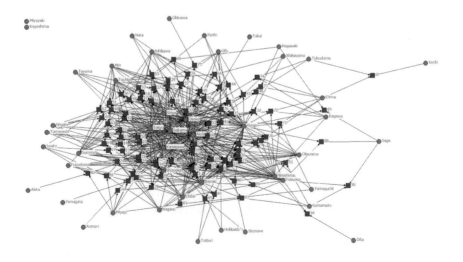

第6章　地域間ネットワークの分析　241

図93　産業用機械工業のクリーク構造（1990、5％）

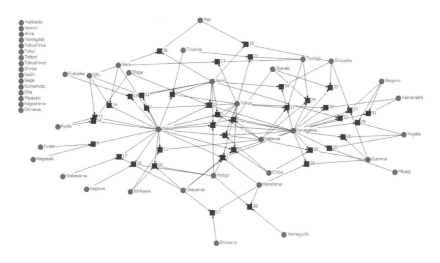

図94　産業用機械工業のクリーク構造（1990、10％）

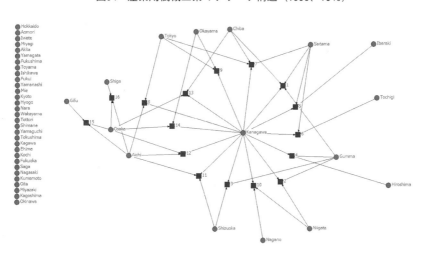

図95　産業用機械工業のクリーク構造（2010、1％）

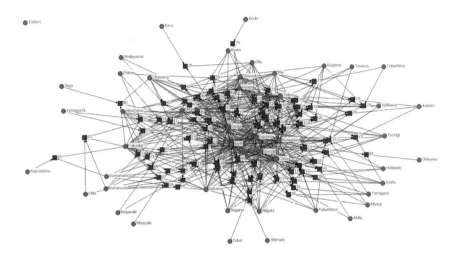

図96　産業用機械工業のクリーク構造（2010、5％）

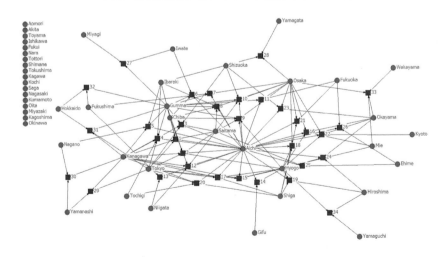

図97　産業用機械工業のクリーク構造（2010、10％）

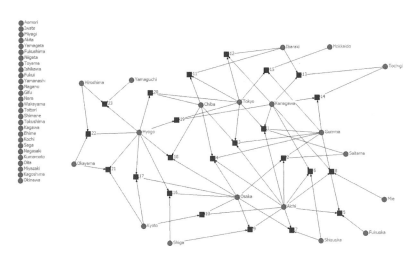

　この④地方都市圏内の取引ネットワークの安定性が、最も注視すべき地域間取引ネットワークになる。そこで、この地方都市圏内の取引ネットワークが、GD 2050の実現で必要とされる4種類の取引ネットワークの中で、最も弱く不安定であることを、地方都市圏内の取引ネットワークの脆弱性と呼ぶことにしよう。

　最後に、②大都市圏間の取引ネットワークと③大都市圏－地方都市圏の取引ネットワークの繋がりの強さについてみてみよう。まず、3大都市圏間のクリーク数については、過去から現在にわたって、どの都市圏間においても増加しており、この②大都市圏間の取引ネットワークが発展していると考えて間違いないだろう。そうした中でも、各大都市圏での変化には一定の傾向があり、東京都市圏については、1990年から2010年に掛けて、東京圏と大阪圏とのクリーク数が減少する一方で、名古屋圏のクリーク数が伸びている。これは東京圏に属する県が、大阪圏に属する県とのクリークを減少させる一方で、名古屋圏に属するクリークを増やし、東京圏の地域間取引ネットワークが、名古屋圏にシフトしていることを意味している。また、この名古屋圏に対する取引ネットワークのシフトは大阪圏についても当てはまり、大阪圏と東京圏のクリーク数が減少する一方で、名古屋圏とのクリーク数が増加しており、これは大阪圏の地域間取引ネットワークが、名古屋圏にシフトしていることを意味している。

これに対して名古屋圏では、名古屋圏内の県とのクリーク数を増加させながらも、東京圏内の県と大阪圏内の県とのクリーク数を増加させており、全体として名古屋圏を含むクリーク数が増加していることが分かる。これは1％水準に限らず、5％水準と10％水準にも当てはまり、名古屋を中心とした非常に力強い取引ネットワークの発展があったことが分かる。これは日本の人口や産業、所得の分布の重心が取引ネットワークの中心となる、重心の中心化の影響によるものであると考えられ、これは2010年において入出力次数による中心性や媒介による中心性が、愛知において極めて高くなっていることにより説明することができる。したがって、この重心の中心化により、愛知の取引ネットワークにおける役割は、年々重要になっているといえる。

　次に、③大都市圏－地方都市圏の取引ネットワークの繋がりの強さについてみてみると、3大都市圏ごとに異なる特徴を観察することができる。まず東京圏については、他に2大都市圏も含めて、全体的にバランスよくクリークが拡がっており、特に他の2大都市と比較して、仙台圏と福岡圏とのクリークの多さが目立つ。これは1％水準に限ったものであるが、東京圏は他の2大都市圏よりも福岡圏と空間的な距離があるにもかかわらず、それらの都市圏の結び付きが強いことは、この東京圏と地方都市圏との地域間取引ネットワークは、空間的な距離を乗り越えて拡がりうることを示唆している。

　これに対して名古屋圏と大阪圏では、仙台圏とより多くクリークを共有しているのは、仙台圏と地理的により近い名古屋圏であり、広島圏とより多くクリークを共有しているのは、広島圏と地理的により近い大阪圏であることから、大都市圏と地方都市圏の間で形成されるクリークには、空間的な近接性が重要になると考えることができる。その反面、福岡圏については、空間的に近い大阪圏よりも名古屋圏と強く繋がっていそうであり、この福岡圏についは、その他の地方都市とは異なる、独特な取引ネットワークの発達の仕方があるといえそうである。これについて、他の工業の取引ネットワークを観察した上で、再度検討することにしよう。


　〈要点〉
・中心性が地域的において偏って高くなるという、ネットワーク中心性の地理的な偏りを確認することができ、それは出力次数の地理的な偏りと、入力次数の

地理的な偏りに区別することができる。
- 出力次数と入力次数との間に、相関関係があることがあるこという、ネットワーク中心性の空間的相関を確認することができた。
- 日本の国土における人口の地理的分布や産業の地理的分布、所得の地理的分布の重心となる地域の中心性が高くなるという、分布の重心の中心化を観察することができた。
- 東京－神奈川－静岡－愛知－滋賀－京都－大阪－兵庫という日本の地域間取引ネットワークの基軸において、クリークが多くなる傾向にある。
- 4種類の取引ネットワークの中で、④地方都市圏内の取引ネットワークが。最も弱く不安定である。

## 電気機械工業の取引ネットワーク

電気機械工業は、日本の高度成長を象徴する工業であり、いわゆる花形産業と呼ばれた長い歴史もある。また、日本の電気機械工業は、欧米で発達した電気機械工業の下請けとしてではなく、その完成品を世界の市場に浸透させることにより、グローバル経済を担う一員として、その実力を如何なく発揮することのできた産業である。

本節では、この日本の製造業を代表する電気機械工業の取引ネットワークについて分析していくことにする[24]。これまでこの取引ネットワークの構造とその発展について、様々な傾向性について確認することができたが、それらの傾向性が、この電気機械工業においても確認することができるのか、もしくは、それらの傾向性とは異なる新しい傾向性を発見することができるのかについて注意しながら分析していくことにしたい。

### 中心性の分析

まず、1975年の次数による中心性で気づくことは、その全体的な次数の多さで

---

[24] 電気機械構造の取引ネットワークについては、北川（2005）が企業内生産組織の立地展開と地域構造と関係について分析しており、また近藤（2007）は、パナソニックグループの立地戦略と空間的分業の実証研究を行っている。

ある。この次数の大きさだけ、地域間の取引が多かったことが明らかになり、それだけ取引ネットワークの地理的な範囲が大きくなる傾向にあったことを表している。例えば、47都道府県の次数の合計についてみてみると、1％水準では、食料品工業が261であり、産業用機械工業が316であったのに対し、電気機械工業は377になっている。また5％水準では、食料品工業が70であり、産業用機械工業が83であったのに対し、電気機械工業は127になっており、この傾向は10％においても確認することができる。したがって、この電気機械工業の地域間取引ネットワークは、他の工業と比較しても、速い時期から発達していたことが分かり、それだけ長い期間、地域経済を支える柱であったことが伺える[25]。

次に、1975年における次数による中心性の高い地域についてみてみると、東京の中心性がすべての水準で最も高かったことが分かる。この1975年について、他の産業と比較してみると、食料品工業については、3大都市の中心性が横並びであり、産業用機械工業については、東京よりもそれに隣接する神奈川の中心性の他が高かったのに対し、電気機械工業の東京の中心性は、他の大都市と比較して相対的に高いだけでなく、絶対的にも高かったことがみてとれる。したがって、この東京の中心性の高さが、電気機械工業の取引ネットワークの特徴であるといえる。

次に、その次数による中心性の変化についてみてみると、1990年において、東京の次数が低下していくと共に、東京圏に属する周辺県の次数が高くなり、3大都市圏とその周辺の県の次数が上昇していく様子がみてとれる。そして、その次数の大きさは、東京－大阪間の地域間取引ネットワーク基軸に属する地域間で滑らかに平準化されていることから、大都市圏内の中心地の周辺化と、大都市圏間の中心性の平準化が、同時に起きていることが分かる。この傾向は、2010年においても継続されており、大都市圏内・大都市圏間の中心性の平準化が一旦起こると、それは時間が経過しても持続することになると考えられる。

その一方で、2010年の中心性についてみてみると、大阪の次数の高さが突出しており、これは次数による中心性のみならず、近接性と媒介性のどちらにおいても顕著になっている。特に1％水準において、その入出力次数はいずれも32であり、47都道府県の7割近い地域と取引ネットワークを形成していることが分かる。

---

[25] ここ次数の合計を入力次数の合計と出力次数の合計を区別する必要はない。なぜならある県からの出力は別の県の入力となるので、出力次数と入力次数は等しくなるからである。

第6章 地域間ネットワークの分析 247

表53 電気機械工業の中心性分析 (1975)

| 1975年 | | 1％水準 | | | | 5％水準 | | | | 10％水準 | | | |
|---|---|---|---|---|---|---|---|---|---|---|---|---|---|
| | | 入力次数 | 出力次数 | 近接性 | 媒介性 | 入力次数 | 出力次数 | 近接性 | 媒介性 | 入力次数 | 出力次数 | 近接性 | 媒介性 |
| 1 | 北海道 | 13 | 0 | 0.56 | 0.000 | 4 | 0 | 0.36 | 0.000 | 2 | 0 | 0.24 | 0.000 |
| 2 | 青森 | 5 | 1 | 0.49 | 0.000 | 1 | 0 | 0.25 | 0.000 | 0 | 0 | 0.00 | 0.000 |
| 3 | 岩手 | 4 | 3 | 0.48 | 0.000 | 1 | 0 | 0.25 | 0.000 | 1 | 0 | 0.17 | 0.000 |
| 4 | 宮城 | 14 | 8 | 0.60 | 0.011 | 3 | 5 | 0.37 | 0.031 | 1 | 3 | 0.26 | 0.020 |
| 5 | 秋田 | 3 | 1 | 0.47 | 0.000 | 1 | 0 | 0.27 | 0.000 | 0 | 0 | 0.00 | 0.000 |
| 6 | 山形 | 4 | 3 | 0.49 | 0.000 | 1 | 2 | 0.35 | 0.001 | 1 | 0 | 0.17 | 0.000 |
| 7 | 福島 | 7 | 8 | 0.55 | 0.001 | 2 | 2 | 0.35 | 0.001 | 1 | 0 | 0.17 | 0.000 |
| 8 | 茨城 | 9 | 15 | 0.61 | 0.010 | 3 | 4 | 0.36 | 0.000 | 1 | 1 | 0.24 | 0.000 |
| 9 | 栃木 | 10 | 22 | 0.68 | 0.017 | 2 | 8 | 0.40 | 0.013 | 0 | 4 | 0.26 | 0.000 |
| 10 | 群馬 | 8 | 17 | 0.63 | 0.004 | 3 | 6 | 0.40 | 0.001 | 1 | 1 | 0.18 | 0.000 |
| 11 | 埼玉 | 20 | 23 | 0.73 | 0.046 | 8 | 12 | 0.46 | 0.019 | 4 | 4 | 0.26 | 0.015 |
| 12 | 千葉 | 11 | 9 | 0.58 | 0.005 | 4 | 2 | 0.37 | 0.002 | 1 | 0 | 0.24 | 0.000 |
| 13 | 東京 | 27 | 29 | 0.81 | 0.173 | 13 | 15 | 0.50 | 0.074 | 6 | 12 | 0.39 | 0.061 |
| 14 | 神奈川 | 22 | 24 | 0.70 | 0.057 | 16 | 12 | 0.52 | 0.080 | 9 | 5 | 0.31 | 0.031 |
| 15 | 新潟 | 7 | 11 | 0.58 | 0.005 | 1 | 3 | 0.37 | 0.000 | 1 | 1 | 0.24 | 0.000 |
| 16 | 富山 | 3 | 2 | 0.50 | 0.001 | 0 | 0 | 0.00 | 0.000 | 0 | 0 | 0.00 | 0.000 |
| 17 | 石川 | 8 | 4 | 0.55 | 0.004 | 1 | 0 | 0.31 | 0.000 | 0 | 0 | 0.00 | 0.000 |
| 18 | 福井 | 4 | 4 | 0.51 | 0.003 | 0 | 0 | 0.00 | 0.000 | 0 | 0 | 0.00 | 0.000 |
| 19 | 山梨 | 6 | 5 | 0.53 | 0.000 | 0 | 2 | 0.34 | 0.000 | 0 | 0 | 0.00 | 0.000 |
| 20 | 長野 | 7 | 14 | 0.60 | 0.009 | 2 | 4 | 0.39 | 0.000 | 0 | 2 | 0.24 | 0.000 |
| 21 | 岐阜 | 7 | 10 | 0.58 | 0.004 | 1 | 1 | 0.31 | 0.000 | 1 | 0 | 0.19 | 0.000 |
| 22 | 静岡 | 11 | 18 | 0.63 | 0.012 | 4 | 6 | 0.39 | 0.001 | 1 | 3 | 0.25 | 0.003 |
| 23 | 愛知 | 19 | 28 | 0.73 | 0.065 | 12 | 13 | 0.50 | 0.074 | 5 | 6 | 0.28 | 0.027 |
| 24 | 三重 | 6 | 9 | 0.56 | 0.001 | 1 | 4 | 0.37 | 0.000 | 1 | 1 | 0.19 | 0.000 |
| 25 | 滋賀 | 4 | 6 | 0.53 | 0.000 | 0 | 1 | 0.31 | 0.000 | 1 | 0 | 0.20 | 0.000 |
| 26 | 京都 | 8 | 13 | 0.61 | 0.006 | 1 | 3 | 0.36 | 0.000 | 0 | 0 | 0.00 | 0.000 |
| 27 | 大阪 | 26 | 31 | 0.82 | 0.196 | 14 | 10 | 0.51 | 0.068 | 7 | 8 | 0.31 | 0.038 |
| 28 | 兵庫 | 20 | 11 | 0.65 | 0.045 | 4 | 3 | 0.37 | 0.000 | 3 | 1 | 0.26 | 0.000 |
| 29 | 奈良 | 3 | 3 | 0.51 | 0.000 | 1 | 0 | 0.31 | 0.000 | 0 | 0 | 0.00 | 0.000 |
| 30 | 和歌山 | 3 | 0 | 0.47 | 0.000 | 0 | 0 | 0.00 | 0.000 | 0 | 0 | 0.00 | 0.000 |
| 31 | 鳥取 | 0 | 9 | 0.55 | 0.000 | 0 | 1 | 0.31 | 0.000 | 0 | 0 | 0.00 | 0.000 |
| 32 | 島根 | 2 | 0 | 0.46 | 0.000 | 0 | 0 | 0.00 | 0.000 | 0 | 0 | 0.00 | 0.000 |
| 33 | 岡山 | 7 | 3 | 0.51 | 0.000 | 1 | 0 | 0.26 | 0.000 | 0 | 0 | 0.00 | 0.000 |
| 34 | 広島 | 15 | 6 | 0.59 | 0.033 | 5 | 2 | 0.39 | 0.021 | 2 | 1 | 0.25 | 0.007 |
| 35 | 山口 | 5 | 1 | 0.51 | 0.000 | 1 | 0 | 0.26 | 0.000 | 1 | 0 | 0.17 | 0.000 |
| 36 | 徳島 | 2 | 2 | 0.47 | 0.021 | 0 | 0 | 0.00 | 0.000 | 0 | 0 | 0.00 | 0.000 |
| 37 | 香川 | 7 | 6 | 0.57 | 0.034 | 0 | 1 | 0.04 | 0.000 | 0 | 0 | 0.00 | 0.000 |
| 38 | 愛媛 | 5 | 1 | 0.53 | 0.007 | 1 | 0 | 0.04 | 0.000 | 0 | 0 | 0.00 | 0.000 |
| 39 | 高知 | 1 | 0 | 0.37 | 0.000 | 0 | 0 | 0.00 | 0.000 | 0 | 0 | 0.00 | 0.000 |
| 40 | 福岡 | 19 | 11 | 0.69 | 0.070 | 9 | 5 | 0.45 | 0.047 | 2 | 0 | 0.22 | 0.000 |
| 41 | 佐賀 | 2 | 3 | 0.52 | 0.003 | 0 | 0 | 0.00 | 0.000 | 0 | 0 | 0.00 | 0.000 |
| 42 | 長崎 | 2 | 1 | 0.44 | 0.000 | 1 | 0 | 0.29 | 0.000 | 0 | 0 | 0.00 | 0.000 |
| 43 | 熊本 | 3 | 0 | 0.51 | 0.000 | 2 | 0 | 0.35 | 0.000 | 1 | 0 | 0.23 | 0.000 |
| 44 | 大分 | 3 | 2 | 0.50 | 0.000 | 1 | 0 | 0.29 | 0.000 | 0 | 0 | 0.00 | 0.000 |
| 45 | 宮崎 | 1 | 0 | 0.41 | 0.000 | 0 | 0 | 0.29 | 0.000 | 0 | 0 | 0.00 | 0.000 |
| 46 | 鹿児島 | 2 | 0 | 0.43 | 0.000 | 1 | 0 | 0.29 | 0.000 | 0 | 0 | 0.00 | 0.000 |
| 47 | 沖縄 | 2 | 0 | 0.49 | 0.000 | 0 | 0 | 0.00 | 0.000 | 0 | 0 | 0.00 | 0.000 |
| | 変動係数 | 0.86 | 1.07 | 0.17 | 2.22 | 1.46 | 1.47 | 0.56 | 2.39 | 1.73 | 2.10 | 0.99 | 2.80 |
| | 次数合計 | 377 | 377 | | | 127 | 127 | | | 54 | 54 | | |
| | 相関係数 | 0.81 | | | | 0.86 | | | | 0.78 | | | |

## 表54　電気機械工業の中心性分析（1990）

| 1975年 | | 1％水準 | | | | 5％水準 | | | | 10％水準 | | | |
|---|---|---|---|---|---|---|---|---|---|---|---|---|---|
| | | 入力次数 | 出力次数 | 近接性 | 媒介性 | 入力次数 | 出力次数 | 近接性 | 媒介性 | 入力次数 | 出力次数 | 近接性 | 媒介性 |
| 1 | 北海道 | 10 | 1 | 0.55 | 0.000 | 1 | 1 | 0.29 | 0.000 | 0 | 0 | 0.00 | 0.000 |
| 2 | 青森 | 2 | 2 | 0.46 | 0.000 | 0 | 0 | 0.00 | 0.000 | 0 | 0 | 0.00 | 0.000 |
| 3 | 岩手 | 2 | 4 | 0.46 | 0.000 | 0 | 0 | 0.00 | 0.000 | 0 | 0 | 0.00 | 0.000 |
| 4 | 宮城 | 15 | 8 | 0.57 | 0.022 | 1 | 2 | 0.28 | 0.013 | 0 | 0 | 0.00 | 0.000 |
| 5 | 秋田 | 3 | 3 | 0.46 | 0.001 | 0 | 0 | 0.00 | 0.000 | 0 | 0 | 0.00 | 0.000 |
| 6 | 山形 | 5 | 10 | 0.52 | 0.003 | 1 | 2 | 0.31 | 0.003 | 0 | 0 | 0.00 | 0.000 |
| 7 | 福島 | 8 | 11 | 0.53 | 0.003 | 5 | 6 | 0.36 | 0.014 | 1 | 1 | 0.20 | 0.000 |
| 8 | 茨城 | 12 | 10 | 0.58 | 0.002 | 4 | 4 | 0.38 | 0.002 | 1 | 2 | 0.20 | 0.000 |
| 9 | 栃木 | 13 | 19 | 0.65 | 0.029 | 2 | 8 | 0.40 | 0.004 | 0 | 4 | 0.24 | 0.000 |
| 10 | 群馬 | 16 | 19 | 0.67 | 0.029 | 3 | 9 | 0.42 | 0.028 | 1 | 5 | 0.26 | 0.001 |
| 11 | 埼玉 | 21 | 19 | 0.70 | 0.041 | 11 | 7 | 0.43 | 0.027 | 2 | 5 | 0.25 | 0.009 |
| 12 | 千葉 | 14 | 13 | 0.61 | 0.005 | 7 | 6 | 0.36 | 0.013 | 3 | 2 | 0.20 | 0.000 |
| 13 | 東京 | 27 | 22 | 0.73 | 0.099 | 16 | 11 | 0.47 | 0.087 | 11 | 4 | 0.31 | 0.025 |
| 14 | 神奈川 | 28 | 19 | 0.73 | 0.061 | 17 | 8 | 0.50 | 0.050 | 13 | 4 | 0.33 | 0.043 |
| 15 | 新潟 | 10 | 9 | 0.55 | 0.004 | 0 | 3 | 0.35 | 0.000 | 0 | 1 | 0.20 | 0.000 |
| 16 | 冨山 | 4 | 9 | 0.52 | 0.007 | 2 | 0 | 0.25 | 0.000 | 0 | 0 | 0.00 | 0.000 |
| 17 | 石川 | 4 | 5 | 0.49 | 0.008 | 0 | 3 | 0.33 | 0.000 | 0 | 0 | 0.00 | 0.000 |
| 18 | 福井 | 3 | 6 | 0.53 | 0.002 | 1 | 0 | 0.27 | 0.000 | 0 | 0 | 0.14 | 0.000 |
| 19 | 山梨 | 3 | 6 | 0.51 | 0.000 | 0 | 2 | 0.32 | 0.000 | 0 | 0 | 0.20 | 0.000 |
| 20 | 長野 | 11 | 14 | 0.61 | 0.013 | 2 | 3 | 0.33 | 0.000 | 1 | 2 | 0.21 | 0.000 |
| 21 | 岐阜 | 7 | 12 | 0.60 | 0.005 | 2 | 1 | 0.28 | 0.000 | 1 | 1 | 0.18 | 0.000 |
| 22 | 静岡 | 13 | 11 | 0.62 | 0.007 | 3 | 4 | 0.38 | 0.000 | 1 | 3 | 0.21 | 0.000 |
| 23 | 愛知 | 23 | 27 | 0.75 | 0.075 | 10 | 9 | 0.43 | 0.044 | 5 | 7 | 0.28 | 0.038 |
| 24 | 三重 | 3 | 10 | 0.54 | 0.005 | 1 | 4 | 0.36 | 0.000 | 1 | 0 | 0.18 | 0.000 |
| 25 | 滋賀 | 8 | 11 | 0.58 | 0.002 | 3 | 6 | 0.40 | 0.013 | 1 | 2 | 0.20 | 0.008 |
| 26 | 京都 | 12 | 15 | 0.62 | 0.034 | 2 | 3 | 0.36 | 0.001 | 0 | 1 | 0.19 | 0.000 |
| 27 | 大阪 | 32 | 32 | 0.82 | 0.288 | 18 | 11 | 0.54 | 0.138 | 7 | 7 | 0.32 | 0.049 |
| 28 | 兵庫 | 18 | 16 | 0.67 | 0.065 | 2 | 2 | 0.35 | 0.000 | 2 | 1 | 0.20 | 0.000 |
| 29 | 奈良 | 3 | 3 | 0.49 | 0.007 | 1 | 0 | 0.32 | 0.000 | 1 | 0 | 0.19 | 0.000 |
| 30 | 和歌山 | 1 | 0 | 0.46 | 0.000 | 0 | 0 | 0.00 | 0.000 | 0 | 0 | 0.00 | 0.000 |
| 31 | 鳥取 | 3 | 8 | 0.55 | 0.001 | 0 | 1 | 0.32 | 0.000 | 0 | 0 | 0.00 | 0.000 |
| 32 | 島根 | 1 | 4 | 0.49 | 0.000 | 0 | 0 | 0.00 | 0.000 | 0 | 0 | 0.00 | 0.000 |
| 33 | 岡山 | 5 | 5 | 0.52 | 0.001 | 1 | 1 | 0.32 | 0.000 | 1 | 0 | 0.00 | 0.000 |
| 34 | 広島 | 13 | 4 | 0.57 | 0.012 | 1 | 0 | 0.32 | 0.000 | 1 | 0 | 0.19 | 0.000 |
| 35 | 山口 | 4 | 2 | 0.46 | 0.001 | 0 | 0 | 0.00 | 0.000 | 0 | 0 | 0.00 | 0.000 |
| 36 | 徳島 | 1 | 1 | 0.41 | 0.000 | 0 | 0 | 0.00 | 0.000 | 0 | 0 | 0.00 | 0.000 |
| 37 | 香川 | 5 | 5 | 0.53 | 0.040 | 0 | 1 | 0.23 | 0.000 | 0 | 0 | 0.00 | 0.000 |
| 38 | 愛媛 | 4 | 1 | 0.49 | 0.022 | 1 | 0 | 0.32 | 0.013 | 0 | 0 | 0.00 | 0.000 |
| 39 | 高知 | 1 | 1 | 0.36 | 0.000 | 0 | 0 | 0.00 | 0.000 | 0 | 0 | 0.00 | 0.000 |
| 40 | 福岡 | 20 | 12 | 0.67 | 0.095 | 3 | 2 | 0.37 | 0.017 | 0 | 1 | 0.04 | 0.000 |
| 41 | 佐賀 | 2 | 3 | 0.50 | 0.000 | 2 | 0 | 0.31 | 0.000 | 0 | 0 | 0.00 | 0.000 |
| 42 | 長崎 | 1 | 1 | 0.43 | 0.000 | 1 | 0 | 0.25 | 0.000 | 1 | 0 | 0.04 | 0.000 |
| 43 | 熊本 | 3 | 3 | 0.49 | 0.002 | 0 | 0 | 0.00 | 0.000 | 0 | 0 | 0.00 | 0.000 |
| 44 | 大分 | 3 | 5 | 0.52 | 0.000 | 0 | 2 | 0.35 | 0.000 | 0 | 0 | 0.00 | 0.000 |
| 45 | 宮崎 | 2 | 0 | 0.41 | 0.000 | 0 | 0 | 0.00 | 0.000 | 0 | 0 | 0.00 | 0.000 |
| 46 | 鹿児島 | 1 | 0 | 0.40 | 0.000 | 0 | 0 | 0.00 | 0.000 | 0 | 0 | 0.00 | 0.000 |
| 47 | 沖縄 | 1 | 0 | 0.44 | 0.000 | 0 | 0 | 0.00 | 0.000 | 0 | 0 | 0.00 | 0.000 |
| | 変動係数 | 0.95 | 0.88 | 0.18 | 2.23 | 1.70 | 1.22 | 0.63 | 2.54 | 2.28 | 1.63 | 1.09 | 3.07 |
| | 次数合計 | 401 | 401 | | | 124 | 124 | | | 55 | 55 | | |
| | 相関係数 | 0.88 | | | | 0.82 | | | | 0.64 | | | |

表55 電気機械工業の中心性分析（2010）

| 1975年 | | 1%水準 | | | | 5%水準 | | | | 10%水準 | | | |
|---|---|---|---|---|---|---|---|---|---|---|---|---|---|
| | | 入力次数 | 出力次数 | 近接性 | 媒介性 | 入力次数 | 出力次数 | 近接性 | 媒介性 | 入力次数 | 出力次数 | 近接性 | 媒介性 |
| 1 | 北海道 | 13 | 1 | 0.58 | 0.000 | 5 | 0 | 0.41 | 0.000 | 1 | 0 | 0.23 | 0.000 |
| 2 | 青森 | 5 | 2 | 0.49 | 0.001 | 1 | 0 | 0.26 | 0.000 | 1 | 0 | 0.06 | 0.000 |
| 3 | 岩手 | 1 | 1 | 0.42 | 0.000 | 1 | 0 | 0.26 | 0.000 | 1 | 0 | 0.06 | 0.000 |
| 4 | 宮城 | 12 | 10 | 0.60 | 0.033 | 2 | 6 | 0.38 | 0.066 | 0 | 4 | 0.11 | 0.000 |
| 5 | 秋田 | 3 | 5 | 0.52 | 0.000 | 1 | 1 | 0.34 | 0.000 | 1 | 0 | 0.06 | 0.000 |
| 6 | 山形 | 6 | 4 | 0.48 | 0.000 | 1 | 2 | 0.35 | 0.000 | 0 | 1 | 0.23 | 0.000 |
| 7 | 福島 | 9 | 11 | 0.57 | 0.007 | 1 | 3 | 0.35 | 0.001 | 1 | 0 | 0.06 | 0.000 |
| 8 | 茨城 | 15 | 14 | 0.64 | 0.023 | 5 | 2 | 0.40 | 0.004 | 2 | 0 | 0.22 | 0.000 |
| 9 | 栃木 | 11 | 12 | 0.59 | 0.006 | 6 | 8 | 0.47 | 0.017 | 3 | 6 | 0.32 | 0.005 |
| 10 | 群馬 | 13 | 16 | 0.64 | 0.018 | 8 | 3 | 0.44 | 0.005 | 3 | 0 | 0.26 | 0.000 |
| 11 | 埼玉 | 15 | 18 | 0.66 | 0.019 | 8 | 9 | 0.48 | 0.029 | 5 | 6 | 0.30 | 0.009 |
| 12 | 千葉 | 21 | 16 | 0.67 | 0.033 | 10 | 9 | 0.47 | 0.040 | 6 | 5 | 0.26 | 0.005 |
| 13 | 東京 | 20 | 23 | 0.70 | 0.054 | 12 | 11 | 0.51 | 0.109 | 9 | 7 | 0.37 | 0.041 |
| 14 | 神奈川 | 20 | 17 | 0.67 | 0.072 | 12 | 6 | 0.48 | 0.037 | 5 | 4 | 0.30 | 0.005 |
| 15 | 新潟 | 11 | 12 | 0.61 | 0.007 | 1 | 2 | 0.38 | 0.000 | 0 | 0 | 0.00 | 0.000 |
| 16 | 富山 | 3 | 4 | 0.50 | 0.003 | 0 | 0 | 0.00 | 0.000 | 0 | 0 | 0.00 | 0.000 |
| 17 | 石川 | 4 | 2 | 0.50 | 0.001 | 1 | 0 | 0.31 | 0.000 | 0 | 0 | 0.00 | 0.000 |
| 18 | 福井 | 4 | 4 | 0.48 | 0.001 | 1 | 0 | 0.31 | 0.000 | 0 | 0 | 0.00 | 0.000 |
| 19 | 山梨 | 4 | 5 | 0.47 | 0.001 | 0 | 1 | 0.31 | 0.000 | 0 | 0 | 0.00 | 0.000 |
| 20 | 長野 | 5 | 14 | 0.58 | 0.002 | 0 | 6 | 0.38 | 0.000 | 0 | 2 | 0.24 | 0.000 |
| 21 | 岐阜 | 7 | 5 | 0.53 | 0.001 | 2 | 1 | 0.36 | 0.000 | 0 | 0 | 0.00 | 0.000 |
| 22 | 静岡 | 12 | 24 | 0.71 | 0.037 | 6 | 11 | 0.49 | 0.037 | 3 | 5 | 0.31 | 0.009 |
| 23 | 愛知 | 23 | 22 | 0.73 | 0.123 | 8 | 8 | 0.46 | 0.068 | 4 | 4 | 0.30 | 0.011 |
| 24 | 三重 | 8 | 14 | 0.61 | 0.015 | 4 | 5 | 0.42 | 0.033 | 1 | 3 | 0.26 | 0.006 |
| 25 | 滋賀 | 9 | 25 | 0.71 | 0.060 | 1 | 13 | 0.48 | 0.027 | 1 | 6 | 0.31 | 0.001 |
| 26 | 京都 | 7 | 6 | 0.56 | 0.004 | 3 | 1 | 0.37 | 0.000 | 1 | 0 | 0.24 | 0.000 |
| 27 | 大阪 | 29 | 35 | 0.85 | 0.273 | 14 | 18 | 0.58 | 0.230 | 9 | 10 | 0.40 | 0.084 |
| 28 | 兵庫 | 18 | 9 | 0.67 | 0.024 | 3 | 1 | 0.37 | 0.006 | 2 | 1 | 0.26 | 0.005 |
| 29 | 奈良 | 4 | 4 | 0.52 | 0.001 | 2 | 2 | 0.38 | 0.003 | 0 | 2 | 0.20 | 0.000 |
| 30 | 和歌山 | 4 | 0 | 0.51 | 0.000 | 3 | 0 | 0.38 | 0.000 | 1 | 0 | 0.00 | 0.000 |
| 31 | 鳥取 | 3 | 4 | 0.52 | 0.001 | 0 | 0 | 0.00 | 0.000 | 0 | 0 | 0.00 | 0.000 |
| 32 | 島根 | 3 | 3 | 0.51 | 0.000 | 1 | 0 | 0.31 | 0.003 | 0 | 0 | 0.00 | 0.000 |
| 33 | 岡山 | 9 | 5 | 0.56 | 0.009 | 2 | 1 | 0.36 | 0.007 | 1 | 1 | 0.25 | 0.010 |
| 34 | 広島 | 8 | 11 | 0.59 | 0.028 | 2 | 4 | 0.38 | 0.027 | 1 | 2 | 0.26 | 0.014 |
| 35 | 山口 | 3 | 1 | 0.49 | 0.000 | 1 | 0 | 0.27 | 0.000 | 1 | 0 | 0.18 | 0.000 |
| 36 | 徳島 | 3 | 1 | 0.49 | 0.001 | 0 | 0 | 0.00 | 0.000 | 0 | 0 | 0.00 | 0.000 |
| 37 | 香川 | 5 | 5 | 0.52 | 0.009 | 2 | 1 | 0.36 | 0.007 | 1 | 0 | 0.24 | 0.000 |
| 38 | 愛媛 | 3 | 0 | 0.48 | 0.000 | 0 | 0 | 0.00 | 0.000 | 0 | 0 | 0.00 | 0.000 |
| 39 | 高知 | 2 | 1 | 0.46 | 0.001 | 0 | 0 | 0.00 | 0.000 | 0 | 0 | 0.00 | 0.000 |
| 40 | 福岡 | 16 | 13 | 0.64 | 0.099 | 5 | 5 | 0.46 | 0.067 | 5 | 4 | 0.34 | 0.031 |
| 41 | 佐賀 | 6 | 3 | 0.54 | 0.001 | 2 | 0 | 0.36 | 0.000 | 0 | 0 | 0.00 | 0.000 |
| 42 | 長崎 | 2 | 3 | 0.46 | 0.001 | 1 | 0 | 0.30 | 0.000 | 1 | 0 | 0.22 | 0.000 |
| 43 | 熊本 | 5 | 4 | 0.53 | 0.001 | 1 | 0 | 0.30 | 0.000 | 1 | 0 | 0.22 | 0.000 |
| 44 | 大分 | 1 | 2 | 0.48 | 0.000 | 1 | 0 | 0.30 | 0.000 | 1 | 0 | 0.00 | 0.000 |
| 45 | 宮崎 | 1 | 0 | 0.39 | 0.000 | 1 | 0 | 0.30 | 0.000 | 0 | 0 | 0.00 | 0.000 |
| 46 | 鹿児島 | 2 | 2 | 0.51 | 0.000 | 1 | 0 | 0.33 | 0.016 | 1 | 0 | 0.22 | 0.000 |
| 47 | 沖縄 | 3 | 0 | 0.49 | 0.000 | 0 | 0 | 0.00 | 0.000 | 0 | 0 | 0.00 | 0.000 |
| | 変動係数 | 0.81 | 0.98 | 0.16 | 2.24 | 1.18 | 1.39 | 0.44 | 2.21 | 1.43 | 1.59 | 0.79 | 2.78 |
| | 次数合計 | 391 | 391 | | | 142 | 142 | | | 73 | 73 | | |
| | 相関係数 | 0.83 | | | | 0.73 | | | | 0.80 | | | |

この電気機械工業における大阪の中心性の高さは、他の工業では観察することができず、電気機械工業の地域間取引ネットワークにおける特有の構造であるといえる。したがって、地域間取引ネットワークは、人口や所得の地理的な分布のみに従って、必ずしも同じネットワーク構造に収束するものではなく、ある程度、その工業に特有な構造を残すことになる。この各工業の取引ネットワークが、類似した構造を有しつつも、その構造には必ずその工業の固有性が残ることを、産業ネットワーク構造の固有性と呼ぶことにしよう。

また、この電気機械工業特有の平準化についてよくみてみると、東京圏と名古屋圏の平準化は比較的スムーズに進んでいる一方で、大阪圏については、2010年のいずれの水準においても、大阪の中心性が依然として突出しており、大阪圏内の中心地の周辺化が進行しているとは言い難い。したがって、大都市圏内の中心地の周辺化という現象は、いずれの工業、いずれの地域、いずれの時期においても当てはまる現象ではなく、それぞれの特殊な事情によって異なりうる現象であることが分かる。これについては、前章で確認したように、大阪圏における中心－周辺構造が曖昧だったことと関係していそうである。

### 部分ネットワークの分析

最初に、①大都市圏内のネットワークについてみてみると、1975年の1％水準のクリーク数でまず目に付くのは、3大都市圏を構成する県が所属するクリークの多さである。これは食料品工業と産業用機械工業と比較しても突出して多い数であり、大都市圏とその周辺地域の両方で当てはまる。これにより、電気機械工業の地域間取引ネットワークの拡がりは、他の工業と比較しても早い時期から拡がっており、その地域間取引ネットワークの密度も高かったことが分かる。

この3大都市圏のクリーク数について、時間軸で比較してみると、東京圏のクリーク数の減少が著しいことが分かる。千葉については、その属しているクリーク数が増加傾向にあるのに対し、その他の県についてはすべて減少傾向にある。しかし、この千葉については、元々クリーク数が少なかったため、他の県をキャッチアップしてきたと捉えることもでき、その意味では、この千葉でクリーク数が増加し、他の県でクリーク数が減少していることは、大都市圏内の中心性の平

第6章 地域間ネットワークの分析 251

図98 電気機械工業のネットワーク（1975、1%）

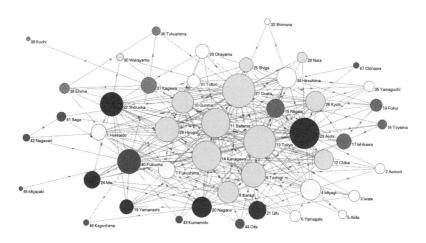

図99 電気機械工業のネットワーク（1975、5%）

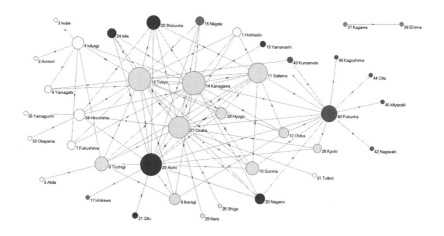

図100　電気機械工業のネットワーク（1975、10%）

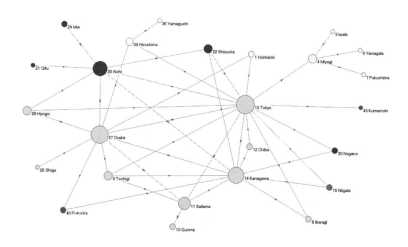

図101　電気機械工業のネットワーク（1990、1%）

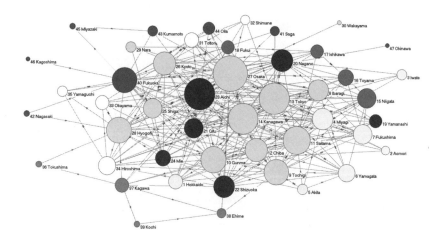

第6章 地域間ネットワークの分析 253

図102 電気機械工業のネットワーク（1990、5%）

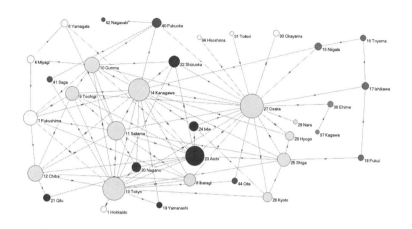

図103 電気機械工業のネットワーク（1990、10%）

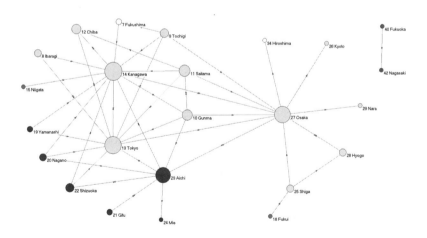

254

図104 電気機械工業のネットワーク（2010、1％）

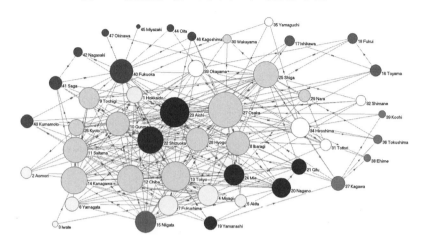

図105 電気機械工業のネットワーク（2010、5％）

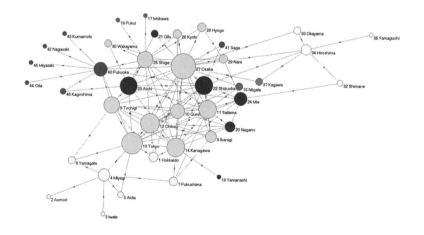

## 図106　電気機械工業のネットワーク（2010、10％）

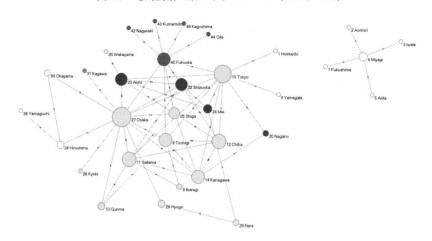

準化の過程の一環であると捉えることもできる。

　このクリーク数の減少傾向は、東京圏ほどではないものの、製造業の中心地域である名古屋圏においても観察することができる。この愛知が構成するクリーク数を産業用機械工業のものと比較すると、産業用機械工業の１％水準では、1975年から2010年にかけて、35から72まで増加したのに対し、この電気機械工業では45から31まで減少している。このクリーク数の変化は、同じ地理的な要因が分布する同じ地域であっても、産業によってそのネットワークの構造は大きく異なることを意味しており、これも産業ネットワーク構造の固有性の一つであると考えることができる。

　その一方で、1975年当時、多くのクリークを擁していた大阪圏では、そのクリーク数は引き続き増加傾向にある。大阪とクリークを共有する県で、そのクリーク数がはっきりと増加しているのは滋賀と兵庫であり、これらはいずれも日本の取引ネットワークの基軸となっている地域である。また大阪の５％水準と10％水準のクリーク数についてみてみると、大阪が構成しているクリークは他の２大都市が構成するクリークよりも突出して多く、この大阪が構成する取引ネットワークの繋がりは、非常に強固であることが分かる。これも電気機械工業の産業ネットワーク構造の固有性であると考えることができる。

　また、再度、名古屋圏のクリーク数に目を向けると、同じ名古屋圏に属する県

表56　大都市圏内のネットワークのクリークの数（電気機械工業）

| | 水準 | 年代 | 茨城 | 栃木 | 群馬 | 埼玉 | 千葉 | 東京 | 神奈川 |
|---|---|---|---|---|---|---|---|---|---|
| 東京 | 1% | 1975年 | 9 | 22 | 22 | 40 | 4 | 52 | 41 |
| | | 1990年 | 8 | 17 | 26 | 28 | 14 | 45 | 42 |
| | | 2010年 | 7 | 4 | 12 | 25 | 20 | 39 | 24 |
| | 5% | 1975年 | 2 | 3 | 1 | 7 | 2 | 15 | 14 |
| | | 1990年 | 2 | 4 | 3 | 8 | 3 | 12 | 10 |
| | | 2010年 | 0 | 4 | 0 | 4 | 4 | 14 | 3 |
| | 10% | 1975年 | 1 | 1 | 0 | 1 | 1 | 10 | 7 |
| | | 1990年 | 1 | 1 | 2 | 2 | 1 | 8 | 8 |
| | | 2010年 | 0 | 2 | 0 | 2 | 2 | 7 | 4 |

| | 水準 | 年代 | 新潟 | 長野 | 岐阜 | 静岡 | 愛知 | 三重 | 滋賀 |
|---|---|---|---|---|---|---|---|---|---|
| 愛知 | 1% | 1975年 | 7 | 11 | 4 | 14 | 45 | 3 | 2 |
| | | 1990年 | 6 | 6 | 10 | 9 | 49 | 2 | 10 |
| | | 2010年 | 7 | 5 | 4 | 12 | 31 | 7 | 12 |
| | 5% | 1975年 | 1 | 2 | 0 | 2 | 12 | 1 | 0 |
| | | 1990年 | 0 | 1 | 1 | 1 | 7 | 1 | 1 |
| | | 2010年 | 0 | 0 | 1 | 2 | 5 | 1 | 2 |
| | 10% | 1975年 | 0 | 0 | 0 | 1 | 3 | 0 | 0 |
| | | 1990年 | 0 | 1 | 0 | 1 | 3 | 0 | 0 |
| | | 2010年 | 0 | 0 | 0 | 1 | 4 | 1 | 1 |

| | 水準 | 年代 | 三重 | 滋賀 | 京都 | 大阪 | 兵庫 | 奈良 | 和歌山 |
|---|---|---|---|---|---|---|---|---|---|
| 大阪 | 1% | 1975年 | 3 | 2 | 11 | 56 | 14 | 1 | 1 |
| | | 1990年 | 3 | 10 | 15 | 52 | 21 | 2 | 0 |
| | | 2010年 | 9 | 25 | 4 | 60 | 20 | 4 | 1 |
| | 5% | 1975年 | 1 | 0 | 1 | 12 | 1 | 0 | 0 |
| | | 1990年 | 2 | 3 | 2 | 11 | 1 | 0 | 0 |
| | | 2010年 | 0 | 5 | 1 | 16 | 1 | 1 | 0 |
| | 10% | 1975年 | 0 | 0 | 0 | 6 | 1 | 0 | 0 |
| | | 1990年 | 0 | 1 | 0 | 4 | 1 | 0 | 0 |
| | | 2010年 | 0 | 3 | 0 | 9 | 0 | 0 | 0 |

表57 地方都市圏内のネットワークのクリークの数（電気機械工業）

| | 水準 | 年代 | 北海道 | 青森 | 岩手 | 宮城 | 秋田 | 山形 | 福島 |
|---|---|---|---|---|---|---|---|---|---|
| 宮城 | 1% | 1975年 | 0 | 1 | 2 | 14 | 1 | 1 | 2 |
| | | 1990年 | 0 | 1 | 1 | 11 | 1 | 3 | 2 |
| | | 2010年 | 0 | 1 | 0 | 9 | 1 | 2 | 5 |
| | 5% | 1975年 | 0 | 0 | 0 | 3 | 0 | 0 | 0 |
| | | 1990年 | 0 | 0 | 0 | 1 | 0 | 0 | 1 |
| | | 2010年 | 0 | 0 | 0 | 3 | 1 | 1 | 0 |
| | 10% | 1975年 | 0 | 0 | 0 | 0 | 0 | 0 | 0 |
| | | 1990年 | 0 | 0 | 0 | 0 | 0 | 0 | 0 |
| | | 2010年 | 0 | 0 | 0 | 0 | 0 | 0 | 0 |

| | 水準 | 年代 | 鳥取 | 島根 | 岡山 | 広島 | 山口 | 香川 | 愛媛 |
|---|---|---|---|---|---|---|---|---|---|
| 広島 | 1% | 1975年 | 1 | 1 | 1 | 10 | 1 | 0 | 0 |
| | | 1990年 | 0 | 0 | 1 | 7 | 1 | 0 | 0 |
| | | 2010年 | 5 | 0 | 2 | 2 | 0 | 0 | 0 |
| | 5% | 1975年 | 0 | 0 | 0 | 1 | 0 | 0 | 0 |
| | | 1990年 | 0 | 0 | 0 | 0 | 0 | 0 | 0 |
| | | 2010年 | 0 | 0 | 1 | 1 | 0 | 0 | 0 |
| | 10% | 1975年 | 0 | 0 | 0 | 0 | 0 | 0 | 0 |
| | | 1990年 | 0 | 0 | 0 | 0 | 0 | 0 | 0 |
| | | 2010年 | 0 | 0 | 0 | 0 | 0 | 0 | 0 |

| | 水準 | 年代 | 福岡 | 佐賀 | 長崎 | 熊本 | 大分 | 宮崎 | 鹿児島 |
|---|---|---|---|---|---|---|---|---|---|
| 福岡 | 1% | 1975年 | 20 | 2 | 2 | 1 | 1 | 0 | 1 |
| | | 1990年 | 22 | 1 | 1 | 2 | 1 | 1 | 0 |
| | | 2010年 | 11 | 2 | 2 | 1 | 0 | 0 | 1 |
| | 5% | 1975年 | 5 | 0 | 0 | 0 | 0 | 0 | 0 |
| | | 1990年 | 1 | 0 | 0 | 0 | 0 | 0 | 0 |
| | | 2010年 | 3 | 0 | 0 | 0 | 0 | 0 | 0 |
| | 10% | 1975年 | 1 | 0 | 0 | 0 | 0 | 0 | 0 |
| | | 1990年 | 0 | 0 | 0 | 0 | 0 | 0 | 0 |
| | | 2010年 | 2 | 0 | 0 | 0 | 0 | 0 | 0 |

表58 大都市圏・地方都市圏間のネットワークのクリークの数（電気機械工業）

| | 水準 | 年代 | 仙台圏 | 東京圏 | 名古屋圏 | 大阪圏 | 広島圏 | 福岡県 |
|---|---|---|---|---|---|---|---|---|
| 東京圏 | 1% | 1975年 | 46 | 277 | 170 | 194 | 22 | 44 |
| | | 1990年 | 52 | 280 | 185 | 193 | 15 | 55 |
| | | 2010年 | 27 | 241 | 127 | 151 | 7 | 15 |
| | 5% | 1975年 | 8 | 81 | 30 | 29 | 2 | 7 |
| | | 1990年 | 2 | 76 | 20 | 19 | 0 | 2 |
| | | 2010年 | 6 | 63 | 12 | 19 | 0 | 2 |
| | 10% | 1975年 | 0 | 31 | 7 | 10 | 1 | 1 |
| | | 1990年 | 0 | 35 | 8 | 7 | 0 | 0 |
| | | 2010年 | 0 | 32 | 2 | 8 | 0 | 1 |
| | 水準 | 年代 | 仙台圏 | 東京圏 | 名古屋圏 | 大阪圏 | 広島圏 | 福岡県 |
| 名古屋圏 | 1% | 1975年 | 13 | 170 | 83 | 91 | 15 | 21 |
| | | 1990年 | 18 | 185 | 92 | 113 | 8 | 28 |
| | | 2010年 | 9 | 127 | 78 | 79 | 4 | 10 |
| | 5% | 1975年 | 0 | 30 | 16 | 15 | 2 | 3 |
| | | 1990年 | 0 | 20 | 11 | 5 | 0 | 0 |
| | | 2010年 | 0 | 12 | 16 | 9 | 0 | 2 |
| | 10% | 1975年 | 0 | 7 | 5 | 3 | 0 | 0 |
| | | 1990年 | 0 | 8 | 5 | 1 | 0 | 0 |
| | | 2010年 | 0 | 2 | 6 | 4 | 0 | 0 |
| | 水準 | 年代 | 仙台圏 | 東京圏 | 名古屋圏 | 大阪圏 | 広島圏 | 福岡県 |
| 大阪圏 | 1% | 1975年 | 10 | 192 | 90 | 118 | 22 | 26 |
| | | 1990年 | 6 | 192 | 113 | 143 | 20 | 44 |
| | | 2010年 | 6 | 151 | 77 | 122 | 19 | 17 |
| | 5% | 1975年 | 0 | 29 | 15 | 16 | 1 | 4 |
| | | 1990年 | 0 | 19 | 5 | 17 | 0 | 2 |
| | | 2010年 | 0 | 19 | 9 | 23 | 2 | 4 |
| | 10% | 1975年 | 0 | 10 | 3 | 8 | 1 | 1 |
| | | 1990年 | 0 | 7 | 1 | 6 | 0 | 0 |
| | | 2010年 | 0 | 8 | 4 | 9 | 0 | 2 |

第6章 地域間ネットワークの分析 259

図107 電気機械工業のクリーク構造（1975、1％）

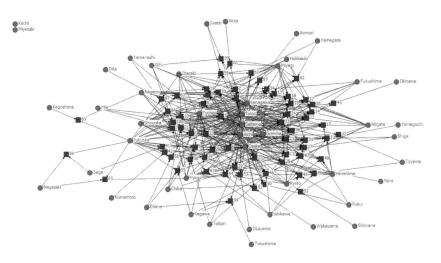

図108 電気機械工業のクリーク構造（1975、5％）

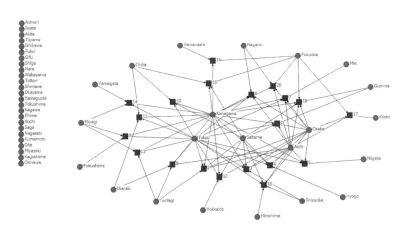

図109　電気機械工業のクリーク構造（1975、10％）

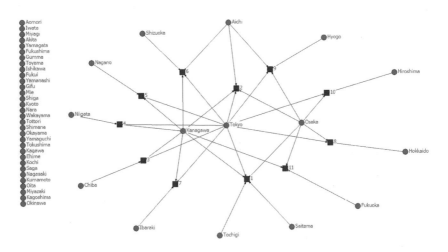

図110　電気機械工業のクリーク構造（1990、1％）

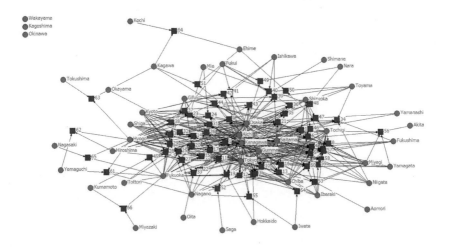

第6章 地域間ネットワークの分析 261

図111 電気機械工業のクリーク構造（1990、5％）

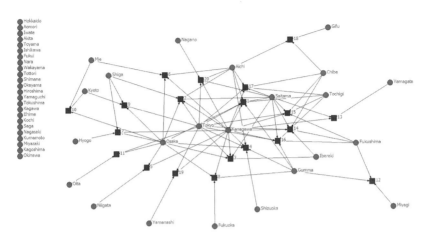

図112 電気機械工業のクリーク構造（1990、10%）

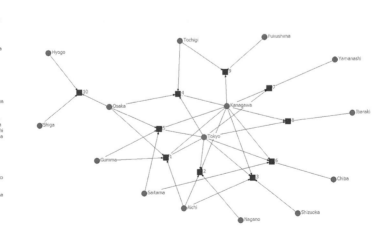

図113 電気機械工業のクリーク構造（2010、1％）

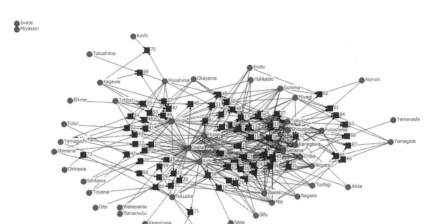

図114 電気機械工業のクリーク構造（2010、5％）

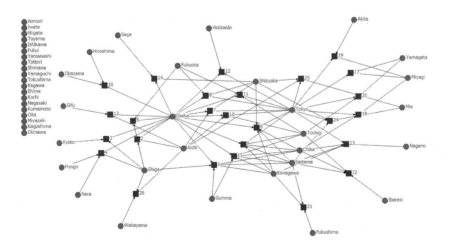

## 図115 電気機械工業のクリーク構造（2010、10％）

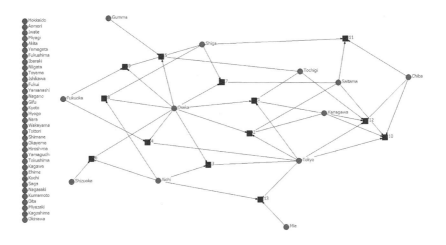

の中でも、大阪圏に隣接する滋賀と三重では、愛知と共に構成するクリーク数を増加させてきており、同じ大都市圏の中でも、その地理的な位置によって、クリーク数の変化に違いが生じていることが分かる。そして、取引ネットワークの発展は、単純にどの大都市圏に属するかという、その帰属性に加えて、その大都市圏の中でも、どのような地理的位置を構成するかという、その地理的な固有性からも影響を受けることが分かる。そこで、同じ大都市圏を構成する地域であっても、取引ネットワークを発展させることのできる地域には、地域間取引ネットワークを発展させるために有利に働く地理的な固有性があり、その有利に働く地理的な固有性のことを、取引ネットワークにおける地域の地理的優位性と呼ぶことにしよう。

　この地理的な優位性は、少なからず産業ネットワーク構造の固有性と関連する概念である。これについて少し説明しておこう。まず、産業ネットワーク構造の固有性の中でも、少なくとも大都市圏内の産業ネットワーク構造の固有性と大都市圏間の産業ネットワーク構造の固有性の、2種類のネットワーク構造の固有性に区別することができるが、この2つのネットワーク構造の固有性のいずれも、産業ごとの固有性がネットワーク構造を決定するという見方になる。ここで、この産業ごとの固有性によって、ネットワーク構造が異なりうる理由には様々考え

られるが、例えば、産業集積の過程において、その産業が特定の地域において集中することにより、製造品の移出入が特定の地域に偏ることによって、その地域の中心性が高くなるという理由である。

その一方で、この地理的な優位性は、そうした産業に固有なネットワーク構造の中でも、依然として地理的な要因が作用すること意味し、その産業の構造的な固有性に対応しながらも、その構造の中に置かれている地域の地理的な優位性を発揮しながら、地域間取引ネットワークの発展に違いを生じさせているということができる。

例えば、この滋賀については、名古屋圏と大阪圏の両方の大都市圏の取引ネットワークの一部を構成し、かつその2大都市圏間の取引ネットワークも構成する一方で、この滋賀は、それぞれの大都市圏の周辺地域を構成しながらも、この2大都市の中間に位置するという地理的な優位性もっている。そして、産業に固有の取引ネットワークが、この名古屋圏と大阪圏という2大都市で発展するならば、滋賀はその地理的な優位性を発揮することによって、他の地域よりもより多くの取引ネットワークを構成することができ、それだけ多くの製造業を呼び込むことができるようになる。これにより、日本における製造業の取引ネットワークは、産業ネットワーク構造の固有性と地理的な優位性の相互作用の結果であると考えることができ、このネットワーク構造の固有性と地理的な優位性の相互作用に応じて、製造業が発達する地域とそうでない地域とが分かれ、地域間不均等発展が生じると考えることができる。

それでは次に、④地方都市圏のネットワークについてみてみよう。まず、これまでの食料品工業と産業用機械工業とは対照的に、すべての地方都市の属するクリーク数が減少しており、これは比較的地域間取引ネットワークを拡大し続けてきた福岡についても例外ではない。例えば、福岡が周辺地域と共に構成するクリーク数について、2010年の1％水準では食料品工業に25のクリークがあり、同様に産業用機械工業では23のクリークがあったが、この電気機械工業では、1975年から2010年にかけて、20から11まで減少している。福岡の5％水準と10％水準においては、2010年で若干のクリークを確認することはできるが、これはその周辺地域と構成するものではないことから、域内取引ネットワークとみなすことはできない。したがって、この電気機械工業においても、地方都市圏内の取引ネットワークの脆弱性を確認することができる。

最後に、②大都市圏間のネットワークと③大都市圏と地方都市圏のネットワークについて分析してみよう。まず、3大都市圏間のクリーク数についてみてみると、その地域間取引ネットワークは、産業用機械工業に匹敵するほど、その地理的な範囲は広く、その密度も高いことが分かる。その一方で、その3大都市の中でも、特に、東京圏のクリーク数が多く、この東京圏のクリーク数は、名古屋圏と大阪圏の両方に対して多く、名古屋圏は大阪圏よりも東京圏とクリークを共有する傾向にあり、大阪圏は名古屋圏よりも東京圏とクリークを共有する傾向がある。このクリーク数は、入出力の中心性の高い地域ほど多くなり、それは、その地域における産業の移出と移入が多いことを表していることから、この傾向性は、同産業の東京一極集中構造の様子を表しているといっても過言ではないだろう。

次に、③大都市圏と地方都市圏とのクリーク数についてみてみると、3大都市圏のすべてにおいて、その地方都市圏と構成するクリーク数は減少傾向にあることが分かる。この傾向は日本製造業の地域間取引ネットワークの将来を占っていく上で重要な傾向である。この大都市圏と地方都市圏とのクリーク数について、産業用機械工業と電気機械工業とで比較すると、1975年当時は、いずれの地方都市圏のいずれの水準においても、電気機械工業の方が圧倒的に多かった。しかし、産業用機械工業がそうであったように、電気機械工業のクリーク数は、いずれの地方都市圏においても、2010年までに激減しており、これにより、③大都市圏と地方都市圏のネットワークの衰退は、ほぼ確実なものであると結論づけることができる。そこで、①大都市圏内のネットワークと②大都市圏間のネットワークと比較して、この③大都市圏と地方都市圏のネットワークが解体される傾向にあることを、GD2050における大都市圏・地方都市圏間の取引ネットワーク脆弱性と呼ぶことにしよう。

この大都市圏・地方都市圏間の取引ネットワーク脆弱性が生じる要因として、産業ネットワーク構造の固有性と地理的な優位性の相互作用が寄与していると考えることができる。これまでの経済地理学における諸理論と照らし合わせてみれば、製造業は関連企業が立地している地域に近接して立地することにより、累積的に産業集積が起こることになる。この産業集積の過程は、結果として特定の地域における製造業の集中と成長をもたらすことになり、製造業の地域間不均等発展を引き起こすことになる。

その一方で、この産業集積は、どの地域においても均等の確率で起こるのでは

なく、交通の利便性や地代の安さ、周辺環境からの制約の少なさという観点から、大都市に近接した周辺地域で起こりやすいというのが、古典的な立地論の立場である。したがって、地域の経済の基盤となる製造業は、大都市の周辺地域に集中することになり、その製造業が生産した付加価値は、大都市圏に住む人口の所得となって、その製造業から得た所得が、第3次産業の活動を促進させる土壌となり、その産業に従事する新たな人口を招き寄せることになる。

　この製造業の発展による地域の人口と所得の増加と、その人口と所得の増加による製造業の集中、そして、その製造業の集中による人口と所得の増加は、その地域を累積的に大都市化させる要因となる。この過程は、地域の製造業の発展の累積的因果関係であり、製造業が一旦大都市圏に立地するようになれば、この累積的因果関係を止めることは困難になることを意味している。そして、過去半世紀にわたって、この累積的因果関係が起こっているのが3大都市圏であり、その製造業の発展における地理的優位性を、不動のものにしている。

　しかし、工業ごとに、その産業集積が進んでいる中心地域をみてみると、3大都市圏を構成する地域においても、その中心となる地域は工業ごとに異なっていることが分かり、この3大都市間における産業集積の度合いの格差が、産業ネットワーク構造の固有性を生みだす大きな要因となっている。その一方で、各工業の産業ネットワーク構造の中心となる地域は、その人口と産業が集中しているという地理的な優位性によって、この3大都市圏の域を出るものではない。つまり、産業ネットワーク構造の固有性とはいっても、その中心地域は必然的に3大都市圏を構成する地域に限られており、3大都市圏に属さない地方都市圏は、工業ごとに固有化された産業ネットワーク構造の中でも、その周辺地域に位置付けられることもなく、その結果として、必然的に大都市圏・地方都市圏間の取引ネットワーク脆弱性が起こることになる。

　その一方で、工業が集中する3大都市圏とその周辺地域では、地域間取引が活発になり、様々な工業における地域間取引ネットワークが重層的に発展することになる。この取引ネットワークの局地的な重なりは、政府や地方自治体によるインフラ投資の的となり、多くの投資開発を呼び込むと同時に、局所的な取引ネットワークの重層化は、一度に多くの生産物を輸送することを可能にし、輸送品1単位当たりの平均輸送費用を軽減することになる。さらに、取引ネットワークの局所的な重層化は、様々な業種の製造品を局所的に集中されることになり、それ

はその地域で扱われる製造品を多様化させると同時に、その多様な製造品の情報に対するアクセスを、最大化させる効果があると思われる。

この取引ネットワークが局所的に重層化することによって生じる経済性のことを、GD2050ではネットワークの集積経済と呼んでおり、これは単なる関連企業の集積や多様な産業の集積とは区別され、取引ネットワークが局所的に重層化することによって、正の外部性を生み出すことを期待されるが、その集積経済が発揮されるメカニズムの詳細については、さらなる研究が必要となる。

〈要点〉
・各工業の取引ネットワークが、似たような構造に収束しつつも、その構造には必ずその工業の固有性が残るという、産業ネットワーク構造の固有性を確認できた。
・取引ネットワークを発展させるために有利に働くような、を取引ネットワークにおける地域の地理的優位性がある。
・取引ネットワークにおける地域の地理的優位性は、大都市圏内の産業ネットワーク構造の固有性と大都市圏間の産業ネットワーク構造の固有性とに区別することができる。
・4種類の取引ネットワークの中で、③大都市圏・地方都市圏間の取引ネットワークが脆弱である。
・ネットワークの集積経済の効果について、今後研究していく必要がある。

## 輸送用機械工業の取引ネットワーク

次に、輸送用機械工業の地域間取引ネットワークについてみていくことにしよう[26]。この輸送用機械工業は、次の2つの点において独特である。第一に、日本における輸送用機械工業は、主に自動車と二輪の生産に特化しており、その完成品は食料品工業や産業用機械工業、電気機械工業ほど多品種ではない。それゆえ、その輸送用機械工業を代表する企業は十数社の大企業に限られ、その他の中小企

---

[26] 九州の輸送用機械工業のネットワークについては、藤川（2002）によるトヨタと日産のサプライヤーネットワークの研究があり、土井・大家（2004）によるダイハツの部品メーカーネットワークの研究がある。

業は、その大企業との取引関係の下で製造活動を行っている。したがって、この輸送用機械工業の地域間取引ネットワークの中心地域は、その大企業の立地行動によって、大きく影響を受けることになる。

　第二に、輸送用機械工業では、他の工業よりも大企業と下請け企業の繋がりが強く、関連企業が生産する部品や装置などは、大企業が生産する輸送用機械に向けて特化して生産されている。したがって、下請け・関連企業が生産する製造品とは、その市場における汎用品というよりは、むしろ大企業の要望に対して特化した非汎用品である場合が多い。そして、この非汎用品の物流の流れとは、輸送用機械の製造工程の流れを強く反映したものになり、それは大企業の生産組織の地理的な拡がりを反映したものになりやすい。

　このように、この輸送用機械工業の取引ネットワークは、大企業の立地地点とその生産組織の拡がりにより大きな影響を受ける点で、他の工業の取引ネットワークと比べて独特である。この点に注意しながら、以下に、取引ネットワークの分析をしていくことにしたい。

### 中心性の分析

　まず1975年の次数による中心性についてみてみると、これまでの工業の次数と比較しても、非常に独特な分布をしていることが分かる。1％水準については、主に3大都市圏で入出力の次数が高いことが分かるが、これまでのように大都市圏の中心地域から周辺地域にかけて、その次数が一様に低下していくような傾向はみられない。5％水準と10％水準についてみていると、特にその中心性が高いのは愛知と神奈川と栃木になっており、大阪については1％水準での中心性は高いものの、5％水準と10％水準では目立たなくなっており、その物流の流れは大きくないことが分かる。

　この愛知については、トヨタ自動車（TOYOTA）やヤマハ発動機（YAMAHA）、スズキ（SUZUKI）の関連工場・会社が集中しており、それらの大企業の立地による産業集積が進むことによって、この愛知の中心性が高くなっていることは容易に想像できる。また神奈川については、日産自動車（NISSAN）や川崎重工（KAWASAKI）などの生産組織が集中し、栃木については、本田技研工業（HONDA）、富士重工（SUBARU）などの自動車工場があり、それぞれが東京

第6章 地域間ネットワークの分析 269

表59 輸送用機械工業の中心性分析 (1975)

| 1975年 | | 1%水準 | | | | 5%水準 | | | | 10%水準 | | | |
|---|---|---|---|---|---|---|---|---|---|---|---|---|---|
| | | 入力次数 | 出力次数 | 近接性 | 媒介性 | 入力次数 | 出力次数 | 近接性 | 媒介性 | 入力次数 | 出力次数 | 近接性 | 媒介性 |
| 1 | 北海道 | 5 | 0 | 0.40 | 0.000 | 2 | 0 | 0.18 | 0.000 | 1 | 0 | 0.11 | 0.000 |
| 2 | 青森 | 2 | 0 | 0.36 | 0.000 | 0 | 0 | 0.00 | 0.000 | 0 | 0 | 0.00 | 0.000 |
| 3 | 岩手 | 1 | 0 | 0.37 | 0.000 | 0 | 0 | 0.00 | 0.000 | 0 | 0 | 0.00 | 0.000 |
| 4 | 宮城 | 7 | 0 | 0.42 | 0.000 | 1 | 0 | 0.15 | 0.000 | 1 | 0 | 0.04 | 0.000 |
| 5 | 秋田 | 0 | 0 | 0.00 | 0.000 | 0 | 0 | 0.00 | 0.000 | 0 | 0 | 0.00 | 0.000 |
| 6 | 山形 | 0 | 1 | 0.37 | 0.000 | 0 | 0 | 0.00 | 0.000 | 0 | 0 | 0.00 | 0.000 |
| 7 | 福島 | 4 | 1 | 0.40 | 0.000 | 0 | 0 | 0.00 | 0.000 | 0 | 0 | 0.00 | 0.000 |
| 8 | 茨城 | 6 | 2 | 0.41 | 0.000 | 1 | 0 | 0.19 | 0.000 | 1 | 0 | 0.12 | 0.000 |
| 9 | 栃木 | 6 | 17 | 0.56 | 0.013 | 4 | 8 | 0.28 | 0.014 | 2 | 6 | 0.20 | 0.007 |
| 10 | 群馬 | 7 | 10 | 0.50 | 0.004 | 2 | 4 | 0.23 | 0.000 | 1 | 2 | 0.14 | 0.000 |
| 11 | 埼玉 | 11 | 18 | 0.57 | 0.033 | 7 | 6 | 0.26 | 0.020 | 4 | 3 | 0.16 | 0.004 |
| 12 | 千葉 | 4 | 2 | 0.40 | 0.000 | 2 | 0 | 0.19 | 0.000 | 0 | 0 | 0.11 | 0.000 |
| 13 | 東京 | 11 | 22 | 0.61 | 0.061 | 6 | 3 | 0.24 | 0.004 | 4 | 3 | 0.18 | 0.000 |
| 14 | 神奈川 | 12 | 21 | 0.60 | 0.086 | 6 | 8 | 0.28 | 0.018 | 6 | 5 | 0.20 | 0.015 |
| 15 | 新潟 | 4 | 0 | 0.45 | 0.000 | 0 | 0 | 0.00 | 0.000 | 0 | 0 | 0.00 | 0.000 |
| 16 | 富山 | 1 | 7 | 0.46 | 0.003 | 0 | 0 | 0.00 | 0.000 | 0 | 0 | 0.00 | 0.000 |
| 17 | 石川 | 2 | 0 | 0.38 | 0.000 | 0 | 0 | 0.00 | 0.000 | 0 | 0 | 0.00 | 0.000 |
| 18 | 福井 | 0 | 0 | 0.00 | 0.000 | 0 | 0 | 0.00 | 0.000 | 0 | 0 | 0.00 | 0.000 |
| 19 | 山梨 | 3 | 1 | 0.45 | 0.000 | 0 | 0 | 0.00 | 0.000 | 0 | 0 | 0.00 | 0.000 |
| 20 | 長野 | 7 | 2 | 0.46 | 0.001 | 0 | 0 | 0.00 | 0.000 | 0 | 0 | 0.00 | 0.000 |
| 21 | 岐阜 | 5 | 2 | 0.41 | 0.000 | 1 | 1 | 0.19 | 0.000 | 0 | 1 | 0.12 | 0.000 |
| 22 | 静岡 | 12 | 13 | 0.53 | 0.028 | 3 | 4 | 0.23 | 0.002 | 1 | 2 | 0.14 | 0.000 |
| 23 | 愛知 | 13 | 17 | 0.57 | 0.037 | 8 | 11 | 0.32 | 0.077 | 3 | 6 | 0.19 | 0.012 |
| 24 | 三重 | 9 | 8 | 0.51 | 0.002 | 2 | 2 | 0.21 | 0.000 | 0 | 0 | 0.00 | 0.000 |
| 25 | 滋賀 | 3 | 6 | 0.45 | 0.001 | 0 | 0 | 0.00 | 0.000 | 0 | 0 | 0.00 | 0.000 |
| 26 | 京都 | 6 | 0 | 0.48 | 0.001 | 1 | 2 | 0.20 | 0.000 | 0 | 0 | 0.12 | 0.000 |
| 27 | 大阪 | 14 | 24 | 0.67 | 0.181 | 6 | 3 | 0.28 | 0.028 | 4 | 0 | 0.16 | 0.000 |
| 28 | 兵庫 | 8 | 9 | 0.49 | 0.036 | 2 | 2 | 0.21 | 0.024 | 0 | 1 | 0.11 | 0.000 |
| 29 | 奈良 | 1 | 1 | 0.40 | 0.013 | 1 | 0 | 0.18 | 0.000 | 0 | 0 | 0.00 | 0.000 |
| 30 | 和歌山 | 1 | 0 | 0.28 | 0.000 | 0 | 0 | 0.00 | 0.000 | 0 | 0 | 0.00 | 0.000 |
| 31 | 鳥取 | 0 | 0 | 0.00 | 0.000 | 0 | 0 | 0.00 | 0.000 | 0 | 0 | 0.00 | 0.000 |
| 32 | 島根 | 2 | 1 | 0.40 | 0.000 | 0 | 0 | 0.00 | 0.000 | 0 | 0 | 0.00 | 0.000 |
| 33 | 岡山 | 8 | 10 | 0.53 | 0.040 | 2 | 3 | 0.22 | 0.008 | 0 | 1 | 0.04 | 0.000 |
| 34 | 広島 | 12 | 3 | 0.51 | 0.045 | 1 | 1 | 0.18 | 0.000 | 0 | 0 | 0.00 | 0.000 |
| 35 | 山口 | 2 | 2 | 0.40 | 0.000 | 0 | 0 | 0.00 | 0.000 | 0 | 0 | 0.00 | 0.000 |
| 36 | 徳島 | 1 | 1 | 0.39 | 0.000 | 0 | 1 | 0.18 | 0.000 | 0 | 0 | 0.00 | 0.000 |
| 37 | 香川 | 4 | 0 | 0.44 | 0.000 | 0 | 0 | 0.00 | 0.000 | 0 | 0 | 0.00 | 0.000 |
| 38 | 愛媛 | 2 | 1 | 0.39 | 0.000 | 0 | 0 | 0.00 | 0.000 | 0 | 0 | 0.00 | 0.000 |
| 39 | 高知 | 1 | 0 | 0.28 | 0.000 | 1 | 0 | 0.04 | 0.000 | 0 | 0 | 0.00 | 0.000 |
| 40 | 福岡 | 8 | 1 | 0.49 | 0.013 | 2 | 0 | 0.19 | 0.000 | 0 | 0 | 0.00 | 0.000 |
| 41 | 佐賀 | 1 | 1 | 0.40 | 0.013 | 0 | 1 | 0.04 | 0.000 | 0 | 0 | 0.00 | 0.000 |
| 42 | 長崎 | 1 | 0 | 0.32 | 0.000 | 0 | 0 | 0.00 | 0.000 | 0 | 0 | 0.00 | 0.000 |
| 43 | 熊本 | 1 | 1 | 0.40 | 0.013 | 0 | 1 | 0.04 | 0.000 | 0 | 0 | 0.00 | 0.000 |
| 44 | 大分 | 1 | 0 | 0.39 | 0.000 | 0 | 0 | 0.00 | 0.000 | 0 | 0 | 0.00 | 0.000 |
| 45 | 宮崎 | 1 | 0 | 0.39 | 0.000 | 0 | 0 | 0.00 | 0.000 | 0 | 0 | 0.00 | 0.000 |
| 46 | 鹿児島 | 1 | 0 | 0.28 | 0.000 | 1 | 0 | 0.04 | 0.000 | 0 | 0 | 0.00 | 0.000 |
| 47 | 沖縄 | 0 | 0 | 0.00 | 0.000 | 0 | 0 | 0.00 | 0.000 | 0 | 0 | 0.00 | 0.000 |
| | 変動係数 | 0.92 | 1.52 | 0.37 | 2.35 | 1.58 | 1.87 | 1.10 | 3.07 | 2.13 | 2.39 | 1.53 | 3.35 |
| | 次数合計 | 211 | 211 | | | 62 | 62 | | | 30 | 30 | | |
| | 相関係数 | 0.79 | | | | 0.86 | | | | 0.72 | | | |

表60　輸送用機械工業の中心性分析（1990）

| 1975年 | | 1％水準 | | | | 5％水準 | | | | 10％水準 | | | |
|---|---|---|---|---|---|---|---|---|---|---|---|---|---|
| | | 入力次数 | 出力次数 | 近接性 | 媒介性 | 入力次数 | 出力次数 | 近接性 | 媒介性 | 入力次数 | 出力次数 | 近接性 | 媒介性 |
| 1 | 北海道 | 5 | 1 | 0.44 | 0.000 | 1 | 0 | 0.24 | 0.000 | 0 | 0 | 0.00 | 0.000 |
| 2 | 青森 | 0 | 0 | 0.00 | 0.000 | 0 | 0 | 0.00 | 0.000 | 0 | 0 | 0.00 | 0.000 |
| 3 | 岩手 | 0 | 1 | 0.38 | 0.000 | 0 | 0 | 0.00 | 0.000 | 0 | 0 | 0.00 | 0.000 |
| 4 | 宮城 | 8 | 2 | 0.45 | 0.017 | 0 | 0 | 0.00 | 0.000 | 0 | 0 | 0.00 | 0.000 |
| 5 | 秋田 | 1 | 1 | 0.40 | 0.000 | 0 | 0 | 0.00 | 0.000 | 0 | 0 | 0.00 | 0.000 |
| 6 | 山形 | 0 | 3 | 0.41 | 0.000 | 0 | 0 | 0.00 | 0.000 | 0 | 0 | 0.00 | 0.000 |
| 7 | 福島 | 5 | 3 | 0.44 | 0.000 | 0 | 0 | 0.00 | 0.000 | 0 | 0 | 0.00 | 0.000 |
| 8 | 茨城 | 6 | 10 | 0.46 | 0.003 | 0 | 3 | 0.24 | 0.000 | 0 | 1 | 0.15 | 0.000 |
| 9 | 栃木 | 9 | 8 | 0.46 | 0.003 | 5 | 4 | 0.28 | 0.001 | 1 | 1 | 0.15 | 0.000 |
| 10 | 群馬 | 10 | 11 | 0.50 | 0.005 | 4 | 3 | 0.27 | 0.000 | 1 | 3 | 0.16 | 0.000 |
| 11 | 埼玉 | 15 | 13 | 0.55 | 0.026 | 8 | 8 | 0.32 | 0.031 | 4 | 4 | 0.17 | 0.007 |
| 12 | 千葉 | 7 | 8 | 0.47 | 0.000 | 0 | 2 | 0.24 | 0.000 | 0 | 1 | 0.15 | 0.000 |
| 13 | 東京 | 15 | 13 | 0.56 | 0.016 | 9 | 5 | 0.32 | 0.007 | 4 | 4 | 0.20 | 0.006 |
| 14 | 神奈川 | 25 | 21 | 0.65 | 0.160 | 13 | 9 | 0.39 | 0.082 | 9 | 5 | 0.23 | 0.044 |
| 15 | 新潟 | 3 | 5 | 0.44 | 0.000 | 0 | 0 | 0.00 | 0.000 | 0 | 0 | 0.00 | 0.000 |
| 16 | 富山 | 1 | 1 | 0.38 | 0.000 | 0 | 0 | 0.00 | 0.000 | 0 | 0 | 0.00 | 0.000 |
| 17 | 石川 | 2 | 1 | 0.41 | 0.000 | 0 | 0 | 0.00 | 0.000 | 0 | 0 | 0.00 | 0.000 |
| 18 | 福井 | 0 | 0 | 0.00 | 0.000 | 0 | 0 | 0.00 | 0.000 | 0 | 0 | 0.00 | 0.000 |
| 19 | 山梨 | 0 | 4 | 0.42 | 0.000 | 0 | 1 | 0.24 | 0.000 | 0 | 1 | 0.15 | 0.000 |
| 20 | 長野 | 6 | 13 | 0.50 | 0.025 | 0 | 2 | 0.25 | 0.000 | 0 | 0 | 0.00 | 0.000 |
| 21 | 岐阜 | 5 | 8 | 0.47 | 0.002 | 1 | 3 | 0.25 | 0.000 | 1 | 2 | 0.17 | 0.001 |
| 22 | 静岡 | 15 | 20 | 0.60 | 0.055 | 5 | 5 | 0.30 | 0.006 | 4 | 2 | 0.20 | 0.004 |
| 23 | 愛知 | 20 | 27 | 0.65 | 0.125 | 7 | 12 | 0.36 | 0.081 | 4 | 7 | 0.23 | 0.050 |
| 24 | 三重 | 8 | 11 | 0.53 | 0.019 | 2 | 2 | 0.24 | 0.000 | 1 | 0 | 0.15 | 0.000 |
| 25 | 滋賀 | 4 | 7 | 0.44 | 0.001 | 2 | 1 | 0.24 | 0.000 | 1 | 0 | 0.13 | 0.000 |
| 26 | 京都 | 9 | 5 | 0.48 | 0.002 | 0 | 0 | 0.00 | 0.000 | 0 | 0 | 0.15 | 0.000 |
| 27 | 大阪 | 16 | 14 | 0.56 | 0.051 | 7 | 4 | 0.28 | 0.044 | 2 | 4 | 0.18 | 0.028 |
| 28 | 兵庫 | 9 | 6 | 0.47 | 0.017 | 4 | 1 | 0.25 | 0.001 | 1 | 0 | 0.13 | 0.000 |
| 29 | 奈良 | 2 | 2 | 0.41 | 0.000 | 0 | 1 | 0.19 | 0.000 | 0 | 0 | 0.00 | 0.000 |
| 30 | 和歌山 | 1 | 0 | 0.35 | 0.000 | 0 | 0 | 0.00 | 0.000 | 0 | 0 | 0.00 | 0.000 |
| 31 | 鳥取 | 1 | 0 | 0.32 | 0.000 | 0 | 0 | 0.00 | 0.000 | 0 | 0 | 0.00 | 0.000 |
| 32 | 島根 | 0 | 2 | 0.36 | 0.000 | 0 | 1 | 0.22 | 0.000 | 0 | 0 | 0.00 | 0.000 |
| 33 | 岡山 | 9 | 10 | 0.52 | 0.024 | 2 | 4 | 0.31 | 0.002 | 0 | 0 | 0.00 | 0.000 |
| 34 | 広島 | 13 | 14 | 0.58 | 0.080 | 7 | 3 | 0.34 | 0.034 | 1 | 2 | 0.13 | 0.006 |
| 35 | 山口 | 4 | 2 | 0.42 | 0.000 | 1 | 1 | 0.22 | 0.000 | 1 | 0 | 0.10 | 0.000 |
| 36 | 徳島 | 0 | 1 | 0.30 | 0.000 | 0 | 1 | 0.04 | 0.000 | 0 | 0 | 0.00 | 0.000 |
| 37 | 香川 | 5 | 2 | 0.44 | 0.051 | 1 | 0 | 0.04 | 0.000 | 0 | 0 | 0.00 | 0.000 |
| 38 | 愛媛 | 1 | 3 | 0.37 | 0.019 | 0 | 0 | 0.00 | 0.000 | 0 | 0 | 0.00 | 0.000 |
| 39 | 高知 | 1 | 0 | 0.27 | 0.000 | 0 | 0 | 0.00 | 0.000 | 0 | 0 | 0.00 | 0.000 |
| 40 | 福岡 | 13 | 4 | 0.52 | 0.037 | 4 | 1 | 0.28 | 0.020 | 1 | 0 | 0.04 | 0.000 |
| 41 | 佐賀 | 0 | 0 | 0.00 | 0.000 | 0 | 0 | 0.00 | 0.000 | 0 | 0 | 0.00 | 0.000 |
| 42 | 長崎 | 1 | 0 | 0.33 | 0.000 | 0 | 0 | 0.00 | 0.000 | 0 | 0 | 0.00 | 0.000 |
| 43 | 熊本 | 4 | 2 | 0.43 | 0.000 | 1 | 2 | 0.26 | 0.001 | 1 | 0 | 0.12 | 0.000 |
| 44 | 大分 | 0 | 1 | 0.33 | 0.000 | 0 | 1 | 0.19 | 0.000 | 0 | 1 | 0.04 | 0.000 |
| 45 | 宮崎 | 0 | 0 | 0.00 | 0.000 | 0 | 0 | 0.00 | 0.000 | 0 | 0 | 0.00 | 0.000 |
| 46 | 鹿児島 | 1 | 0 | 0.36 | 0.000 | 0 | 0 | 0.00 | 0.000 | 0 | 0 | 0.00 | 0.000 |
| 47 | 沖縄 | 0 | 0 | 0.00 | 0.000 | 0 | 0 | 0.00 | 0.000 | 0 | 0 | 0.00 | 0.000 |
| | 変動係数 | 1.10 | 1.16 | 0.41 | 2.08 | 1.68 | 1.43 | 0.88 | 2.81 | 2.07 | 1.97 | 1.22 | 3.31 |
| | 次数合計 | 260 | 260 | | | 85 | 85 | | | 38 | 38 | | |
| | 相関係数 | 0.88 | | | | 0.81 | | | | 0.80 | | | |

第6章 地域間ネットワークの分析 271

表61 輸送用機械工業の中心性分析 (2010)

| | 1975年 | 1％水準 | | | | 5％水準 | | | | 10％水準 | | | |
|---|---|---|---|---|---|---|---|---|---|---|---|---|---|
| | | 入力次数 | 出力次数 | 近接性 | 媒介性 | 入力次数 | 出力次数 | 近接性 | 媒介性 | 入力次数 | 出力次数 | 近接性 | 媒介性 |
| 1 | 北海道 | 3 | 1 | 0.45 | 0.000 | 1 | 1 | 0.29 | 0.000 | 1 | 0 | 0.18 | 0.000 |
| 2 | 青森 | 0 | 1 | 0.35 | 0.000 | 0 | 0 | 0.00 | 0.000 | 0 | 0 | 0.00 | 0.000 |
| 3 | 岩手 | 3 | 0 | 0.44 | 0.000 | 1 | 0 | 0.29 | 0.000 | 1 | 0 | 0.18 | 0.000 |
| 4 | 宮城 | 2 | 4 | 0.47 | 0.000 | 0 | 0 | 0.00 | 0.000 | 0 | 0 | 0.00 | 0.000 |
| 5 | 秋田 | 0 | 1 | 0.39 | 0.000 | 0 | 0 | 0.00 | 0.000 | 0 | 0 | 0.00 | 0.000 |
| 6 | 山形 | 0 | 5 | 0.42 | 0.000 | 0 | 0 | 0.00 | 0.000 | 0 | 0 | 0.00 | 0.000 |
| 7 | 福島 | 5 | 7 | 0.49 | 0.001 | 0 | 1 | 0.24 | 0.000 | 0 | 1 | 0.18 | 0.000 |
| 8 | 茨城 | 7 | 10 | 0.52 | 0.014 | 1 | 3 | 0.31 | 0.000 | 1 | 1 | 0.18 | 0.000 |
| 9 | 栃木 | 9 | 9 | 0.55 | 0.004 | 3 | 3 | 0.24 | 0.000 | 1 | 1 | 0.18 | 0.000 |
| 10 | 群馬 | 15 | 13 | 0.60 | 0.032 | 4 | 5 | 0.33 | 0.008 | 2 | 3 | 0.19 | 0.007 |
| 11 | 埼玉 | 18 | 14 | 0.63 | 0.031 | 8 | 7 | 0.35 | 0.020 | 4 | 3 | 0.24 | 0.017 |
| 12 | 千葉 | 10 | 7 | 0.51 | 0.004 | 3 | 3 | 0.25 | 0.001 | 1 | 2 | 0.18 | 0.000 |
| 13 | 東京 | 16 | 6 | 0.55 | 0.038 | 4 | 2 | 0.32 | 0.001 | 1 | 2 | 0.22 | 0.000 |
| 14 | 神奈川 | 20 | 18 | 0.65 | 0.063 | 9 | 9 | 0.36 | 0.048 | 8 | 2 | 0.28 | 0.023 |
| 15 | 新潟 | 5 | 9 | 0.52 | 0.002 | 0 | 2 | 0.30 | 0.000 | 0 | 0 | 0.00 | 0.000 |
| 16 | 富山 | 3 | 3 | 0.47 | 0.000 | 1 | 1 | 0.30 | 0.000 | 0 | 1 | 0.18 | 0.000 |
| 17 | 石川 | 3 | 3 | 0.43 | 0.000 | 1 | 0 | 0.21 | 0.000 | 0 | 0 | 0.00 | 0.000 |
| 18 | 福井 | 1 | 3 | 0.46 | 0.000 | 0 | 0 | 0.00 | 0.000 | 0 | 0 | 0.00 | 0.000 |
| 19 | 山梨 | 1 | 2 | 0.39 | 0.000 | 0 | 0 | 0.00 | 0.000 | 0 | 0 | 0.00 | 0.000 |
| 20 | 長野 | 6 | 11 | 0.52 | 0.006 | 0 | 1 | 0.29 | 0.000 | 0 | 0 | 0.00 | 0.000 |
| 21 | 岐阜 | 5 | 9 | 0.54 | 0.006 | 2 | 2 | 0.30 | 0.000 | 2 | 1 | 0.19 | 0.000 |
| 22 | 静岡 | 13 | 17 | 0.62 | 0.015 | 4 | 5 | 0.35 | 0.004 | 1 | 3 | 0.22 | 0.000 |
| 23 | 愛知 | 29 | 29 | 0.77 | 0.221 | 18 | 16 | 0.51 | 0.224 | 7 | 10 | 0.30 | 0.046 |
| 24 | 三重 | 21 | 19 | 0.69 | 0.068 | 6 | 4 | 0.34 | 0.003 | 2 | 2 | 0.19 | 0.000 |
| 25 | 滋賀 | 8 | 12 | 0.53 | 0.009 | 2 | 4 | 0.31 | 0.013 | 2 | 0 | 0.20 | 0.000 |
| 26 | 京都 | 5 | 7 | 0.49 | 0.001 | 2 | 0 | 0.30 | 0.000 | 0 | 0 | 0.00 | 0.000 |
| 27 | 大阪 | 16 | 19 | 0.66 | 0.096 | 3 | 5 | 0.31 | 0.013 | 0 | 3 | 0.21 | 0.000 |
| 28 | 兵庫 | 13 | 12 | 0.58 | 0.026 | 2 | 4 | 0.34 | 0.004 | 2 | 1 | 0.20 | 0.014 |
| 29 | 奈良 | 2 | 4 | 0.48 | 0.001 | 0 | 0 | 0.00 | 0.000 | 0 | 0 | 0.00 | 0.000 |
| 30 | 和歌山 | 1 | 2 | 0.45 | 0.000 | 0 | 0 | 0.00 | 0.000 | 0 | 0 | 0.00 | 0.000 |
| 31 | 鳥取 | 0 | 0 | 0.00 | 0.000 | 0 | 0 | 0.00 | 0.000 | 0 | 0 | 0.00 | 0.000 |
| 32 | 島根 | 1 | 2 | 0.38 | 0.000 | 1 | 0 | 0.22 | 0.000 | 0 | 0 | 0.00 | 0.000 |
| 33 | 岡山 | 10 | 9 | 0.55 | 0.026 | 2 | 2 | 0.31 | 0.020 | 0 | 0 | 0.00 | 0.000 |
| 34 | 広島 | 12 | 9 | 0.57 | 0.047 | 3 | 3 | 0.32 | 0.036 | 1 | 1 | 0.15 | 0.008 |
| 35 | 山口 | 8 | 3 | 0.50 | 0.002 | 1 | 0 | 0.22 | 0.000 | 0 | 0 | 0.11 | 0.000 |
| 36 | 徳島 | 0 | 2 | 0.44 | 0.000 | 0 | 1 | 0.29 | 0.000 | 0 | 1 | 0.18 | 0.000 |
| 37 | 香川 | 2 | 1 | 0.45 | 0.000 | 0 | 0 | 0.00 | 0.000 | 0 | 0 | 0.00 | 0.000 |
| 38 | 愛媛 | 1 | 1 | 0.42 | 0.000 | 0 | 0 | 0.00 | 0.000 | 0 | 0 | 0.00 | 0.000 |
| 39 | 高知 | 0 | 0 | 0.00 | 0.000 | 0 | 0 | 0.00 | 0.000 | 0 | 0 | 0.00 | 0.000 |
| 40 | 福岡 | 14 | 10 | 0.61 | 0.075 | 4 | 2 | 0.32 | 0.035 | 1 | 1 | 0.18 | 0.000 |
| 41 | 佐賀 | 4 | 5 | 0.50 | 0.002 | 0 | 1 | 0.22 | 0.000 | 0 | 0 | 0.00 | 0.000 |
| 42 | 長崎 | 3 | 0 | 0.44 | 0.000 | 0 | 0 | 0.00 | 0.000 | 0 | 0 | 0.00 | 0.000 |
| 43 | 熊本 | 2 | 4 | 0.46 | 0.000 | 0 | 1 | 0.22 | 0.000 | 0 | 0 | 0.00 | 0.000 |
| 44 | 大分 | 5 | 0 | 0.47 | 0.000 | 1 | 0 | 0.22 | 0.000 | 0 | 0 | 0.00 | 0.000 |
| 45 | 宮崎 | 1 | 0 | 0.38 | 0.000 | 0 | 0 | 0.00 | 0.000 | 0 | 0 | 0.00 | 0.000 |
| 46 | 鹿児島 | 1 | 1 | 0.38 | 0.000 | 0 | 0 | 0.00 | 0.000 | 0 | 0 | 0.00 | 0.000 |
| 47 | 沖縄 | 1 | 0 | 0.38 | 0.000 | 0 | 0 | 0.00 | 0.000 | 0 | 0 | 0.00 | 0.000 |
| | 変動係数 | 1.05 | 0.99 | 0.28 | 2.26 | 1.70 | 1.55 | 0.77 | 3.68 | 2.06 | 2.07 | 1.16 | 3.28 |
| | 次数合計 | 305 | 305 | | | 89 | 89 | | | 38 | 38 | | |
| | 相関係数 | 0.90 | | | | 0.95 | | | | 0.71 | | | |

圏の生産拠点となっていることから、その中心性が高くなっていると推測することができる。

次に、1990年と2010年にかけての中心性の変化についてみてみると、やはりここでも、大都市圏内における中心性の平準化を確認することができる。この中心性の平準化が著しいのは東京圏であり、中でも突出していた栃木の次数は、隣接する埼玉、群馬、茨城などに分散しており、東京圏全体の中心性の改善に大きく貢献していることが分かる。そして2010年には、次数が中心地域から周辺地域に向けて、滑らかに低くなっていくという、いわゆる中心性の丘を確認することができる。したがって、中心性の平準化が起こるという予想は、この輸送用機械においても当てはまることが分かる。

その一方で、愛知を中心とする地域においても、中心性の平準化は進んでいるが、その次数の分散は比較的小さいことが分かり、特に10％水準における愛知の出力次数の高さは際立っている。この分散が小さい理由として、名古屋圏における工業用地価格の地域差が小さいことを挙げることができる。これまでにすでに確認してきた通り、東京圏と比較して、名古屋圏の工業用地価格の地域差は小さく、製造工場が名古屋圏の中心地域に立地したとしても、その工業用地取得にかかる費用はそれほど増えることはない。したがって、工業用地の取得費用の地域差が小さいことが、この愛知という特定の地域に対して、多くの工場が集中する要因になっていると推測できる。

以上のことから、中心性の高さを縦軸で表し、中心地から周辺地域までの距離を横軸で表して、その中心性の高さの空間的な変化をグラフに描くとき、そのグラフの形状はベル型になると予想される。そして、東京圏においては、そのベル型のグラフの形状は、広い範囲に渡ってなだらかに広がっているのに対し、名古屋圏のベル型のグラフは中心地において高くなり、その裾野の拡がりは空間的に限られたものになる。

そこでこの東京圏のように、中心性の空間的な変化を表すベル型のグラフの歪度が高くなることを、過密都市圏における中心性の低尖度化と呼び、この名古屋圏のように、ベル型の尖度が高くなることを、非過密都市圏における中心性の高尖度化と呼ぶことにしよう。

この愛知の中心性の高い尖度は、媒介性による中心性の高さにも表れている。この媒介性による中心性は、高い入力次数と高い出力次数を同時に有する地域に

おいて高くなることから、それだけ地域間取引ネットワークの中心に位置することを表すことになる。1975年当時においては、1％水準では大阪、10％水準では神奈川の中心性の方が高かったのに対し、2010年にはすべての水準において、愛知の中心性が突出して高くなっている。これにより、輸送用機械工業の取引ネットワークの中心は愛知であるということができ、この愛知という単独の地域における中心性の突出は、非過密都市圏における中心性の高尖度化の影響を受けた結果であると考えられる。

## 部分ネットワークの分析

次に、①大都市圏内の取引ネットワークの分析についてみてみよう。まず東京圏については、中心性の平準化の影響もあり、千葉を除くすべての地域のクリーク数が均等になっている。しかし、その反面、東京圏全域で中心性が低下し、東京、神奈川、埼玉のクリーク数は1975年から2010年までに半減しており、中心性の平準化よりも、その取引ネットワークの衰退の方が目立つ結果となっている。

これに対して、名古屋圏のすべての県でクリーク数が増加しており、中でも三重のクリーク数の増加が顕著である[27]。この三重と滋賀における中心性とクリーク数の増加については、取引ネットワークにおける地理的優位性を有する地域として、すでに分析してきた通りであるが、この三重と滋賀の特有の地理的優位性とは、重心の中心化と関連が深い。つまり、愛知は日本国土における人口や所得、産業の分布の重心となっていることから、地域間取引ネットワークの中心となることが合理的に理解される。これは日本国土という広い視野からみた場合の、分布の重心が中心化することを意味しており、これを大域的な重心の中心化と呼ぶことができる。

これに対して、東京圏や他の地方都市圏を除いて、名古屋圏と大阪圏という2つだけの都市圏に絞った、比較的狭い範囲での人口や所得、産業の分布について考えるとき、三重と滋賀は、その重心に当たることが分かる。そして、この三重と滋賀の中心性が高く、クリーク数が増加したのは、その重心の中心化の結果であると考えることができ、これを局所的な重心の中心化として、大域的な重心の

---

[27] 愛知の輸送用機械工業の取引ネットワークの研究には、宇山（2007）と辺紅国（2006）が挙げられる。

図116　輸送用機械工業のネットワーク（1975、1％）

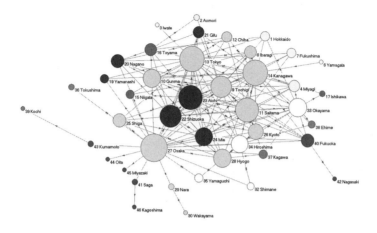

図117　輸送用機械工業のネットワーク（1975、5％）

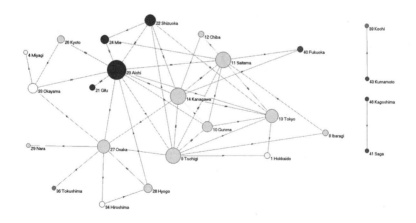

第6章 地域間ネットワークの分析 275

図118 輸送用機械工業のネットワーク（1975、10%）

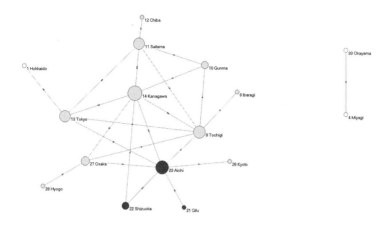

図119 輸送用機械工業のネットワーク（1990、1%）

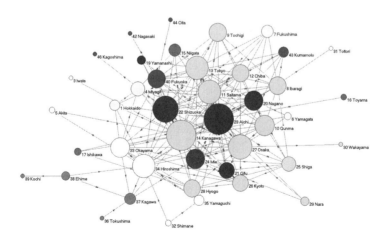

図120　輸送用機械工業のネットワーク（1990、5％）

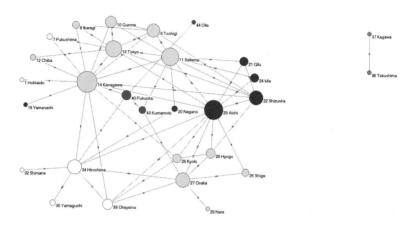

図121　輸送用機械工業のネットワーク（1990、10％）

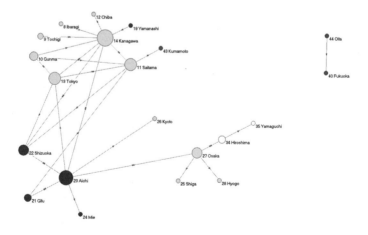

第6章 地域間ネットワークの分析 277

図122 輸送用機械工業のネットワーク（2010、1％）

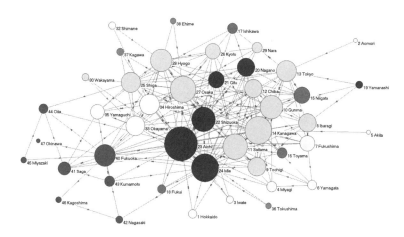

図123 輸送用機械工業のネットワーク（2010、5％）

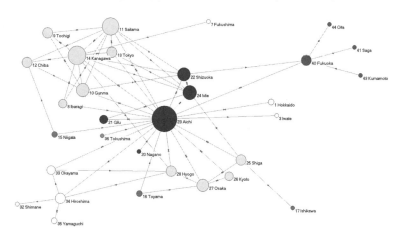

図124 輸送用機械工業のネットワーク (2010、10%)

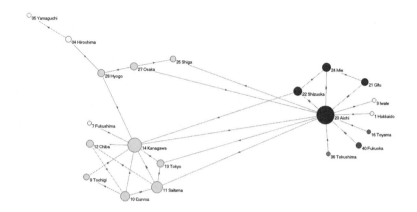

中心化とは区別することができる。結局、この大域的と局所的とは相対的な概念であり、国を大域的と考えれば、県が局所的になり、また県を大域的と考えれば、市町村が局所的になることから、この重心の中心化は、様々な空間的な拡がりの中で、重層的に作用すると考えられる。

　次に、大阪圏についてみてみると、クリーク数が突出しているのは大阪のみであり、それに隣接する兵庫でもそれほど大きな伸びはなく、三重のクリーク数の伸びの方が目立っている。これは大都市圏において地域の諸活動がそれほど過密的に行われていない場合に、その諸活動の多くが中心地域で行われるという、非過密都市圏における中心性の高尖度化と結果であると解釈することができ、また、同様の傾向は愛知についても確認することができる。これについては、大阪圏と名古屋圏という2大都市圏において、今後クリーク数が減少し、圏内取引ネットワークが衰退していく可能性を示唆していることから、GD2050の中心となるSMRの発展を考えていく上で、非常に憂慮すべき現象であるといえる。

　次に、③地方都市圏の取引ネットワークについてみてみよう。まず仙台圏については、ほとんど域内の取引ネットワークが存在していないことが分かる。もし地域間取引がなされていれば、少なからず地域間で構成されるクリーク数に現れることから、輸送用機械工業の地域間取引はほとんどなされていないといっても過言ではないだろう。これとは対照的に、近年、福岡圏の地域間取引ネットワー

表62　大都市圏内のネットワークのクリークの数（輸送用機械工業）

| | 水準 | 年代 | 茨城 | 栃木 | 群馬 | 埼玉 | 千葉 | 東京 | 神奈川 |
|---|---|---|---|---|---|---|---|---|---|
| 東京 | 1% | 1975年 | 1 | 9 | 4 | 15 | 2 | 26 | 16 |
| | | 1990年 | 2 | 2 | 6 | 13 | 4 | 16 | 16 |
| | | 2010年 | 4 | 4 | 7 | 7 | 0 | 13 | 8 |
| | 5% | 1975年 | 0 | 3 | 1 | 1 | 0 | 3 | 2 |
| | | 1990年 | 1 | 3 | 1 | 3 | 1 | 6 | 6 |
| | | 2010年 | 0 | 0 | 0 | 1 | 0 | 1 | 1 |
| | 10% | 1975年 | 0 | 2 | 0 | 1 | 0 | 2 | 2 |
| | | 1990年 | 0 | 0 | 1 | 2 | 0 | 3 | 3 |
| | | 2010年 | 0 | 0 | 0 | 1 | 0 | 1 | 1 |

| | 水準 | 年代 | 新潟 | 長野 | 岐阜 | 静岡 | 愛知 | 三重 | 滋賀 |
|---|---|---|---|---|---|---|---|---|---|
| 愛知 | 1% | 1975年 | 2 | 0 | 2 | 11 | 22 | 5 | 2 |
| | | 1990年 | 0 | 7 | 3 | 25 | 37 | 11 | 6 |
| | | 2010年 | 2 | 7 | 5 | 31 | 53 | 40 | 6 |
| | 5% | 1975年 | 0 | 0 | 0 | 2 | 8 | 2 | 0 |
| | | 1990年 | 0 | 0 | 1 | 3 | 10 | 1 | 1 |
| | | 2010年 | 1 | 0 | 1 | 3 | 13 | 4 | 2 |
| | 10% | 1975年 | 0 | 0 | 0 | 1 | 3 | 0 | 0 |
| | | 1990年 | 0 | 0 | 0 | 1 | 1 | 0 | 0 |
| | | 2010年 | 0 | 0 | 1 | 2 | 5 | 2 | 1 |

| | 水準 | 年代 | 三重 | 滋賀 | 京都 | 大阪 | 兵庫 | 奈良 | 和歌山 |
|---|---|---|---|---|---|---|---|---|---|
| 大阪 | 1% | 1975年 | 5 | 2 | 6 | 25 | 7 | 0 | 0 |
| | | 1990年 | 7 | 4 | 6 | 19 | 2 | 1 | 0 |
| | | 2010年 | 15 | 5 | 2 | 24 | 9 | 2 | 1 |
| | 5% | 1975年 | 0 | 0 | 0 | 4 | 2 | 0 | 0 |
| | | 1990年 | 0 | 1 | 0 | 3 | 1 | 0 | 0 |
| | | 2010年 | 0 | 1 | 1 | 2 | 0 | 0 | 0 |
| | 10% | 1975年 | 0 | 0 | 0 | 1 | 0 | 0 | 0 |
| | | 1990年 | 0 | 0 | 0 | 0 | 0 | 0 | 0 |
| | | 2010年 | 0 | 1 | 0 | 1 | 0 | 0 | 0 |

表63 地方都市圏内のネットワークのクリークの数（輸送用機械工業）

| | 水準 | 年代 | 茨城 | 栃木 | 群馬 | 埼玉 | 千葉 | 東京 | 神奈川 |
|---|---|---|---|---|---|---|---|---|---|
| 東京 | 1% | 1975年 | 1 | 9 | 4 | 15 | 2 | 26 | 16 |
| | | 1990年 | 2 | 2 | 6 | 13 | 4 | 16 | 16 |
| | | 2010年 | 4 | 4 | 7 | 7 | 0 | 13 | 8 |
| | 5% | 1975年 | 0 | 3 | 1 | 1 | 0 | 3 | 2 |
| | | 1990年 | 1 | 3 | 1 | 3 | 1 | 6 | 6 |
| | | 2010年 | 0 | 0 | 0 | 1 | 0 | 1 | 1 |
| | 10% | 1975年 | 0 | 2 | 0 | 1 | 0 | 2 | 2 |
| | | 1990年 | 0 | 0 | 1 | 2 | 0 | 3 | 3 |
| | | 2010年 | 0 | 0 | 0 | 1 | 0 | 1 | 1 |

| | 水準 | 年代 | 新潟 | 長野 | 岐阜 | 静岡 | 愛知 | 三重 | 滋賀 |
|---|---|---|---|---|---|---|---|---|---|
| 愛知 | 1% | 1975年 | 2 | 0 | 2 | 11 | 22 | 5 | 2 |
| | | 1990年 | 0 | 7 | 3 | 25 | 37 | 11 | 6 |
| | | 2010年 | 2 | 7 | 5 | 31 | 53 | 40 | 6 |
| | 5% | 1975年 | 0 | 0 | 0 | 2 | 8 | 2 | 0 |
| | | 1990年 | 0 | 0 | 1 | 3 | 10 | 1 | 1 |
| | | 2010年 | 1 | 0 | 1 | 3 | 13 | 4 | 2 |
| | 10% | 1975年 | 0 | 0 | 0 | 1 | 3 | 0 | 0 |
| | | 1990年 | 0 | 0 | 0 | 1 | 1 | 0 | 0 |
| | | 2010年 | 0 | 0 | 1 | 2 | 5 | 2 | 1 |

| | 水準 | 年代 | 三重 | 滋賀 | 京都 | 大阪 | 兵庫 | 奈良 | 和歌山 |
|---|---|---|---|---|---|---|---|---|---|
| 大阪 | 1% | 1975年 | 5 | 2 | 6 | 25 | 7 | 0 | 0 |
| | | 1990年 | 7 | 4 | 6 | 19 | 2 | 1 | 0 |
| | | 2010年 | 15 | 5 | 2 | 24 | 9 | 2 | 1 |
| | 5% | 1975年 | 0 | 0 | 0 | 4 | 2 | 0 | 0 |
| | | 1990年 | 0 | 1 | 0 | 3 | 1 | 0 | 0 |
| | | 2010年 | 0 | 1 | 1 | 4 | 1 | 0 | 0 |
| | 10% | 1975年 | 0 | 0 | 0 | 1 | 0 | 0 | 0 |
| | | 1990年 | 0 | 0 | 0 | 0 | 0 | 0 | 0 |
| | | 2010年 | 0 | 1 | 0 | 1 | 0 | 0 | 0 |

表64 大都市圏・地方都市圏間のネットワークのクリークの数（輸送用機械工業）

| | 水準 | 年代 | 仙台圏 | 東京圏 | 名古屋圏 | 大阪圏 | 広島圏 | 福岡県 |
|---|---|---|---|---|---|---|---|---|
| 東京圏 | 1% | 1975年 | 6 | 123 | 78 | 60 | 35 | 6 |
| | | 1990年 | 7 | 123 | 125 | 35 | 29 | 19 |
| | | 2010年 | 10 | 121 | 124 | 42 | 11 | 13 |
| | 5% | 1975年 | 0 | 22 | 9 | 1 | 0 | 2 |
| | | 1990年 | 0 | 35 | 15 | 1 | 4 | 1 |
| | | 2010年 | 0 | 25 | 14 | 1 | 0 | 0 |
| | 10% | 1975年 | 0 | 14 | 5 | 1 | 0 | 0 |
| | | 1990年 | 0 | 15 | 7 | 0 | 0 | 0 |
| | | 2010年 | 0 | 14 | 5 | 0 | 0 | 0 |
| 名古屋圏 | 1% | 1975年 | 2 | 78 | 54 | 46 | 14 | 2 |
| | | 1990年 | 7 | 125 | 95 | 50 | 33 | 18 |
| | | 2010年 | 3 | 124 | 132 | 60 | 28 | 32 |
| | 5% | 1975年 | 0 | 9 | 12 | 5 | 2 | 0 |
| | | 1990年 | 0 | 15 | 20 | 9 | 5 | 0 |
| | | 2010年 | 0 | 14 | 21 | 8 | 2 | 2 |
| | 10% | 1975年 | 0 | 5 | 5 | 1 | 0 | 0 |
| | | 1990年 | 0 | 7 | 4 | 0 | 0 | 0 |
| | | 2010年 | 0 | 5 | 11 | 1 | 0 | 0 |
| 大阪圏 | 1% | 1975年 | 0 | 60 | 46 | 53 | 24 | 2 |
| | | 1990年 | 1 | 35 | 49 | 40 | 16 | 7 |
| | | 2010年 | 0 | 41 | 58 | 57 | 24 | 9 |
| | 5% | 1975年 | 0 | 1 | 5 | 9 | 4 | 0 |
| | | 1990年 | 0 | 1 | 9 | 10 | 3 | 0 |
| | | 2010年 | 0 | 1 | 8 | 10 | 2 | 0 |
| | 10% | 1975年 | 0 | 1 | 1 | 1 | 0 | 0 |
| | | 1990年 | 0 | 0 | 0 | 0 | 0 | 0 |
| | | 2010年 | 0 | 0 | 1 | 1 | 0 | 0 |

図125 輸送用機械工業のクリーク構造（1975、1％）

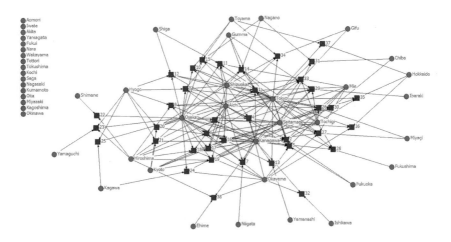

図126 輸送用機械工業のクリーク構造（1975、5％）

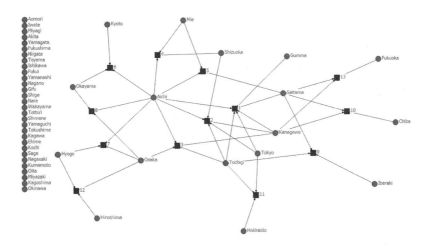

第6章 地域間ネットワークの分析　283

図127　輸送用機械工業のクリーク構造（1975、10%）

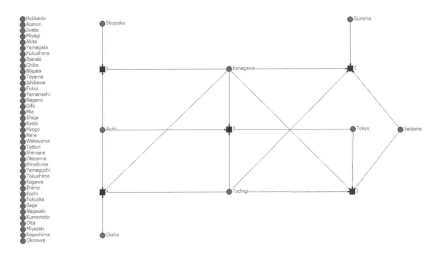

図128　輸送用機械工業のクリーク構造（1990、1%）

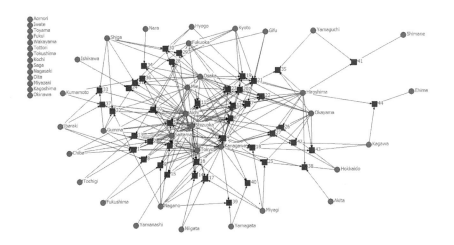

284

図129 輸送用機械工業のクリーク構造（1990、5％）

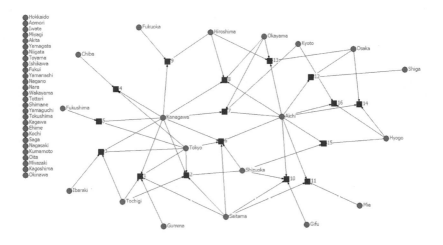

図130 輸送用機械工業のクリーク構造（1990、10％）

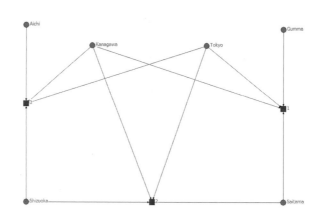

第6章 地域間ネットワークの分析 285

図131 輸送用機械工業のクリーク構造（2010、1％）

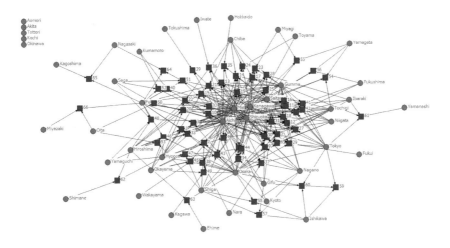

図132 輸送用機械工業のクリーク構造（2010、5％）

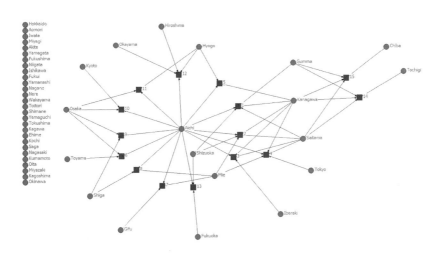

図133 輸送用機械工業のクリーク構造（2010、10%）

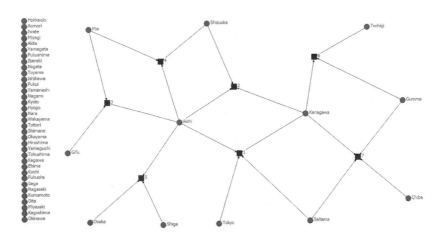

クが発展してきたことが分かる。この地域間取引ネットワークの発展は、日本のバブル経済が崩壊した後の、経済が停滞していた時期に発展したものと考えられ、そうした日本経済の悪条件が揃っていた中で、どのようにネットワークを発展させていったのかについては、非常に興味深いものがある[28]。

次に、広島圏について、広島にはマツダ（MAZDA）の本社と関連工場が点在していることから、他の工業と比較して、輸送用機械工業の地域間取引が多いことを予想できる。そこで、そのクリーク数について比較してみると、食料品工業と電気機械工業よりも多くなっているが、産業用機械工業よりは少なく、金属製品工業と同じくらいになっている。したがって、大企業を抱える地域では、その地方都市圏の取引ネットワークが発展する傾向にあり、ここでは特に、輸送用機械工業と関連が深い、産業用機械工業と金属製品工業の取引ネットワークと関連し合いながら発展してきた可能性がある[29]。

次に、②大都市圏間の取引ネットワークと、③大都市・地方都市圏間の取引ネットワークについて確認してみよう。まず大都市圏間の取引ネットワークにおい

---

[28] この福岡圏における輸送用機械工業に関する研究として、小川（1994）や藤川（2001）などがあり、地方における自動車工業の産業集積が成功した極めて希な事例を扱っている。
[29] この広島圏における輸送用機械工業の取引ネットワークについては、藤井（1992）が詳しい。

て気になるのは、東京圏と他の2大都市圏が構成するクリーク数の多さである。東京圏においては、特に2010年において、その東京圏を構成する県のクリーク数は、ほぼ半減していたにもかかわらず、東京圏と他の2大都市圏とのクリーク数は、1990年の水準とほとんど変わることなく維持されている。これは東京圏の取引ネットワークが変質したことを意味しており、全体としては圏内の取引ネットワークが解体されていく一方で、圏外との取引ネットワークが発展してきた様子をみてとることができる。

　そのような現象を引き起こす典型的な例として考えられるのは、輸送用機械工業の需要と供給において、需要の東部拡大によって需要が東京圏に集中し、かつ生産が他の2大都市に集中するとき、東京圏内の取引ネットワークが解体され、東京圏外との取引ネットワークが維持される場合である。その詳細については不明であるが、域外取引ネットワークと域内取引ネットワークの発展の仕方は、大都市圏ごとに独特な発展の仕方があると考えられ、それは時代と共に変化しうることに注意すべきである。

　また、この輸送用機械工業において、大都市・地方都市のクリーク数で気になる点がいくつかあり、一つには、域内ネットワークと域外ネットワークの関係である。つまり、広島圏と福岡県については、比較的輸送用機械工業が発達しており、仙台圏については輸送用機械工業が発達していなかった。このとき、それらの地方都市圏と、3大都市圏との取引ネットワークについてみてみると、地方都市圏内で取引ネットワークを発達させていた地方都市の方が、3大都市圏とのクリーク数が増加する傾向にあることが分かる。

　こうした傾向が現れる理由として、地方都市圏内において取引ネットワークが発達しているということは、それだけその地方都市圏内に、生産者や需要者が数多く立地しているということを意味することから、その分、大都市圏の企業との取引も増加する傾向になり、その結果として、地方都市圏と大都市圏との取引が増加すると推察される。したがって、地方都市圏において、その域内の取引ネットワークの発達と、域外の取引ネットワークの発達との間には、正の相関関係があることが推測され、この相関関係のことを域内・域外取引ネットワークの発展相関と呼び、この現象を地域取引ネットワークの発展の仕方の一形態として認識することにしよう。

　この相関関係は、①大都市圏内のネットワークおよび④地方都市圏内のネット

ワークという、域内ネットワークの発展が、②大都市圏間のネットワークおよび③大都市圏・地方都市圏間のネットワークという、域外ネットワークの発展と相関することを示唆している。そして、この相関関係において、より原因となり易いのは、域内ネットワークの発展であり、より結果となり易いのは、域間ネットワークの発展であると思われる。なぜなら、域内ネットワークが発達しているということは、それだけより多くの生産と消費がなされているということであり、それだけ域外との取引も増大する傾向にあるからである。この域内・域外取引ネットワークの発展相関は、4種類のネットワークの因果関係について考える上で、非常に重要な現象として注目すべきである。

また、この域内・域外取引ネットワークの相関は、GD2050について検討していく上でも重要な現象になる。なぜならGD2050において、「コンパクト＋ネットワーク」というキーワードの下に、国土のグランドデザインを描いてみたものの、如何にしてそのネットワークの発展させていくのかについて、その政策の概要も、具体的な方途も示されていないのが実状だからある。しかし、この広島圏の例を鑑みれば、特定の産業を発展させることにより、その地方都市圏での取引ネットワークが発展し、さらには大都市圏との取引ネットワークも発展することが期待され、その地方都市圏における特定の工業の発展と特化が、この域内・域外取引ネットワークの発展相関により、全国的な取引ネットワークの発展につながると予想されるからである。

したがって、地域間取引ネットワークの発展をもたらす重要な要因の一つとして、地域の特定の工業への特化と発展を挙げることができ、これを地方都市圏において押し進めることによって、地方都市圏内の取引ネットワークの発展のみならず、大都市圏との取引ネットワークの発展も期待することができる。したがって、地方都市圏における工業政策は、国土の横断的な取引ネットワーク形成とは、一見して関わりのないように思えるかもしれないが、それはGD2050を実現していく上で、最も期待することのできる地域政策の一つになるに違いない。

〈要点〉
・次数が中心地域から周辺地域に向けて、滑らかに低くなっていくという中心性の丘を確認することができた。
・諸活動の空間的な過密化から、中心性の空間的な変化を表すベル型のグラフの

歪度が高くなる、過密都市圏における中心性の低尖度化を確認することができた。
- 逆に、諸活動の空間的な非過密化から、中心性の空間的な変化を表すベル型のグラフの尖度が高くなる、非過密都市圏における中心性の高尖度化を確認することができた。
- 分布の重心の中心化は、大域的な重心の中心化と局所的な重心の中心化とに分けることができる。
- その域内の取引ネットワークの発達と、域外の取引ネットワークの発達との間には、正の相関関係があり、これを域内・域外取引ネットワークの発展相関と呼ぶ。

## 金属製品工業の取引ネットワーク

次に、金属製品工業の取引ネットワークについて分析していく。この金属製品工業が、他の工業と異なるところは、他の工業が完成品を多く生産するのに対し、金属製品工業の生産物は、完成品を構成する部品・部材などの、生産工程の中間財として用いられる生産物が多いというところである。したがって、他の工業との産業連関が強く、他の工業の立地地域に影響を受けることが予想される。

## 中心性の分析

まず、次数による中心性についてみてみると、1975年当時は、他の工業と同じように、3大都市圏において中心性が高くっており、それから1990年、2010年にかけて、大都市圏内と大都市圏間において、周辺地域に向けた中心性の平準化が起こっている。中でも、大阪の中心性の高さが際立っており、この大阪の中心性の高さは、入力次数よりも出力次数の方が高く、それは流動量が大きくなるほど顕著になる傾向にある。これは大阪が金属製品工業の移出元として中心性が高いことを意味し、大阪が地域間取引ネットワークの中心にあるだけでなく、その中心地域として、多くの出力線を伸ばしていることになる。

この2010年において、大阪がこれだけの高い中心性を維持していることは特筆すべきことである。この大阪の中心性が突出している他の例として挙げられるの

## 表65 金属機械工業の中心性分析 (1975)

| 1975年 | | 1％水準 | | | | 5％水準 | | | | 10％水準 | | | |
|---|---|---|---|---|---|---|---|---|---|---|---|---|---|
| | | 入力次数 | 出力次数 | 近接性 | 媒介性 | 入力次数 | 出力次数 | 近接性 | 媒介性 | 入力次数 | 出力次数 | 近接性 | 媒介性 |
| 1 | 北海道 | 7 | 2 | 0.52 | 0.000 | 1 | 0 | 0.26 | 0.000 | 0 | 0 | 0.00 | 0.000 |
| 2 | 青森 | 6 | 2 | 0.52 | 0.007 | 1 | 0 | 0.22 | 0.000 | 0 | 0 | 0.00 | 0.000 |
| 3 | 岩手 | 2 | 0 | 0.37 | 0.000 | 1 | 0 | 0.22 | 0.000 | 1 | 0 | 0.04 | 0.000 |
| 4 | 宮城 | 8 | 6 | 0.58 | 0.020 | 1 | 5 | 0.31 | 0.037 | 0 | 2 | 0.06 | 0.000 |
| 5 | 秋田 | 5 | 1 | 0.51 | 0.041 | 1 | 0 | 0.22 | 0.000 | 0 | 0 | 0.00 | 0.000 |
| 6 | 山形 | 4 | 1 | 0.42 | 0.001 | 1 | 0 | 0.22 | 0.000 | 1 | 0 | 0.04 | 0.000 |
| 7 | 福島 | 6 | 4 | 0.44 | 0.001 | 0 | 0 | 0.00 | 0.000 | 0 | 0 | 0.00 | 0.000 |
| 8 | 茨城 | 9 | 7 | 0.53 | 0.002 | 3 | 2 | 0.26 | 0.000 | 0 | 1 | 0.14 | 0.000 |
| 9 | 栃木 | 10 | 6 | 0.53 | 0.004 | 1 | 1 | 0.23 | 0.000 | 0 | 1 | 0.14 | 0.000 |
| 10 | 群馬 | 8 | 5 | 0.52 | 0.000 | 2 | 3 | 0.24 | 0.009 | 0 | 0 | 0.00 | 0.000 |
| 11 | 埼玉 | 11 | 16 | 0.61 | 0.013 | 4 | 6 | 0.32 | 0.014 | 2 | 3 | 0.15 | 0.000 |
| 12 | 千葉 | 8 | 24 | 0.67 | 0.037 | 3 | 6 | 0.32 | 0.009 | 3 | 2 | 0.15 | 0.000 |
| 13 | 東京 | 20 | 17 | 0.67 | 0.138 | 8 | 5 | 0.35 | 0.043 | 6 | 4 | 0.21 | 0.032 |
| 14 | 神奈川 | 17 | 17 | 0.64 | 0.067 | 8 | 8 | 0.38 | 0.060 | 5 | 3 | 0.17 | 0.007 |
| 15 | 新潟 | 6 | 10 | 0.54 | 0.002 | 0 | 1 | 0.25 | 0.000 | 0 | 1 | 0.12 | 0.000 |
| 16 | 富山 | 4 | 9 | 0.54 | 0.003 | 1 | 0 | 0.26 | 0.000 | 0 | 0 | 0.00 | 0.000 |
| 17 | 石川 | 1 | 0 | 0.46 | 0.000 | 0 | 0 | 0.00 | 0.000 | 0 | 0 | 0.00 | 0.000 |
| 18 | 福井 | 2 | 0 | 0.46 | 0.000 | 0 | 0 | 0.00 | 0.000 | 0 | 0 | 0.00 | 0.000 |
| 19 | 山梨 | 3 | 1 | 0.42 | 0.000 | 0 | 0 | 0.00 | 0.000 | 0 | 0 | 0.00 | 0.000 |
| 20 | 長野 | 8 | 5 | 0.52 | 0.001 | 1 | 0 | 0.25 | 0.000 | 0 | 0 | 0.00 | 0.000 |
| 21 | 岐阜 | 8 | 6 | 0.52 | 0.003 | 1 | 1 | 0.26 | 0.000 | 0 | 1 | 0.12 | 0.000 |
| 22 | 静岡 | 11 | 12 | 0.59 | 0.015 | 2 | 2 | 0.31 | 0.001 | 1 | 2 | 0.15 | 0.002 |
| 23 | 愛知 | 14 | 22 | 0.66 | 0.039 | 6 | 11 | 0.41 | 0.108 | 3 | 2 | 0.17 | 0.013 |
| 24 | 三重 | 6 | 6 | 0.52 | 0.001 | 3 | 1 | 0.30 | 0.002 | 0 | 0 | 0.00 | 0.000 |
| 25 | 滋賀 | 4 | 10 | 0.52 | 0.003 | 2 | 2 | 0.30 | 0.000 | 0 | 1 | 0.15 | 0.000 |
| 26 | 京都 | 6 | 3 | 0.52 | 0.000 | 0 | 0 | 0.29 | 0.000 | 1 | 0 | 0.15 | 0.000 |
| 27 | 大阪 | 21 | 37 | 0.85 | 0.298 | 9 | 11 | 0.41 | 0.106 | 5 | 5 | 0.23 | 0.044 |
| 28 | 兵庫 | 11 | 19 | 0.64 | 0.055 | 2 | 5 | 0.32 | 0.026 | 2 | 3 | 0.17 | 0.011 |
| 29 | 奈良 | 2 | 1 | 0.46 | 0.000 | 0 | 1 | 0.26 | 0.000 | 0 | 1 | 0.15 | 0.000 |
| 30 | 和歌山 | 2 | 0 | 0.46 | 0.000 | 2 | 0 | 0.27 | 0.000 | 2 | 0 | 0.16 | 0.000 |
| 31 | 鳥取 | 3 | 0 | 0.47 | 0.000 | 0 | 0 | 0.00 | 0.000 | 0 | 0 | 0.00 | 0.000 |
| 32 | 島根 | 0 | 2 | 0.46 | 0.000 | 0 | 0 | 0.00 | 0.000 | 0 | 0 | 0.00 | 0.000 |
| 33 | 岡山 | 3 | 2 | 0.47 | 0.000 | 2 | 1 | 0.27 | 0.000 | 0 | 0 | 0.00 | 0.000 |
| 34 | 広島 | 12 | 3 | 0.56 | 0.016 | 5 | 0 | 0.29 | 0.000 | 1 | 0 | 0.12 | 0.000 |
| 35 | 山口 | 2 | 4 | 0.48 | 0.000 | 0 | 0 | 0.00 | 0.000 | 0 | 0 | 0.00 | 0.000 |
| 36 | 徳島 | 1 | 0 | 0.46 | 0.000 | 0 | 0 | 0.00 | 0.000 | 0 | 0 | 0.00 | 0.000 |
| 37 | 香川 | 3 | 5 | 0.48 | 0.011 | 1 | 1 | 0.22 | 0.013 | 0 | 1 | 0.12 | 0.000 |
| 38 | 愛媛 | 4 | 2 | 0.47 | 0.000 | 0 | 2 | 0.21 | 0.000 | 0 | 0 | 0.00 | 0.000 |
| 39 | 高知 | 0 | 0 | 0.00 | 0.000 | 0 | 0 | 0.00 | 0.000 | 0 | 0 | 0.00 | 0.000 |
| 40 | 福岡 | 13 | 13 | 0.61 | 0.134 | 1 | 3 | 0.27 | 0.009 | 0 | 0 | 0.00 | 0.000 |
| 41 | 佐賀 | 1 | 1 | 0.38 | 0.000 | 0 | 0 | 0.00 | 0.000 | 0 | 0 | 0.00 | 0.000 |
| 42 | 長崎 | 2 | 1 | 0.38 | 0.000 | 1 | 0 | 0.20 | 0.000 | 0 | 0 | 0.00 | 0.000 |
| 43 | 熊本 | 2 | 0 | 0.47 | 0.000 | 0 | 0 | 0.00 | 0.000 | 0 | 0 | 0.00 | 0.000 |
| 44 | 大分 | 3 | 1 | 0.49 | 0.023 | 0 | 0 | 0.00 | 0.000 | 0 | 0 | 0.00 | 0.000 |
| 45 | 宮崎 | 3 | 0 | 0.48 | 0.000 | 0 | 0 | 0.00 | 0.000 | 0 | 0 | 0.00 | 0.000 |
| 46 | 鹿児島 | 3 | 1 | 0.48 | 0.000 | 0 | 0 | 0.00 | 0.000 | 0 | 0 | 0.00 | 0.000 |
| 47 | 沖縄 | 1 | 0 | 0.40 | 0.000 | 0 | 0 | 0.00 | 0.000 | 0 | 0 | 0.00 | 0.000 |
| | 変動係数 | 0.83 | 1.29 | 0.23 | 2.57 | 1.39 | 1.69 | 0.73 | 2.60 | 2.08 | 1.73 | 1.23 | 3.50 |
| | 次数合計 | 286 | 286 | | | 76 | 76 | | | 33 | 33 | | |
| | 相関係数 | 0.82 | | | | 0.77 | | | | 0.82 | | | |

表66 金属機械工業の中心性分析（1990）

| 1975年 | | 1％水準 | | | | 5％水準 | | | | 10％水準 | | | |
|---|---|---|---|---|---|---|---|---|---|---|---|---|---|
| | | 入力次数 | 出力次数 | 近接性 | 媒介性 | 入力次数 | 出力次数 | 近接性 | 媒介性 | 入力次数 | 出力次数 | 近接性 | 媒介性 |
| 1 | 北海道 | 8 | 4 | 0.55 | 0.003 | 2 | 0 | 0.36 | 0.000 | 0 | 0 | 0.00 | 0.000 |
| 2 | 青森 | 3 | 1 | 0.44 | 0.000 | 0 | 1 | 0.23 | 0.000 | 0 | 0 | 0.00 | 0.000 |
| 3 | 岩手 | 6 | 5 | 0.48 | 0.027 | 1 | 2 | 0.31 | 0.017 | 0 | 0 | 0.00 | 0.000 |
| 4 | 宮城 | 11 | 6 | 0.58 | 0.019 | 2 | 0 | 0.31 | 0.000 | 0 | 0 | 0.00 | 0.000 |
| 5 | 秋田 | 2 | 3 | 0.43 | 0.002 | 0 | 0 | 0.00 | 0.000 | 0 | 0 | 0.00 | 0.000 |
| 6 | 山形 | 8 | 2 | 0.55 | 0.002 | 1 | 0 | 0.30 | 0.000 | 0 | 0 | 0.00 | 0.000 |
| 7 | 福島 | 10 | 4 | 0.54 | 0.003 | 1 | 0 | 0.34 | 0.000 | 0 | 0 | 0.00 | 0.000 |
| 8 | 茨城 | 8 | 11 | 0.56 | 0.001 | 5 | 4 | 0.35 | 0.001 | 3 | 2 | 0.18 | 0.000 |
| 9 | 栃木 | 9 | 10 | 0.57 | 0.005 | 1 | 4 | 0.35 | 0.000 | 1 | 3 | 0.17 | 0.000 |
| 10 | 群馬 | 9 | 16 | 0.63 | 0.017 | 2 | 6 | 0.34 | 0.029 | 2 | 1 | 0.16 | 0.034 |
| 11 | 埼玉 | 18 | 18 | 0.65 | 0.084 | 7 | 11 | 0.45 | 0.118 | 2 | 6 | 0.19 | 0.042 |
| 12 | 千葉 | 13 | 16 | 0.61 | 0.027 | 8 | 6 | 0.46 | 0.067 | 5 | 3 | 0.23 | 0.013 |
| 13 | 東京 | 20 | 17 | 0.69 | 0.051 | 11 | 5 | 0.44 | 0.062 | 6 | 3 | 0.22 | 0.023 |
| 14 | 神奈川 | 19 | 21 | 0.70 | 0.069 | 10 | 6 | 0.43 | 0.062 | 6 | 4 | 0.19 | 0.024 |
| 15 | 新潟 | 9 | 12 | 0.58 | 0.025 | 1 | 3 | 0.35 | 0.001 | 1 | 2 | 0.21 | 0.034 |
| 16 | 富山 | 3 | 11 | 0.57 | 0.003 | 0 | 1 | 0.25 | 0.000 | 0 | 0 | 0.00 | 0.000 |
| 17 | 石川 | 4 | 6 | 0.54 | 0.001 | 1 | 2 | 0.37 | 0.005 | 0 | 0 | 0.00 | 0.000 |
| 18 | 福井 | 3 | 1 | 0.50 | 0.001 | 2 | 0 | 0.37 | 0.000 | 0 | 0 | 0.00 | 0.000 |
| 19 | 山梨 | 2 | 1 | 0.46 | 0.000 | 0 | 1 | 0.28 | 0.000 | 0 | 0 | 0.00 | 0.000 |
| 20 | 長野 | 10 | 6 | 0.55 | 0.002 | 1 | 1 | 0.31 | 0.000 | 0 | 0 | 0.00 | 0.000 |
| 21 | 岐阜 | 9 | 4 | 0.55 | 0.001 | 3 | 1 | 0.34 | 0.017 | 2 | 1 | 0.19 | 0.000 |
| 22 | 静岡 | 17 | 10 | 0.62 | 0.048 | 6 | 2 | 0.40 | 0.021 | 2 | 0 | 0.20 | 0.000 |
| 23 | 愛知 | 15 | 16 | 0.61 | 0.029 | 7 | 7 | 0.45 | 0.075 | 5 | 6 | 0.27 | 0.048 |
| 24 | 三重 | 7 | 7 | 0.55 | 0.002 | 2 | 3 | 0.39 | 0.001 | 2 | 2 | 0.19 | 0.005 |
| 25 | 滋賀 | 6 | 9 | 0.55 | 0.005 | 3 | 4 | 0.39 | 0.004 | 2 | 1 | 0.20 | 0.002 |
| 26 | 京都 | 6 | 12 | 0.58 | 0.007 | 3 | 4 | 0.41 | 0.003 | 2 | 2 | 0.20 | 0.010 |
| 27 | 大阪 | 28 | 35 | 0.85 | 0.333 | 9 | 17 | 0.54 | 0.198 | 4 | 8 | 0.29 | 0.036 |
| 28 | 兵庫 | 15 | 26 | 0.74 | 0.107 | 6 | 9 | 0.48 | 0.103 | 2 | 3 | 0.22 | 0.016 |
| 29 | 奈良 | 2 | 4 | 0.51 | 0.000 | 1 | 1 | 0.34 | 0.000 | 0 | 1 | 0.17 | 0.000 |
| 30 | 和歌山 | 3 | 1 | 0.48 | 0.000 | 1 | 0 | 0.34 | 0.000 | 0 | 0 | 0.00 | 0.000 |
| 31 | 鳥取 | 2 | 1 | 0.37 | 0.000 | 1 | 0 | 0.27 | 0.000 | 0 | 0 | 0.00 | 0.000 |
| 32 | 島根 | 5 | 2 | 0.49 | 0.023 | 0 | 0 | 0.00 | 0.000 | 0 | 0 | 0.00 | 0.000 |
| 33 | 岡山 | 9 | 7 | 0.56 | 0.029 | 2 | 2 | 0.38 | 0.014 | 0 | 1 | 0.14 | 0.000 |
| 34 | 広島 | 9 | 13 | 0.58 | 0.029 | 4 | 2 | 0.39 | 0.035 | 0 | 3 | 0.20 | 0.000 |
| 35 | 山口 | 6 | 4 | 0.52 | 0.003 | 0 | 0 | 0.00 | 0.000 | 0 | 0 | 0.00 | 0.000 |
| 36 | 徳島 | 4 | 3 | 0.50 | 0.005 | 1 | 1 | 0.32 | 0.008 | 0 | 0 | 0.00 | 0.000 |
| 37 | 香川 | 5 | 5 | 0.53 | 0.028 | 2 | 3 | 0.33 | 0.040 | 0 | 2 | 0.12 | 0.000 |
| 38 | 愛媛 | 4 | 2 | 0.50 | 0.005 | 1 | 1 | 0.32 | 0.008 | 1 | 1 | 0.16 | 0.008 |
| 39 | 高知 | 1 | 2 | 0.48 | 0.004 | 1 | 1 | 0.24 | 0.000 | 1 | 0 | 0.10 | 0.000 |
| 40 | 福岡 | 16 | 16 | 0.66 | 0.164 | 4 | 3 | 0.40 | 0.044 | 1 | 0 | 0.04 | 0.000 |
| 41 | 佐賀 | 3 | 3 | 0.51 | 0.003 | 1 | 1 | 0.28 | 0.000 | 0 | 0 | 0.00 | 0.000 |
| 42 | 長崎 | 1 | 3 | 0.49 | 0.000 | 0 | 1 | 0.28 | 0.000 | 0 | 0 | 0.00 | 0.000 |
| 43 | 熊本 | 4 | 4 | 0.52 | 0.000 | 1 | 0 | 0.34 | 0.000 | 0 | 0 | 0.00 | 0.000 |
| 44 | 大分 | 2 | 1 | 0.46 | 0.000 | 0 | 1 | 0.28 | 0.000 | 0 | 0 | 0.00 | 0.000 |
| 45 | 宮崎 | 2 | 3 | 0.47 | 0.001 | 0 | 0 | 0.00 | 0.000 | 0 | 0 | 0.00 | 0.000 |
| 46 | 鹿児島 | 4 | 1 | 0.49 | 0.001 | 1 | 0 | 0.28 | 0.000 | 0 | 0 | 0.00 | 0.000 |
| 47 | 沖縄 | 1 | 0 | 0.40 | 0.000 | 0 | 0 | 0.00 | 0.000 | 0 | 0 | 0.00 | 0.000 |
| | 変動係数 | 0.77 | 0.96 | 0.16 | 2.23 | 1.16 | 1.36 | 0.41 | 1.97 | 1.51 | 1.63 | 1.08 | 2.03 |
| | 次数合計 | 365 | 365 | | | 116 | 116 | | | 53 | 53 | | |
| | 相関係数 | 0.86 | | | | 0.75 | | | | 0.72 | | | |

表67 金属機械工業の中心性分析 (2010)

| 1975年 | | 1％水準 | | | | 5％水準 | | | | 10％水準 | | | |
|---|---|---|---|---|---|---|---|---|---|---|---|---|---|
| | | 入力次数 | 出力次数 | 近接性 | 媒介性 | 入力次数 | 出力次数 | 近接性 | 媒介性 | 入力次数 | 出力次数 | 近接性 | 媒介性 |
| 1 | 北海道 | 5 | 3 | 0.53 | 0.001 | 0 | 0 | 0.00 | 0.000 | 0 | 0 | 0.00 | 0.000 |
| 2 | 青森 | 4 | 1 | 0.43 | 0.000 | 1 | 0 | 0.22 | 0.000 | 1 | 0 | 0.12 | 0.000 |
| 3 | 岩手 | 5 | 12 | 0.55 | 0.009 | 0 | 4 | 0.30 | 0.000 | 0 | 2 | 0.14 | 0.000 |
| 4 | 宮城 | 10 | 10 | 0.57 | 0.024 | 2 | 1 | 0.27 | 0.001 | 1 | 0 | 0.16 | 0.000 |
| 5 | 秋田 | 3 | 5 | 0.46 | 0.000 | 0 | 1 | 0.31 | 0.000 | 0 | 0 | 0.00 | 0.000 |
| 6 | 山形 | 8 | 1 | 0.47 | 0.022 | 0 | 0 | 0.00 | 0.000 | 0 | 0 | 0.00 | 0.000 |
| 7 | 福島 | 9 | 12 | 0.57 | 0.007 | 3 | 4 | 0.36 | 0.029 | 2 | 3 | 0.22 | 0.008 |
| 8 | 茨城 | 15 | 14 | 0.61 | 0.014 | 6 | 5 | 0.40 | 0.025 | 5 | 3 | 0.26 | 0.023 |
| 9 | 栃木 | 12 | 18 | 0.62 | 0.046 | 3 | 7 | 0.37 | 0.012 | 1 | 5 | 0.23 | 0.000 |
| 10 | 群馬 | 13 | 9 | 0.57 | 0.002 | 4 | 2 | 0.36 | 0.002 | 2 | 0 | 0.19 | 0.000 |
| 11 | 埼玉 | 16 | 16 | 0.63 | 0.025 | 8 | 8 | 0.44 | 0.121 | 5 | 6 | 0.27 | 0.019 |
| 12 | 千葉 | 18 | 18 | 0.65 | 0.085 | 7 | 7 | 0.43 | 0.043 | 5 | 4 | 0.26 | 0.006 |
| 13 | 東京 | 18 | 10 | 0.62 | 0.022 | 13 | 5 | 0.49 | 0.088 | 9 | 4 | 0.31 | 0.024 |
| 14 | 神奈川 | 24 | 11 | 0.66 | 0.041 | 11 | 3 | 0.46 | 0.005 | 5 | 1 | 0.23 | 0.000 |
| 15 | 新潟 | 9 | 9 | 0.58 | 0.005 | 0 | 2 | 0.32 | 0.000 | 0 | 1 | 0.20 | 0.000 |
| 16 | 富山 | 7 | 8 | 0.56 | 0.007 | 2 | 0 | 0.34 | 0.000 | 0 | 0 | 0.00 | 0.000 |
| 17 | 石川 | 6 | 10 | 0.56 | 0.009 | 1 | 4 | 0.30 | 0.012 | 1 | 0 | 0.04 | 0.000 |
| 18 | 福井 | 3 | 4 | 0.47 | 0.001 | 1 | 2 | 0.26 | 0.001 | 0 | 1 | 0.04 | 0.000 |
| 19 | 山梨 | 4 | 13 | 0.56 | 0.005 | 1 | 0 | 0.29 | 0.000 | 0 | 0 | 0.00 | 0.000 |
| 20 | 長野 | 10 | 10 | 0.59 | 0.005 | 2 | 5 | 0.38 | 0.019 | 1 | 1 | 0.19 | 0.004 |
| 21 | 岐阜 | 11 | 11 | 0.57 | 0.007 | 3 | 5 | 0.38 | 0.047 | 1 | 0 | 0.18 | 0.000 |
| 22 | 静岡 | 17 | 9 | 0.60 | 0.008 | 4 | 6 | 0.43 | 0.039 | 1 | 2 | 0.18 | 0.002 |
| 23 | 愛知 | 25 | 11 | 0.71 | 0.045 | 9 | 3 | 0.44 | 0.036 | 7 | 2 | 0.25 | 0.017 |
| 24 | 三重 | 12 | 14 | 0.62 | 0.031 | 5 | 2 | 0.39 | 0.017 | 1 | 2 | 0.22 | 0.013 |
| 25 | 滋賀 | 10 | 8 | 0.56 | 0.008 | 3 | 1 | 0.35 | 0.006 | 2 | 0 | 0.19 | 0.000 |
| 26 | 京都 | 8 | 6 | 0.55 | 0.028 | 1 | 3 | 0.38 | 0.013 | 1 | 0 | 0.00 | 0.000 |
| 27 | 大阪 | 27 | 29 | 0.79 | 0.216 | 6 | 16 | 0.52 | 0.141 | 1 | 8 | 0.28 | 0.007 |
| 28 | 兵庫 | 17 | 32 | 0.78 | 0.187 | 4 | 8 | 0.43 | 0.134 | 1 | 2 | 0.20 | 0.000 |
| 29 | 奈良 | 5 | 10 | 0.57 | 0.009 | 3 | 1 | 0.35 | 0.021 | 0 | 0 | 0.00 | 0.000 |
| 30 | 和歌山 | 3 | 4 | 0.51 | 0.001 | 2 | 1 | 0.34 | 0.004 | 0 | 0 | 0.00 | 0.000 |
| 31 | 鳥取 | 1 | 2 | 0.49 | 0.000 | 0 | 0 | 0.00 | 0.000 | 0 | 0 | 0.00 | 0.000 |
| 32 | 島根 | 1 | 1 | 0.38 | 0.000 | 0 | 0 | 0.00 | 0.000 | 0 | 0 | 0.00 | 0.000 |
| 33 | 岡山 | 7 | 9 | 0.58 | 0.018 | 0 | 0 | 0.00 | 0.000 | 0 | 0 | 0.00 | 0.000 |
| 34 | 広島 | 8 | 8 | 0.55 | 0.034 | 2 | 3 | 0.36 | 0.004 | 2 | 1 | 0.20 | 0.001 |
| 35 | 山口 | 3 | 15 | 0.60 | 0.015 | 2 | 8 | 0.44 | 0.021 | 1 | 6 | 0.26 | 0.001 |
| 36 | 徳島 | 4 | 4 | 0.51 | 0.010 | 1 | 0 | 0.33 | 0.000 | 0 | 0 | 0.00 | 0.000 |
| 37 | 香川 | 6 | 6 | 0.54 | 0.035 | 1 | 1 | 0.34 | 0.001 | 0 | 0 | 0.00 | 0.000 |
| 38 | 愛媛 | 4 | 3 | 0.52 | 0.023 | 2 | 0 | 0.29 | 0.000 | 2 | 0 | 0.19 | 0.000 |
| 39 | 高知 | 1 | 1 | 0.37 | 0.000 | 0 | 0 | 0.00 | 0.000 | 0 | 0 | 0.00 | 0.000 |
| 40 | 福岡 | 13 | 12 | 0.64 | 0.123 | 5 | 9 | 0.46 | 0.080 | 2 | 5 | 0.27 | 0.003 |
| 41 | 佐賀 | 4 | 3 | 0.52 | 0.003 | 0 | 1 | 0.30 | 0.000 | 0 | 0 | 0.00 | 0.000 |
| 42 | 長崎 | 2 | 2 | 0.48 | 0.002 | 0 | 0 | 0.30 | 0.000 | 0 | 0 | 0.00 | 0.000 |
| 43 | 熊本 | 4 | 4 | 0.52 | 0.003 | 1 | 1 | 0.33 | 0.001 | 0 | 0 | 0.00 | 0.000 |
| 44 | 大分 | 1 | 0 | 0.47 | 0.000 | 1 | 0 | 0.30 | 0.000 | 1 | 0 | 0.18 | 0.000 |
| 45 | 宮崎 | 5 | 1 | 0.49 | 0.000 | 2 | 0 | 0.31 | 0.000 | 0 | 0 | 0.00 | 0.000 |
| 46 | 鹿児島 | 1 | 0 | 0.39 | 0.000 | 1 | 0 | 0.30 | 0.000 | 0 | 0 | 0.00 | 0.000 |
| 47 | 沖縄 | 2 | 0 | 0.46 | 0.000 | 0 | 0 | 0.00 | 0.000 | 0 | 0 | 0.00 | 0.000 |
| | 変動係数 | 0.78 | 0.80 | 0.16 | 1.84 | 1.12 | 1.25 | 0.47 | 1.83 | 1.59 | 1.57 | 0.92 | 2.24 |
| | 次数合計 | 401 | 401 | | | 126 | 126 | | | 60 | 60 | | |
| | 相関係数 | 0.71 | | | | 0.51 | | | | 0.47 | | | |

は電気機械工業のみであり、この電気機械工業の場合も、大阪の入力次数よりも出力次数の方が大きく、それは移出元としての中心性が高いことを意味していた。また、電気機械工業と金属製品工業の産業連関は非常に強いことが予想されることから、この大阪において電気機械工業と金属製品工業の両方の中心性が高いことは、おそらく偶然による一致ではないであろう。

さらに、この出力次数による中心性が、特定の地域において著しくなるケースは他にもあった。例えば、産業用機械工業と輸送用機械工業における愛知であり、これらの工業では、愛知の出力次数は入力次数よりも、常に高い水準で推移していた。そして、各県の入力次数と出力次数の合計は常に等しくなることから、特定地域の出力次数のみが高くなるということは、他の地域では入力次数のみが高くなることを意味し、大阪や愛知などの地域に、その移出元としての中心性が偏っていることを意味している。

この移出元としての中心性が特定の地域において高くなる理由は、明らかにその地域における産業集積の発展とその累積的な進行のよるものである。すると出力次数による中心性が特定の地域において高くなるということは、それだけその工業の産業集積が、その地域において発展してきたことを意味し、必然的に取引ネットワークの中心として発展してきたことを意味する。この出力次数による中心性が特定の地域において高くなる傾向性は、食料品工業以外のすべての工業において確認できたことから、これを出力次数による中心性の単峰化と呼び、その中心性の地理的な分布を特徴づけることにしよう。

また、中心性の平準化についても、これまでに幾度となく確認されてきたように、この金属製品工業においても確認することができる。1975年と1990年の次数による中心性について比較すると、大都市圏内の中心性の平準化が起こっていることは明らかであり、大阪の中心性については突出しているものの、東京圏と名古屋圏の中心性の平準化には目を見張るものがある。そして、1990年と2010年の中心性について比較してみると、大阪圏における非過密都市圏における中心性の高尖度化のみが目立つようになるが、大阪以外の県の中心性は決して低くなく、この大阪圏においても、ある程度中心性の平準化が進行していると考えることができる。

この1975年から大都市圏内の中心性の平準化が進行し、1990年から大都市圏間の中心性の平準化が進行するという傾向は、これまでにみてきたいずれの工業に

おいても確認することができ、これは日本の国土全体で生じうる一般的な傾向であるといえそうである。そして、この中心性の平準化には順序があるように思われ、まず大都市圏内の中心性の平準化が進行しなければ、大都市圏間の中心性の平準化が進行することは困難なようである。但し、これは一つの仮説に過ぎないが、中心性の平準化の進行が速いのは、大都市圏間の中心性の平準化よりも、大都市圏内の中心性の平準化であると推測することができ、この中心性の平準化の順番のことを、中心性の平準化の2段階と呼ぶことにする。また、これが域内・域外取引ネットワークの発展相関の因果関係と関連していることは言うまでもないだろう。

これはGD2050において、次のような重要な教訓を与えてくれる。まず、地域間取引ネットワークの地理的拡大によって、中心地域から周辺地域に向けて中心性の平準化を実現しようとする場合、その周辺地域が大都市圏内に位置する周辺地域なのか、もしくは大都市圏間に位置する周辺地域なのかを区別する必要がある。もしその周辺地域が大都市圏内の周辺地域であれば、その中心地となる地域の中心性の平準化を促すような政策をとることができるが、もしその周辺地域が大都市圏間の地方部であれば、まず大都市圏間の中心性の平準化を十分に進行させた後でなければ、中心性の平準化の2段階により、その中心性の平準化を進行させる諸政策の効果は、限定的なものになるに違いない。

そしてこのことは、地域経済政策の対象となる諸地域が、常に国土の地域間取引ネットワークの構造の中に組み込まれていることを意味し、その構造を理解した上での政策でなければ、その政策の効果は半減してしまうことを示唆している。その意味においても、この地域間取引ネットワークの分析から得られた結果は、GD2050における重要な教訓を与えるもとになっている。

## 部分ネットワークの分析

次に、①大都市圏内の取引ネットワークについてみてみよう。まず東京圏については、2つの顕著な傾向性を確認することができる。第一に、1975年から1990にかけて、すべての県において1％水準でのクリーク数が著しく増加しているのに対し、2010年では、その多くの県において著しく減少している。第二に、5％水準と10％水準では、1975年から2010年まで、そのクリーク数はすべての県にお

第6章 地域間ネットワークの分析　295

図134　金属製品工業のネットワーク（1975、1％）

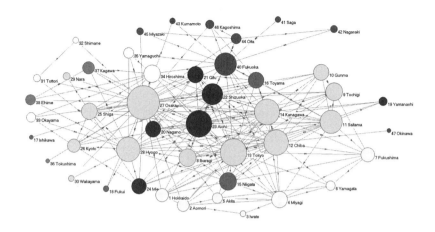

図135　金属製品工業のネットワーク（1975、5％）

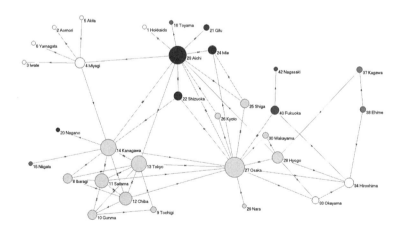

図136 金属製品工業のネットワーク（1975、10%）

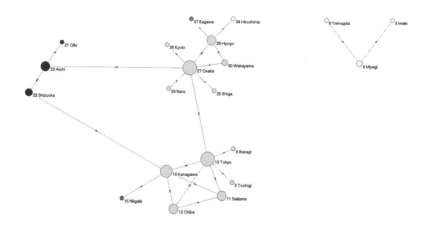

図137 金属製品工業のネットワーク（1990、1%）

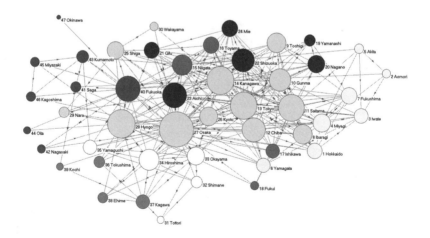

第6章 地域間ネットワークの分析　297

図138　金属製品工業のネットワーク（1990、5％）

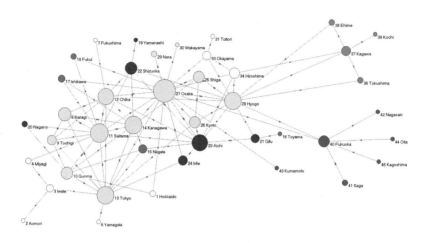

図139　金属製品工業のネットワーク（1990、10％）

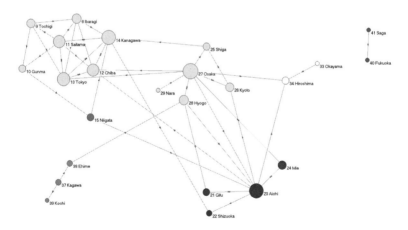

図140 金属製品工業のネットワーク (2010、1%)

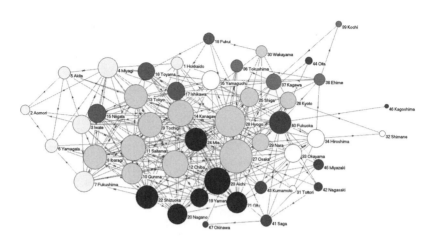

図141 金属製品工業のネットワーク (2010、5%)

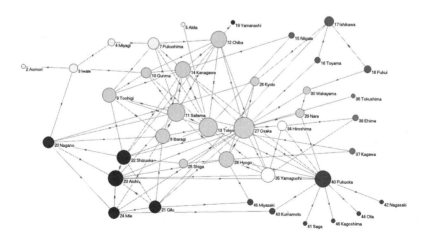

## 図142　金属製品工業のネットワーク（2010、10％）

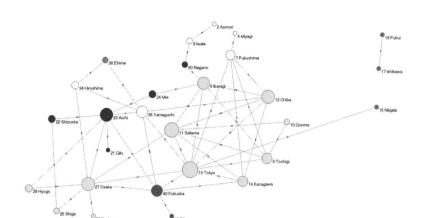

いて増加している。

　この２つの傾向性は、次のことを示唆している。まずクリーク数の変化のみに着目すれば、東京圏に属する県の取引において、流動量の少ない移出元と移出先の数が減少している一方で、流動量の多い移出元と移出先が増加しているということである。これは移出元である供給元の数と移出先である需要先について、少量のものは淘汰され、大量のものだけが生き残るという、取引相手の競争と淘汰の結果であると解釈することができる。その選択と集中がなされた理由は、おそらく特定の地域での大企業の成長と、他の地域での中小企業の撤退だと思われるが、その詳細について不明である。この金属製品工業の東京圏でのクリーク数の変化の仕方は、これまであまり観られなかった変化であることから、この現象を取引ネットワークの生存と淘汰として認識しておくことにしよう。

　また、東京圏－名古屋圏間のクリーク数の変化の仕方について、ほとんどパターン化された変化の仕方を確認することができる。その変化の仕方とは、1975年から1990年ごろまでは東京圏のクリーク数が多く、1990年以降は名古屋圏のクリーク数が伸びてくるという傾向である。この傾向性は、ヴァーノンのプロダクトサイクル論により理解することができ、東京広域圏の中心地域から、名古屋圏という周辺地域に向けて、労働や土地などの生産投入要素の安さから、工業の立地が推移したものと考えることができる。その一方で、ここでクリーク数は取引

表68 大都市圏内のネットワークのクリークの数（金属製品工業）

| | 水準 | 年代 | 茨城 | 栃木 | 群馬 | 埼玉 | 千葉 | 東京 | 神奈川 |
|---|---|---|---|---|---|---|---|---|---|
| 東京 | 1% | 1975年 | 4 | 3 | 1 | 12 | 22 | 23 | 15 |
| | | 1990年 | 10 | 8 | 17 | 31 | 26 | 52 | 41 |
| | | 2010年 | 10 | 10 | 5 | 14 | 11 | 20 | 16 |
| | 5% | 1975年 | 1 | 1 | 2 | 3 | 3 | 5 | 3 |
| | | 1990年 | 2 | 2 | 3 | 5 | 3 | 8 | 4 |
| | | 2010年 | 2 | 4 | 2 | 7 | 6 | 13 | 11 |
| | 10% | 1975年 | 0 | 0 | 0 | 1 | 1 | 1 | 1 |
| | | 1990年 | 2 | 1 | 0 | 2 | 2 | 3 | 1 |
| | | 2010年 | 2 | 2 | 0 | 4 | 4 | 10 | 3 |

| | 水準 | 年代 | 新潟 | 長野 | 岐阜 | 静岡 | 愛知 | 三重 | 滋賀 |
|---|---|---|---|---|---|---|---|---|---|
| 愛知 | 1% | 1975年 | 2 | 2 | 5 | 8 | 24 | 4 | 7 |
| | | 1990年 | 3 | 2 | 3 | 7 | 17 | 3 | 3 |
| | | 2010年 | 4 | 9 | 7 | 13 | 48 | 12 | 5 |
| | 5% | 1975年 | 0 | 0 | 0 | 1 | 6 | 1 | 1 |
| | | 1990年 | 0 | 0 | 1 | 2 | 8 | 1 | 0 |
| | | 2010年 | 0 | 3 | 2 | 2 | 7 | 2 | 0 |
| | 10% | 1975年 | 0 | 0 | 0 | 0 | 0 | 0 | 0 |
| | | 1990年 | 0 | 0 | 1 | 0 | 6 | 1 | 0 |
| | | 2010年 | 0 | 0 | 0 | 0 | 3 | 0 | 0 |

| | 水準 | 年代 | 三重 | 滋賀 | 京都 | 大阪 | 兵庫 | 奈良 | 和歌山 |
|---|---|---|---|---|---|---|---|---|---|
| 大阪 | 1% | 1975年 | 4 | 8 | 4 | 38 | 17 | 1 | 1 |
| | | 1990年 | 6 | 6 | 8 | 70 | 37 | 2 | 1 |
| | | 2010年 | 18 | 6 | 7 | 76 | 35 | 9 | 2 |
| | 5% | 1975年 | 1 | 1 | 1 | 9 | 3 | 0 | 1 |
| | | 1990年 | 2 | 2 | 3 | 14 | 6 | 0 | 0 |
| | | 2010年 | 1 | 2 | 1 | 15 | 4 | 2 | 1 |
| | 10% | 1975年 | 0 | 0 | 0 | 1 | 1 | 0 | 1 |
| | | 1990年 | 1 | 1 | 2 | 7 | 1 | 0 | 0 |
| | | 2010年 | 0 | 0 | 0 | 4 | 1 | 0 | 0 |

表69 地方都市圏内のネットワークのクリークの数（金属製品工業）

| | 水準 | 年代 | 北海道 | 青森 | 岩手 | 宮城 | 秋田 | 山形 | 福島 |
|---|---|---|---|---|---|---|---|---|---|
| 宮城 | 1% | 1975年 | 0 | 3 | 1 | 8 | 2 | 2 | 2 |
| | | 1990年 | 4 | 2 | 4 | 13 | 2 | 2 | 1 |
| | | 2010年 | 1 | 2 | 3 | 15 | 2 | 3 | 3 |
| | 5% | 1975年 | 0 | 0 | 0 | 1 | 0 | 0 | 0 |
| | | 1990年 | 0 | 0 | 0 | 0 | 0 | 0 | 0 |
| | | 2010年 | 0 | 0 | 0 | 0 | 0 | 0 | 0 |
| | 10% | 1975年 | 0 | 0 | 0 | 0 | 0 | 0 | 0 |
| | | 1990年 | 0 | 0 | 0 | 0 | 0 | 0 | 0 |
| | | 2010年 | 0 | 0 | 0 | 0 | 0 | 0 | 0 |

| | 水準 | 年代 | 鳥取 | 島根 | 岡山 | 広島 | 山口 | 香川 | 愛媛 |
|---|---|---|---|---|---|---|---|---|---|
| 広島 | 1% | 1975年 | 0 | 0 | 1 | 7 | 1 | 2 | 1 |
| | | 1990年 | 0 | 1 | 7 | 10 | 3 | 2 | 1 |
| | | 2010年 | 1 | 0 | 2 | 7 | 2 | 0 | 1 |
| | 5% | 1975年 | 0 | 0 | 1 | 2 | 0 | 0 | 0 |
| | | 1990年 | 0 | 0 | 1 | 3 | 0 | 1 | 0 |
| | | 2010年 | 0 | 0 | 0 | 2 | 2 | 0 | 1 |
| | 10% | 1975年 | 0 | 0 | 0 | 0 | 0 | 0 | 0 |
| | | 1990年 | 0 | 0 | 0 | 1 | 0 | 0 | 0 |
| | | 2010年 | 0 | 0 | 0 | 1 | 1 | 0 | 1 |

| | 水準 | 年代 | 福岡 | 佐賀 | 長崎 | 熊本 | 大分 | 宮崎 | 鹿児島 |
|---|---|---|---|---|---|---|---|---|---|
| 福岡 | 1% | 1975年 | 9 | 0 | 1 | 1 | 3 | 1 | 2 |
| | | 1990年 | 19 | 2 | 1 | 4 | 1 | 2 | 2 |
| | | 2010年 | 18 | 3 | 1 | 2 | 1 | 2 | 0 |
| | 5% | 1975年 | 1 | 0 | 0 | 0 | 0 | 0 | 0 |
| | | 1990年 | 1 | 0 | 0 | 0 | 0 | 0 | 0 |
| | | 2010年 | 5 | 0 | 0 | 0 | 0 | 0 | 0 |
| | 10% | 1975年 | 0 | 0 | 0 | 0 | 0 | 0 | 0 |
| | | 1990年 | 0 | 0 | 0 | 0 | 0 | 0 | 0 |
| | | 2010年 | 5 | 0 | 0 | 0 | 0 | 0 | 0 |

表70　大都市圏・地方都市圏間のネットワークのクリークの数（金属製品工業）

| | 水準 | 年代 | 仙台圏 | 東京圏 | 名古屋圏 | 大阪圏 | 広島圏 | 福岡県 |
|---|---|---|---|---|---|---|---|---|
| 東京圏 | 1% | 1975年 | 25 | 160 | 77 | 79 | 4 | 11 |
| | | 1990年 | 52 | 331 | 112 | 229 | 12 | 21 |
| | | 2010年 | 29 | 266 | 111 | 166 | 31 | 16 |
| | 5% | 1975年 | 1 | 32 | 5 | 7 | 0 | 0 |
| | | 1990年 | 0 | 60 | 12 | 16 | 0 | 0 |
| | | 2010年 | 0 | 80 | 7 | 14 | 3 | 3 |
| | 10% | 1975年 | 0 | 10 | 0 | 0 | 0 | 0 |
| | | 1990年 | 0 | 18 | 1 | 3 | 0 | 0 |
| | | 2010年 | 0 | 38 | 0 | 3 | 3 | 4 |
| 名古屋圏 | 1% | 1975年 | 3 | 77 | 52 | 53 | 4 | 4 |
| | | 1990年 | 7 | 112 | 62 | 81 | 4 | 3 |
| | | 2010年 | 3 | 111 | 101 | 134 | 18 | 10 |
| | 5% | 1975年 | 1 | 5 | 8 | 8 | 0 | 0 |
| | | 1990年 | 0 | 12 | 15 | 13 | 1 | 0 |
| | | 2010年 | 0 | 7 | 20 | 11 | 1 | 1 |
| | 10% | 1975年 | 0 | 0 | 0 | 0 | 0 | 0 |
| | | 1990年 | 0 | 1 | 8 | 9 | 1 | 0 |
| | | 2010年 | 0 | 0 | 3 | 3 | 1 | 2 |
| 大阪圏 | 1% | 1975年 | 4 | 79 | 53 | 85 | 21 | 14 |
| | | 1990年 | 18 | 229 | 80 | 175 | 41 | 34 |
| | | 2010年 | 12 | 164 | 122 | 211 | 43 | 34 |
| | 5% | 1975年 | 0 | 7 | 8 | 17 | 5 | 1 |
| | | 1990年 | 0 | 16 | 13 | 39 | 7 | 2 |
| | | 2010年 | 0 | 14 | 11 | 30 | 6 | 6 |
| | 10% | 1975年 | 0 | 0 | 0 | 3 | 0 | 0 |
| | | 1990年 | 0 | 3 | 9 | 14 | 1 | 0 |
| | | 2010年 | 0 | 3 | 3 | 6 | 0 | 2 |

第6章 地域間ネットワークの分析 303

図143 電気機械工業のクリーク構造（1975、1％）

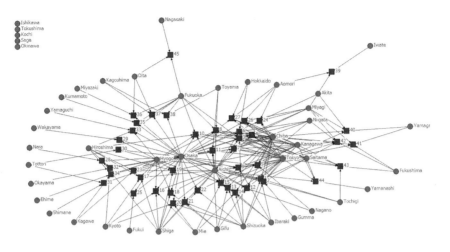

図144 電気機械工業のクリーク構造（1975、5％）

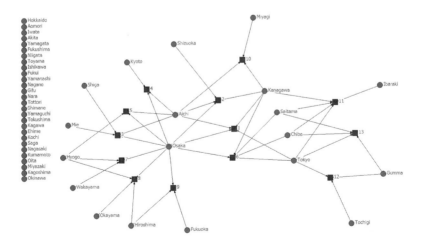

図145　電気機械工業のクリーク構造（1975、10%）

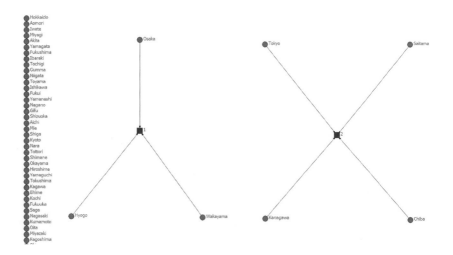

図146　電気機械工業のクリーク構造（1990、1％）

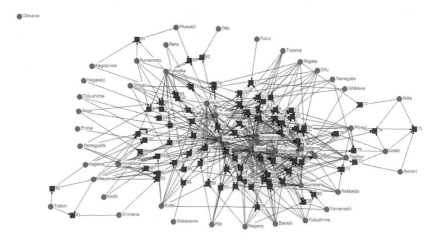

第6章 地域間ネットワークの分析 305

図147 電気機械工業のクリーク構造（1990、5％）

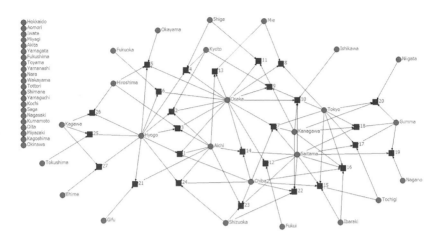

図148 電気機械工業のクリーク構造（1990、10％）

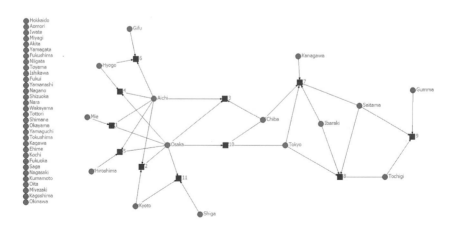

図149　電気機械工業のクリーク構造（2010、1％）

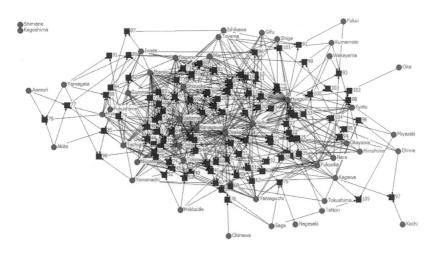

図150　電気機械工業のクリーク構造（2010、5％）

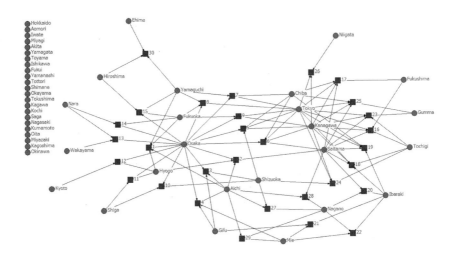

## 図151　電気機械工業のクリーク構造（2010、10%）

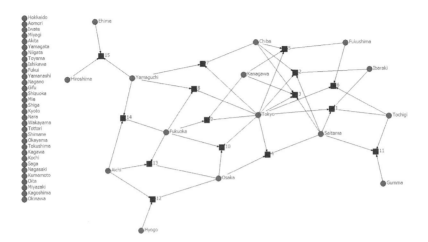

ネットワークの数を表していることから、単なる立地の問題として捉えるべきではなく、地域間取引ネットワークの中心地の推移の問題であると捉えるべきである。

また大阪圏については、この金属製品工業は、電気機械工業と同様に、そのクリーク数が減少しない工業になる。これについては前述したように、金属製品工業と電気機械工業との産業連関による相互依存によるものであると考えられ、地域間取引ネットワークの中心性が、産業連関に影響を受けることを示唆している。したがって、地域間取引ネットワークの形成と、その形成の元となる工業立地も、産業連関と独立して行われるものではなく、これはGD2050の諸政策によって、特定の工業の地域間取引ネットワークに影響を与えようとするとき、その地域の産業連関の有無に応じて、どの工業の取引ネットワークを発展させるかについて、選択しなければならないことを示唆している。この取引ネットワークが、地域の産業連関に沿いながら重層的に構成されるという考え方を、地域的産業連関による取引ネットワークの形成と呼ぶことにする。

次に、地方都市圏のクリーク数について確認してみると、仙台圏のクリーク数が非常に多いことが分かり、これまで観てきた仙台圏における工業の中でも、この金属製品工業のみが、唯一地域間取引ネットワークの勢力を維持することに成

功している。これについて、仙台圏の他の工業のクリーク数と比較してみると、2010年時点では産業用機械工業が5、電気機械工業が18、輸送用機械工業が3であったのに対し、この金属製品工業では29にも上っている。この金属製品工業の取引ネットワークの発展は、やはり電気機械工業の取引ネットワークの発展と関係があると考えられ、これも産業連関による取引ネットワークの形成の結果であることが推測される。したがって、GD2050の実現を支える政策として、域内の特定の工業に焦点を絞った政策が効果的であると考えられる。

最後に、都市圏間のクリーク数についてみてみると、SMRに属する3大都市圏の取引ネットワークの密度が高いことは、これまでと同様であるが、東京圏の地域は仙台圏の地域との繋がりが特に強いことが分かる。その一方で、この広島圏に属する地域は、大阪圏と多くクリークを共有しており、広島圏は東京圏や名古屋圏よりも、より地理的に近い大阪圏の地域と地域間取引ネットワークを構築する傾向にあることが分かる。

この東京圏と仙台圏、大阪圏と広島圏のクリーク数の相対的な多さは、これまでの他の工業においても幾度となく確認することができた。またこの都市圏間の地域間取引ネットワークにおいて、中心性が高いは東京圏と大阪圏であることから、その中心となる東京と大阪が、それぞれ地理的に近い地方都市圏と取引ネットワークを形成する傾向性は重要である。そこで、この複数の都市県間において、より地理的に近い都市圏同士で取引ネットワークを形成することを、取引ネットワークの偏領域化と呼ぶことにする。この偏領域化によれば、各地方都市圏は、その地理的に近い大都市圏と取引ネットワークを構成し易く、またその地理的に遠い大都市圏と取引ネットワークを構成し難いことになる。

ところで、産業連関による取引ネットワークの形成と取引ネットワークの偏領域化を合わせて考えてみると、国土計画において興味深い示唆を得ることができる。その示唆とは、偏領域化により、地理的に近接している複数の都市圏で取引ネットワークが形成されるとき、その偏領域化によって統合される都市圏における工業の個々の産業連関が問題になるということである。つまり、偏領域化で統合される都市圏は、その個々の都市圏の主要工業によって、産業連関上の相性の良さがあり、産業連関上の相性が良ければ、偏領域化はスムーズに進むことが予想され、相性が悪ければ、偏領域化が失敗する可能性が高くなると予想される。

このGD2050の「コンパクト＋ネットワーク」の思想において、大都市圏と地

方都市圏を結ぶ取引ネットワークは、地域間均等発展を目指す上で、最も重要な取引ネットワークの一つになる。そして、その大都市に広がる工業と、地方都市に広がる工業との、産業連関上の相性が良ければ、その大都市圏と地方都市圏は偏領域化により、広域に渡る取引ネットワークを形成し易く、GD 2050 の実現に大きく貢献することになるに違いない。しかし、その大都市の工業と地方都市の工業の産業連関上の相性を考えずに、それらの都市圏と取引ネットワークで統合しようとすれば、思わぬ困難に直面することになるかもしれない。

したがって、この「コンパクト＋ネットワーク」のネットワークの形成を推進していく上で、そのネットワークで統合される都市圏の工業がどのようなものであるのかは、非常に重要な問題になりうるし、その工業の地理的な分布に配慮しながら、ネットワーク形成の計画を進めなければ、大きな代償を支払うことになるかもしれない。

以上のことから、都市圏間に取引ネットワークを広げる場合には、その複数の都市圏が偏領域化し易い地理的な関係にあることと、その複数の都市圏に分布する工業に、産業連関上の相性の良さがあることという、2つの条件を満たしていることが望ましいと考えられる。そして、それらのいずれか一方、もしくは両方の条件が満たされない場合には、その都市圏間の取引ネットワークの形成は、難航する可能性があることに注意すべきである。

さらに、この偏領域化において、全国的な人口と所得の分布の重心にある名古屋圏は、東京圏と大阪圏の2大都市圏の偏領域化の対象となり易い。そこで、この名古屋圏で発達する工業において望ましい工業があるとすれば、それは東京圏と大阪圏の工業と、産業連関上の相性の良い工業であり、この名古屋圏に分布する工業の成長についても、GD 2050 の成否に重要な影響を与え、SMR 存続の根幹に関わる問題になるであろう。

〈要点〉
・出力次数による中心性が特定の地域において高くなる傾向性は、食料品工業以外のすべての工業で確認できたことから、これを出力次数による中心性の単峰化と呼ぶ。
・大都市圏間の中心性の平準化よりも大都市圏内の中心性の平準化の方が先に起こるが推測され、この順番のことを中心性の平準化の2段階と呼ぶ。

- 地域間取引ネットワークにおいて、少量のものは淘汰され、大量のものだけが生き残るという、取引ネットワークの生存と淘汰を確認することができた。
- 地域間取引ネットワークは、産業連関の強い工業同士で発達し易くなるという、地域的産業連関による取引ネットワークの形成
- より地理的に近い都市圏同士で取引ネットワークを形成することを、取引ネットワークの偏領域化と呼ぶ。

## まとめ

本章の結果から、本章の主要な研究テーマである、②日本の地域間取引ネットワーク構造がどのようになっているのか、③その地域間取引ネットワークはどのように進化するのか、という問題に対して回答を与えていかなければならない。そこで、本章で確認することのできた事柄について、これらの問題に対する回答をまとめることにしたい。

### 日本の地域間取引ネットワーク構造

まず本章では、②日本の地域間取引ネットワーク構造について、そのネットワーク構造をグラフとして表現し、クリーク数によって計量化することに成功した。そして、日本の地域間取引ネットワーク構造とは、それらを合算し、一般化したものに過ぎないが、本章で得られた分析結果から、日本の地域構造の根幹をなす地域間取引ネットワークの全体像を見通せるようになった。特に、本書の最初で提示した4種類のネットワークについて、以下の結論を導くことができる。

まず、ほとんどの工業の地域間取引ネットワークについて、①大都市圏内のネットワークと②大都市圏間のネットワークは非常に発達・安定しており、国内における製造業は衰退傾向にあるものの、それらの地域間取引ネットワークは、過去数十年に渡って維持され、むしろ発展を続けている。その意味においては、GD2050において中心的な役割を果たすSMRについては、その地位を確固たるものにしていると考えてよいであろう[30]。

これについては、前章における立地選択行動の分析において、「企業内組織の集中」と「関連企業への近接性」にもとづいた立地件数が、SMRを構成する3

大都市圏の周辺地域と中間地域に集中していたことから、ネットワーク補完型の強い立地モーメントに裏打ちされたものであり、そのSMR内の取引ネットワークは、単なるクリーク数の多さに加えて、新たに多くのネットワーク補完型の立地を呼び込んでいる地域であるといえる。

これに対して、③大都市圏と地方都市圏のネットワークと④地方都市圏内のネットワークについては、他の2つのネットワークと比較して、その脆弱性が浮き彫りとなる結果になった。この地方都市圏については、前章においてネットワーク補完型の強い立地モーメントを確認することができなかっただけに、今後、それらのネットワークを、どのように発展させていくのかが、GD2050における主要課題のひとつになるだろう[31]。

その一方で、地方都市圏に関わる地域間取引ネットワークについては、その地域差を確認することができ、特に福岡圏において、広域に渡る④地方都市圏内のネットワークを確認することができた。しかし、この福岡圏の地方都市圏内のネットワークは、SMRを構成する3大都市圏との強い取引関係による繋がりを有しているとは言えず、むしろ、SMRから独立した地域間取引ネットワークを形

---

[30] 大都市圏の中小企業ネットワークに関する研究は数多くある。例えば、東京に関して、竹内・森・八久保（2002）は、大田区の職人的な加工業者と新世代の業者の融合の実態について調査し、中野（2007）は、大田区での業者のネットワークの分析を行った。また、加藤（2005）は、多摩地域を含めた東京圏の中小企業の実態について調査し、丸山（2007）は、板橋区の精密機械工業の新規取引関係の形成過程について調査した。大阪圏の中小企業ネットワークに関して、植田編（2004）は、近畿地域の中小企業の動向について調査し、植田・本多編（2006）は、近畿地域の産学官の連携について調査している。また、堂野（2005）は、関西ネットワークシステムを通した異分野コミュニティの形成と意義について議論している。大澤（2007）は、東大阪のトップ中小企業の販路の多様性について調査し、金井・松原・丹羽（2007）は、学習地域論をベースに、東大阪の競争力について研究している。また、小長谷（2006）と井田（2006）は、GISを用いて、中小企業の地理的な分布について調査している。さらに、水野（2004）は、大阪府の中小企業ネットワークとイノベーションの関係について分析し、Yamamoto（2004）は、大阪の自動車工業集積の域内・域間取引関係について分析している。

[31] 小田（2005）は、地方工業地域における機械工業の産業集積について、大企業の果たす役割が重要であると主張している。また、地方の工業集積については、伊藤（2007）の九州地域における半導体メーカーの生産拠点の再編、粂野（2003）の長野県の岡谷・諏訪地域の中小企業ネットワークの発展、日野（2003）の宮城県工業地域の質的な変化、鹿嶋（2005）の三重県北部の海外立地に伴う工業地域の再編を分析したものがある。さらに、地方圏の中小企業ネットワークについても、数多くの研究がある。例えば、丸山（2004）は、新潟県長岡市における機械金属工業のネットワークについて分析し、遠山（2002）は日立の企業城下町の中小企業の実態について調査し、山本（2002）は、岡谷・諏訪地域の中小企業ネットワークの実態について調査し、Braun et al.（2002）は、岡谷・諏訪と浜松の中小企業ネットワークの違いについて分析した。藤田（2003）は、上田市の中小企業間関係における技術情報供与システムの実態について明らかにし、松橋（2005）は非大都市圏の産業集積地域の中小企業ネットワークについて調査し、末吉・松橋（2005）は米沢市における地域的な相互学習組織について調査した。

表71　各工業の次数とその時系列変化

|  | 食料品 | | | 産業用機械 | | | 電気機械 | | | 輸送用 | | | 金属製品 | | |
|---|---|---|---|---|---|---|---|---|---|---|---|---|---|---|---|
|  | 1% | 5% | 10% | 1% | 5% | 10% | 1% | 5% | 10% | 1% | 5% | 10% | 1% | 5% | 10% |
| 1975年 | 261 | 70 | 33 | 312 | 83 | 49 | 377 | 127 | 54 | 211 | 62 | 30 | 286 | 76 | 33 |
| 1990年 | 384 | 86 | 36 | 405 | 129 | 64 | 401 | 124 | 55 | 260 | 85 | 38 | 365 | 116 | 53 |
| 2010年 | 447 | 109 | 53 | 430 | 149 | 69 | 391 | 142 | 73 | 305 | 89 | 38 | 401 | 126 | 60 |

成しているようにもみえる。そこで、この福岡圏で発達した取引ネットワークを、どのようにSMRと連動させていくのか、またそもそも産業連関上の観点から、それらの地域間取引ネットワークを連動させるメリットは何なのかについても、それらの実態を調査しながら、今後のより進んだ研究が待たれることになる。

ところで、日本の地域間取引ネットワークは、年々、発達しているという統計もある。表71はすべての県の次数の合計とその変化を整理したものである。ここで、ひとつの県からの出力次数は、別の県への入力次数となり、その入力次数を受ける県はひとつしかないことから、入力次数の合計は、出力次数の合計と等しくなる。この表から明らかになる通り、いずれの工業においても、またいずれの水準においても、次数は増加していることがわかり、この次数は、地域間取引関係を表していることから、日本全体としてみた場合にも、地域間取引ネットワークは、年々拡大する傾向にあることが分かる。これは、日本の地域間の経済的な依存関係が強まっていることを表しており、GD2050の描くネットワークを軸とした国土計画思想は、今後もその重要性が増していきそうである。

## 地域間取引ネットワーク構造の変動要因

次に、③その地域間取引ネットワークはどのように進化するのかという問題に関して、それぞれの工業において大小の固有性が観られるものの、その変化の根底には、一般的な変化がみられたように思う。そして、その傾向性は地域間取引ネットワークの進化を左右する要因となり、その要因を総合的に捉えることによって、地域間取引ネットワークがどのように進化し、またその進化の過程がどのような要因よって支配されているのかについて解明することができるようになる。そこで、ネットワークの変動要因の観点から、地域間取引ネットワークがどのよ

表72　各工業の地域間変動係数とその時系列変化

|  | 食料品 | | 産業用機械 | | 電気機械 | | 輸送用 | | 金属製品 | |
|---|---|---|---|---|---|---|---|---|---|---|
|  | 入力 | 出力 | 入力 | 出力 | 入力 | 出力 | 入力 | 出力 | 入力 | 出力 |
| 1975年 | 0.89 | 0.92 | 0.73 | 1.16 | 0.86 | 1.07 | 0.92 | 1.52 | 0.83 | 1.29 |
| 1990年 | 0.80 | 0.81 | 0.83 | 0.89 | 0.95 | 0.88 | 1.10 | 1.16 | 0.77 | 0.96 |
| 2010年 | 0.82 | 0.77 | 0.79 | 0.97 | 0.81 | 0.98 | 1.05 | 0.99 | 0.78 | 0.80 |

うに進化するのかについて、一定の回答を与えてみよう。

　まず、本章で確認された様々な現象を、波及効果と中間効果と固有効果の3つの動的効果に分類することにする。これら3つの効果は、いずれも中心性の地理的な変化を要約する傾向性であり、その中心性が一定の傾向性に従って変化するとき、地域間取引ネットワークの構造がどのように変化し、またどのように進化するのかについて、一定の予想をすることが可能になる。

　まず、波及効果として要約される現象には様々ある。その代表として挙げられるのは中心地の周辺化と中心性の平準化である。つまり数十年という時をかけて、大都市圏内と大都市圏間の両方の地理的な範囲で、各県の中心性が等しくなるように変化していく傾向性がみつかり、これを中心性の平準化という言葉で表すことにした。

　この中心性の平準化については、表72に整理されているように、47県間の変動係数が、すべての工業において小さくなっていることからも、この波及効果という傾向性を確認することができる。つまり、この変動係数は、47県間の入力次数または出力次数の分散に比例して大きくなり、その値が大きくなればなるほど、特定の地域に移出入が偏っていることになる。ここでは特に、出力次数のばらつきが小さくなっており、これは1975年当時に、工業が特定の地域に偏って分布していたのに対し、2010年までには、その偏りが解消され、より地理的に均等した分布に変化してきたことを示している。

　また、この波及効果の大きさは地域によって異なることも明らかになった。つまり、この中心性の平準化は、都市圏の過密性に依存して変化し、その過密性が高まるにしたがって、より広範囲に渡って中心性が平準化していくという、過密都市圏における中心性の低尖度化と、逆に、名古屋圏のように、その過密性が低い地域においては、その中心性の平準化が進行しないという、非過密都市圏にお

ける中心性の高尖度化とに区別することができた。さらに、この中心性の平準化について、入力次数については、比較的どの地域においても均等になる一方で、出力次数については、特定の県が突出して高くなるという出力次数の中心性の単峰化があった。そして、業種によっては、入力次数が高い県ほど、その出力次数も高くなるという、2つの次数の相関関係も確認することができた。

これらの傾向は、大都市圏内の地域において、中心地域の中心性の高さが、時間の経過と共に、周辺地域に向けて波及していく傾向性であると同時に、その傾向性がどれだけの地理的な範囲で拡がるのかを判断するための傾向性になる。そして、それらの傾向性は、地域間取引ネットワークの構造を進化させる要因の一つとして、波及効果として要約することにする。

次に本章では、中間効果として要約することができる、いくつかの傾向を確認することができた。まず、日本の国土全体に目を向けてみると、ネットワーク中心性の地理的な偏りや出力次数の地域的な偏り、入力次数の地域的な偏りなどと共に、生産活動や消費活動の地理的な分布の重心となる地域において、その中心性が高くなるという分布の重心の中心化という傾向を観察することができた。そして、この重心の中心化は、愛知のように広域的な重心の中心化と、滋賀や三重、静岡のように、局所的な重心の中心化とに分けることができ、この重心の中心化は、大都市圏間の中間地域における中心性の改善と、地域間取引ネットワークの発展を説明するために用いることができた。

また、こうした地域間取引ネットワークの発展や中心性の著しい高まりは、日本の地域間取引ネットワークの基軸と呼ばれる、旧太平洋ベルト工業地帯において観測され、その反面、③大都市圏と地方都市圏のネットワークと④地方都市圏内のネットワークの発達が遅れているという、大都市圏・地方都市圏間の取引ネットワーク脆弱性と、地方都市圏内の取引ネットワークの脆弱性とが観察された。これらの傾向はすべて、大都市圏の中間地域の中心性が高まることによって、地域間取引ネットワークの構造を進化させる要因になることから、中間効果として要約することにする。

最後に、固有効果について、本章では、地域間取引ネットワークにおける一般的な傾向に対して、その特殊性も浮き彫りになった。例えば、地域の地理的優位性が発揮されるにしたがって、各工業の地域間取引ネットワークは似たような構造に収束しつつも、その構造には必ずその工業の固有性が残るという、産業ネッ

トワーク構造の固有性がみつかった。この産業ネットワーク構造の固有性とは、特に、都市圏を基準とした固有性であり、例えば、電気機械工業の大阪圏における発展や、名古屋圏における輸送用機械工業、仙台圏における金属製品工業など、特定の工業が、特定の都市圏において発達するという、空間的な産業特化によって生じる固有性である。したがって、この固有効果とは、地域間取引ネットワークの構造全体を決める効果だけでなく、工業が広げる地域間取引ネットワークの中心地域を決める効果にもなる。そして、この固有効果は、波及効果を生み出す中心地を特定する効果であると同時に、固有効果によって中心地が複数特定されることによって、はじめて中間効果が現れることから、他の2つの効果を補完する役割を果たすことになる。

　以上が、本章で確認することができた、地域間取引ネットワークの進化を支配する要因であるが、これら要因はネットワーク分析の結果として現れた傾向性を要約したものであり、その原因となる企業の合理性などを反映したものではない。しかし、地域間取引ネットワーク構造の進化において最も重要になるのは、大企業の生産組織の地理的展開になる。なぜなら、その大企業と取引する関連企業と下請け企業の製造工場は、その大企業の生産組織の地理的展開に依存して立地することになり、その結果として地域間取引ネットワークが形成されることになるからである。これについてはネットワーク補完型の立地モーメントにおいて、すでに議論されてきた通りである。例えば、本章においても、輸送用機械工業での大企業の生産組織の地理的な展開と、地域間取引ネットワークの形成との間には、決定的な相関があるようにみられた。したがって、大企業の生産組織の地理的な展開が、地域間取引ネットワーク構造を決定づける骨組みとなり、大企業がどのような企業内組織を展開するかによって、地域間取引ネットワークの構造は、大きく変化しうることになる。そこで次章では、この企業内の取引ネットワークの構造について分析していくことにする。

# 第7章　企業内ネットワークの分析

　本書の実証分析ではこれまで、まず、立地行動の分析によって、「企業内組織の集中」や「関連企業との近接性」、「市場への近接性」などの、企業内・企業間取引ネットワークに関連した立地理由により、ネットワーク補完型の立地モーメントがSMRを構成する地域に大きく偏って分布していることを明らかにしてきた。また、この地域間取引ネットワーク構造を分析した結果、日本の地域間取引ネットワークは東京・名古屋・大阪という3大都市圏を結ぶ地域間取引ネットワークの基軸となる県を中心に拡がっており、特に、ネットワーク補完型の立地モーメントが強い地域において、地域間取引ネットワークが発達していることを明らかにしてきた。

　その一方で、これまでの分析によって、新たな疑問も生じるようになってきている。つまり、工業立地の分析により、「企業内組織の集中」という立地理由が、近年特に重要になってきていることが明らかになったが、この「企業内組織の集中」による工場の立地行動は、明らかに、企業内・企業間取引ネットワークが、企業の本社の立地地点に大きく影響を受けることを意味している[32]。そして、この「企業内組織の集中」による立地行動が強く作用していると思われるのが、前章で確認した産業ネットワーク構造の固有性である。なぜなら、各産業が直面する人口や所得の分布、交通の便や地価の高さなどの地理的な要因が等しかったとしても、その産業の本社の多くが特定の地域に集中する場合、製造工場がその「企業内組織の集中」によって立地選択をした結果、各工業の地域間取引ネットワークの中心性は、その特定の地域において高くなり、地域間取引ネットワーク

---

[32] Davis and Henderson（2008）は、一般的な企業の本社集中することによって得られるメリットについて2つ挙げている。一つは、首都のような大都市では、その地域でしか得ることのできない様々なサービス（法務や広告、財務など）があり、そのサービスの多様性が、企業の多様なニーズを効率よく満たすことができるというメリットであり、もう一つは、同じ産業や関連する産業の本社が近接して立地することにより、人と人とが情報交換のために交流し易くなり、それにより知識や技術のスピルオーバーが発生し易くなるというメリットである。

構造が大きく影響を受けることになるからである。

　さらに、この「企業内組織の集中」という立地理由に加えて、製造工場が「関連企業との近接性」という立地理由も同様に重視するとき、地域間取引ネットワークを構成している既存の企業が、新たな企業の立地を呼び込むことになり、さらにそれが別の企業の立地を呼び込むなど、特定の地域において累積的に立地選択が繰り返される可能性を生じることになる。そして、それは現在観察することのできる既存の地域間取引ネットワーク構造が、長い将来にわたって維持される可能性も示唆している。

　そこで、地域間取引ネットワーク構造の詳細を分析していくために、「企業内組織の集中」における企業業内ネットワーク構造の地理的な拡がりを分析することが重要になってくる。前章の地域間取引ネットワークの分析では、そのネットワーク構造の中心となる地域は、生産または需要の中心地域として理解されたが、この「企業内組織の集中」による立地選択について考えるとき、本社－支社－工場という生産組織の中で、本社の立地地点が中心地域であると理解することができる。

　この本社－支社－工場という生産組織の企業内ネットワーク構造も、地域間取引ネットワークと並んで重要である。つまり、製造工場が「企業内組織の集中」を理由に立地選択をするとき、それは単なるモノの流れを追った取引ネットワーク構造とは異なり、企業内の生産組織がどのように地理的に配置されているのかという、企業ネットワーク構造が浮かび上がってくることになる。そして、その企業ネットワーク構造が明らかになるとき、GD2050における「コンパクト＋ネットワーク」の根幹となるネットワーク構造が、企業内ネットワークとして明らかになり、それは単なる地域間取引ネットワークを超えた、企業の合理性という論理にもとづいたネットワーク構造であることになる。

　この企業ネットワーク構造を分析していく上で、次の２つの統計を分析していくことにする。一つ目の統計は、企業ネットワークの地理的な拡がりを直接的に表す統計であり、企業の本社の立地地点に対する工場の立地地点を比較した統計である。これにより、製造工場の立地地点とその本社の立地地点との地理的な位置関係を把握することができ、その企業内組織の地理的な拡がりを捉えることができる[33]。

　この本社－工場ネットワークの構造分析において重要になるのは、そのネット

ワーク構造の中心性である。なぜなら、工場がある地域から本社がある地域に向けて矢印を引くとき、その入力次数の中心性の高い地域とは、製造業の本社が集中している地域であり、逆に、出力次数の中心性の高い地域とは、その製造業の製造工場が集中している地域だからである。したがって、この次数による中心性を分析するとき、日本の製造業の生産組織の地理的な拡がりを、一般的に捉えることができるようになる。

　二つ目の統計は、工場の生産活動がどれだけ特定の地域に根差しているかを表す統計であり、具体的には、移転工場の移転元の地域と移転先の地域を比較する統計である。ここで、工場が特定の地域に根差す理由には様々考えることができるが、この統計は『工業立地動向調査』によるものであり、これまでの分析結果から「企業内組織の集中」や「関連企業との近接性」などの立地理由の選択頻度が高かったことから、ここで分析される製造工場が特定の地域に偏って分布しているのは、関連企業・事業者が特定の地域に集中しているからであると考えるのが妥当である。したがって、移転する製造工場が、どれだけの地理的な範囲で移転するかを分析することによって、製造工場の立地選択が、企業ネットワークによってどれだけ制約を受け、その製造工場を特定の地域に止め置くことになるのかについて明らかにすることができる。

　この2種類の企業ネットワークの分析は、GD2050の実現に向けて非常に重要になる。なぜなら、この企業ネットワークの構造を明らかにしていくことによって、企業がその取引ネットワークをどのような理由で、またどのように地理的に拡げていくのかが明らかになり、GD2050に掲げられている「コンパクト＋ネットワーク」のネットワークが、どのようなものなのかについて把握することができるからである。もし、それを明らかにすることができれば、地域間取引ネットワークの骨組みとなる構造を明らかにすることができるに違いない。そこで本章では、この企業ネットワークの地理的な拡がりについて分析していくことにする[34]。

---

[33] Henderson and Ono（2008）では、本社と製造工場を分離させて立地させると、本社が置かれる大都市部では、多様なアウトソーシングサービスを利用することができ、市場に関する情報へのアクセスが容易になるというメリットがある反面、本社と製造工場との連携活動に掛かる費用が増加するというデメリットがあるため、本社と製造工場の地理的な距離は、そのメリットとデメリットのトレードオフの関係にあると主張している。最近の本社の立地研究については Kunisch, Menz, and Ambos（2014）が詳しい。

## 本社所在地と工場立地

　これまでの製造工場の立地理由の調査結果から、日本の製造業における立地は、企業間取引と企業内取引の利便性を高める、「企業内組織の集中」と「関連企業への近接性」が重要であることが明らかになった。本章でも分析の対象となる『工業立地動向調査』の結果によれば、新設工場について、その69.94％が本社のある同じ県内に建設されており、本社のある県から外に建設された工場は、全体30.06％であった。またこの30.06％の中で、その本社がある地域の外に建設された工場は、全体11.88％であり、ほとんどの工場が、本社のある県または地域に建設されたことが分かる。これは同調査において、「企業内組織の集中」という立地理由の選択頻度が高かったことと矛盾するものではないだろう。

　この企業内取引とその企業内ネットワークにもとづく立地行動は、過去四半世紀に渡る製造工場の立地分布の変動を説明するための、非常に有力な根拠を与えてくれている。つまり、過去四半世紀にわたって、製造工場の新規立地件数は東京広域圏に偏って分布しており、かつ、この東京広域圏には製造企業の本社が集中していることから、製造工場が企業内組織の近接性を、その主要な立地理由に挙げている限り、その製造工場の立地分布は、本社が集中している東京広域圏に偏って分布せざるを得ない。

　また、企業の合理性の観点から、企業が有する関連事業所や製造工場が、その本社がある地点に近接するように立地することがあったとしても、特定の製造工場の立地地点を基準にして、本社や関連事業所などの企業内組織が展開されるとは考えにくい。なぜなら本社には、経営管理業務やマーケティングなど、経営情報を集約的に収集し、それを経営資源として利用する部門が多く、そうした経営情報は、東京や大阪などの大都市に集中していることから、本社機能はそれらの大都市に立地せざるを得ないからである。そして、企業が生産組織を地理的に近接させて展開するとき、その製造工場は本社の立地地点に引き寄せられて分布す

---

34 経済地理学において空間的に拡がる本社と工場の関係は、「構造的アプローチ」(structural approach)としてMassey (1984) などを中心として1980年代にイギリスを中心として盛んになった。しかし、その理論的な発展と比較してその実証的な研究はほとんどなく、筆者の知る限り、統計的な立場から地域間の企業ネットワークによる支配構造を明らかにした研究はない。そこで本節で行う実証分析は、企業ネットワークによる地域間関係を明らかにするのは、初めての試みになり、その学術的な意義は小さくないだろう。

表73 立地件数に対する東京と大阪に本社をもつ立地件数の割合

| | 1989年-1991年 | 2010年-2014年 |
|---|---|---|
| 東京 | 14.7% | 13.9% |
| 大阪 | 8.7% | 7.6% |

ることになるだろう。

　したがって、この企業内ネットワークの構造分析において、最も重要になるのは本社の所在地である。例えば表73は、『工業立地動向調査』で調査対象となった新設工場の、東京と大阪に本社を有する製造工場の割合を整理したものである。同調査の最初の3年と最後の3年について比較してみると、東京に本社を有する製造工場の新規立地は、14.7%から13.9%に変化し、大阪に本社を有する製造工業の新規立地は、8.7%から7.6%に変化している。それら2大都市に本社を有する製造工場は、過去25年間に渡って高い水準で推移しており、その期間に立地した製造工場の5件に2件は、東京または大阪のいずれかに、その本社を有していることが分かる。そして、「企業内組織の集中」という立地理由が、立地選択において重要な立地要因である限り、製造工場立地の地理的分布は、その2大都市圏に偏って分布することが予想される。

　本章では、製造工場の立地が、その本社の所在地に対して、どのように分布し、どのような企業内取引ネットワークを形成しているのかについて分析していくことにする。ここで利用される統計は、この『工業立地動向調査』においてアンケート調査の対象となった製造工場であり、その「企業内組織の集中」を重視した製造工場が、その本社の立地地点に対して、実際にどの県に立地したのかについて分析することになる。また、『工業立地動向調査』の最初の2年間（1989年～1990年）の調査結果と、最新の3年間（2010年～2014年）の調査結果とを比較することによって、この企業内取引の利便性によって形成される企業内取引ネットワークが、時間的に一定の不変性をもつのかどうかについても確認していくことにする。

## 1989年から1990年

　次の図152から図156は、1989年から1990年までに立地した製造工場の立地地点

図152　1989年から1990年までに立地した製造工業の本社所在地による有向グラフ

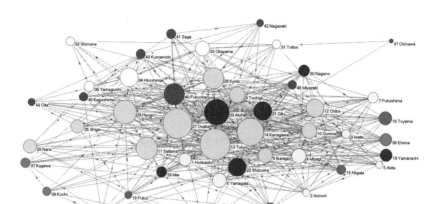

とその本社所在地について、そのネットワーク図を描いたものである。この図152から図156のそれぞれのネットワークは異なる基準で描かれており、具体的には、各県に立地した製造工場の内、ある一定の割合を超える製造工場が、他県にその本社を有しているとき、その製造工場のある県から、その本社のある県に対して矢印が描かれている。ここで用いられている一定の割合とは、0％、5％、10％、15％、20％の5つの割合である。この割合は最も少ない0％から、有意なネットワーク図が描くことができなくなる手前の20％までを、5％ごとに区切ったものである。

まず図152において、各県は他の県と矢印で繋がっており、この矢印は、その県に立地した製造工場の本社が他の県にあるとき、その製造工場がある県からその本社がある県に向けて矢印が描かれている。この図1は0％水準で描かれており、各県に立地した製造工場の一つでも、他の県に本社を有している場合、その製造工場のある県から本社のある県に向けて矢印が描かれている。

そして、各県を表す点は、その矢印を受ける数（入力次数）に応じて、大きくなるように描かれており、この点の大きさが大きくなればなるほど、それだけその県にある本社が、他の県に製造工場を有しており、それだけ地理的に広く、生産のネットワークを広げる傾向にある。また点の色の濃さは、47県を8つの地域に分けたときの、それぞれの地域の所属によって区別している。

まず図152では、各県に立地した製造工業が、他の県に対して、1つでも本社があるときに、その製造工場が立地した県から、その製造工場の本社がある県に対して、矢印が描かれていることから、非常の多くの矢印が描かれることになる。そして、それぞれの県を表す点の大きさから、全国に立地した新規の製造工場に関して、その本社は東京、大阪、神奈川、愛知、埼玉などの、大都市圏に集中していることが分かる。このことから、製造工場が「企業内組織の集中」を優先して立地選択するとき、東京圏と大阪圏にある本社に近接して立地することになることが分かり、また同調査で対象となった製造工場については、その本社は大阪圏よりも東京圏に集中していることから、それが東京一極集中構造を形成する主要な要因となっていることが分かる。

　また、この図152のよる複雑なネットワークから、次の2つのことを読み取ることができる。第一に、日本の都道府県は、この本社と製造工場という企業内ネットワークによって、非常に密接に関係しており、非常に多くの製造企業が、他の県に対して、その製造工場を有しているということになる。そして、その製造工場を他の県に立地させる際は、隣接している県だけではなく、かなり離れている県に対しても立地させており、その企業内組織のネットワークは、県をまたいで形成されることが、非常に多くあることが分かる。したがって、GD2050で扱われるネットワーク構造は、本社と工場を分離して生産活動を行う企業の、合理的な立地選択によって多大な影響を受けており、日本に地域間取引ネットワークは、個々の地域で発展した企業が、必要に応じて他の地域との取引ネットワークを形成しているという側面がある一方で、少数の大企業の論理によって、地域間取引ネットワークが計画的に形成されているという側面もある。

　第二に、他の県に対して製造工場を有している企業が集中しているのは東京であり、実際に東京の入力次数が47となっているように、全国47県のすべてに対して、その製造工場を有していることになる。そして、東京に次いで、大阪に立地している製造企業の本社は、43県にその製造工業を有しており、大阪に次いで、愛知に立地している本社は、37県にその製造工業を有している。さらにその他にも、東京周辺の県や、大阪周辺の県についても、他の県に製造工場を有している本社が集中していることが分かる。

　前章で分析した地域間取引ネットワーク構造において、①大都市圏内の取引ネットワークと②大都市圏間の取引ネットワークは、東京圏と名古屋圏と大阪圏を

図153　1989年から1990年までに立地した製造工業の本社所在地による有向グラフ（5％基準）

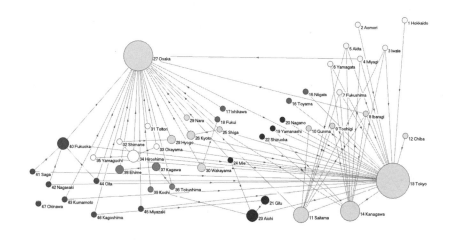

中心に発展しており、どの工業においてもこの3大都市圏においてクリーク数が多く、それはネットワーク補完型の立地モーメントによって裏打ちされたものであった。ここで、この3大都市圏の地域間取引ネットワークの発展は、その3大都市に本社が集中し、その製造工場がその周辺県に立地することによって、企業内で地域間取引ネットワークを形成していると推察される。したがって、地域間取引ネットワークと一言でいっても、それは大きく企業内組織における地域間取引ネットワークと企業間組織における地域間取引ネットワークとに分けることができる。

次に図153は、各県に立地した製造工場の内、その全体の5％以上が、他の県に本社を有している場合に限って、その製造工場がある県から、その本社がある県に対して、その本社－工場の関係を表す矢印を描いたものである。ここで東京と大阪以外の各点の位置は、その点が表している県の緯度と経度に従って配置されており、この図153を図152と比較すると、その矢印の数が大幅に減少することが明らかになると同時に、その矢印による繋がりから、各県にある本社は、その本社に隣接した県において、その製造工場を立地させる傾向にあることが分かる。そして、この傾向は図154においてより顕著になり、この図154は、その水準を5％から10％に引き上げて、各県に立地した製造工場の内、その全体の10％以上が、他の県に本社を有している場合に限り、その製造工場がある県から、その本

図154　1989年から1990年までに立地した製造工業の本社所在地による有向グラフ（10%基準）

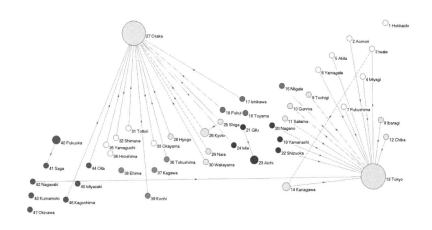

社がある県に対して矢印を描いている。

　この図154から読み取れる重要な点は、ほとんどの県において、その立地した製造工場の10％以上が、その本社を東京または大阪に有しているという点である。これは各県から矢印が、東京または大阪に向けて一様に伸びていることから確認することができ、具体的には、日本列島の東部の県は東京に向けて、その西部の県は大阪に向けて矢印が伸びていることから、日本列島の束側の県に立地した製造工場の本社は、その所在地が東京に集中していることが分かり、また日本列島の西側の県に立地した製造工場の本社は、その所在地が大阪に集中していることが分かる。

　これにより、前章で観察された地域間取引ネットワークにおける偏領域化について、次のことを推測することができる。まず、③大都市圏と地方都市圏の取引ネットワークにおける偏領域化とは、東京圏は仙台圏とより多くのクリークを共有し、大阪圏は広島圏や福岡圏とより多くクリークを共有するというものであった。この５％と10％のネットワーク図において、企業内組織における地域間取引ネットワークに、前章で確認した地域間取引ネットワークの偏領域化と同様の傾向を確認することができ、この偏領域化は、企業内組織の地理的な配置に影響を受けていると推察される。したがって、この偏領域化についても、企業内組織における個別的な偏領域化と複数の企業による集合的な偏領域化に分けることがで

き、この偏領域化は大企業の組織の合理的な地理的配置に依存していると推測することができる。

　また、この偏領域化について、本社を東京と大阪に有する製造工場がある地理的分布に関して、東京に本社を有する製造企業については、その製造工場を日本列島の東部に配置する傾向があり、また大阪に本社を有する製造企業については、その製造工場を日本列島の西部に配置する傾向があることから、東京と大阪との間において、その企業内ネットワークの形成の仕方について、互いのネットワークを包含し合うのではなく、一定の棲み分けをするような形態がとられているように見える。

　もっと言えば、10％水準の図において、東京と大阪の両方と矢印で繋がっている県は一つとしてなく、また東京と大阪のどちらにも繋がっていない県はほとんどないことから、この企業内ネットワークは、その47県を２分割しているようである。ここで、なぜこのような企業内ネットワークの棲み分けのような現象が発生するのかについては定かではないが、このネットワークの発展の仕方を、企業ネットワークによる地域分割と呼び、日本の企業内ネットワークの発展の仕方の特徴として認識することにしよう。

　仮に、この企業ネットワークによる地域分割が生じさせる、ひとつの潜在的な原因を挙げるならば、各県で成長した企業が、その販路と生産組織を全国的に展開していく際に、その企業の地元の県ではなく、東京や大阪などの主要都市に展開する必要性が生じる。そして、その本社の移転先の候補として、まず候補に挙がるのは、経営に必要な資源や情報が集中し、それらに対するアクセスが良い東京と大阪になると考えられる。そしてこの東京と大阪の選択に関して、東日本にある企業は、地理的に近接した東京に本社を移転させることを考え、西日本にある企業は大阪に本社を移転させることを考えることになるであろう。そして、本社を地理的近接性の観点から、東京または大阪のひとつを選択し、かつ製造工場を地元に残すことになれば、必然的に企業ネットワークによる地域分割が生じることになる。

　また、この企業ネットワークによる地域分割は、GD2050の標榜するネットワーク構造に大きな影響を与えることになる。なぜなら、SMRを地域間取引ネットワークで統合しようとする場合、この企業ネットワークによる地域分割によれば、互いに相手の地域を侵食しないという傾向性があることになり、その地域

間取引ネットワークに切れ目ができることになるからである。そして、この企業ネットワークによる地域分割が、地域間取引ネットワークの形成において強く作用するものであるならば、SMRは3大都市圏のすべてを包含するような巨大な地域間取引ネットワークによって統合されるというよりも、むしろ3大都市を中心とする大都市圏内のネットワークが、重層的に重なり合うことによって統合されることになる。ここで前者の地域統合の様子を、広域的な取引ネットワークの垂直的な重なりによる地域統合と呼び、後者の地域統合の様子を、局所的な取引ネットワークの水平的な繋がりによる地域統合と呼び、地域間取引ネットワークによる地域統合における形態の2つの極端として区別することができる。

その一方で、この企業ネットワークによる地域分割が、GD2050の地域均等発展に貢献するメリットもあると考えられる。そのメリットとは、東京と大阪とで企業ネットワークによる地域分割が維持されれば、東京または大阪のどちらか一方のみに、企業ネットワークの中心地が集中するという、一極集中構造を避けることが可能になるというメリットである。もし企業ネットワークの中心地域が、例えば東京にのみ集中する場合、GD2050の計画のみならず、SMRにおける大都市圏の取引ネットワークの構造を維持することも困難になる可能性がある。なぜなら、その東京を中心する企業ネットワークがSMR全体を包含するように発展しなければ、SMR自体を地域間取引ネットワークで統合することが困難になるからである。したがって、この企業ネットワークによる地域分割の観点から、企業内の取引ネットワークの維持と発展が、GD2050における主要な課題になるかもしれない。

さらに図155と図156では、その各県の製造工業が、他の県にその本社を有する割合を、それぞれ15%と20%に引き上げたものである。この図155と図156から、東京と大阪に本社がある企業がその製造工場を、地理的に近接する周辺地域に配置する傾向がより顕著になる。特に図156では、その日本列島の東部と西部という区別というよりも、むしろ東京に本社を有する製造工場は、その東京に近接した地域に立地する傾向があり、同様に、大阪に本社を有する製造工場は、その大阪に近接した地域に立地する傾向があることが分かる。この本社に近接して立地する傾向は、工業立地動向調査のアンケート結果において、「企業内組織の集中」が主要な理由として確認できたことと一致している。

これまでバブル経済末期の企業ネットワークについて、そのネットワークの強

図155　1989年から1990年までに立地した製造工業の本社所在地による有向グラフ（15%基準）

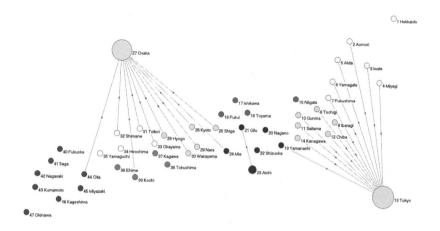

図156　1989年から1990年までに立地した製造工業の本社所在地による有向グラフ（20%基準）

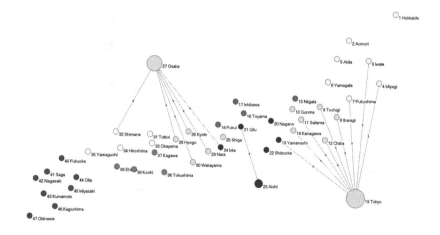

さを5つの水準に分けて観察してきたが、これまでの内容から、次のことを推察することができる。まず、各県の製造工業について、その製造工場の本社を県外に有するとき、その本社が集中しているのは、東京と大阪であることが分かった。そして、この東京と大阪に本社を有する製造工場が多いのは、その東京と大阪の周辺地域であり、またその割合が高くなるのは、東京と大阪により近接した地域であった。これは製造工場が、本社と近接した地域に偏って分布することを表しており、本社との地理的な距離が離れれば離れるほど、その製造工場の立地する割合が減少することを意味している。

　これは製造工場が、その本社に引き寄せられて立地する傾向があると解釈することができ、各県の東京と大阪に本社をもつ製造工場の割合と、各県の東京と大阪までの距離は反比例することになる。この本社－製造工場という企業ネットワークの発展が、本社と製造工場との距離に反比例する傾向性を、地理的な近接性と企業ネットワークの発展の相関と呼ぶことにしよう。そして、この相関関係は、企業ネットワークは地理的に近接した地域において発展し、「企業内組織の集中」というネットワーク補完型の立地モーメントを反映したものになる。

　次に、東京と大阪の入力次数が高く、他の県の入力次数が低かったということは、東京と大阪に本社を有する企業ほど、他県に製造工場を立地させる傾向にあり、逆に、他県に本社を立地させる企業ほど、本社と同じ県内に製造工場を立地させる傾向にあることを意味している。換言すれば、地理的に広い範囲にわたって企業内ネットワークを展開させる製造企業ほど、その本社を東京または大阪に立地させる傾向にあり、逆に、地方の製造企業は、その本社と製造工業による生産ネットワークを、その本社のある県内に留める傾向にあることになる。この傾向性により、企業内組織における本社立地都市の規模と企業ネットワークの規模のとの間には、一定の相関関係があると考えることができる。

　この本社の立地する都市とネットワークの規模の相関は、大都市圏で地域間取引ネットワークが拡がり易く、また地方都市圏で地域間取引ネットワークが拡がり難いという現象を説明する、非常に有力な根拠となりうる。つまり、広域的に企業ネットワークを拡げる企業ほど、東京や大阪などの規模が大きい都市に本社を立地させ、その企業ネットワークの中心地域は東京と大阪になって、東京圏と大阪圏において企業ネットワークが発展し易くなる。その反面、地方都市のような規模が小さい都市では、企業ネットワークの拡がりが小さい企業のみが残るこ

とになり、その地方都市に残る企業ネットワークは、域内を出ない小さな取引ネットワークに留まることになって、地方における地域間取引ネットワークは発達しにくくなる。したがって、前章で確認した③地方都市圏内の地域間取引ネットワークの脆弱性は、この都市の規模と企業ネットワークの規模の相関との関わりが深いことが予想され、地方における地域間取引ネットワークの発展が、如何に困難なものであるかを伺い知ることができる。

これまでバブル経済末期の、1989年から1990年までの統計について分析してきたが、このバブル経済末期は、日本の製造業の最盛期であった。その後、長い景気低迷期を迎え、製造業の活動と立地は停滞することになる。それでは、近年、この企業ネットワークの構造はどのように変化し、このバブル経済末期において確認することのできた傾向性は、現在においても確認することができるのであろうか。そこで2010年から2014年の統計をもとに、再度、企業ネットワークについて分析することにしよう。

### 2010年から2014年

次に、近年の2010年から2014年までの企業ネットワークの地理的について分析することにする。これによって、バブル経済末期における企業ネットワークと比較して、企業ネットワークがどのように変化し、また変化しなかったかについて確認してみることにしよう。図157から図161までの図は、図152から図156までの図と同様に、製造工場のある県と、その製造工場の本社のある県との関係について、その製造工場のある県から、その本社のある県に向けて矢印を描いたものであり、ここでも同様に、その割合を0％から5％、10％、15％、20％までの5つの水準に分けて分析している。

まず図157に関しては、図152と同様に、非常に複雑なネットワーク構造を見つけることができる。そして、図152と比較しても、東京や大阪、愛知の点の大きさについてそれほど大きな変化はなく、また他の県についても著しい変化はないようである。この点の大きさの変化は後で計量的に確認することになるが、各県の中心性の高さの順位には大きな変化はなく、生産ネットワークの地理的な拡がりにおける各県の役割は、それほど大きく変化していないと言える。

次に、図158を図153と比較するとき、図158の東京の点の大きさがより大きく

図157 2010年から2014年までに立地した製造工業の本社所在地による有向グラフ

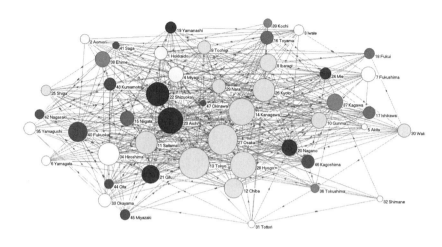

図158 2010年から2014年までに立地した製造工業の本社所在地による有向グラフ（5％基準）

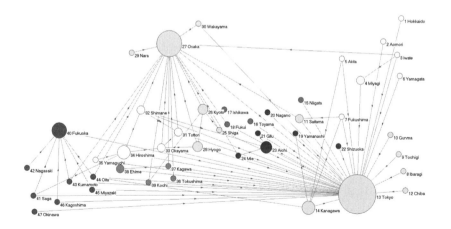

なり、大阪の点の大きさがより小さくなっていることが分かる。この点の大きさは、その点が表す県に対して入力する矢印が多くなるほど大きくなるので、大阪に向かって伸びる矢印の本数が、東京に向かって伸びる矢印の本数よりも、少なくなっていることを意味する。そしてこの矢印は、東京または大阪に立地している本社が、他の県にその製造工業を有している場合に描かれるので、近年については、大阪よりも、東京に立地している製造企業の方が、より広範囲にわたって、その企業内ネットワークを広げる傾向にあることが分かる。

　図158では、各県に立地した製造工場の内、その数の全体の5％以上が、他の県に本社を有している場合に限って、その製造工場がある県から、その本社がある県に対して矢印が描かれているが、その水準を10％に引き上げたときの図159では、各県に立地した製造工業の内、10％以上の製造工場の本社が東京にあるケースが大幅に増えていることが、東京に向けた矢印の本数の増加によって読み取ることができる。これに対して、大阪に向けた矢印は明らかに少なくなっており、これは東京に本社を立地させた企業の方が、大阪に本社を立地させた企業よりも、その企業内ネットワークを全国的に広げる傾向にあったことを表している。

　この企業内ネットワークの拡がり関する東京の優位性は、図160の15％水準においても確認することができ、ここで東京に向けた矢印の本数が16本であるのに対し、大阪に向けた矢印の本数は6本になっている。この入力の矢印の数は、そのまま次数による中心性の高さになり、この次数による中心性について、大阪よりも東京の方が3倍近く高くなったことになる。次に、その水準を20％まで引き上げた図161についてみてみると、東京に向けた矢印の本数が7本であるのに対し、大阪に向けた矢印の本数は4本になっており、東京の中心性の高さは、高い水準においても維持されることが分かる。

　この2010年から2014年までの近年の企業ネットワークと、1989年から1990年までのバブル経済末期の企業ネットワークを比較してみると、その構造は大きく変化していることが分かる。まず、バブル経済末期から近年にかけて、各県から大阪に向けた矢印の本数よりも、東京に向けた矢印の本数が多くなっていることから、それぞれの県に立地した製造工場において、その本社が東京にある割合は、その本社が大阪にある割合よりも、大幅に高くなっていることが分かる。そしてこれは、地方に立地した製造工場が、大阪にある本社よりも、東京にある本社からの影響を受け易くなったことを意味している。

第7章 企業内ネットワークの分析 333

図159 2010年から2014年までに立地した製造工業の本社所在地による有向グラフ（10%基準）

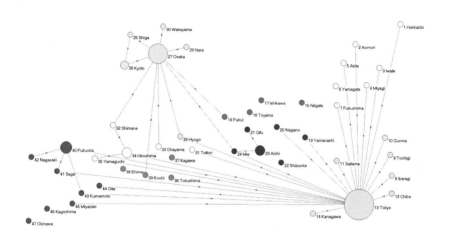

図160 2010年から2014年までに立地した製造工業の本社所在地による有向グラフ（15%基準）

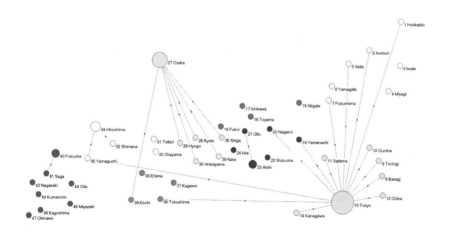

図161　2010年から2014年までに立地した製造工業の本社所在地による有向グラフ（20％基準）

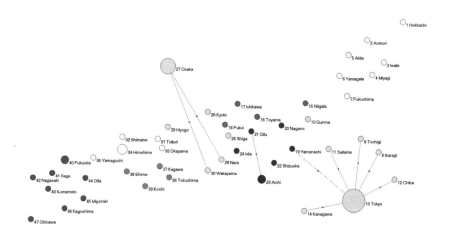

　この東京に向けた矢印の本数が多くなり、大阪に向けた矢印の本数が少なくなった理由について考えてみよう。まず、表73において、大阪の本社の割合はそれほど大きく変化していないことから、大阪周辺の県に工場をもつ大阪の本社の数が激減したとは考えにくい。むしろ、大阪に本社を有する企業が、他の県に製造工場を建設するとき、大阪に隣接する少数の県に建設するように変化したのに対し、東京に本社を有する企業は、東京に隣接する地域だけではなく、全国的な視野で広い範囲にわたって製造工場を建設したと考えるのが妥当であろう。したがって、この次数による中心性の変化は、東京と大阪の企業ネットワークの地理的な範囲の変化として捉えることができる。

　次に、バブル経済末期では、東京が東日本、大阪が西日本というように、2大都市に立地する本社が有する製造工場は、地域的に非常に強く偏って分布していたが、この近年の企業ネットワークの拡がりをみてみると、東京に本社を有する製造工場は、関西、中国、四国、九州などの西日本にも拡がっていることが分かる。したがって、この東京に本社を立地させる企業の社内取引ネットワークの拡がりは、偏領域化というよりも全領域化と呼ぶ方が相応しいことになり、これは近年の、東京広域圏における製造工場の集中立地を引き起こしている要因の、一つとして捉えることができる。

　その一方で、この全領域化の傾向において、依然として企業ネットワークによ

る地域分割の傾向性もみてとることができる。例えば、バブル経済末期に、この傾向性が顕著になったのは10％基準の場合であったが、近年の10％の基準をみてみると、東京を中心とする企業ネットワークの拡大が著しい一方で、東京と大阪の両方に繋がっている県は、兵庫と三重の2県のみになっている。ここで東京の次数が26であり、大阪の次数が11であったのにもかかわらず、日本の取引ネットワークの基軸を構成する県において、その両方と繋がっている県がほとんど無かったことは偶然の結果であるとは思えない。

　また、前章では常に、日本の取引ネットワークの中心を構成していた名古屋（愛知）が、この企業ネットワークの分析では、東京と大阪と比較して、格段にその地位が低く、また愛知が東京と大阪を中心とする企業ネットワークを構成しているというよりは、むしろそれらとは独立して企業ネットワークを形成しているようにもみえる。しかし、愛知には多くの本社が立地していることには違いないことから、この東京と大阪との企業ネットワークの棲み分けに加えて、名古屋を中心とする企業ネットワークの棲み分けもある可能性がある。いずれにしても、この問題とは、取引ネットワークで地域を統合する際に、それが広域的な取引ネットワークの垂直的な重なりによる地域統合なのか、局所的な取引ネットワークの水平的な繋がりによる地域統合なのかという問題に関わることから、今後の研究の成果が待たれることになる。

## 計量分析

　次に、この本社所在地によるネットワーク分析を、計量的な側面から分析することにしよう。これまで新規の製造工場の本社がどの県にあるかについて、その製造工場のある県から、本社のある県に向けて矢印を引いたグラフを扱ってきた。ここで、この矢印を多く受け入れている県とは、製造工場の本社が多く立地している県であり、それだけ多くの製造工場を、全国的に展開している県になる。そして、その矢印を多く受け入れている県に立地する製造企業は、それだけ周辺地域に対して、その企業ネットワークを拡大する傾向にある。

　そして、過去25年に新規に立地した製造工場において、実に、その約20％は、東京または大阪にその本社を有しており、これは企業内取引関係にもとづいた、地域間の依存関係として解釈することができることから、これは東京と大阪を中

心とした、中心地域−周辺地域の地理的な構造として捉えることができる。

　GD2050に関して、この企業ネットワークが重要になるのは、東京や大阪、もしくは他の県が、その企業内取引関係において、どれだけ中心性が高く、またその中心性が、時代と共に、どのように変化してきたのかである。つまり、この中心性が高くなればなるほど、それだけ強く、その本社のある県の周辺地域に、企業内取引による新規立地を促すことになる。そして、これまでの立地調査の結果の分析によって明らかになった通り、企業内取引による新規立地の割合は全国的に高まっており、その中心性の高い県の周辺地域に、より企業内取引を理由とした新規立地が増える傾向にある。

　さらに、本書の最初で分析した通り、近年の新規の立地件数は、東京とその周辺地域、そしてその北部に偏って分布していることから、近年の工場立地の東京広域圏における集中を、その立地理由における企業内取引の重要性と、東京の企業内ネットワークにおける中心性の高さを組み合わせることにより、説明することができるようになるに違いない。より具体的には、企業内取引の利便性が、製造工場の立地において、ますます重要になってきていることは、すでに明らかになっていることから、この生産ネットワークの拡がりにおける、東京の中心性が強まっていることを、数量的に確認することができさえすれば、近年の工場立地が、東京の周辺地域とその北部に偏って分布している理由を、その本社との内部取引の利便性の観点から説明することが可能になる。

　もっと言えば、前章の地域間取引ネットワークと異なり、東京の中心性と大阪の中心性の高さが突出しており、製造工場が「企業内組織の集中」を最も重要な立地理由として立地選択をするとき、東京と大阪に近接する地域に立地することが予想される。また、この東京の中心性と大阪の中心性の高さを比較してみると、バブル経済末期から近年にかけて、東京の中心性が著しく高くなっていることから、近年、東京広域圏において製造工場の立地が集中しているのは当然の結果であるといえる。つまり、この東京広域圏における工業立地の偏りは、2つの要因の相互作用であると推察することができ、第一に、近年、製造業の立地において、「企業内組織の集中」という立地要因が非常に強くなったことであり、第二に、その企業内組織の中心となる本社が、東京に集中していることであり、これらが同時に起こることにより、近年の工業立地の東京広域圏における集中を説明することができる。

ここで、製造業が企業内組織を地理的に近接させて展開する生産組織の集中化と、製造業の本社が東京と大阪などの、地域間取引ネットワークの中心性が高い地域に集中する本社機能のネットワーク中央化は、互いに相乗作用を生み出す可能性があり、本社が集中している地域に多くの製造工場を集めることによって、企業間における情報収集・交換やコミュニケーションの効率性を高めることができ、さらにそれは、新たに多くの本社を呼び寄せる要因となり得る。また、それによって特定の地域に本社が集中することになれば、製造業の生産組織の集中化の観点から、さらなる製造工場を招き入れることになるであろう。この製造業の生産組織の集中化と本社機能のネットワーク中央化による累積的な因果関係は、東京を製造業の中心地域として魅力的な地域とし、東京一極集中構造をより強固なものにすることが予想される。

　その他にも、この計量分析の結果から読み取れることがいくつかある。まず、前章で分析した地域間取引ネットワークとの違いにおいて、名古屋の中心性の低さが目立っている。地域間取引ネットワークにおける名古屋の中心性の高さは、東京や大阪のものと比べても遜色なく、むしろ名古屋の中心性の方が高い場合も多くあった。しかし、この企業内ネットワークについては、名古屋の中心性は格段に低く、地域間取引ネットワークの構造とは大きく異なっていることが分かる。これはおそらく、名古屋圏における非過密都市圏における中心性の高尖度化の影響であり、比較的工業用地に余裕がある地域では、生産組織を県外に展開させる必要はないことから、企業内ネットワークは地域間取引ネットワークのよりも、さらに高尖度化が進むことが予想される。

　また、中心性の尖度について、地域間取引ネットワークとは異なり、この企業内ネットワークにおいては、中心性指数の尖度が非常に高いことが分かる。0％基準では、この中心性は大都市圏に属するすべての県において高くなるが、5％基準以上では東京と大阪の中心性のみが突出している。したがって、この企業内ネットワークの中心性については、次数が中心地域から周辺地域に向けて、滑らかに低くなっていくという、いわゆる平準化の丘はほとんど見られないし、中心地の周辺化も中心性の平準化も当てはまらないことになる。これにより、主に情報を収集・処理し、関連主体とコミュニケーションを図ることを目的とする本社については、その周辺地域に対する波及効果は極めて小さく、企業内組織における中心－周辺地域での波及効果は、本社－工場という企業内ネットワークの拡が

表74 企業ネットワークにおける

| | | 1989年－1990年（バブル経済末期） | | | | | | | | | |
|---|---|---|---|---|---|---|---|---|---|---|---|
| | | 0 % | | 5 % | | 10% | | 15% | | 20% | |
| | | 入力 | 出力 | 入力 | 出力 | 入力 | 出力 | 入力 | 出力 | 入力 | 出力 |
| 1 | 北海道 | 8 | 26 | 1 | 2 | 1 | 1 | 1 | 1 | 1 | 1 |
| 2 | 青森 | 3 | 19 | 1 | 2 | 1 | 2 | 1 | 2 | 1 | 1 |
| 3 | 岩手 | 4 | 21 | 1 | 4 | 1 | 3 | 1 | 2 | 1 | 2 |
| 4 | 宮城 | 11 | 18 | 1 | 4 | 1 | 2 | 1 | 2 | 1 | 2 |
| 5 | 秋田 | 3 | 14 | 1 | 4 | 1 | 2 | 1 | 2 | 1 | 1 |
| 6 | 山形 | 10 | 13 | 1 | 3 | 1 | 2 | 1 | 2 | 1 | 1 |
| 7 | 福島 | 6 | 14 | 1 | 4 | 1 | 2 | 1 | 2 | 1 | 2 |
| 8 | 茨城 | 11 | 20 | 1 | 5 | 1 | 2 | 1 | 2 | 1 | 2 |
| 9 | 栃木 | 13 | 18 | 1 | 4 | 1 | 2 | 1 | 2 | 1 | 2 |
| 10 | 群馬 | 12 | 13 | 1 | 3 | 1 | 2 | 1 | 2 | 1 | 1 |
| 11 | 埼玉 | 25 | 7 | 7 | 3 | 1 | 2 | 1 | 2 | 1 | 2 |
| 12 | 千葉 | 17 | 10 | 1 | 2 | 1 | 2 | 1 | 2 | 1 | 2 |
| 13 | 東京 | 47 | 1 | 34 | 1 | 18 | 1 | 14 | 1 | 10 | 1 |
| 14 | 神奈川 | 37 | 4 | 11 | 2 | 2 | 2 | 1 | 1 | 1 | 2 |
| 15 | 新潟 | 5 | 17 | 1 | 2 | 1 | 2 | 1 | 1 | 1 | 1 |
| 16 | 富山 | 9 | 9 | 1 | 2 | 1 | 1 | 1 | 1 | 1 | 1 |
| 17 | 石川 | 7 | 10 | 1 | 2 | 1 | 2 | 1 | 1 | 1 | 1 |
| 18 | 福井 | 3 | 13 | 1 | 2 | 1 | 1 | 1 | 1 | 1 | 1 |
| 19 | 山梨 | 8 | 6 | 1 | 3 | 1 | 2 | 1 | 2 | 1 | 2 |
| 20 | 長野 | 7 | 11 | 1 | 2 | 1 | 2 | 1 | 1 | 1 | 1 |
| 21 | 岐阜 | 18 | 8 | 2 | 2 | 1 | 2 | 1 | 2 | 1 | 2 |
| 22 | 静岡 | 17 | 11 | 1 | 3 | 1 | 2 | 1 | 1 | 1 | 1 |
| 23 | 愛知 | 32 | 8 | 4 | 2 | 2 | 1 | 2 | 1 | 2 | 1 |
| 24 | 三重 | 6 | 14 | 1 | 4 | 1 | 2 | 1 | 2 | 1 | 2 |
| 25 | 滋賀 | 9 | 8 | 1 | 5 | 1 | 3 | 1 | 2 | 1 | 2 |
| 26 | 京都 | 22 | 7 | 2 | 2 | 1 | 2 | 1 | 2 | 1 | 2 |
| 27 | 大阪 | 43 | 4 | 25 | 2 | 17 | 1 | 12 | 1 | 7 | 1 |
| 28 | 兵庫 | 28 | 12 | 2 | 3 | 1 | 2 | 1 | 2 | 1 | 2 |
| 29 | 奈良 | 9 | 4 | 1 | 2 | 1 | 2 | 1 | 2 | 1 | 2 |
| 30 | 和歌山 | 5 | 6 | 2 | 2 | 1 | 2 | 1 | 2 | 1 | 2 |
| 31 | 鳥取 | 4 | 9 | 1 | 2 | 1 | 2 | 1 | 2 | 1 | 1 |
| 32 | 島根 | 4 | 9 | 1 | 4 | 1 | 2 | 1 | 2 | 1 | 1 |
| 33 | 岡山 | 11 | 10 | 1 | 4 | 1 | 2 | 1 | 2 | 1 | 1 |
| 34 | 広島 | 18 | 12 | 4 | 3 | 1 | 1 | 1 | 1 | 1 | 1 |
| 35 | 山口 | 6 | 15 | 1 | 4 | 1 | 2 | 1 | 1 | 1 | 1 |
| 36 | 徳島 | 4 | 8 | 1 | 3 | 1 | 2 | 1 | 1 | 1 | 1 |
| 37 | 香川 | 5 | 8 | 2 | 2 | 1 | 2 | 1 | 1 | 1 | 1 |
| 38 | 愛媛 | 8 | 10 | 2 | 2 | 1 | 1 | 1 | 1 | 1 | 1 |
| 39 | 高知 | 4 | 8 | 1 | 3 | 1 | 2 | 1 | 2 | 1 | 1 |
| 40 | 福岡 | 22 | 22 | 4 | 3 | 2 | 1 | 1 | 1 | 1 | 1 |
| 41 | 佐賀 | 5 | 11 | 1 | 3 | 1 | 2 | 1 | 1 | 1 | 1 |
| 42 | 長崎 | 3 | 9 | 1 | 3 | 1 | 2 | 1 | 1 | 1 | 1 |
| 43 | 熊本 | 5 | 16 | 1 | 3 | 1 | 1 | 1 | 1 | 1 | 1 |
| 44 | 大分 | 3 | 12 | 1 | 4 | 1 | 2 | 1 | 1 | 1 | 1 |
| 45 | 宮崎 | 4 | 19 | 1 | 3 | 1 | 1 | 1 | 1 | 1 | 1 |
| 46 | 鹿児島 | 4 | 19 | 1 | 3 | 1 | 2 | 1 | 1 | 1 | 1 |
| 47 | 沖縄 | 1 | 3 | 1 | 1 | 1 | 1 | 1 | 1 | 1 | 1 |
| | 次数計 | 546 | 546 | 135 | 135 | 84 | 84 | 72 | 72 | 63 | 63 |
| | 変動係数 | 0.93 | 0.47 | 2.10 | 0.33 | 1.88 | 0.28 | 1.60 | 0.33 | 1.17 | 0.36 |

## 次数による中心性の分析

| 2010年-2014年（近年） | | | | | | | | | |
|---|---|---|---|---|---|---|---|---|---|
| 0% | | 5% | | 10% | | 15% | | 20% | |
| 入力 | 出力 | 入力 | 出力 | 入力 | 出力 | 入力 | 出力 | 入力 | 出力 |
| 9 | 19 | 1 | 2 | 1 | 2 | 1 | 2 | 1 | 1 |
| 5 | 11 | 1 | 2 | 1 | 2 | 1 | 2 | 1 | 1 |
| 6 | 14 | 1 | 4 | 1 | 2 | 1 | 1 | 1 | 1 |
| 12 | 21 | 2 | 2 | 1 | 2 | 1 | 1 | 1 | 1 |
| 2 | 12 | 1 | 3 | 1 | 2 | 1 | 2 | 1 | 1 |
| 5 | 11 | 1 | 2 | 1 | 1 | 1 | 1 | 1 | 1 |
| 11 | 11 | 1 | 4 | 1 | 2 | 1 | 2 | 1 | 1 |
| 15 | 23 | 1 | 2 | 1 | 2 | 1 | 2 | 1 | 2 |
| 9 | 24 | 1 | 2 | 1 | 2 | 1 | 2 | 1 | 2 |
| 13 | 21 | 1 | 2 | 1 | 2 | 1 | 2 | 1 | 1 |
| 26 | 22 | 2 | 3 | 1 | 2 | 1 | 2 | 1 | 2 |
| 19 | 14 | 1 | 2 | 1 | 2 | 1 | 2 | 1 | 2 |
| 47 | 1 | 43 | 1 | 26 | 1 | 15 | 1 | 7 | 1 |
| 36 | 10 | 5 | 2 | 1 | 2 | 1 | 2 | 1 | 2 |
| 11 | 16 | 1 | 2 | 1 | 1 | 1 | 1 | 1 | 1 |
| 9 | 8 | 1 | 2 | 1 | 1 | 1 | 1 | 1 | 1 |
| 8 | 12 | 1 | 1 | 1 | 1 | 1 | 1 | 1 | 1 |
| 6 | 8 | 1 | 3 | 1 | 2 | 1 | 1 | 1 | 1 |
| 7 | 14 | 1 | 3 | 1 | 2 | 1 | 2 | 1 | 2 |
| 13 | 14 | 1 | 2 | 1 | 2 | 1 | 2 | 1 | 1 |
| 17 | 13 | 1 | 3 | 1 | 2 | 1 | 2 | 1 | 2 |
| 28 | 19 | 1 | 2 | 1 | 1 | 1 | 1 | 1 | 1 |
| 34 | 14 | 4 | 2 | 3 | 1 | 2 | 1 | 2 | 1 |
| 7 | 16 | 1 | 4 | 1 | 4 | 1 | 1 | 1 | 1 |
| 6 | 15 | 1 | 4 | 1 | 3 | 1 | 2 | 1 | 1 |
| 26 | 10 | 3 | 3 | 2 | 2 | 1 | 2 | 1 | 1 |
| 46 | 8 | 19 | 2 | 11 | 1 | 7 | 1 | 3 | 1 |
| 35 | 14 | 3 | 3 | 1 | 3 | 1 | 2 | 1 | 1 |
| 10 | 9 | 1 | 2 | 1 | 2 | 1 | 2 | 1 | 2 |
| 9 | 11 | 1 | 3 | 1 | 2 | 1 | 2 | 1 | 2 |
| 3 | 10 | 2 | 5 | 1 | 1 | 1 | 1 | 1 | 1 |
| 2 | 8 | 2 | 6 | 1 | 3 | 1 | 2 | 1 | 1 |
| 9 | 10 | 2 | 5 | 1 | 2 | 1 | 1 | 1 | 1 |
| 25 | 13 | 5 | 2 | 3 | 2 | 3 | 1 | 1 | 1 |
| 8 | 10 | 1 | 4 | 1 | 3 | 1 | 3 | 1 | 1 |
| 4 | 10 | 1 | 3 | 1 | 2 | 1 | 2 | 1 | 1 |
| 14 | 8 | 1 | 4 | 1 | 1 | 1 | 1 | 1 | 1 |
| 12 | 7 | 2 | 2 | 1 | 1 | 1 | 1 | 1 | 1 |
| 4 | 8 | 1 | 4 | 1 | 2 | 1 | 2 | 1 | 1 |
| 19 | 22 | 7 | 2 | 4 | 2 | 2 | 1 | 1 | 1 |
| 3 | 16 | 1 | 4 | 1 | 3 | 1 | 2 | 1 | 1 |
| 5 | 17 | 1 | 2 | 1 | 2 | 1 | 1 | 1 | 1 |
| 8 | 23 | 1 | 4 | 1 | 3 | 1 | 1 | 1 | 1 |
| 5 | 13 | 1 | 5 | 1 | 2 | 1 | 1 | 1 | 1 |
| 6 | 12 | 1 | 3 | 1 | 2 | 1 | 1 | 1 | 1 |
| 9 | 18 | 1 | 3 | 1 | 1 | 1 | 1 | 1 | 1 |
| 2 | 5 | 1 | 2 | 1 | 1 | 1 | 1 | 1 | 1 |
| 625 | 625 | 134 | 134 | 90 | 90 | 71 | 71 | 56 | 56 |
| 0.85 | 0.39 | 2.32 | 0.39 | 2.04 | 0.36 | 1.47 | 0.36 | 0.78 | 0.33 |

りが主なものになる。

　最後に、バブル経済末期と近年の各県の次数の高さを比較してみると、0％の水準では、近年の方の次数が大きく増加しており、それ以上の水準では、増加しているのか減少しているのかは判然としない。その一方で、入力次数の変動係数についてみてみると、5％水準と10％水準では近年の方が高く、15％水準と20％水準では近年の方が低くなっている。この低い水準で入力次数の分散が大きく、かつ高い水準で入力次数の分散が小さいという傾向は、主に、低い水準では東京と大阪への入力次数が高くいことと、高い水準では東京と大阪への入力次数が低くいことに起因すると考えられる。

　この意味について解釈すれば、バブル経済末期よりも近年の方が、東京と大阪に本社を有する製造工場が、47都道府県に満遍なく立地しており、東京と大阪を中心とする企業ネットワークが全国的に拡がってきたと解釈することができる。特に、この傾向は東京において強いことから。東京に本社を有する企業の企業ネットワークが、全国的に拡がってきたことを物語っており、この東京という一点を中心とした企業ネットワークの拡大は、東京一極集中構造を推進している、主要な要因として認識すべきである。

〈要点〉
・企業内組織における地域間ネットワークが、地域間取引ネットワークの形成に影響を与えていると思われる。
・企業ネットワークにおいても、東京と大阪を中心とする偏領域化を確認することができる。
・東京と大阪を中心とする企業ネットワークは、その偏領域化により地域を分割しているようにもみえる。
・企業ネットワークの中心地域となる都市の規模と、その企業ネットワークの拡がりの大きさには、正の相関関係がある。
・近年は、東京を中心とする企業ネットワークの全領域化が目立っている。
・近年の東京広域圏における製造工場の立地の集中は、この東京を中心とする企業ネットワークの全領域化と関係があることが予想される。
・東京広域圏における中心地域の周辺化と中心性の平準化は、この東京を中心とする企業ネットワークの全領域化と関係があることが予想される。

## 移転元と移転先の立地地点

　これまでの分析結果によれば、新規工業立地はSMRに集中して分布しており、特に近年においては、東京圏とその以北地域に偏って分布していることが明らかになってきた。また、地域間取引ネットワークの分析においては、地方都市圏内の取引ネットワークが脆弱性から、地方では製造活動が比較的低調であることが明らかになった。さらに、東京を中心とする企業内ネットワークに依存して、「企業内組織の集中」という立地傾向から、東京広域圏における工業立地集中の原因の一つを探ることができた。これらの分析結果によれば、現在の工業立地は、大都市圏を中心とした企業内取引の利便性による立地が主流であり、おそらく今後SMR以外の地域において、多くの工業立地を期待することはできないであろう。

　これまでの分析結果から導き出せた結論から、GD2050で描きうる日本の地域構造を、ある程度、限定することが可能になる。その地域構造とは、東京、名古屋、大阪の3大都市圏を中心とした取引ネットワークの拡がりによってSMRが構成され、今後の工業立地はこのSMRを中心に分布し、さらにSMR内の地域間取引ネットワークが強化されていくという構造である。また、地方都市圏に拡がる取引ネットワークについては、その地域に比較的規模の大きな製造業の本社が集中しない限り、飛躍的な発展を期待することはできず、主に地方都市圏の製造活動は、SMRで行わる製造活動をサポートする、衛星的な機能を担うことが中心となるであろう。

　しかし、その一方で、大都市圏で発達する地域間取引ネットワークは、これまでに以上に拡大する傾向があるようにも思え、もし大都市圏が覆う地域間取引ネットワークの地理的範囲が、この3大都市圏で拡がる可能性があるとすれば、それは中心地の周辺化や中心性の平準化によって、SMRに近い地方都市圏から、順にその恩恵を受けられる可能性が高い場合であると考えられる。そしてこれは、日本国土の均等発展を目指していく上で、大都市と地方都市を取引ネットワークで結ぶことによって、各都市圏を均等に発展させていこうとする戦略よりも、SMRという製造業の活発な地域を面で捉え、その面の拡大によって地域の均等発展を目指すという戦略の方が、より現実的であると思われ、これはGD2050で描かれた戦略にも大きな影響を与えることが予想される。

　ここで、主要都市間の取引ネットワークを強化することにより、各都市の生産

と労働、雇用などを均等に分配し、地域間の均等発展を図ろうとする方法のことを、ネットワークの強化による地域間均等発展と呼ぶことにし、また、主要都市圏の拡大によって、その周辺地域に生産と雇用、所得を均等に配分することによって、地域間の均等発展を図ろうとする方法のことを、面の拡大による地域間均等発展と呼ぶことにしよう。そのどちらも、大都市に集中する生産と雇用、所得を、地方に分配する方法である一方で、ネットワークの強化による場合には、その分配先となる対象が地方都市に偏りがちになり、面の拡大による場合には、その大都市圏の周辺地域に偏りがちになる点で異なる。

但し、このSMRの面の拡大による地域間均等発展という考え方において、次のような疑問を伴うことになる。その疑問とは、この企業内もしくは企業間取引ネットワークは、空間的にどれほど拡がりうるものなのかという疑問である。これまでの分析において、その分析期間の如何に関わらず、東京と大阪に本社を有する製造企業は、その製造工場を東京と大阪の周辺地域に立地させる傾向にあった。この本社所在地の周辺地域に製造工場を立地させる傾向は、その製造工場の移転過程においても観察することができるのであろうか。この疑問は重要である。なぜなら、この移転の過程について観察することにより、企業内ネットワークが、地理的にどのように拡がっていくのかについて、その過程を観察することができるからである。

そして、その移転の過程が、中心地域から周辺地域に向けて拡がっていれば、工業立地動向調査のアンケート結果において確認された、企業内取引の利便性という立地選択理由と整合性を保ったまま、企業内ネットワークがその本社のある周辺地域においてのみ拡がり、そして、その企業内ネットワークの拡大過程は、地理的にどれだけ拡がりうるものなのかについて確認することができ、面の拡大による地域間不均等発展の是正が、どれほど有効なものなのかについて知ることができる。

そこで次に、既存の工場の移転経路のネットワークについて分析していくことにする。既存の製造工場が異なる地点に移転する際、その移転元の地点から移転先の地点に向けて、移転の軌跡が残ることになり、この移転の軌跡を分析することによって、製造工場がどれだけフットルースに、広範囲に渡って移転することが可能なのかについて明らかにし、地域間取引ネットワークと企業内ネットワークが、その時間軸と空間的軸において、どのように広がっていくのかについて明

表75 地域の名称と分類

| 地域名 | 県 | 地域名 | 県 |
|---|---|---|---|
| 北海道 | 北海道 | 近畿内陸 | 滋賀、京都、奈良 |
| 北東北 | 青森、岩手、秋田 | 近畿臨海 | 大阪、兵庫、和歌山 |
| 南東北 | 宮城、山形、福島、新潟 | 山陰 | 鳥取、島根 |
| 関東内陸 | 茨城、栃木、群馬、山梨、長野 | 山陽 | 岡山、広島、山口 |
| 関東臨海 | 埼玉、千葉、東京、神奈川 | 四国 | 徳島、香川、愛媛、高知 |
| 東海 | 静岡、愛知、岐阜、三重 | 北九州 | 福岡、佐賀、長崎、大分 |
| 北陸 | 富山、石川、福井 | 南九州 | 熊本、宮崎、鹿児島、沖縄 |

図162 地域の名称と分布

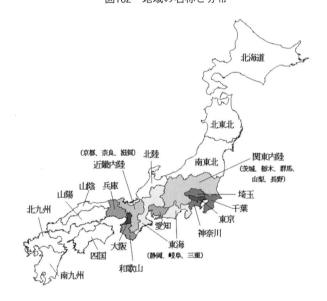

らかにしていくことにする。

　本章ではこれまで、本社所在地と製造工場の立地地点の関係について、47都道府県の個々の関係について扱ってきたが、製造工場の移転の統計は14の地域の移転の関係に限られたものであることから、これまで扱ってきた47県を、表75にまとめたような14地域に分けて分析することにする。この表75にある14地域の地理的な位置は、図162に描かれている。

まず、製造工場が移転する場合、その移転は通常、中心地域から周辺地域に向けてなされることになる。そこで、東京、大阪、愛知など、製造業の中心地域とされる県と、それらに隣接している県が、主要な移転元地域となる候補であり、それ以外の県は、製造工場の移転先地域として、北海道、北東北、南東北、北陸、山陽、山陰、四国、北九州、南九州の、9ブロックにまとめることにする。こうすることによって、中心地域から周辺地域への移転傾向、また周辺地域からさらに地方に向けた移転傾向について、一般的な傾向性を分析することが可能になる。

## 1989年から1990年

次の図163から図167は、1989年から1990年までに移転した製造工場において、その移転元と移転先の地理的な関係について、ネットワーク図で表したものである。この図163から図167までのネットワークでは、それぞれ異なる水準で地域間の繋がりを定義しており、それらのネットワークは区別されている。つまり、それぞれの地域に移転した製造工場の内、その製造工場の移転元となる地域が一定の割合を超える場合、その移転元の地域と移転先の地域を矢印で繋いでいる。ここで用いられている割合は0％、5％、10％、15％、20％の5つである。

まず図163では、各地域は他の地域と矢印で繋がっており、この矢印は、各地域に立地していた製造工場が、他の地域に移転したとき、その移転元の地域から移転先の地域に向けて矢印が描かれている。そして、各地域を表す点の大きさは、他の地域から伸びている矢印の数に応じて変化させており、矢印の入力の本数が多ければ多いほど、その点も大きくなるように描かれている。したがって、この点の大きさが大きくなればなるほど、それだけ他の地域にあった製造工場が、その地域に対して移転してきており、それだけ他の地域から生産拠点を受け入れていることになる。

図163では、各地域に立地した製造工業が、他の地域に対して1つでも移転したケースがある場合、その移転元の地域から、その移転先の地域に対して、矢印が描かれている。この図163から、製造工場の移転元として中心的な役割を果たしている地域は、東京、大阪、神奈川、埼玉、千葉、兵庫、関東内陸であることがわかる。

次に図164は、それぞれの地域における製造工場の移転件数の内、その5％以

第7章 企業内ネットワークの分析 345

図163 1989年から1990年までに立地した製造工業の移転元と移転先による有向グラフ：
0％水準

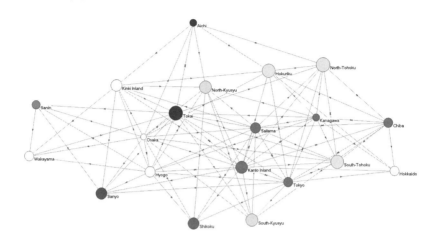

図164 1989年から1990年までに立地した製造工業の移転元と移転先による有向グラフ：
5％水準

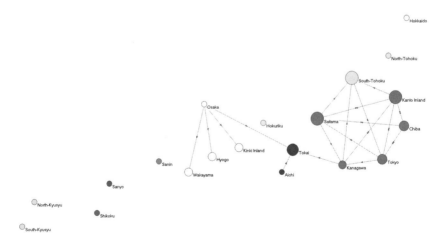

図165　1989年から1990年までに立地した製造工業の移転元と移転先による有向グラフ：
　　　10％水準

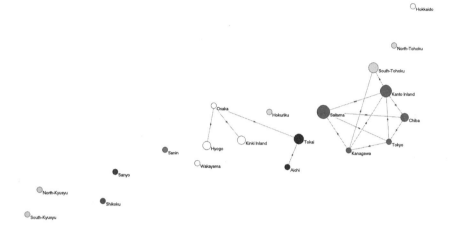

図166　1989年から1990年までに立地した製造工業の移転元と移転先による有向グラフ：
　　　15％水準

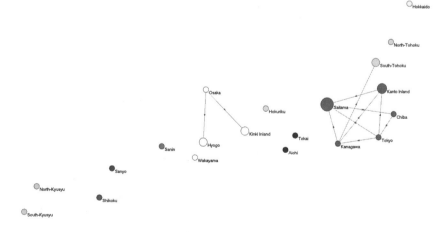

図167　1989年から1990年までに立地した製造工業の移転元と移転先による有向グラフ：
　　　 20％水準

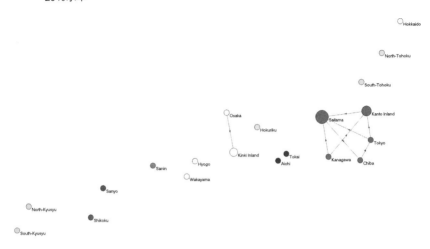

上の移転が、他の地域に移転したとき、その移転元の地域から移転先の地域に対して矢印が引かれている。この図164では、大きく３つの地域において製造工場の移転が活発だったことが分かり、その内、最大の移転地域は、東京、神奈川、埼玉、千葉を含む、関東臨海の地域と、その関東臨海地域の北部に当たる、関東内陸と南東北の地域になる。

　ここで、この東京圏内の移転の方向に関して、東京と千葉の双方向の移転、千葉と埼玉の双方向の移転、千葉と関東内陸の双方向の移転、埼玉と関東内陸の双方向の移転など、その移転の方向は、必ずしも中心地域から周辺地域に向けたものではなく、東京圏内での双方向の移転が活発であったことが分かる。また、この東京圏内の相互移転は、20％水準においても確認することができ、東京圏とその北部地域に集中していた工場立地件数に、この東京圏内からの移転工場が多く含まれていたことが分かる。

　この東京圏に対して、大阪圏にも大阪を中心とした近畿臨海と近畿内陸に向けた移転が多くあり、この移転の方向は、中心地域である大阪から周辺地域である兵庫、近畿内陸、東海地域に向けた、一方向の移転であったことが分かる。この大阪から周辺地域に向けた移転の流れは、水準を上げるごとに一本ずつ減っているが、20％水準においても、滋賀、京都、奈良を含む近畿内陸に向けた移転の流

れが残っていることから、大阪からの製造工場の流れは強いものであることが分かる。

　さらに、この東京圏と大阪圏に加えて、名古屋（愛知）からその周辺地域に向けた移転が活発だったことを確認することができ、この愛知から東海周辺地域に向けた移転は、中心地域からその周辺地域向けた、一方向の移転が多かったことが分かる。この移転の方向性は大阪圏のものと似ており、大阪圏と名古屋圏については、多くの製造工場が中心地域から周辺地域に移転していたのに対し、東京圏の双方向の移転は、珍しいケースであったことが分かる。但し、この名古屋圏内の移転については、それほど頻度の多いものではなかったことから、それほどその遠心力は強いものではなかったことが推察され、これは非過密都市圏における中心性の尖度化と関連付けることができる。

　また5％水準では、東海地域に向けて、神奈川からの移転や大阪からの移転があったことから、これは地域間取引ネットワークの中心性が、経済活動の地理的分布の重心において高くなるという、分布の重心の中心化と関連しており、それは同時に、東京圏と名古屋圏、大阪圏の名古屋圏の中間にある地域の中心性を高くなるという、大都市圏間の中心性の平準化に貢献したと考えられる。したがって、この製造工場の移転の傾向性を観察することによって、それらの地域間取引ネットワークの特徴が、純粋な製造工場の新規立地のみよってもたらされたものではなく、製造工場の移転によっても生み出されたことが分かる。

　さらに、これまでの図165から図166、図167の変化について眺めてみると、他の地域に移転した割合が上昇するにつれて、関東臨海と関東内陸での移転の方向はあまり変化しない一方で、大阪圏と名古屋圏の矢印が減少している。これは東京圏において、他の地域を移転先とする製造工場の割合が比較的高いことを表しており、大阪圏と名古屋圏においては、他の地域を移転先とする製造工場の割合が比較的低かったことを意味している。したがって関東地域では、製造工場の移転が活発に行われているのに対し、近畿と東海では、製造工場の移転はそれほど活発ではなく、製造工場の移転が行われる場合も、その地域内に残る製造工場の割合が高くなったと推察される。

### 2010年から2014年

次に図168から図172は、2010年から2014年までの、製造工場の移転元と移転先の関係について、そのネットワークの構造を分析したものである。まず図168を、図163と比較してみると、それらの違いはそれほど明瞭ではないが、後の計量分析による結果により、主要な移転元の地域と移転先の地域は、この20年で大きく変化していることになる。その詳細については、後で触れることにする。

次の5％水準の図169において、図164と同様に、関東、近畿、東海という、3つの移転が活発な地域を確認することができる。その一方で、図169の関東地域での製造工場の移転の流れについて、中心地域から周辺地域へ移転していくという傾向が明らかになり、具体的には、東京から神奈川を経由して関東内陸、東京から埼玉を経由して関東内陸、東京から千葉を経由して関東内陸、東京から直接関東内陸へというルートを見て取ることができる。この中心地域から周辺地域への移転の流れは、近畿と東海においても観られ、大阪から兵庫または近畿内陸、また愛知から他東海地域へと移転する傾向がある。

この移転の流れは、それぞれ10％水準と15％水準と20％水準を表した、図170と図171と図172においても確認することがでる。但し、この水準が高くになるにつれて、矢印の本数が減少していき、この移転元と移転先の関係の強いものだけが残ることになる。この移転元と移転先の関係が強いのは、関東、近畿、東海の順であり、これはその中心地域の人口密度や地価の高さに比例していると考えられる。したがって、人口密度や地価の高さに比例して、製造工場の移転における移転元と移転先の関係が、より強固なる傾向にあると推測することができる。

以上の分析において、次の2つのことが重要になる。第一に、移転元と移転先の関係について、製造工場の移転は、関東、近畿、東海という特定の地域で活発であり、その移転元となっていた地点に対して、一定の求心力が働いていたということである。この求心力については、アンケート調査結果から明らかになった通り、企業間取引や企業内取引の利便性の観点から、その生産に関わる関連企業や組織への近接性が重要になり、生産組織の地理的な拡がりに対して依存した立地行動が影響していたと考えられる。

第二に、地域間の移転の割合について、その移転件数の割合の水準が上昇していくにつれて、中心地域からの移転関係のみが残り、中心地域から周辺地域に向

図168 2010年から2014年までに立地した製造工業の移転元と移転先による有向グラフ：
0％水準

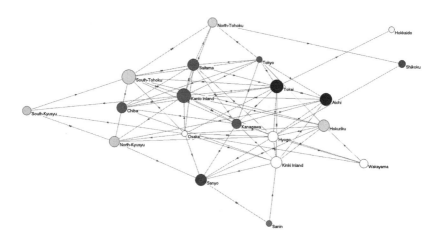

図169 2010年から2014年までに立地した製造工業の移転元と移転先による有向グラフ：
5％水準

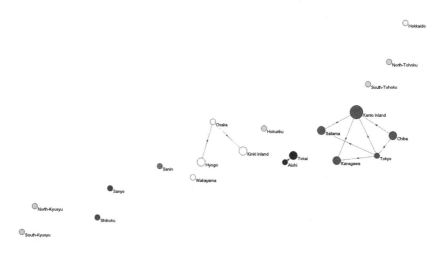

図170 2010年から2014年までに立地した製造工業の移転元と移転先による有向グラフ：
10％水準

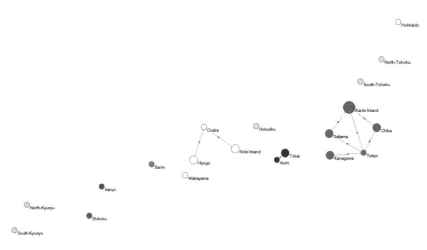

図171 2010年から2014年までに立地した製造工業の移転元と移転先による有向グラフ：
15％水準

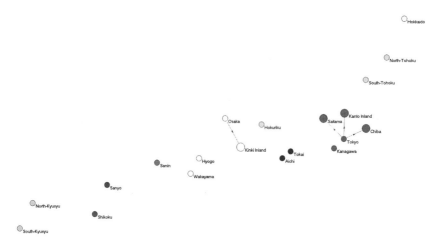

図172　2010年から2014年までに立地した製造工業の移転元と移転先による有向グラフ：
　　　　20％水準

けた移転の方が、より強い移転関係であることが分かった。これについては、バブル経済末期の関東地域における例外を除いては、ほぼすべての地域において、製造工場は中心地域から周辺地域に向けて移転する傾向にあり、さらにこの移転傾向は、その中心地域に対して隣接した周辺地域において強くなることが分かった。これもやはり、製造工場の移転行動において、移転元の地点に対して一定の求心力が働いていたことの証拠であり、製造工場は移転元の地点に対して制約を受けながら立地選択していたことが推察される。

　この製造工場の移転元と移転先のネットワークは、本社と工場の企業内ネットワークにおいて、東京を中心とする企業内ネットワークが、全国的に拡がっていたことと対照的である。また、地域間取引ネットワークは３大都市圏間において十分に発達していたことから、少なくとも３大都市圏での相互移転関係が観察されたとしても不思議ではなかったはずである。そして、企業内ネットワークと地域間取引ネットワークが全国的に拡がっているにもかかわらず、その企業内組織・企業間組織の一部を構成する製造工場が、それまで立地していた地域から離れて移転する傾向が観られないのは、工業立地選択において、強い制約が働いているからであると考えるのが妥当である。

　この製造工場の立地地点が、特定の地域に制約される理由ついて、様々な可能

性を考えることができるが、特に重要だと思われるのは、製造工場が依存する取引関係であろう。つまり、工場が他の地域に移転する際に、移転する前の取引先との関係を維持しながら、移転後もその取引ネットワークを活用した生産活動をする場合、空間的に離れた地点に移転できなくなるという制約が生じる。

ここで製造工場の取引先となる対象は、仕入先と販売先の2種類に分かれ、仕入先とは生産工程で用いている部品・部材の仕入れている企業であり、これは、現在、供給を受けている企業に限らず、将来、潜在的に仕入先となりうる企業も含まれる。また販売先も同様に、現在、販売を行っている販売先に加え、将来、潜在的に販売先となりうる企業も含まれる。これらの情報は、都市圏という広い範囲で考えるならば、それは明示的に開示され、整理されているような情報ではないことから、他の地域で製造活動を行っている企業が、容易にアクセスすることができない、地域に固有な情報になるであろう。

またこの仕入と販売において、実際に製造品の輸送をする際に、仕入先が製品を受け取るまでに、どれだけの時間と費用がかかり、また販売先に製品を届けるまでに、どれだけ時間と費用がかかるのかは、時期や輸送会社に応じて変動する地域に固有の情報であり、それらは仕入の量と販売の量によっても異なりうるし、その製品を仕入れる時期や販売する時期に応じて変動し、個々の発注先と受注先の固有な事情によっても変動することが想定される。このような様々な要因を考慮すれば、地域に埋め込まれている取引に纏わる情報は決して少なくなく、その情報に対するアクセスが、製造工場の立地選択に重大な影響を及ぼすことは想像に難くない。

このような地域に固有な取引関係とそれに関する情報は、その地域で長い間製造活動に携わることによって暗黙的に蓄積され、その情報の精度と質も、時間の経過に応じて改善され得ることから、その地域で製造活動をしている企業が、独占的に保有している情報になる。そして、このような情報は地域と不可分の情報であり、それぞれの地域において固有の情報であることから、他の地域で製造活動をしている企業が、その情報にアクセスすることは容易でないことが分かる。そこで、この地域に固有の企業と取引に関する情報が、企業の立地選択に制約をかけることを、取引ネットワークの制約と呼ぶことにしよう。

表76 移転ネットワークにおける次数の変動係数と相関係数

|  | 0％水準 | | 1％水準 | | 2％水準 | | 3％水準 | |
| --- | --- | --- | --- | --- | --- | --- | --- | --- |
|  | 入力次数 | 出力次数 | 入力次数 | 出力次数 | 入力次数 | 出力次数 | 入力次数 | 出力次数 |
| 変動係数 | 0.56 | 0.94 | 0.66 | 0.78 | 0.56 | 0.72 | 0.52 | 0.68 |
| 次数合計 | 224 | 224 | 131 | 131 | 96 | 96 | 72 | 72 |
| 相関係数 | 0.34 | | 0.13 | | 0.00 | | 0.12 | |

## 県間の分析

これまで14の地域に分けて、移転元と移転先の地域について分析してきたが、『工業立地動向調査』では、1999年から2014年までの県間の移転元－移転先の統計を利用することができる。この1999年から現在までの期間は、景気循環としては景気回復期から近年までの期間に相当するが、この県間の移転元－移転先の関係を分析することによって、現在の日本の製造業において、どのように製造工場の移転ネットワークが形成されているのかについて知ることができ、かつ、これまでの地域間の移転ネットワークの詳細について知ることができる。また、これまでの地域間の移転関係の分析において、取引ネットワークの制約という、取引ネットワークが立地選択を制約するという考えが浮かび上がってきたが、この取引ネットワークの制約についても、その詳細について確認することができる。そこで、この直近の製造工場の移転ネットワークについて、再度ネットワーク分析を用いて分析しておきたいと思う。

まず表76は、次数による中心性の統計量を、異なる水準に分けて整理したものである。ここで0％から3％までの水準とは、それぞれの県の移転した製造工場の件数の割合について、県外に移転した割合が0％以上、1％以上、2％以上、3％以上であることを表し、その割合以上の県外への移転件数があった場合に、その移転元の県から移転先の県に向けて矢印が描かれることになる。これまでの水準と比較して、この3％までの割合を選んだ理由は、これ以上の割合について検討しても、後で紹介するクリークの分析において、有意な結果を得ることができなかったからである。その有意な結果を得ることができなくなる理由は、元々、製造工場が移転する際に、その県外に移転する例がほとんど無いことに起因しており、製造工場が他県に移転する例が少ないということは、すでに取引ネット

表77 大都市圏内のネットワークのクリークの数

| | 水準 | 茨城 | 栃木 | 群馬 | 埼玉 | 千葉 | 東京 | 神奈川 |
|---|---|---|---|---|---|---|---|---|
| 東京 | 0% | 5 | 3 | 1 | 6 | 3 | 13 | 12 |
| | 1% | 3 | 2 | 1 | 3 | 3 | 5 | 4 |
| | 2% | 1 | 0 | 1 | 2 | 2 | 4 | 2 |
| | 3% | 1 | 0 | 0 | 1 | 2 | 2 | 1 |
| | 水準 | 新潟 | 長野 | 岐阜 | 静岡 | 愛知 | 三重 | 滋賀 |
| 愛知 | 0% | 0 | 1 | 2 | 4 | 12 | 3 | 5 |
| | 1% | 0 | 0 | 0 | 0 | 0 | 0 | 0 |
| | 2% | 0 | 0 | 0 | 0 | 0 | 0 | 0 |
| | 3% | 0 | 0 | 0 | 0 | 0 | 0 | 0 |
| | 水準 | 三重 | 滋賀 | 京都 | 大阪 | 兵庫 | 奈良 | 和歌山 |
| 大阪 | 0% | 3 | 3 | 6 | 11 | 6 | 2 | 1 |
| | 1% | 2 | 2 | 2 | 4 | 1 | 2 | 0 |
| | 2% | 1 | 2 | 3 | 4 | 1 | 1 | 0 |
| | 3% | 0 | 0 | 1 | 1 | 0 | 1 | 0 |

ワークの制約が強いものであることを示唆しているといえる。

　まず、次数による中心性の変動係数について分析してみると、このすべての水準において、出力次数の方が入力次数よりも大きくなっている。これは製造工場の移転元となっている県が特定の県に集中し、移転先となる県が分散していることを意味している。また相関係数についてみてみると、その値はどの水準においても低く、入力次数の高さと出力次数の高さは、ほとんど関係ないことが分かる。したがって、地域間取引ネットワークで確認できたような、生産物の移出先となる県ほど、生産物の移入先の県となるような関係はないことになる。

　次に、具体的に出力次数の高い県についてみてみると、大都市圏の中心となるような県の次数が高くなっていることが分かり、また入力次数の高い県についてみてみると、大都市圏の周辺に位置する県の次数が高くなっていることが分かる。これは製造工場が中心地域から周辺地域に移転する傾向にあることを物語っているが、この次数による中心性の分析のみでは、この中心地域から周辺地域に向けた移転傾向について、同一の中心－周辺構造内での傾向であるのかどうか分から

表78　地方都市圏内のネットワークのクリークの数

| | 水準 | 北海道 | 青森 | 岩手 | 宮城 | 秋田 | 山形 | 福島 |
|---|---|---|---|---|---|---|---|---|
| 宮城 | 0% | 0 | 0 | 1 | 4 | 1 | 1 | 0 |
| | 1% | 0 | 0 | 0 | 0 | 0 | 0 | 0 |
| | 2% | 0 | 0 | 0 | 0 | 0 | 0 | 0 |
| | 3% | 0 | 0 | 0 | 0 | 0 | 0 | 0 |

| | 水準 | 鳥取 | 島根 | 岡山 | 広島 | 山口 | 香川 | 愛媛 |
|---|---|---|---|---|---|---|---|---|
| 広島 | 0% | 1 | 0 | 2 | 0 | 0 | 0 | 0 |
| | 1% | 0 | 0 | 0 | 0 | 0 | 0 | 0 |
| | 2% | 0 | 0 | 0 | 0 | 0 | 0 | 0 |
| | 3% | 0 | 0 | 0 | 0 | 0 | 0 | 0 |

| | 水準 | 福岡 | 佐賀 | 長崎 | 熊本 | 大分 | 宮崎 | 鹿児島 |
|---|---|---|---|---|---|---|---|---|
| 福岡 | 0% | 3 | 1 | 0 | 0 | 1 | 0 | 0 |
| | 1% | 1 | 1 | 0 | 0 | 0 | 0 | 0 |
| | 2% | 0 | 0 | 0 | 0 | 0 | 0 | 0 |
| | 3% | 0 | 0 | 0 | 0 | 0 | 0 | 0 |

ない。そこで、厳密にクリークの概念を用いて、移転関係の強いグループを区別する必要がある。

次に、前章で行った分析と同様に、①大都市圏内のネットワーク、②大都市圏間のネットワーク、③大都市と地方都市のネットワーク、④地方都市圏のネットワークに区別して分析していくことにしよう。但し、ここでは地域間取引ネットワークではなく、製造工場の移転ネットワークを意味している。

まず①大都市圏内のネットワークについてみてみると、東京圏と大阪圏のクリーク数の多さが目立つのに対し、名古屋圏のクリーク数の少なさが目立つ。この東京圏と大阪圏のクリークは、ネットワーク図をみれば明らかになる通り、主に、東京からその周辺地域に向けた移転と、大阪からその周辺地域に向けた移転によるものであり、これまでに確認してきた通り、中心地域の地価が下落し、中心地域での新規工場立地が減少している1999年以降であっても、中心地域から周辺地域に向けた移転が継続している様子がうかがえる。

これに対して名古屋圏では、その地域間移転関係の結びつきの強さを表すク

表79 大都市圏・地方都市圏間のネットワークのクリークの数

| | 水準 | 仙台圏 | 東京圏 | 名古屋圏 | 大阪圏 | 広島圏 | 福岡県 |
|---|---|---|---|---|---|---|---|
| 東京圏 | 0% | 11 | 79 | 16 | 4 | 0 | 2 |
| | 1% | 0 | 32 | 2 | 0 | 0 | 0 |
| | 2% | 0 | 20 | 2 | 0 | 0 | 0 |
| | 3% | 0 | 13 | 0 | 0 | 0 | 0 |

| | 水準 | 仙台圏 | 東京圏 | 名古屋圏 | 大阪圏 | 広島圏 | 福岡県 |
|---|---|---|---|---|---|---|---|
| 名古屋圏 | 0% | 0 | 16 | 27 | 8 | 0 | 0 |
| | 1% | 0 | 2 | 1 | 0 | 0 | 0 |
| | 2% | 0 | 2 | 1 | 0 | 0 | 0 |
| | 3% | 0 | 0 | 0 | 0 | 0 | 0 |

| | 水準 | 仙台圏 | 東京圏 | 名古屋圏 | 大阪圏 | 広島圏 | 福岡県 |
|---|---|---|---|---|---|---|---|
| 大阪圏 | 0% | 0 | 4 | 7 | 50 | 3 | 0 |
| | 1% | 0 | 0 | 0 | 19 | 0 | 0 |
| | 2% | 0 | 0 | 0 | 16 | 0 | 0 |
| | 3% | 0 | 0 | 0 | 6 | 0 | 0 |

リーク数が少なく、同じ大都市圏であっても、その移転関係の様子は異なるようである。これは2大都市圏と比較して、名古屋圏の地価の低さの影響もあるが、名古屋では第3次産業が比較的発展していないことや、愛知の土地面積は東京と大阪よりも広いことによって、県外に移転する必要性が低かったことに起因すると考えられる。

したがって、人口や多様な産業が集中している大都市では、その周辺地域に移転する製造工場が多くなる傾向があり、この傾向のことを過密都市圏における中心性の低尖度化と関連付けて、過密都市圏における地域間移転の活性化と呼ぶことにしよう。この地域間移転の活性化とは、単に、製造工場が中心地域から周辺地域に移転することを意味するのではなく、その製造工場が地域にもたらす雇用や所得に加えて、その製造工場が独自に有する技術や生産方法、企業内・企業間取引関係を周辺地域に波及させる効果がある。そして、それは地域間取引ネットワークを地理的に拡大しながら、地域間の産業連関を強める効果があり、結果として地域間不均等発展を是正する効果があることから、GD2050の計画において

注視すべき現象になる。

次に、④地方都市圏のネットワークについてみてみると、0％水準でもクリークは限られた県にしか見つけることができない。仙台を中心とする宮城の4つのクリークの内、その内訳は、宮城－埼玉－東京－神奈川、宮城－秋田－埼玉、宮城－埼玉－東京－山形、宮城－熊本－鹿児島になっている。これにより、宮城と共に地域間移転ネットワークを構成する県は、主に、その宮城に隣接する県と、東京とその周辺地域であることが分かる。したがって、その勢力は非常に弱いものの、若干の仙台圏内の移転関係がみられる。

また中国地方では、岡山が2つのクリークを構成しているものの、そのクリークの内訳は、大阪－兵庫－岡山と大阪－鳥取－岡山であり、広島を中心とした都市圏内の移転ネットワークよりも、大阪を中心とした都市圏の地域間移転ネットワークに組み込まれているとみた方がよい。さらに、九州の福岡の3つのクリークは、福岡－山口－広島、福岡－佐賀－山口、福岡－大分－栃木により構成され、この福岡についても、その地域間移転ネットワークは、非常に弱いものであると判断することができる。

以上のことから、④地方都市圏のネットワークにおける移転関係は、ほとんど存在していないと考えた方が良さそうである。これは過密都市圏における地域間移転の活性化の裏返しとして捉えることができ、製造工場が移転先を考える際に、その移転元と同じ県内に移転する可能性が高く、実際に、宮城では155件中148件、広島では144件中142件、宮城では258件中247件が、移転元の県内に移転先を決定している。

次に、②大都市圏間のネットワークと③大都市圏と地方都市の県ネットワークについてみてみよう。まず3大都市圏については、その大都市圏に属する県とネットワークを形成する傾向にあり、これは大都市圏内の分析においてすでに確認されたことである。これに対して、低い水準ではあるものの、3大都市圏間で移転関係があることが見つかり、特に、東京圏と名古屋圏との移転関係が強いことが分かる。また地理的な近接性の関係から、東京圏は仙台圏と、大阪圏は広島県と、比較的強い移転関係を有していることから、地域間取引ネットワークで確認した偏領域化の傾向性もみてとることができる。

以上のことから、地域間移転ネットワークの構造は、地域間取引ネットワークの構造と似ており、それらのネットワーク構造の間には、明らかに相関関係があ

ることが分かる。この関係は、前述した取引ネットワークの制約により説明することができ、工場が他の地域に移転する際に、移転する前の取引先のネットワークを維持しながら、移転後も、その取引ネットワークを活用した生産活動をすることになることから、移転前の取引ネットワークから独立して、自由に移転先を決定することはできない。この製造工場の移転ネットワーク構造と取引ネットワーク構造が類似していることを、移転ネットワークと取引ネットワークの構造的類似性と呼ぶことにしよう。

　この構造的な類似性は決して自明なことではない。むしろ企業ネットワークの構造において、東京と大阪に集中する製造企業が、その製造工場を全国的に配置するならば、この製造工場の移転ネットワークは、企業ネットワークに類似する可能性もあった。しかし、この製造工場の移転先については、非常に強く移転元の地域に制約されており、移転先の立地選択において、企業ネットワークの地理的な拡大よりも、地域の取引関係に依存する傾向性は、製造工場の立地選択の問題において注目すべき点である。そして、この製造工場の立地選択における取引ネットワークの制約は、GD2050の計画を遂行していく上で、製造工場の立地行動として、十分考慮されるべき傾向性あるに違いない。

〈要点〉
・地域における企業内・企業間取引関係が、製造工場の地理的な移転範囲を制約する傾向がある。
・過密都市圏においては製造工場の地域間移転件数が多くなる傾向にある。
・移転ネットワークと取引ネットワークは構造的に似ている。

## まとめ

　本章では、本社－製造工場の地理的な分布と、製造工場の移転先の地理的な分布という2つの観点から、企業ネットワークについて分析してきた。まず本社－製造工場の関係からは、地理的な近接性と工場ネットワークの発展の相関と都市の規模とネットワークの大きさの相関関係が見つかり、これにより企業内ネットワークは、地理的に近接した地域で発達するだけではなく、その本社が立地する大都市圏の規模や過密性が大きくなるほど、その企業内ネットワークは地理的な

拡大に進むことが明らかになった。

　これについては、前章で定義した波及効果を増長すると予想される。この波及効果とは、中心性の平準化や中心地の周辺化などの傾向を要約した、中心性の地理的な波及傾向のことであったが、企業内ネットワークがより広域に展開されることによって、製造工場が周辺地域に立地することになり、この周辺地域に立地した製造工場の移出入が、周辺地域の中心性を高めることになる。したがって、この企業内ネットワークの周辺地域への拡大が、前章で確認した波及効果を生み出す土壌になっているといえる。

　またこれにより、地域間取引ネットワークの構造分析で確認された、①大都市圏内のネットワークの展開は、企業内ネットワークの展開と同調して起こり、企業内ネットワークの発展が、①大都市圏内のネットワークの発展に少なからず寄与していることが分かる。これは前章の分析において、「企業内組織の集中」による製造工場の立地が、大都市圏に集中していたことにより、大都市圏で地域間取引ネットワークを補完する製造工場が、同時に企業内ネットワークを補完していると考えることができる。

　また、この企業内ネットワークにおいても、本社－工場のネットワークの偏領域化や、企業ネットワークの地域分割などから、地理的に偏った拡がりを確認することができた。これは、東京や大阪、名古屋という大都市圏の中心地域に、製造業の本社が集中していることから起こったが、その周辺地域においは、ネットワーク補完型の立地モーメントが強かったことから、この大都市圏の中心地域に、本社－工場のネットワークの中心地域があることは、地域間取引ネットワーク構造にも、多大な影響を与えていることが予想される。この製造業の本社が大都市に集中しなければならない理由については、情報に関する相乗効果など様々考えられるが、その詳細の解明については、更なる研究が必要になる。

　また偏領域化や企業ネットワークの地域分割は、前章で確認した固有効果を増長することが期待される。なぜなら、固有効果とは、産業ネットワークの構造の固有性のことであり、例えば、電気機械工業の大阪圏における発展や、名古屋圏における輸送用機械工業、仙台圏における金属製品工業など、特定の工業が、特定の都市圏において発達するという、地域間取引ネットワークの地理的固有性のことである。こうした地域間取引ネットワークは、大都市圏を中心として広がっており、その大都市圏を中心とする地域間取引ネットワークの構造を説明するた

めには、本社を中心とする企業内ネットワークの構造の存在を欠かすことはできない。したがって、この企業内ネットワークの存在が、地域間取引ネットワークの中心地域を、特定の都市に固定するという固有効果を生む要因になっているといえる。

　次に、製造工場の移転ネットワークについては、この本社－工場のネットワークに加えて、製造工場が有する既存の取引ネットワークが、その移転先を制約するという取引ネットワークの制約を確認することができた。この取引ネットワークの制約が強い地域とは、同時にネットワーク補完型の立地モーメントが強い地域であり、非常に多くの製造工場が、この取引ネットワークの制約の中で、その立地選択を行っていると予想することができる。したがって、日本の製造業における製造工場は、フットルースな移転が可能であるというよりも、常に、この取引ネットワークの制約下に置かれており、日本の地域構造は、この取引ネットワークの制約によって、多大な影響を受けていることが推察される。

　本章の内容によって、製造工場の立地は、その本社所在地に対して制約されると共に、その元の立地地点に対しても制約されることが明らかになった。前者は特に、企業内取引の利便性の観点からの制約であるのに対し、後者はその企業内取引に加えて、企業間取引を含む、生産ネットワークにおける制約であると解釈することができる。これにより、GD2050で扱われる地域構造の「ネットワーク」については、企業ネットワーク構造と無関係ではないことが分かり、特に、製造業の大企業による生産組織の配置は、地域における消費活動と生産活動と独立して展開させることができるだけではなく、主要産業と関連産業の再配置によって、雇用と所得を再分配することになるため、地域構造の転換と地方経済の盛衰を左右することになる。したがって、地域構造は大企業の生産体制ネットワークを骨組みとして展開される部分があり、GD2050において、最も重要な「ネットワーク」の構造の一つとして、製造業における大企業のネットワークを挙げることができる。

　本書ではこれまで、ネットワーク補完型の立地モーメントの強い地域を明らかにし、ネットワークの構造の分析においては明らかになった様々な現象を、波及効果と中間効果、固有効果という、3つの動的な傾向性に要約してきた。次章では、これらの観点から、本書の主要な研究テーマである、②日本の地域間ネットワーク構造はどのようになっているのか、③その日本の地域ネットワーク構造は

どのように進化するのか、そして、④その地域間ネットワーク構造はどのように表現することができるのかという、3つの疑問に対して回答を与えつつ、その詳細について明らかにしていくことにする。

# 第8章　GD 2050に向けて

　本書は、「国土のグランドデザイン2050」（以下 GD 2050）で想定されている地域構造について、4つの問を投げかけることから始まった。つまり、GD 2050は地域間取引ネットワークという、地域構造のネットワークの側面を強調している一方で、そこで前提とされているネットワーク構造が、どのようなものであるのかについて、その十分な実証研究による裏付けがないまま、その青写真が描かれようとしていた。これに対し本書では、①日本国土における企業と家計の地理的な分布はどのようになっているのか、また、②日本の地域間ネットワーク構造はどのようになっているのか、そして、③その日本の地域ネットワーク構造はどのように進化するのか、さらに、④地域間ネットワーク構造はどのように表現することができるのかという4つの問いを利用しながら、GD 2050が想定している地域構造とは、実際にどのような姿をしているのかを明らかにするために、様々な実証研究を積み重ねてきた。

　まず本書では、①日本国土における企業と家計の地理的な分布はどのようになっているのか、という疑問に対して、次の2つのことを明らかにした。まず製造工業の需要主体となる、人口や所得、産業の地理的な分布を分析することによって、需要の地理的な分布が、東日本に偏って分布する傾向にあることを明らかにした。そして次に、製造活動が東京広域圏において活発化している一方で、中国地域、四国地域、九州地域だけでなく、近畿地域を含む西日本において衰退しているという、製造業の東部拡大と西部縮小について明らかにした。これら2つの傾向性は、その後の地域間取引ネットワークの分析において、その様々な現象を解釈するための有力な根拠となった。

　次に本書では、②日本の地域間ネットワーク構造はどのようになっているのかという疑問に対して答えるために、まず『工業立地動向調査』を利用して、ネットワーク補完型の立地モーメントの強い地域について分析した。これは、単純なネットワーク構造の分析という枠組みを超えて、地域間取引ネットワークを維持

し、もしくはそのネットワーク構造が強化されている地域とは、どのような地域であるのかについて、地域構造を動的な観点から眺める際に有効であった。そして、ネットワーク補完型の立地モーメントは、日本の地域間取引ネットワークの基軸と呼ばれる、主要工業地域で強くなることが分かり、地域間取引ネットワークの動的な形成は、この基軸地域で活発であることが予想された。

　これらの結果を踏まえた上で、本書では次に、『物流センサス』の結果にもとづきながら、地域間取引ネットワークを直接分析することになった。この分析では、製造業の主要5業種の地域間取引ネットワークを、ネットワーク図として描くことにより、地域間取引ネットワークとは具体的に、どのような構造になっているのかについて明らかにした。その一方で、日本における地域間取引ネットワークの一般的な構造について明らかにするために、この地域間取引ネットワークを、①大都市圏内のネットワーク、②大都市圏間のネットワーク、③大都市と地方都市間のネットワーク、④地方都市圏内のネットワークという、4つのネットワークに分類し、それぞれの強度について分析することになった。まず①大都市圏内のネットワークと②大都市圏間のネットワークについては、スーパー・メガ・リージョン（以下SMR）を構成するように発達しており、それらが安定的かつ強固であることが明らかになり、それはSMRにおいて、ネットワーク補完型の立地モーメントが強かったことからも、裏付けられるものであった。その一方で、③大都市と地方都市間のネットワークと④地方都市圏内のネットワークについては、福岡圏と広島圏における輸送用機械工業ネットワークの発展や、仙台地域の金属製品工業ネットワークの発展などの例外はあったものの、それらを①大都市圏内のネットワークと②大都市圏間のネットワークとを比較するとき、それらは不安定なものであり、脆弱なものである可能性が高くなった。

　さらに、この地域間取引ネットワーク構造を分析していく過程で、そのネットワーク構造の特徴的な変化について、様々な現象を確認することができた。その中でも特に重要なのは、地域間取引ネットワークを直接的に分析した際に、そのネットワークの構造の変化の仕方について、様々な傾向性を観察ことができ、特に中心性の変化の傾向性が顕著となった。そして、その時間軸上での中心性の変化の傾向性を、波及効果、中間効果、固有効果という3つの動的な要因として要約することになった。

　本章では、それらの動的な要因を利用しながら、本書の最初で掲げた4つの疑

問に対して、その回答を与えることにする。その一方で、それが単なる分析結果の羅列になってしまうことを避けるために、その本章で得られた結果が、「国土のグランドデザイン2050」（以下GD2050）で提示された国土計画において、それらの概念がどのように活用できるのかについて議論し、今後の国土計画策定の一助のなるように努めていくことにする。

## 地域構造の進化とダイナミズム

『工業立地動向調査』の結果表の分析から、製造工業の地理的な分布の傾向性について、次の2つの傾向性があることが明らかになった。一つは、企業内・企業間取引関係の利便性から、製造工場は大都市圏の中心地域に向けて、地理的に集中する傾向があり、また、その製造工場の地理的な集中が、工業用地の取得を困難にさせることから、大都市圏の中心地域から周辺地域に向けて分散する傾向にあった。前者は中心地域に向けた求心力として捉えることができ、後者は中心地域から発生する遠心力であると捉えることができる。これらの反発し合う2つの力は、地域政策を策定し、国土計画を考えていく上で、常に前提とされるべき力となる。

その一方で、『物流センサス』の結果表の分析では、単なる工業立地の集中と分散よりも、地域間取引ネットワークの構造的な変化が焦点となった。そして、その分析結果から、地域間取引ネットワークの構造を進化させる3つの動的な要因を導き出し、その3つの要因に、固有効果、波及効果、中間効果の3つを挙げることができた。

まず、固有効果とは、工業発展の歴史的な要因や産業連関上の関係によって、地域間取引ネットワークの構造は変化し得るものであり、地域間取引ネットワークの中心地域は、いくつかの都市に長期間に渡って固定化される傾向性を意味した。これに加えて、「企業内組織の集中」や「関連企業への近接性」などの要因から、製造工場がそれらの中心地域に集中して立地するとき、ネットワーク補完型の立地モーメントは、その中心都市に向けて、さらに強まることになる。この固有効果とネットワーク補完型の立地モーメントの複合的な力は、地域間取引ネットワーク構造を変化させる主要なメカニズムとして現れることになり、この複合的な力のことを、地域間取引ネットワーク構造を変化させる第1メカニズムと

して考えることにする。

次に、この第1メカニズムによって、製造工場が都市圏の中心地域に向けて、地理的に集中して立地するとき、「用地の確保の容易さ」が損なわれることになり、この第1メカニズムに対する反動的な力が、中心地域からの遠心力として現れることになる。地域間取引ネットワーク構造の分析において、この遠心力は、大都市圏における中心地の周辺化や、中心性の平準化として現れることになり、それらは波及効果として要約されることになった。また、過密地域における中心性の低尖度化や、非過密地域における中心性の高尖度化、都市の規模とネットワークの範囲の相関関係などは、この波及効果の遠心力の強さに関係するものである。そこで、この第1メカニズムに対して反発する力のことを、地域間取引ネットワーク構造を変化させる第2メカニズムと呼ぶことにする。この第2メカニズムの推進力となるのは、強いネットワーク補完型の立地モーメントであり、それが波及効果と結びつくとき、その複合的な効果が第2メカニズムとして現れることになる。

これに対して、地域間取引ネットワーク構造の変化を支配するもう一つの要因として中間効果があった。この中間効果とは、地域間取引ネットワークの構造分析において、分布の重心の中心化や、大都市圏間における中心性の平準化として現れたものである。第1メカニズムと第2メカニズムが、大都市圏の中心-周辺構造内で観察されたのに対し、この中間効果は、その中心-周辺構造を超えた地域において、その中心性を上昇させる要因として、第1メカニズムと第2メカニズムとは区別されることになる。つまり、中間効果とは、複数の大都市圏の中間地点や、製造活動の分布の重心において観察されることになり、その中間効果が強いネットワーク補完型の立地モーメントと結びつくとき、もう一つの地域間取引ネットワーク構造の変化させるメカニズムが現れることになる。そこでこのメカニズムのことを、地域間取引ネットワーク構造を変化させる第3メカニズムと呼ぶことにする。

ここまで地域構造を変化させる3つの動的なメカニズムについて整理してきたが、この3つのメカニズムの観点から、現在の地域構造がどのように形成され、今後、その現在の地域構造がどのように発展していくのかについて、その地域構造のダイナミズムについて議論することが可能になる。そこで、この地域構造のダイナミズムについて、都市圏内の地域構造のダイナミズムと、都市圏間の地域

構造のダイナミズムに分けて、整理しておくことにしよう。

## 都市圏内の地域構造のダイナミズム

まず、域内のネットワークについて、①大都市圏内のネットワークと、④地方都市圏内のネットワークについて扱ってきたが、これについては、中心－周辺構造において起こる変化であることから、第1メカニズムと第2メカニズムが重要になる。まず、第1メカニズムとは、換言すれば中心化の過程と呼ぶことができる。なぜなら、産業ごとに固有の地域間取引ネットワークの中心地域に向けて、ネットワーク補完型の立地モーメントが強くなることにより、製造工場の立地がその中心に向けて強まる過程だからである。また、第2メカニズムとは、換言すれば周辺化の過程と呼ぶことができ、これは必要な工業用地の確保に向けて、ネットワーク補完型の立地モーメントが、周辺地域において強まる過程になる。そして、この2つの過程が相乗的に進行するとき、大都市圏の域内ネットワークが発達すると考えることができる。

　この中心化の過程と周辺化の過程は、工業立地の基軸となっている工業地域において、その地域間取引ネットワークの構造を変化させることが予想される。なぜなら、実際に、ネットワーク補完型の立地モーメントは、工業立地の基軸となっている工業地域において強く、この第1メカニズムと第2メカニズムの両方の推進力となるのが、強いネットワーク補完型の立地モーメントだからである。そして、この中心化の過程と周辺化の過程は、強いネットワーク補完型の立地モーメントが維持される限り続くことになり、その強さに応じて、より強く地域間取引ネットワーク構造を変化させることになる。

　但し、この中心化の過程と周辺化の過程が同時に進行するとき、その中心－周辺構造は、独特な構造を有することになり、例えば、その様子は図173に描かれているような構造になる。まず、固有効果によって、産業ごとの地域間取引ネットワークの構造の中心地域が決まることになる。ここでその中心地域は、中心となる企業とその関連企業の成長や、大企業の移転などによって決まることになる。しかし、その中心地域がどのような決まり方をしたとしても、「企業内組織の集中」や「関連企業への近接性」による工業立地の集中によって、その中心地域の中心性は、次第に強化されることになる（第1メカニズム）。

図173　第1メカニズムと第2メカニズムによる地域構造の変化

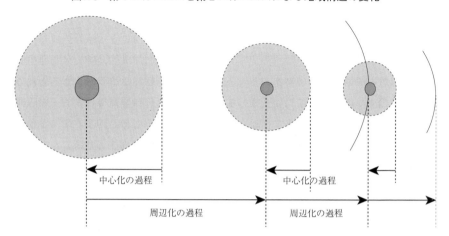

　そして、この中心化の過程が進行することによって、経済活動が中心地域において過度に集中することになり、それがその求心力に反発する遠心力として、周辺化の過程が進行することになる（第2メカニズム）。この周辺化の過程はネットワーク補完型の立地モーメントが続く限り進行し、その周辺化の過程の進行は、ネットワーク補完型の立地モーメントの強さに比例して進行することになる。
　しかし、この過程はここでは終わらない。なぜなら新たな中心化の過程が、この周辺化の過程の中で開始されるからである。つまり、周辺化の過程は工業立地を周辺地域に分散させる一方で、その周辺地域においては経済活動が過度に集中していないことから、それが新たな中心化の過程を進行させる条件になる。ここで、その周辺地域の中心は、その産業ごとの固有効果によって決まり、おそらくその決まり方は、特定の企業の急激な成長や大企業の移転によるものである。そして、その新たな中心地域に向けて、ネットワーク補完型の立地モーメントが移動するとき、小規模な中心化の過程が進行することになる。この中心化の過程の進行の度合いに応じて、その新たな中心地域からの周辺化の過程が進行した結果、新たな中心－周辺構造が、小規模な範囲で発生することになる。
　この中心化の過程と周辺化の過程の繰り返しは、そのネットワーク補完型の立地モーメントが続く限り継続されることになり、これが、地域間取引ネットワークの分析において、大都市圏内の中心地の周辺化や中心性の平準化として観察さ

れた、構造的変化を引き起こしていたと考えられる。また、この周辺地域における中心性の上昇は、東京広域圏において顕著に観察されたが、それはその周辺地域にある主要都市が、中心地域である東京と地域間取引ネットワークによって強く統合されることによって、この中心化の過程と周辺化の過程の繰り返しによって生じたものであると推測される。そして、この中心化の過程と周辺化の過程の繰り返しは、需要の東部移動と製造活動の東部拡大による、強いネットワーク補完型の立地モーメントによって支えられたものであると考えられる。

## 都市圏間の構造のダイナミズム

次に、大都市圏間の地域間取引ネットワークについて、本書では②大都市圏間のネットワークと③大都市圏・地方都市圏のネットワークについて分析してきた。この2つのネットワークについては、単一の中心ー周辺構造を超えたネットワークの変化であることから、地域間取引ネットワーク構造を変化させる、第3メカニズムが重要になってくる。この第3メカニズムとは中間化の過程であり、分布の重心や大都市圏間の中間地点において、その地域間取引ネットワークの中心性が上昇する傾向である。この傾向は、その中間地域において強いネットワーク補完型の立地モーメントが維持される限り進行することになる。

本書の研究では、滋賀と三重において、この中間化の過程が顕著に観察されたが、これは名古屋圏と大阪圏という、2つの大都市圏の中間地域における中心性の平準化が進行した結果であると考えられる。これに対して、東京広域圏においては、この中間化の過程をはっきりとは確認することができなかったが、これは東京圏における周辺化の過程の地理的な範囲が、広すぎることによるものであると考えられ、それらの過程が重複しながら進行することによって、周辺化の過程と中間化の過程のどちらが進行しているのかが曖昧になっていると考えられる。具体的に、その2つの過程が重複した地域とは、神奈川や静岡、山梨、長野などのような、東京圏と名古屋圏の中間地域に位置する県である。

ところで、この中間化の過程と周辺化の過程を進行させている主体には違いがある。各製造企業はその市場について、地理的に異なる範囲を想定しており、その想定される市場の地理的な範囲において、中心となる地点を基準として立地選択をしている。つまり、単一の中心ー周辺構造という、比較的狭い視野で、市場

図174　第3メカニズムによる地域構造の変化

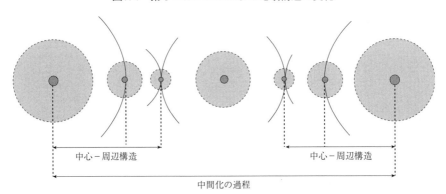

を想定している製造企業もあれば、単一の中心－周辺構造を超えて、全国的な範囲を視野に、その市場を想定している製造企業もある。そして、前者のような製造企業は、その中心－周辺構造の周辺化の過程をより進行させることになる一方で、後者のような製造企業は、多極構造における中間化の過程を一層進行させると予想される。したがって、この前者の製造企業と後者の製造企業が、どのような割合で地域間取引ネットワークを構成しているかは、この中間化の過程と周辺化の過程のどちらがより強く進行するかにおいて、多大な影響を与えることになる。

　つまり、この中間化の過程と周辺化の過程のどちらも、強いネットワーク補完型の立地モーメントによって支えられている一方で、周辺化の過程は単極構造においてのみ現れる過程であり、中間化の過程は多極構造においてのみ現れる過程になる。したがって、中間化の過程と周辺化の過程のどちらがより強く進行するかは、その製造企業の想定する市場の地理的な範囲に応じて決まることになり、その市場の範囲が単極構造のような狭い範囲の場合には、周辺化の過程を進行させることになり、その市場の範囲が多極構造を覆うほど広い場合には、中間化の過程を進行させることになる。そして、この中間化の過程と周辺化の過程のどちらがより強く進行するかという問題は、異なる市場範囲を想定する製造企業の割合に応じて決まることになり、これは地域間取引ネットワーク形成の市場範囲の効果として認識することができる。

　つまり、この市場範囲の効果とは、周辺化の過程と中間化の過程のどちらがよ

り一層進行するかは、その国土で立地選択をする製造企業が、どれだけ広い市場の範囲を想定するかに依存することになり、その製造企業の想定する市場の地理的な範囲によって、地域構造がどのように進化するのかを決める効果になる。

この市場範囲の効果は、主に2つの要因によって変化することが予想される。第一の要因は製造企業の規模であり、その事業規模が大きくなればなるほど、その製造企業が想定する市場の地理的な範囲が広くなり、周辺化の過程よりも中間化の過程の方が、より一層進行することが予想される。したがって、国土で立地選択をする全体の製造工場の中で、中小企業の製造工場の割合よりも、大企業の製造工場の割合が大きくなるにしたがって、周辺化の過程よりも中間化の過程の方が強まると考えられる。

第二の要因は交通・情報インフラの発達である。それらの発達によって、空間的な距離にまつわる費用が軽減されるとき、企業は通常、より広い範囲に渡って市場を想定することができるようになる。例えば、運送費が軽減されれば、取引価格が下落することになり、その分、収支が改善されることによって、取引相手が地理的に拡がることになる。また情報のアクセスが容易になれば、取引相手を探しやすくなるだけでなく、コミュニケーションも取りやすくなることから、その分、取引相手の範囲も地理的に拡がることになる。すると比較的規模の小さい製造企業であっても、より遠くの企業との取引が可能になり、複数の大都市圏を視野に入れた市場を想定することが容易になる。したがって、これらのいずれの要因も、周辺化の過程よりも中間化の過程を進行させることになる。

それでは次に、これまでに整理してきた、中心化と過程と周辺化の過程、中間化の過程、そして、地域間取引ネットワーク形成の市場範囲の効果にもとづきながら、地域間取引ネットワークの構造が、どのように進化するのかについて、まとめておくことにしよう。

## 地域間取引ネットワークの進化のダイナミズム

本節では、③日本の地域ネットワーク構造はどのように進化するのか、という問題に対して、地域間取引ネットワークの変化を支配している3つの要因の観点から、その回答を得ようと思う。まず、この地域間取引ネットワーク構造の進化において重要な役割を果たすのは、強いネットワーク補完型の立地モーメントで

ある。なぜなら、その強さに応じて、地域間取引ネットワークが発展するのか、もしくは衰退するのかが決まることになり、中心化の過程と周辺化の過程、中間化の過程のいずれも、この強いネットワーク補完型の立地モーメント無しで進行することはないからである。したがって、この強いネットワーク補完型の立地モーメントが、地域間取引ネットワーク構造を進化させる中心的な要因となり、それが弱い地域では、地域間取引ネットワークの発展とその拡大を期待することはできない。

　次に、その強いネットワーク補完型の立地モーメントが存在した上で、中心化と過程と周辺化の過程、中間化の過程が問題になる。まず、中心化の過程と周辺化の過程は、強いネットワーク補完型の立地モーメントに支えられることによって進行し、中心－周辺構造における中心化の過程と周辺化の過程の進行の限度は、その強いネットワーク補完型の立地モーメントの限度に応じて決まることになる。そして、ネットワーク補完型の立地モーメントの強さは、国内の製造活動の活発さと、その活発な製造活動を引き寄せる地域の魅力に応じて決まることになり、そのどちらも地域間取引ネットワーク構造の進化に寄与することになる。

　さらに、この中心化の過程と周辺化の過程は、それぞれの中心－周辺構造において同時に進行するのに対し、中間化の過程は複数の中心－周辺構造間において問題になる。しかし、ここで強いネットワーク補完型の立地モーメントが、周辺化の過程と中間化の過程のどちらに寄与するかは分かれることになり、それは地域間取引ネットワーク形成の市場範囲の効果によって決まることになる。つまり、単極構造の市場範囲を想定する製造企業の数に比例して、周辺化の過程が進行することになり、多極構造の市場範囲を想定する製造企業の数に比例して、中間化の過程が進行することになる。

　したがって、地域間取引ネットワーク構造の進化において、この市場範囲の効果は大きな影響を与えることになり、周辺化の過程が強く進行する場合には、その地域間取引ネットワークの中心性は、特定の中心－周辺構造の周辺地域において高くなる一方で、中間化の過程が強く進行する場合には、複数の中心－周辺構造の中間地域において、地域間取引ネットワークの中心性は高くなることになる。そして、この周辺化の過程と中間化の過程とが同時進行した結果として現れたのが、地域間取引ネットワーク構造の分析で観察された、日本の地域間取引ネットワークの基軸となる地域での中心性の平準化になる。

第8章 GD2050に向けて 373

　以上が、③日本の地域ネットワーク構造はどのように進化するのか、という問題に対する回答である。その内容は抽象的なものになってはいるが、その構造を進化させる実証的なメカニズムにもとづきながら、その要点をおさえているという点では、これ以上の回答は望めないと考えている。次に、この地域間取引ネットワーク構造の進化のメカニズムを踏まえながら、④地域間ネットワーク構造はどのように表現することができるのかという疑問に対して、ひとつのフレームワークを提案したいと思う。

## 地域構造形成の3要因とGD2050

　本書は、国土のグランドデザイン2050の発表を契機として、日本の地域構造について探求することを目的としてきた。日本の経済地理学研究における地域構造の理論については、矢田俊文の研究をはじめとして、非常に多岐に渡るテーマにおいて研究が展開されてきたが（矢田2005）、その一方で、地域構造の肝心となる地域間ネットワーク構造については、客観的にその全体像が解明されることはなかった。そこで本書では、『工業立地動向調査』のもとづきながら、製造工場の立地選択の動機について分析し、その裏付けの下で、『物流センサス』による地域間取引ネットワークと、『工業立地動向調査』による企業ネットワークの分析をすることにより、地域間ネットワーク構造を明らかにするための、端緒となるような研究を目指してきた。

　本書の分析では、日本の地域間ネットワーク構造について、①大都市圏内のネットワーク、②大都市圏間のネットワーク、③大都市と地方都市間のネットワーク、④地方都市圏内のネットワークという、4つのネットワークについて分析し、また日本の地域間ネットワーク構造の進化のダイナミズムを、中心化の過程と周辺化の過程と中間化の過程の3つの過程により分析してきた。しかし、日本の地域間ネットワーク構造について考えていく上で、その日本の地域構造の全体像を一望できるようなったとは言い難く、実際に国土計画の実務に役立てるには、もう少し工夫が必要である。そこで、本書を締めくくるに当たり、本書の目的であった日本に地域間ネットワーク構造の全体像と、それを把握するためのフレームワークについて整理しておくことにする。

　次の図175は、その日本の地域間ネットワーク構造の、全体像のイメージを描

図175 日本の地域間ネットワーク構造のフレームワーク

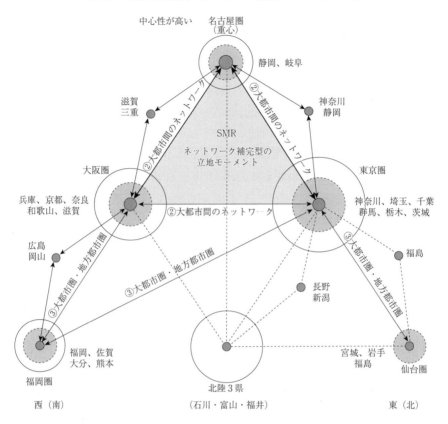

いたものである。この図では、主要都市圏が上下左右に分けられて配置されているが、それらの配置の意味は大まかに、左右は地理的な東西の位置を区別し、上下は地域間取引ネットワーク構造における中心性の高さを区別している。そうすることによって、すべての都市圏とそれを構成する県を、地理的にもネットワーク構造的にも区別することができるようになり、それぞれの地域が上下左右において特有の位置を占めることになる。この図のことを地域構造マップと呼ぶことにし、国土を構成する地域を、地理的かつ構造的に区別するための、ひとつのフレームワークとして提案する。

　この地域構造マップを描くに当たって、最初に東京圏と名古屋圏と大阪圏を並べて描くことから始めている。その理由は、それらが日本の３大都市圏であり、

またSMR全域に拡がる地域間取引ネットワークを構成する大都市圏だからである。そして、東京圏と大阪圏の中間地点の上方に、名古屋圏を描いているが、この名古屋圏が東京圏と大阪圏よりも上方に描かれる理由は、名古屋圏が地理的にSMRの中心にあると同時に、日本の地域間取引ネットワーク構造における中心性の高さが、総合的に最も高かったと判断されたからである。そして、その地理的な位置は、全国的に取引ネットワークを拡げている企業にとって、中間化の過程の中心地域となる地点であり、その重心性からも、潜在的には日本の製造業の中心地域と成り得ることから、地域構造マップの最も高い位置に描かれることになった。

　また、このSMRを構成する3大都市圏は、双方向の矢印によって結ばれており、この矢印は②大都市圏間のネットワークに対応している。この矢印の意味は、地域間ネットワークで用いた矢印と同じ意味になり、生産物の移出元から移出先に対して描かれている。ここで東京圏は、大阪圏より名古屋圏と、より太い矢印で結ばれており、また大阪圏は、東京圏よりも名古屋圏と、より太い矢印で結ばれている。この矢印の太さは、物流の流れに比例するように描かれており、具体的には、東京圏は大阪圏よりも名古屋圏と、より多くのクリークを構成したように、また大阪圏は東京圏よりも名古屋圏と、より多くのクリークを構成したように、そのクリーク数に比例させて、双方向の矢印を太くしている。

　次に、この地域構造マップの最下層には、仙台圏と福岡圏という地方都市圏が描かれている。この地域構造マップにおいて最下層にあるということは、地域間取引ネットワーク構造の中心性が最も低いことを表しており、その最下層の中でも、仙台圏については、東京圏と同じ東側に位置させ、福岡県については、大阪圏と同じ西側に位置させている。これは、地域間ネットワーク構造においても、企業ネットワーク構造においても、地理的に近接した地域と取引関係が増加するという、取引ネットワークの偏領域化が観察されたことから、地理的により近接した地域を近く配置させることにより、矢印によって繋ぎ易くしている。

　実際に、東京圏は仙台圏と多くのクリークを構成し、大阪圏は福岡圏と多くのクリークを構成していたことから、それらの都市圏は双方向の矢印によって結ばれており、この矢印は③大都市圏・地方都市圏のネットワークに対応している。また、この仙台圏と福岡圏は、地域構造マップの最下層に描かれているものの、それらの地方都市圏よりも、より重心から離れた地域、例えば仙台圏については

北海道と青森、福岡県については鹿児島などを、それらよりも下に描くことも可能である。但し、本書では、それらの地域間に強い取引関係を確認することができなかったことから、北海道・青森と鹿児島を最下層に描くことも、それらを仙台圏と福岡圏と双方向の矢印で結ぶこともしなかった。

ところで、この仙台圏と福岡圏の間には、北陸3県（石川・富山・福井）が描かれている。この北陸3県は、東京圏と大阪圏の間に位置していながらも、地域間取引ネットワーク構造における中心性の最も高い名古屋圏とは大きく離れていることから、名古屋圏とは対照的に、全体の下層部に描かれている。この北陸3県については、比較的多くの製造工場の立地件数を確認できた一方で、その地域間取引ネットワークの分析ついては、クリーク数の確認などを行っていないため、明示的に矢印などで結ぶことは控えている。しかし、近年の北陸3県における製造業の活動は目覚ましいものがあることから、この地域構造マップの下層部の中心がどのようなものになるかについては、更なる研究によって明らかにしていく必要がある。

ところで、この地域構造マップの利点は、地域構造形成の3つの要因である、中心化の過程（第1メカニズム）、周辺化の過程（第2メカニズム）、中間化の過程（第3メカニズム）のすべてを、区別しながら表現することができることにある。まず地域構造マップの各点は、点線の円と実線の円の、2つの円によって囲まれており、点線の円の大きさは、第1メカニズムである中心化の過程に比例して大きくなるように描かれている。しがって、この点線の円の大きさを変えて描くことによって、中心化の過程が、どれだけ強く働いているのかについて、域内のクリーク数の多さに応じて表現することが可能になり、3大都市圏や地方都市圏を囲む点線の大きさを変化させることにより、その中心化の過程の進行の度合いを区別していることになる。

次に、第2メカニズムである周辺化の過程は、実線の円の大きさによって表されており、その円の大きさが大きくなればなるほど、その都市圏の周辺化の過程が強く進行していることを表している。またその円の中には、その周辺化の過程によって現れた中心−周辺構造内を構成する県が記されている。例えば、東京圏の円に含まれるのは、東京、神奈川、埼玉、千葉、群馬、栃木、茨城であり、これらの県は互いに、東京圏内において多くのクリークを構成していることが確認された。また、大阪圏の円の中に含まれるのは、大阪、兵庫、京都、奈良、和歌

山であり、これらの県も、大阪圏内の県と多くのクリークを構成していることが明らかになった。さらに、名古屋圏については、愛知と共に静岡と岐阜、仙台圏については宮城と岩手と福島、福岡県については福岡と佐賀と大分と熊本などがある。このように周辺化の過程よって地理的に拡大した中心－周辺構造に含まれる県を、その図の中に描くことも可能である。

　ここで、分析上の目的に応じて、特定の中心－周辺構造を部分的な地域構造マップとして、全体の地域構造マップの中に強調して描くことも可能である。その場合は、全体の地域構造マップと同様に、各点は中心性の高さによって上下の位置を決め、地理的な位置によって左右の位置を決定することになる。そして、中心－周辺構造を構成する県の中でも、中心性の高い県が一つあり、他の県については次第に中心性が低くなるようであれば、それらの点の拡がりは三角形に似た形状で描かれることになり、逆に中心性の高い県が多くある場合には、それらの点の拡がりは逆三角形の形状で描かれることになる。いずれの場合においても、それらの県は地理的に近い位置にあることから、この日本全国の三角形よりも小さい三角形によって描かれることになるであろう。

　次に、第3メカニズムである中間化の過程は、2点間の中間点として表されており、例えば、東京圏と名古屋圏の中間点として神奈川と静岡、大阪圏と名古屋圏の中間点として滋賀と三重が描かれている。ここで、神奈川は東京圏の周辺地域として、静岡は名古屋圏の周辺地域としてすでに含まれているが、特定の地域に第2メカニズムと第3メカニズムの両方が重複して働くことは十分に想定されることから、それらの県は地域構造マップの複数箇所に同時に記されることになる。そして、それらのメカニズムが重複して作用している地域とは、地域構造として重要な要所であると同時に、他の地域よりも発展の機会に恵まれていることを意味することになる。

　さらに、2点間の中間点という意味では、名古屋圏は東京圏と大阪圏の中間点であり、東京圏は名古屋圏と仙台圏の中間点であり、また大阪は名古屋圏と福岡県の中間点であることから、それらは中間化の過程が作用する地域になっている。これについても、特定の地域に複数のメカニズムが、同時に作用することが想定されることから、中心化の過程によって描かれた地域が、他の地域の中間点となっている場合には、常に中間化の過程が進行している可能がある。

　ところで、この地域構造マップにおいて、上下による中心性の高さと左右によ

る地理的な地点に注意しながら、地域構造形成の3つの過程を同時に描いていくと、地域構造マップの上層部において、日本の地域間取引ネットワークの基軸となる地域がすべて現れることになる。これは中心性の平準化が起こった地域であり、日本の地域間取引ネットワーク構造の中心性が最も高い地域になる。これに対して、地域構造マップの下層部においては、地域間取引ネットワークの中心性が低い地域が並ぶことになり、この地域では広域的な取引関係よりも、局所的な取引関係が発達していた地域になる。これについては、地域構造マップの下層部に配置されることによって、広域的な地域間取引ネットワークの発達が遅れていることを表すと同時に、GD2050で描かれたビジョンの観点から、地域的な改善が必要であることを示すことになる。

したがって、GD2050のキーワードとなっている「コンパクト＋ネットワーク」において重要になるのは、この図の下層部に当たる部分になる。つまり、「ネットワーク」において最も重要になるのは、SMRと地方都市とを結ぶネットワークであり、この上層部を構成する3大都市圏と下層部を構成する地方都市圏とが、どれだけ太い矢印で結ばれるかが重要になり、それを実現するような国土計画・地域政策が必要になってくる。また「コンパクト」についても、コンパクトな都市計画が期待されているのは、主に、公共投資の効率性・経済性が低下しやすい地方都市であり、この地方都市圏を表している下層部の点が過剰に多くなる場合や、もしくは、その下層がさらに何層も続くような地域構造になる場合には、その「コンパクト」な地方都市圏という目標の実現は困難になる。したがって、この図の下層部を、今後の地域政策によって、どのように描こうとするかが、今後の国土計画の争点になるだろう。

さらに、この地域構造マップにおいて重要な点は、地域構造は常に、三つの点によって構築されているという点である。つまりその点とは、第一の点として、大都市圏または地方都市圏の中心地域としての点であり、第二の点として、その第一の点とは異なる大都市圏または地方都市圏の中心地域としての点であり、第三の点として、それら第一の点と第二の点の中間地点として点であり、それは中間化の過程を通して現れる点になる。日本の地域構造について分析するには、中心化の過程と周辺化の過程により現れる構造は、局所的な視点から分析する際には重要になるが、日本全土というより広域的な視点から地域構造を分析する際には、この中間化の過程による点の方が、より大きな影響力を持つようになる。そ

こで、この中間化の過程を考慮した、三つの点を基準として地域構造を眺める方法を、三点構造による地域構造と呼ぶことにする。

　この三点構造は、日本の地域構造の将来を占う上で、次のような重要な示唆を投げかけている。まず、三点構造の第一点の代表的なものとして東京を挙げることができるが、この東京の中心地域としての役割は、近年の製造工場の東京広域圏での集中によって、その役割が年々大きくなっている。しかし、この東京という一点のみでは、何の構造的な特徴も定義することができないため、日本全体の地域構造を分析することは困難になる。そこで重要になるのが、もう一つの大都市圏の中心地域である名古屋や、東日本を代表する地方都市である仙台であり、それらはいずれも東京を第一点としたときの、第二点としての役割を果たすことになる。

　このとき名古屋については、その製造業のネットワーク補完型の立地モーメントが強い地域であることから、その取引範囲の効果が働くとき、第三点としての静岡、神奈川、長野などの中間地域の発展を展望することができるようになる。これに対して、仙台についてはネットワーク補完型の立地モーメントが弱く、域内取引ネットワークの中心性も高くないことから、今後、仙台が第二点としての役割を果たせるかどうかによって、その第一点としての東京との中間地域である福島の将来や、仙台の周辺地域である岩手の発展に、大きな影響を与えることになる。

　また、大阪を第一点として考えるとき、その第二点としての役割を果たせるのは名古屋であり、もしくは西日本を代表する地方都市である福岡になる。そして、第一点としての大阪と第二点としての名古屋の中間地点として、滋賀や三重などが第三点を構成することになるが、これらの県については、近年、そのネットワーク補完型の立地モーメントの上昇と中心性の上昇を確認することができたことから、それらの県を三点構造による地域構造形成の代表的な例として挙げることができるだろう。

　これに対して、第一点としての大阪と第二点としての福岡の中間地点として、広島を第三点として挙げることができるが、この広島とその周辺地域の発展は、今後の第一点としての大阪と第二点としての福岡の発展に、大きく影響を受けることが予想される。但し、本書の地域間取引ネットワークの分析の結果からは、広島の周辺地域である岡山は大阪圏の周辺地域を構成し、山口については福岡圏

の周辺地域を構成しているようにもみえるため、この広島を第三点とする三点構造が成立するのかどうかは不透明である。また、岡山と山口が、周辺化の過程と中間化の過程の、どちらが作用をより強く受けるのかについては、大阪圏と福岡圏の周辺化の過程の地理的な拡大に依存することになるだろう。

　さらに、少なくとも本書の分析結果においては、大阪圏における製造業は衰退する傾向にあり、このまま大阪圏の製造業が衰退することになれば、大阪は第一点としても第二点としても、その三点構造の一点の役割を果たすことができなくなり、日本の地域構造は大きな転換を迫られることになる。具体的には、三点構造の第一点としての大阪の役割が衰退すれば、大阪を中心とする周辺化の過程が滞ることになり、大阪圏の周辺地域の製造業の空洞化だけではなく、その名古屋圏の中間地域であった、滋賀や三重における製造業の停滞や、さらには、福岡圏との構造的な分断が予想される。このとき西日本の地域構造がどのようになるかについては、本書の分析結果からは予想することはできないが、現状の西日本の地域構造を維持し、発展させていくためには、大阪の製造業の発展が、益々重要になってくるであろう。

　以上のように、地域構造マップは三点構造をベースにして描かれており、日本全土に拡がる各中心地域を第一点と第二点とし、その中間点を第三点としながら、日本の地域構造を描いていることになる。これまでGD2050は、「コンパクト＋ネットワーク」をキーワードとする国土計画を提案しながらも、具体的に、どのように地域構造を捉え、分析するのかについて、その方法を明らかにしてこなかった。その一方で、この地域構造マップの三点構造は、その地域構造の把握と分析に一定の視座を提供するものであり、何らかの貢献を果たせることができれば幸いである。

　また、この地域構造マップの全体像としては、その階層が増えれば増えるほど、都市圏間のネットワークが発達していることを意味し、また個々の都市を囲む円が大きくなればなるほど、都市圏内のネットワークが発達していることを意味することになる。したがってこの地域構造マップの階層が増え、個々の円が大きくなるとき、地域政策における衡平主義が達成され、逆にに階層が少なくなり、個々の円が小さくなるとき、その衡平主義が損なわれることになる。このGD2050の計画においては、どのような地域構造マップが望ましいと考えられているのかについては定かではないが、この地域構造マップは、同計画の策定の際に、日本全

体の地域構造の現状を把握し、あるべき地域構造の姿を描く際に、少なからず役立つに違いない。

ところで、本書の研究成果から、実際にGD2050の計画を遂行していく上で、重要になる操作変数項目を様々見つけることができた。そこで最後に、GD2050の計画を遂行していく上での、特に注目すべき変数を3つ挙げて、本書を終わることにしたい。

第一に、本書では、製造活動に焦点を当てて分析を行ってきたが、どの地域において中心化の過程と周辺化の過程が進行するかについては、人口移動とサービス業のような第三次産業の地理的な分布に、決定的に影響を受けることになる。なぜなら、ネットワーク補完型の立地モーメントといっても、それが強い地域とは、東京広域圏のような、人口集中が進み、第三次産業が発展している地域だからである。本書では人口移動の理由や、第三次産業が発達する理由については、全く扱ってこなかったが、それらが地域間ネットワーク構造を決定づけるという点においては、最も重要な変数のひとつであるといえる。したがって、それらを政策的にコントロールすることができれば、地域間ネットワーク構造をコントロールすることが可能になり、GD2050の計画を遂行していく上で、最も注視すべき変数のひとつであることになる。

第二に、市場範囲の効果について、大企業が成長するほど、中間化の過程が進行していく一方で、中小企業が成長するほど、周辺化の過程が進行していくことになる。そして、中間化の過程は、比較的広い地理的な範囲で、単一の中心－周辺構造を超えて製造活動の局所的な集中をもたらす一方で、周辺化の過程は個々の地域において、製造活動の広域的な分散をもたらすことになることから、それらの過程は、地域間ネットワーク構造の形成において、全く異なる結果をもたらすことになる。つまり、可能な限り多くの都市圏間を結ぶ地域間ネットワークを発達させたい場合には、中間化の過程を進行させる大企業の役割が重要になるが、個々の都市圏内における地域間ネットワークを発達させたい場合には、周辺化の過程を進行させる、中小企業の役割が重要になる。したがって、GD2050において特定の地域間ネットワーク構造を描こうとするとき、日本の製造業における大企業の数と、各地域における中小企業の数が重要になり、それらの数が多ければ多いほど、それぞれの過程がより進行することになり、日本の地域間ネットワーク構造は、より重層的でより広く、より密度の高いものになると考えられる。し

たがって、大企業と中小企業の活動は、地域間ネットワーク構造を決定づける重要な変数になり、GD2050の計画を遂行していく上で、コントロールされるべき変数になる。

　第三に、GD2050ではリニアモーターカーによる交通インフラの整備が、その目玉の政策として挙げられているが、この交通インフラの整備は、周辺化の過程と中心化の過程の両方に寄与すると考えられる。その一方で、その交通インフラが発達している地域と、発達していない地域とに区別されるとき、それらの効果が、交通インフラの発達している地域に偏って進行することになるため、それは日本の地域間ネットワーク構造を大きく歪めることになりかねない。したがって、この交通インフラの整備は、国土計画の政策手段の中でも、最も効果的かつ操作性の高い手段であることから、地域間ネットワーク構造を政策的にコントロールしていく上で、十分に注意を払われるべきであることに留意すべきである。特に、東京－名古屋間におけるリニアモーターカー整備と北陸新幹線の拡充によって、東京広域圏における一層の製造活動の集中が予想され、それは東西の国土の孤立化や、もしくは衰退を招きかねない。そこで、日本の地域間ネットワーク構造の基軸となる地域や、本書の地域間ネットワーク構造分析において、強いつながりがあった地域間については、交通インフラの整備遅れを補う政策が講じられるべきであり、さもなければ、大都市圏と地方都市圏間のネットワークと地方都市圏内のネットワークの、さらなる衰退を招くことになりかねないであろう。

# 補論　ネットワーク分析の手法

　ネットワークの地理的な拡がりを分析する際に、まず重要になるのが、そのネットワークの中心性である。この中心性の概念は、ネットワーク分析において、最も重要な分析手法のひとつであり、それはネットワークにおいて、最も重要な地域を明らかにする手法になる（Wasserman and Faust 1996）。特に、本書で扱う地域間ネットワークについては、その地域間ネットワークの中心地の特定が重要になることから、このネットワーク分析における中心性の概念は有用になる。

　中心性の概念を利用する利点として、その中心性の強さを表す指標の数値化があり、その中心性を数値化する方法には、点の次数にもとづくものと、近接性によるものと、媒介性によるものの3つがある。そしてこの中心性の指数は、ネットワークに埋め込まれた点の、中心性の強さに応じて大きくなり、その中心性の指数の大きさによって、それぞれの点を差別化することが可能になる。そこでこの補論では、この次数と、近接性と、媒介性による中心性の概念と定義とは、どのようなものであるのかについて説明していくことにする。

　また、地域間取引ネットワークを分析していく上で、他の地域間取引ネットワークよりも、より強いネットワークを抽出する作業が必要不可欠になる。なぜならGD2050では、3大都市圏におけるネットワークや、地方都市におけるネットワークなど、地域間取引ネットワークのいくつかの種類に区別しており、それらのネットワークの個別的な繋がりの強さを測ることが必要になるからである。したがって、本書の分析では、それらの個別的なネットワークの繋がりが、どれだけ強いのかを測る指標が必要になる。

　この全体のネットワークの中から、部分的にネットワークを抽出する方法には大きく2種類あり、一つは近接性による方法と、もう一つは繋がりの多さによる方法である。本書の内容に関して、このどちらも重要になることから、この補論では、ではそれらの手法についても紹介していくことにする。

## 中心性の測定法

　ネットワークの中心性を測る指標にはいくつか種類があり、ここでは、地域間取引ネットワークの中心性を測定する上で有効な、次の3つの指標を利用することにする。その第一の指標になるのが、次数による中心性であり、これはある地域と他の地域との間に物流の流れがあるとき、その流れの数の多さに従って測定される中心性の概念であり、最も基本的な中心性の定義である。第二の指標は、近接性による中心性であり、これはある地域と他の地域との間に物流の流があり、さらにその地域が他の地域との間に物流の流があるとき、なるべく多くの地域と物流の流れがあり、かつなるべく直接的な物流の流れがある地域ほど、中心的な地域であるとする指標である。第三の中心性は、媒介性による中心性であり、複数の地域間で物流の流れがあり、その物流の流れを第三地域が仲介するとき、この仲介役をする回数によって、その中心性を測定する指標である。本節では、これら3つの中心性の測定方法について、詳しく紹介していくことにする。

## 次数による中心性

　まず、次数による中心性（degree centrality）とは、各点が他の何個の点と繋がっているのかに従って中心性を測る方法である（Freeman 1979）。中心性を測定するための基本的な考え方は、ネットワークの全体構造において、その点がより中心に寄って位置するのか、もしくはより周辺寄りに位置するのかを区別することになる。一般的にネットワークが大きく分割されておらず、全体としてまとまった構造をもっているのであれば、他の点との繋がりの数、つまり次数が高くなればなるほど、ネットワークの中心に寄る傾向にあるといえる。この傾向を用いて中心性を測るのが、この次数による中心性であり、この次数による中心性の指数は、次のように定義される。

$$\text{中心性指数（次数による中心性）} = \frac{\text{点の次数}}{\text{全体の点の数} - 1}$$

　まず、分母の点の数 − 1 とは、ある点が繋がることのできる全ての点の数を表

している。つまり、ある点が他の点と全て線で繋がるとき、その繋がりの最大の数は、ネットワークを構成する全ての点の数から、1を引いたものに等しくなる。言い換えれば、この−1は、各点は自身に対して線を引くことはできないことから、ネットワークを構成する全ての点の数から、自身に対する線を差し引くことによって、各点が繋がることのできる最大の点の数に等しくなる。

例えば、ネットワークを構成する点が、点Aから点Eまでの5つの点であるとき、点Aは他の4つの点と繋がることが可能になるので、そのネットワークを構成する点が5つの場合、各点が繋がることのできる点は、全体の5つから1を差し引いて4つになる。したがって、ネットワークを構成する点の数がいくつであっても、各点は自身と繋がることはできないので、ネットワークを構成する全体の点の数から、点1つ分を差し引くことが必要になる。これが、分子において1が差し引かれている理由である。

これに対して、分子は点の次数となっており、この次数とは、その点が繋がっている点の数のことを指す。したがって、この分子は実際に繋がっている点の数を表すことになり、分母の繋がることのできる最大の点の数に対して、実際に繋がっている点の数を比較することになる。そして、実際に繋がっている点の数は、繋がることのできる最大の点の数よりも大きくなることはないので、この次数による中心性は0から1までの範囲の値に納まり、この値が大きくなればなるほど、その点の中心性が高いこと示すことになる。

### 近接性による中心性

第2の中心性の指標は、近接性による指標であり、この近接性による中心性（closeness centrality）とは、単に何個の点と繋がっているのか（次数はいくつか）よりも、ネットワークを構成する全ての点に対して、どれだけ距離が近いかを重視する指標である。ここでこの距離とは最短距離のことであり、ネットワークを

$$\text{中心性指数（近接性による中心性）} = \frac{\text{全体の点の数} - 1}{\text{他のすべての点への最短距離の合計}}$$

構成するすべての点に対して、この最短距離が最も小さい点が、そのネットワークの構造の中心に位置しているという考え方を採用している。

この近接性の中心性の定義について理解するには、次のように考えればよい。まず、ネットワークを構成する点の数は一定であるとして考え、異なるのは各点が他のすべての点にたどり着くまでの最短距離は、それぞれの点で異なっていると考える。そして、この近接性による中心性の定義において、中心性の高い点とは、そのネットワークを構成するすべての点と、より直接的に繋がっているような点のことであり、ネットワークの中心にあればあるほど、より多くの点とより直接的に繋がる傾向にある。したがって、この中心性指数の分母にある最短距離の合計の値は、中心性の高い点ほど、より小さくなることになる。

ところで、この具体的な最短距離の計算では、点と点が直接的に繋がっていればその最短距離は1として数えられ、点と点が直接的に繋がっておらず、別の一つの点を中継して繋がっていれば、その距離は2として数えられ、別の二つの点を中継して繋がっていれば、その距離は3として数えられることになる。そして、すべての点との繋がりの合計が、この最短距離の指標の分母に当たることになる。

その一方で、この最短距離の合計とは、ある点と他のすべての点との最短距離の合計であるので、ネットワークを構成する点の数が増えれば増えるほど、必然的にこの最短距離の合計も大きくなってしまう。そこで、この中心性の指標の分子に、そのネットワークを構成する点の数を置くことにより、その影響を相殺させるように定義されている。すると仮にネットワークを構成する点の数が変化しても、分子と分母が同じように増減することになり、この近接性による中心性の指標は、一定に保たれることになる。

それでは、この中心性の指標について具体的に考えてみよう。まずこの中心性の指標の分母について、点Aが他の点B、C、D、Eと直接的に繋がっているとき、点Aから他の4つの点への最短距離は、その4つのすべてが1になり、その最短距離の合計は4になる。また、この中心性の指標の分母について、ネットワークを構成する点は5つであり、その5つから点A自体の1を差し引けば4になることから、点Aの中心性の指標は4分の4で1になる。

また、他の例として、点Aは点Bと点Cとは直接的に繋がっているが、点Dについては点Bを介して、点Eについては点Cを介して繋がっているとしよう。すると、点Aから点Bと点Cまでの最短距離はそれぞれ1になり、点Aから点

Cと点Dまでの最短距離はそれぞれ2になり、その最短距離の合計は1＋1＋2＋2の6になる。これに対してこの分子はネットワークを構成する点の数5から1を引いたものであり、この中心性の指標は6分の5で、およそ0.83になる。

　以上のように、点と点とを仲介する点の数が多ければ多いほど、その中心性の指数は小さくなることから、この近接性による中心性の指標は、仲介する点の数が多ければ多いほど、中心的な点ではないことを示すことになる。そして、中心性の指標の値は0よりも大きく、1以下の範囲で変化することになり、1のときに最大の中心性を示し、0に近づくにしたがって、その点の中心性は失われることになる。

　この近接性による中心性は、次数による中心性とは異なり、ネットワーク全体の構造を反映した中心性の概念になっている。特に、物流ネットワークの分析においては、各地域におけるネットワークの構造には大きな違いがあり、単純に次数の違いによって、その地域の中心性を比較することは困難になる。そこで、個々のネットワークの独特な構造を考慮しながら、なるべく多くの地域と、なるべく直接的に移出・移入をしている地域という観点から、この近接性による中心性は、地域間物流ネットワークの中心地を特定するのに、非常に有効であることになる。


### 媒介性による中心性

　最後に、第3の中心性の指標とは、媒介性による近接性の指標である。この媒介性による中心性（betweenness centrality）とは、2つの点を最短経路において、その経路を仲介している点ほど、その中心性が高いとする指標である。

　これについて具体的に説明をしたほうがよいだろう。あるネットワークが点Aから点Eまでの5つの点によって構成されているとする。そして、それら点Aから点Eまでを結ぶ経路は、それが最短経路であったとしても、様々な点を仲介することになる。そして、この媒介性による中心性とは、各点を結ぶ最短経路において、その仲介役をする回数が多い点ほど、中心性が高いとする考えを採用する。

　例えば、点Bから点C、点Bから点D、点Bから点Eという、点Bと点A以外のその他の点を結ぶ最短経路が3つあるとき、その3つすべての経路において、

点Aの仲介を必要とするのであれば、この点Aの媒介性が高く、逆に、その3つすべての経路において、点Aの仲介を必要としないのであれば、この点Aの媒介性は低いと考えることができる。

すると、この点Aの媒介性をその媒介指数として定義することができ、この

$$\text{点Bからの点Aの媒介指数} = \frac{\text{点Aを経由する回数}}{\text{点Bから他のすべて点への経路の数}}$$

点Aの媒介指数は、その分母を点Bとその他の点と結ぶすべての経路の数とし、その分子をそれらの経路の中で点Aを経由する経路の数とすることによって表すことができる。

この点Aの媒介指数は、点Bから他の点への経路だけではなく、点Cについても、点Cから点B、点Cから点D、点Cから点Eのように、3つの経路における点Aの媒介指数を求めることができ、点Dと点Eにおいても、それぞれ3つの経路における点Aの媒介指数を求めることができる。

そして、それらの経路のすべてについて、点Aを経由するかどうかについて確認し、点Cからの点Aの媒介指数と、点Dからの点Aの媒介指数、点Eからの点Aの媒介指数の3つの指数について求め、それらの4つの媒介指数の合計が、この媒介性による中心性の定義を構成することになる。但し、ここでもこの媒介指数の合計は、ネットワークを構成する点の数が多くなればなるほど、必然的に大きくなるので、媒介指数の平均値を求めるために、この媒介指数の合計を、点A以外の点の数で割ったものが、この媒介性による中心性の定義になる。したがって、この媒介性による中心性とは、上記の媒介指数の平均値になる。

この媒介性による中心性の定義は、他の中心性の定義とは異なる特徴をもって

$$\begin{array}{c}\text{点Aの中心性指数}\\\text{（媒介性による中心性）}\end{array} = \frac{\text{点Aの媒介指数の合計}}{\text{点の数}-1}$$

いる。その特徴とは、仲介役に注目している点である。物流のネットワークにおける仲介役とは、資材や部品、装置などを仕入れ、それを最終的な完成品として

加工・組み立てをし、それを他の地域にある市場に向けて移出している地域のことであり、それはおそらく、製造工程のネットワークにおいて、中心的な役割を果たしている地域である。したがって、この媒介性による中心性とは、そうした製造ネットワークの中心となる地域を特定する際に有効になり、実際に本書では、この媒介性の中心性をもとに、食糧品工業、金属製品工業、産業機械工業、電気機械工業、輸送機械工業の物流の流れから、製造ネットワークの中心となっている地域を特定している。

## 部分ネットワーク分析

これまでネットワークの中心性の測定の仕方について紹介してきたが、物流ネットワークの分析において、中心地の特定の他に、もう一つ特定しなければならないことがある。それは、その中心地を中心として広がるネットワークの中でも、特に強い繋がりを有するネットワークの特定である。ネットワーク分析では、この繋がりの強い部分的なネットワークの捉え方について、様々な手法が提案されてきたが、それらの手法はいずれも、ネットワークを構成する点同士の繋がりの強さによる捉え方である。本書における物流ネットワークの分析においても、より活発に取引がなされている地域間ネットワークの把握が必要になり、これらの手法は非常に有効である。そこで本節では、物流ネットワークの把握に用いられる手法について紹介しておこう。

### クリーク（閥）

あるネットワークの全体の中で、その繋がりが特に強い部分的なネットワークのことをクリーク（閥）と呼ぶ。つまり、全体のネットワークの中で、各点は他の点と独特な繋がり方をしており、その繋がりの中で、特に強い繋がり方をしている点の集合を、部分的なネットワークとして区別する。そして、その部分的なネットワークを部分ネットワークをと呼び、全体のネットワークの中から、特に強い繋がりを有する部分ネットワークとして、抜き出すことが可能になる。

このクリークを捉える方法には大きく2種類あり、一つは部分ネットワークを構成する各点とその他の点との最短距離を基準にする方法と、もう一つは部分ネ

### 図176 クリークの例

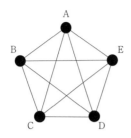
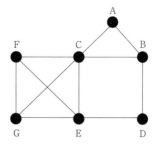

ットワークを構成する各点の次数を基準にする方法である。前者の最短距離を基準にする方法には、クリーク（Clique）、Nクリーク（N clique）、Nクラン（N clan）、Nクラブ（N club）があり、後者の次数を基準にする方法には、Kプレックス（K plex）とKコア（K core）とがある。まず前者の最短距離を基準にするクリークの概念から紹介していこう。

まず、クリーク（Clique）とは、部分ネットワークを特定する方法の中でも、最も厳格な基準によって特定される方法であり、それは部分ネットワークを構成するすべての点が、その部分ネットワーク内の他のすべての点と繋がっているようなネットワークのことである。

例えば、点Aから点Eまでの5つの点があるとき、点Aは、点B、点C、点D、点Eの4つのすべての点と繋がっており、また点Bも、点A、点C、点D、点Eの4つのすべての点と繋がっており、これが他の点C、点D、点Eのすべての点にも成り立っているようなネットワークである。このようなネットワークは完全グラフと呼ばれ、あるネットワークが完全グラフである場合には、すべての点が互いに繋がり合っているので、それ以上の繋がりを追加することができないようなネットワークであることを意味する。例えば、このクリーク（完全グラフ）の例は、図176の左図に描かれている。

ところで、図176の右図において、クリークになっている部分ネットワークは、点A、B、Cの3つの点からなるネットワークである。なぜなら、それら3つの点は、互いに他のすべての点と繋がっているからである。これに点Dや点Eを加えるとクリークにはならない。なぜなら、点Aと点Cのどちらの点も、点Dとは繋がっていないからであり、また点Aと点Bのどちらもの点も、点Eとは

繋がっていないからである。よってクリークになるのは点A、B、Cの3つの点のみになる。

　この他にも、点C、E、F、Gの4つの点もクリークになっている。なぜなら、それら4つの点は、互いに他のすべての点と繋がっているからである。そして、この4つの点からなるクリークに、点A、B、Dのいずれも加えることはできない。なぜなら、それらの点A、B、Dのいずれも、そのクリークを構成する4つの点のすべてと繋がっていないからである。

　これに対し、点B、C、D、Eはクリークになっていない。なぜなら、それら4つの点の繋がりは強いものの、点Bと点Eが繋がっておらず、また点Cと点Dも繋がっていないからである。このようにクリークという部分ネットワークの捉え方は非常に厳格なものであり、この点B、C、D、Eの4つの点のように、繋がりの強いネットワークと判断してもよいようなネットワークも、点Bと点Eまた点Cと点Dのどちらか一方でも、その繋がりが無くなるだけで、部分ネットワークとして捉えることができなくなってしまう。

　したがって、このネットワークの例では、クリークは6つになり、一つは点A、B、Cの3つの点であり、もう一つは点C、E、F、Gの4つの点である。そして、C、E、F、Gによるクリークの中に、C、E、FとE、F、GとF、G、CとG、C、Eの4つのクリークが含まれていることになる。ここで注意すべき点は、点Cは複数のクリークに属しており、ある点が2つ以上のクリークに属することはしばしばある。この複数のクリークに属することは、その点がそれだけ強い繋がりをもつネットワークに多く属していることになり、その点が他の点よりもそのネットワークに大きく依存することや、そのネットワークに属する他に点に対して、より大きな影響を与えうることを意味している。


Nクリーク

　これまでに紹介したクリークとは、すべての点が他のすべての点と繋がっているという、非常に厳格な条件によって定義されるものであった。この厳格な条件を少し緩めて、ネットワークを構成する点の点との近接性の観点から、特に繋がりの強い部分ネットワークを定義するNクリークと呼ばれるものがある。次にそれについて紹介していこう。

### 図177　Nクリーク、Nクラン、Nクラブの例

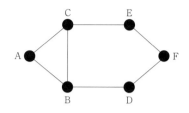

　Nクリーク（N clique）とは、すべての点と点との最短距離がN以下になるような部分ネットワークのことである。例えば、ネットワークが点Aから点Fまでの6つの点によって構成され、NクリークのNを2として設定すれば、各点から他の点までの最短距離を求め、その最短距離が2以下になるような点によって構成される部分ネットワークが、このNクリークになる。

　このNクリークの具体例について、Alba（1973）とMokken（1979）の例にもとづいて説明しよう。まず、図177のネットワークにおいて、NクリークのNを1と設定すれば、1クリークは点A、B、Cの1組になる。なぜなら、クリークを構成する点が他のすべての点と、その最短距離の1で到達することのできる点の組み合わせは、この点A、B、Cの1組しかないからである。これにもし点Dを加えたならば、点Aと点Cの点Dまでの最短距離は2になってしまい、この1クリークが満たすべき条件から除外されてしまうことになる。

　次に、NクリークのNを2と設定すれば、2クリークは点A、B、C、D、Eの1組と、点B、C、D、E、Fの1組の、全部で2組あることになる。これについて確認してみよう。まず点A、B、C、D、Eの組について、点Aは、他の点B、C、D、Eのすべてに対して、その最短距離2以内で到達することが可能であることが分かる。そして、点A以外の点B、C、D、Eについても、他の点まで最短距離2以内で到達することができることから、点A、B、C、D、Eは2クリークを構成していることになる。ここで、点Aから点Dまで、A、C、B、Dの順に辿れば、その距離を3とすることができるが、このNクリークで問題となるのは最短距離であることから、これについてクリークの判断とは関係ないことになる。

　また、点B、C、D、E、Fの組についても、点Bから他の点C、D、E、Fまで、その最短距離2以内で到達することが可能であることが分かる。そして、この2

以内での到達可能性はすべての点について当てはまることから、この点B、C、D、E、Fの組についても2クリークであることになる。ここで点Bから点Cまで、B、D、F、E、Cの順で到達することも可能であるが、この場合も最短距離ではないことから、このNクリークの判断とは無関係になる。

このようにNクリークは、最短距離によるクリークの定義の仕方を採用しており、その点については、完全グラフであることを必要とするクリークよりは柔軟であると言える。しかし、ここで一つの問題が生じる。その問題とは、点A、B、C、D、Eの組による2クリークにおいて、点Dから点Eまでの経路については、最短距離2以内で到達するためには、その2クリークに含まれていない点Fを通過しなければならないという問題である。そして、その2クリークに点Fが含まれていない限り、点Dから点Eまで到達する際の最短距離は3になり、最短距離2以内ですべての点からすべての点に到達することが可能であるという2クリークの定義から外れることになる。この問題に対処するために提案されたのが、次のNクランとNクラブである。

### Nクラン、Nクラブ

Nクラン（K clan）とは、Nクリークが孕む問題に対して修正を加えた部分ネットワークの定義である。その修正とは、Nクリークの直径がN以下という条件である。ここで直径とは、部分ネットワークの点と点との最短距離の中で、最大となる最短距離のことで、具体的には、点A、B、C、D、Eの組による2クリークの中で、その最大となる最短距離は点Dから点Eまでの3であり、この組による部分ネットワークの直径は3になる。

したがって、2クリークの場合には、点A、B、C、D、Eの組と点B、C、D、E、Fの組の2組であったが、前者の点A、B、C、D、Eの組の直径は3になることから、部分グラフの直径が2以下であるという、2クランの定義からは外れることになる。これに対して後者の点B、C、D、E、Fの組については、どの点からどの点について考えても、その最短距離は2よりも大きくならないことから、その直径は2であることになり、この組は2クランの定義を満たすことになる。ゆえに、上述のネットワークにおいて、2クランは点B、C、D、E、Fの1組だけになる。

次に、Nクラブ（K club）とは、Nクリークの最短距離が2という条件を取り除いて、Nクランの直径がN以内であるという条件のみによって部分ネットワークと定義する。つまり、2クラブとは、部分ネットワークを構成する点の内、すべての点の最短距離が長くとも2以下になるような部分ネットワークである。図177のネットワークの例で考えみると、2クラブになるのは、点A、B、C、Dの組と、点A、B、C、Eの組と、点B、C、D、E、Fの組の、全部で3組になる。これの3組のいずれも、その部分ネットワークを構成するすべての点から、他のすべての点まで、最短距離2以内で到達することが可能であることから、その部分ネットワークの直径は2であることが分かる。このようにNクリークとNクラン、Nクラブとは、部分ネットワークの各点間の最短距離と、その最短距離の最大である直径という、2つの基準を組み合わせて、特に繋がりの強い部分ネットワークを抽出していることになる。

　しかし、そうした部分ネットワークの抽出の仕方に対して、部分ネットワークの脆弱性を考慮していないとの指摘もある（Saidman and Foster 1978）。例えば、図177のネットワークにおいて、点Bがネットワークから取り除かれるとき、それらの3つの方法で捉えられる部分ネットワークは、点Bがネットワークから外れる以前のものと、全くことなるものになってしまう。そこで、こうした部分ネットワークの頑強性について考慮したものが、点の次数を重視して部分ネットワークを抽出する方法である。それでは次に、その方法について説明していくことによう。

### Kプレックス、Kコア

　Kプレックス（K plex）とは、部分ネットワークを構成するすべての点が、その点の数からKを引いた数よりも大きな数の繋がりを、その部分ネットワークを構成する他の点と有しているような部分ネットワークのことである。例えば、ある部分ネットワークを構成している点の数をGとすれば、その部分ネットワークを構成する各点が、その部分ネットワークを構成している他の点と繋がることが出来る数はG−1である。なぜなら、それぞれの点はその点自身とは繋がることができないからである。そして、もしその部分ネットワークを構成しているすべての点がG−1の繋がりを有していれば、その部分ネットワークは完全グラフと

図178　Kプレックス、Kコアの例

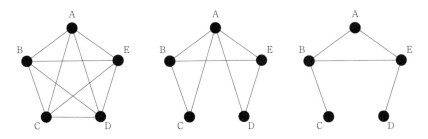

なり、それはクリークと同じものになる。

　それでは、このKプレックスについて具体例で考えてみよう。点Aから点Eまでの5つの点によって構成されるネットワークがあり、このネットワーク全体から2プレックスによる部分ネットワークを捉えるには、点の数がG＝5であることから、G－K＝5－2＝3より、部分ネットワークを構成するすべての点が、他の3つ以上の点と繋がっていなければならないことになる。例えば図178の左図では、すべての点が他の4つの点と繋がっていることから、3つ以上の繋がりを有するという条件を満たし、ネットワーク全体が2プレックスになることになる。

　それでは、中図のネットワークの例では、全体のネットワークを2プレックスとすることができるだろうか。この場合点Cと点Dは、それぞれ2つの点としか繋がっていないことから、すべての3つ以上の繋がりを有するという条件を満たさない。したがって、全体のネットワークは2プレックスではない。

　そこで、部分ネットワークを構成する点の数を減らして、4つの点により構成される部分ネットワークについて考えてみると、部分ネットワークを構成する点の数はG＝4になり、G－K＝4－2＝3より、すべて点が少なくとも他の2つ以上の点と繋がっていなければならないという条件に変わる。そこで、その条件に合う部分ネットワークを探してみると、点A、B、C、Eの1組と、点A、B、D、Eの1組は、すべて点が少なくとも他の2つ以上の点と繋がっていることから、それらは2プレックスになる。

　次に、右図における2プレックスについて考えてみると、このネットワークで2プレックスになるのは、点A、B、Cの1組になる。但し、この部分ネットワークは3つの点によって構成されているので、2プレックスの場合には、他の1つ

の点と繋がっていればよいことになるが、実際に、すべての点が2つの点と繋がっている。したがって、この点A、B、Cによる部分ネットワークは、1プレックスというより厳格な定義によっても抽出することができたことが分かり、2プレックスという緩和された部分ネットワークの定義とは、その部分ネットワークの繋がりの強さにズレが生じることになる。

このKプレックスの問題点は、それを満たすような部分ネットワークが無い場合に、その部分ネットワークを縮小して探すことになることから、Kが一定の値であるのに対し、Gの値を小さくすることが必要なる。そして、このGの値を小さくする際に、このKプレックスが満たすべき条件が急速に緩和され、3つの点による完全グラフのような、自明の部分ネットワークしか見つからない場合がしばしば起こる。そうした問題に対処するために提案されたのが、次に紹介するKコアという方法である。

Kコア（K core）とは、単純に、その部分ネットワークを形成するすべての点が、K個以上の点の繋がっているという条件で定義される。したがって、Kコアを構成する点とは、一つのネットワーク内で、互いにK本以上の線によって繋がり合っていることから、次数がK以上になるという特徴がある。そして、この次数Kの値が大きくなればなるほど、それだけ次数による中心性が高くなると同時に、それらは互いに強く繋がり合い、かつそのネットワークを構成する点の数も、大きくなる傾向にあるという特徴がある。

また、このKコアの定義は、KプレックスのGとKという2つの変数による定義ではなく、Kという1つの変数のみによって定義されるので、その部分ネットワークがどのような性質を満たすものかが直観的に分かり易く、このKの値を操作することによって、その部分ネットワークの繋がりの強さ、各点の次数による中心性、部分ネットワークを構成する点の数の多さも調節することができることから、実際のネットワークの分析に用いる指標として、分かり易いというメリットがある。

## 地域取引ネットワークとクリーク

本章では、特に繋がりの強い部分ネットワークの抽出方法として、クリークやNクリーク、Nクラン、Nクラブ、Kプレックス、Kコアについて紹介してきた

### 図179　クリークで表される取引ネットワークの例

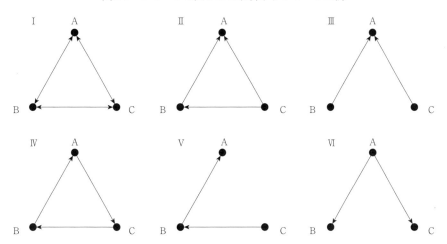

が、本書の地域間取引ネットワーク構造の分析では、これらの抽出方法の中でも、特に強い繋がりを要求する、クリークによる抽出方法を利用している。このクリークの抽出方法については、最初の部分ネットワークの抽出方法として簡単に紹介してきたが、このクリークという部分ネットワークの抽出方法を、『全国貨物純物流調査』の結果表に対して用いることによって、具体的に、どのような部分ネットワークを抽出することができるのかについて、ここで少し議論をしておくことにする。

　まず、地域間取引ネットワークとしてのクリークは、少なくとも3つ以上の県によって構成されることになる。なぜなら、それよりも数が少ない場合には、ネットワークと呼べるものにはなりえないからである。この3つ以上の県によって構成されるクリークとは、3つ以上の県のすべてが、他のすべての県に対して移出を行っているようなネットワークであり、それは3つ以上の県のすべてが、他の県から移入を行っているようなネットワークであることも意味することになる。

　しかし、『全国貨物純物流調査』の結果表から抽出された取引ネットワークに対して、このクリークの手法を利用するとき、そこから導かれる部分ネットワークは、非常に多様な取引ネットワークを導くことになる。なぜなら、県と県とを結ぶ矢印には、双方向と片方向の2種類の矢印があり、それは移出入の両方がある場合と、移入のみの場合と、移出のみの場合の3種類を区別することになるか

らである。

　例えば、A県、B県、C県の各県が、他の2つの県との間に、移出と移入の双方向の流れがあるとき、このA県、B県、C県という3県のそれぞれは、他の2つの県と、移出と移入の両方流れがあることから、これら3県間の地域間取引ネットワークは、クリークのひとつとして数えられることになる。また例えば、A県ではB県とC県の両方に対して移出の流れがあり、B県ではC県にだけ移出の流れがある場合、このA県、B県、C県のすべての組み合わせに、移出または移入の流れがあることになる。そして、このA県、B県、C県という3県のそれぞれは、他の2つの県との間に、移出または移入の流れがあることから、これら3県間の地域間取引ネットワークもまた、クリークのひとつとして数えられることになる。

　したがって、前者のような、すべての県が、他のすべての県に対して、移出入の双方向の流れがあるような、繋がりが非常に強いクリークと、後者のような、すべての県が、他のすべての県に対して、移出または移入のどちらか一方の流れしかないような、比較的に繋がりが弱いクリークは、同等に同じクリークとして扱われることになる。ゆえに、同じクリークとはいっても、その繋がりの強さに違いが生じることから、一言でクリークとは言っても、そのクリークの意味には若干の幅が生じることになる。

　このように、繋がり方が異なるクリークを同じクリークとして扱う理由には、地域間取引ネットワークを、単なる繋がりの強さのみによって捉えるのではなく、その地域間取引ネットワークを構成する県と県との間に、交易関係や経済的な依存関係がある限り、クリークとして抽出したいという思惑がある。そして、地域間取引関係の中からクリークを抽出するとき、少なくともそのクリークを構成するすべての地域において、生産地としての役割と消費地としての役割という空間的な役割分担がなされており、それぞれの地域での経済活動が、互いの取引関係に依存している関係を抽出することになる。

　このクリークの概念について理解を深めるために、様々なクリークのケース挙げて検討してみることにしよう。例えば、図178の図Ⅰは、すべての県が、他のすべての県に対して、双方向の移出入があるようなネットワークを表しているが、この図Ⅰのようなネットワークの場合は、ネットワークの繋がりは強いという側面がある一方で、その取引ネットワークの中心地と周辺地の区別をすることがで

きないという側面がある。つまり、このネットワークのケースでは、入力次数による中心性についても、出力次数による中心性ついても、すべての県において2になり、いずれの県の中心性が、他の県の中心性よりも、高くも低くもなく、どの地域が生産の中心地で、どの地域が消費の中心地なのかという位置づけが不鮮明になる。このケースは当然クリークとして数えられるが、経済活動の生産地と消費地の役割分担という観点からは、その地域間取引ネットワークは構造的に判然としないことになる。

　これに対して図Ⅱのネットワークでは、図Ⅰと比較してネットワークの繋がりが弱くなる一方で、その中心－周辺構造が、その次数の大きさによって明確になる。つまり、A県の入力次数は2で、C県の入力次数は0になり、またA県の出力次数は0で、C県の出力次数は2になることから、この取引ネットワークにおける消費地の中心地はA県になり、生産地の中心地はC県になる。そして、この図Ⅰと図Ⅱのネットワークの違いとは、各点の次数による違いであり、その次数の違いによって、物流の流れの方向が決まり、その流れの方向が、この地域間取引ネットワークの構造を特徴付け、その中心－周辺構造を浮き彫りにすることになる。

　実際に、『全国貨物純物流調査』による物流のネットワークの分析をしていくと、取引ネットワークは多くの場合、図Ⅱのような中心－周辺構造の下に形成され、中心地と周辺地の違いが明確なる場合がほとんどである。そして、図Ⅰのような取引ネットワークを形成する地域はほとんどなく、図Ⅱのようなクリークも、クリークとして含めなければ、有意義な分析結果を得られることができないことから、こうした分析上の問題から、この図Ⅱによるクリークもクリークに含めることにする。

　次に、図Ⅲのネットワークの場合はどうであろうか。このネットワークはクリークとしては扱うことはできない。なぜならB県とC県との間に物流の流れがないからである。これをクリークとして扱わない理由には、B県とC県との間に物流の流れがなく、ネットワークの繋がりが弱すぎることが挙げられる。つまり、この図Ⅲの例では、A県とB県の物流という個別的な流れと、A県のC県の物流という個別的な流れを、ひとつの図にまとめて同時に描いているだけに過ぎず、その3つの県のすべてを結ぶ地域間取引ネットワークがあるとは言い難いからである。

また、この図Ⅲのネットワークについては、次数による中心性の分析によって、A県の入力次数について確認しさえすれば、2つの県からの生産物の移入があることが分かり、またネットワーク図をみれば、どの県からの移入なのかも明らかになることから、わざわざクリークなどの部分ネットワークを抽出する手法を利用する必要性は、必ずしも高くないといえる。

　さらに、図Ⅲをクリークとして考えることができない理由には、ネットワークの頑健性の弱さがある。つまり、図Ⅲの例では、A県をネットワークから取り除くと、B県とC県との間には、何の関係もなくなってしまうのに対し、図Ⅱの例では、A県を取り除いたとしても、B県とC県との間に物流の流れが残り、消費地と生産地を区別した地域構造が残ることになる。このように、地域間取引ネットワーク構造が頑健になり、かつ地域構造が安定的になるのは、C県がその取引ネットワークにおける生産地としての中心性が高いからであり、その点ついても、図Ⅱと図Ⅲを区別する理由となっている。

　ところで、この図Ⅱと図Ⅲの次数の違いについて考えてみると、図Ⅱについては中心地であるA県の入力次数が2であり、C県の出力次数が2であることから、生産地と消費地の中心性のバランスがとれているのに対し、図ⅢではA県の入力次数が2である一方で、B県とC県の出力次数が共に1であることから、生産地の中心地の区別が曖昧になっている。したがって、この図Ⅲのネットワークでは、地域間取引ネットワークの消費地の中心地となる県は、図Ⅱと同じように明らかになる一方で、その地域間取引ネットワークの生産地の中心地が曖昧であることから、その需要と供給の地域構造の半分が曖昧になっていることになる。これについては、地域間取引ネットワークの消費の両方の中心地が曖昧であることを表している、図Ⅵのような地域間取引ネットワークのケースも同様に当てはまることになる。

　次に、図Ⅳのような地域間取引ネットワークでは、すべての県の入力次数と出力次数が共に1であり、その地域間取引ネットワークの構造から、中心-周辺構造を類推することは困難である。その一方で、この地域間取引ネットワークの構造内では、3つの県のそれぞれにおいて、生産地と消費地が空間的に乖離しており、その経済的な依存関係が強いことが読み取れる。具体的には、この3つの県の内、1つの県の生産または消費活動が停滞すれば、需要または供給の不足によって、それは他の2県に直ちに波及していく様子を想像することができる。そこ

で、この経済的な依存関係と産業連関上の関係から、図Ⅵのような地域間取引ネットワークも、クリークとして数えることにする。

　ここで再度、図Ⅱに立ち返って、そのA県とB県とC県の役割について考えてみよう。まずA県とC県については分かり易く、その入力次数と出力次数により、A県が消費地でC県が生産地であることになる。それではB県についてはどうであろうか。本章で扱う地域間取引ネットワーク構造での流れとは、生産物の移送経路における、生産された地点から消費された地点までの流動量のことである。ここで、B県はC県で生産された生産物の消費地であると同時に、A県で消費される生産物の生産地でもあることから、B県が果たす役割として、次の2つのケースが考えられる。

　一つは、B県で行われる生産が、C県から移入する生産物とAに移出する生産物に関連があるケースであり、例えば、このネットワークで表される物流の流れが、特定の生産物の生産工程の流れに沿ったものであり、このC県の生産物をB県において加工または組み立てをし、それをA県に対して移出しているようなケースである。このようなB県の役割は、同一工業内の物流の中でも、十分に起こり得ることであり、このような生産工程を反映した地域間取引ネットワークであれば、この仲介役としてのB県の果たす役割は重要であると考えられる。

　もう一つのケースは、B県で行われる生産が、C県からB県に移入する生産物と、B県からA県に移出する生産物と間に、生産工程における関連がないケースである。この場合は、B県へ移入される生産物とB県からの移出される生産物との間には、直接的な関連が無くなるが、C県の立場からは、B県の移出がなければ、それだけC県に立地する製造業の生産量が減少することになることから、生産地としてのC県の立場が危うくなることが予想される。また、A県の立場からは、B県からの生産物の移入がなくなれば、A県における消費を満たすことができなくなり、他の県からの移入に頼らざるを得なくなることから、この取引ネットワークを維持することができなくなるに違いない。そうした理由から、物流の流れが生産工程を反映したものでなくとも、この取引ネットワークでB県の果たす役割は重要であるといえる。

　これに対して、図Ⅴのような地域間取引ネットワークの例は、クリークとして数えることはしない。この図Ⅴは図Ⅱと似ており、ここでもB県は仲介として

の役割を果たしているが、図Vでは A 県と C 県との間に取引関係がみられないという違いがある。しかし、この図Vは、A 県と B 県との個別的な物流の流れと、B 県と C 県との個別的な物流の流れを、ひとつのネットワーク図として、同時に描いたものに過ぎず、必ずしもそれら 3 つの県の間に、地域間取引ネットワークがあるとする必要性は高くない。

　したがって、このクリークの定義の仕方とは、ネットワークの繋がりが弱すぎず、かつ消費地と生産地の中心性による地域構造が明らかになるような定義の仕方になる。またこれに加えて、それぞれの地域が、消費地としての役割、生産地としての役割、そして仲介地としての役割も特定できる定義の仕方になっている。そして、クリークとして特定された地域間取引ネットワークは、それを構成する地域間での、経済的な相互依存関係と産業連関上の関係が高くなる傾向にあり、その地域間取引ネットワークを構成するひとつの県の盛衰が、そのネットワーク全体に大きな影響を与えるような地域間取引ネットワークである場合が多いといえる。このような理由から、様々ある部分ネットワークの抽出方法の中から、クリークという抽出方法を選び、さらにそのクリークという抽出方法の中でも、一方向の物流の流れがあれば、県と県とを結ぶ取引関係があるとみなすことにしている。

# 参考文献

荒井良雄、井上孝、川口太郎編（2002）「日本の人口移動－ライフコースと地域性－」古今書院
石川義孝（2007）「人口減少と地域－地理学的アプローチ－」京都大学学術出版
石倉洋子、藤田昌久、前田昇、金井一頼、山﨑朗（2003）「日本の産業クラスター戦略：地域における競争優位の確立」有斐閣
井田憲計（2006）「GIS を活用した工業集積の空間統計学的分析――大阪における町丁目別工業出荷の集積性――」経済学論業同志社大学57：521-554
伊藤維年（2007）「半導体メーカーの再編と後工程企業の変容」熊本学園大学経済論集13：1-47
植田浩史編（2004）「縮小時代の産業集積」創風社
植田浩史・本多哲夫編（2006）「公設試験研究期間と中小企業」創風社
宇山通（2007）「トヨタのサプライヤ・システム形成の空間的条件――1960年代から70年代前半におけるトヨタ中心地域の分析から――」経営研究大阪市立大学、58：89-118
江崎雄治（2006）「首都圏人口の将来像――都心と郊外の人口地理学――」専修大学出版局
大澤勝文（2007）「産学官連携の一断面―― KNS（関西ネットワークシステム）における意見交換会から――」釧路公立大学地域研究16：15-30
大西隆（1998）「日本の地域開発の新展開（特集・地域計画の新展開）」『地域開発』1998年10月号、p. 61-67
小田清（2007）「国土総合開発法の改正と国土計画策定の問題点――国土形成計画法の制定に関して」、開発論集、北海学園大学、76：1-17
小田宏信（2005）「現代日本の機械工業集積―― ME 技術革新期・グローバル化期における空間動態――」古今書院
鹿嶋洋（2005）「三重県における機械工業の海外展開とその地域的影響－1990年代後半の状況－」竹内淳彦編「経済のグローバル化と産業地域」原書房75-88
華藤健（1975）「国土の開発」（八十島義之助編『現代土木工学―― 3 土木総合計画論』丸善、pp. 213-238）
加藤秀雄（2005）「国内産業集積の縮小と東京圏の困難と可能性――経済環境と集積構造の変化による比較分析――」経済地理学年報51：295-311
金井明子、松原宏、丹羽清（2007）「学習地域におけるテーマの共有の重要性――東大阪地域の例――」研究技術計画21：294-306
川上征雄（2008）国土計画の変遷：効率と衡平の計画思想、鹿島出版社
北川博史（2005）「日本工業地域論――グローバル化と空洞化の時代――」海青社
粂野博之（2003）「地方都市型産業集積の変化――長野県諏訪・岡谷地域と上伊那地域――」地域と社会大阪商業大学6：25-74
経済地理学会編（2010）「経済地理学の成果と課題第Ⅳ集」日本評論社
小長谷一之（2006）「東大阪における産業クラスター空間の抽出」創造都市研究大阪市立大学1：77-89
近藤章夫（2007）「立地戦略と空間的分業――エレクトロニクス企業の地理学――」古今書院

佐々木雅幸（1991）「地域間格差の拡大と地域経済（特集・90年代の地方経済——その活路を探る（下））」『経済』1991年4月号（No. 324）新日本出版社、p. 227-240

末吉健治、松橋公治（2005）「産業支援システムの形成と企業間ネットワークの展開——山形県米沢市における産業支援システムを中心に——」福島大学地域創造16：37-65

竹内淳彦、森秀雄、八久保厚志（2002）「大田区における機械工業集団の機能変化」地理学評論75：20-40

遠山恭司（2002）「企業城下町日立地域における中小企業の自立化と地域工業集積」中央大学経済研究所年報33：121-144

堂野智史（2005）「産学連携基盤としての産学官民コミュニティの形成——INS、KNSの事例を通じて——」産業学会研究年報20：31-42

中野勉（2007）「巨大産業集積の統合メカニズムについての考察——社会ネットワーク分析からのアプローチ」組織科学40：55-65

戸所隆（2004）「地域主権への市町村合併——大都市化・分都市化時代の国土戦略」古今書院

日野正輝（2005）「東北地方の工業化に関する認識——宮城県角田盆地を事例にして——」石原潤編『農村空間の研究（下）』大明堂82-96

藤川昇悟（2002）「九州の自動車産業の現状と展望　トヨタ自動車九州と日産自動車九州構造の1次サプライヤーを中心に——」九州経済調査月報、56：17-27

藤田和史（2003）「上田・坂城地域の鋼材工具商社における技術情報流通システムの実態」地域調査報告筑波大学25：81-92

辺紅国（2006）「豊田市を中心とするトヨタ自動車工業域の形成と地域展開」地理学報告愛知教育大学、102：33-48

本間義人（1992）『国土計画の思想〜全国総合開発計画の30年〜（都市叢書）』日本経済評論社

松橋公治（2005）「非大都市圏の産業集積地域における中小企業ネットワーク展開の意義」経済地理学年報51：329-347

松原宏編（2003）「先進国経済の地域構造」東京大学出版会

丸山美沙子（2004）「大都市機械工業地域における新規取引連関の形成過程——東京都板橋区の中小企業を事例として——」地理学評論80：121-137

丸山美沙子（2004）「長岡市における基盤的技術産業の構造変容——鋳造業および木型製造業を中心として——」経済地理学年報50：341-356

水野真彦（2004）「企業間ネットワークにおける技術的イノベーションと地理的近接との関係——大阪府の中小企業を事例に——」地理学評論77：940-953

矢田俊文（1996）『国土計画と地域政策〜21世紀の国土計画を模索する〜』大明堂

矢田俊文（2005）『「地域構造論」の軌跡と展望』ミネルバ書房

矢部直人（2003）「1990年代後半の東京都心における人口回帰現象——港区における住民アンケート調査の分析を中心にして——」地理学評論78：514-533

柳井雅人（1997）『経済発展と地域構造』大明堂

柳井雅人編（2004）「経済空間論——立地システムと地域経済——」原書房

山崎朗（1994）『ネットワーク型配置と分散政策』大明堂

山崎朗編（2002）『クラスター戦略』有斐閣

山本健兒（2002）「学習する地域としての長野県諏訪・岡谷地域——機械金属工業技術の学習と技術革新——」経済志林法政大学69：271-302

Alba, R. D (1973) A Graph-Theoretic Definition of A Sociometric Clique, Journal of Mathematical Sociology, 3: 113-126

Alderson, D. L. (2008) Catching the "Network Science" Bug: Insight and Opportunity for the Operations Researcher, Operations Research, 56: 1047-1065

Barabási, A. L. and Albert, R. (1999) "Emergence of Scaling in Random Network" Science, 286: 509-512

Batty, M. (2008) Cities as Complex Systems: Scaling, Interactions, Networks, Dynamics and Urban Morphologies, UCL Center for Spatial Analysis, paper 131

Borgatti, S. P., Mehra, A., Brass, D. J. and Labiance, G. (2009) Network Analysis in the Social Science, Science, 323: 892-985

Braun, B., Gaebe, W., Grotz, R., Okamoto, Y. and Yamamoto, K. (2002) Regional Networking of Small and Medium-Sized Enterprises in Japan and Germany: Evidence from a Comparative Study, Environment and Planning A, 34: 81-99

Coase, R. H. (1937) "The Nature of the Firm", Economica 4: 386-405

Crossley, N. (2005) Review Article: The New Social Physics and The Science of Small World Networks, Sociological Review, 53: 351-359

Davis, J.C.and Henderson, J.V. (2008) The agglomeration of headquarters, Regional Science and Urban Economics, 38 (5): 445-460

Ducruet, C. and Beauguitte, L. (2014) Spatial Science and Network Science: Review and Outcome of a Complex Relationship, Network Spatial Economics, 14: 297-316

Ducruet, C. and Lugo, I. (2013) Structure and Dynamics of Transport Networks: Concepts, Models and Applications, in Rodriguew, J. P., Notteboom, T. E. and Shaw, J. (eds.), The SAGE Handbook of Transport Studies, SAGE Publications, Ltd. Pp: 347-364

Fujii, Y. (1992) Growth of Auto-parts Suppliers under Mazda, in Japan, Japanese Journal of Human Geography, 44 (5): 607-619

Fujikawa, S. (2001) Branch Plant and Linkage in Regional Agglomeration: The Case of the Automobile-Industry Agglomeration in the Kyushu-Yamaguchi Area, Annual Report of Economic Geography, 47 (2): 1-18

Grabher, G. (2006) Trading Routes, Bypasses and Risky Intersections: Mapping the Travels of "Network" Between Economic Sociology and Economic Geography, Progress in Human Geography, 30: 1-27

Henderson,J. V. Ono, Y. (2008) Where do manufacturing firms locate their headquarters?, Journal of Urban Economics, 63 (2): 431-450

Kunisch, S. and Menz, B. and Ambos, M. (2014) Changes at Corporate Headquarters: Review, Integration and Future Research, International Journal of Management Reviews, 17 (3): 356-381

Mokken, R. J. (1979) Cliques, Clubs and Clans, Quality and Quantity, 13:161-173

Ogawa, Y (1994) The Development of the Automobile Industry in the Peripheral Region of Japan : With the Special Reference to the Production System of First-tier Suppliers, Annual Report of Economic Geography, 40 (2): 105-125

Radil, S. M., Flint, C. and Tita, G. E. (2010) Spatializing Social Networks: Using Social Network Analysis to Investigate Geographies o Gang Rivalry, Territoriality, and Violence in Los Angels, The Annals of Association of American Geographer, 100: 307-326

Seidman, S. B. and Foster, B. L. (1978) A Graph-Theoretic Generalization of the Clique Concept, Journal of Mathematical Sociology, 6: 139-154

Ter Wal, A. L. J. and Boschma, R. A. (2009) Applying Social Network Analysis in Economic Geography: Framing Some Key Analytic Issues, Annals of Regional Science, 43: 739-756

Wasserman, S. and Faust, K. (1996) Social Network Analysis: Methods and Applications, Cambridge, Cambridge University Press.

Watts, D. J. (2003) "Six Degrees, the Science of a Connected Age" W. W. Norton & Company, New York.

Yamamoto, D. (2004) Production Linkages In and Between Places: The Recent Development of the Bicycle Industry Agglomeration in Osaka, The Annals of the Japan Association of Economic Geographers, 50: 95-117

［著者紹介］

**門川　和男**（かどかわ　かずお）

東海大学政治経済学部経済学科特任講師。創価大学法学部卒。1996年、カルフォルニア大学バークレー校留学、2002年、米国ジョンズ・ホプキンズ大学高等国際問題研究大学院（SAIS）修了、松下電器産業株式会社（現パナソニック株式会社）、早稲田大学経済学研究科を経て、2009年、英国ロンドン大学ユニバーシティー・カレッジ（UCL）地理学研究科修了（Ph. D.）、2010年、早稲田大学政治経済学部助教などを経て2016年より現職。

**日本の産業立地と地域構造**

2017年12月20日　第1版第1刷発行

　　　　　　　Ⓒ著　者　　門　川　和　男
　　　　　　　　発行所　　多 賀 出 版 株式会社
　　　　　〒102-0072　東京都千代田区飯田橋3-2-4
　　　　　　　　　　　電　話：03（3262）9996代
　　　　　　　　　E-mail:taga@msh.biglobe.ne.jp
　　　　　　　　　http://www.taga-shuppan.co.jp/
　　　　　　印刷／文昇堂　製本／高地製本

〈検印省略〉　　　　　　落丁・乱丁本はお取り替えします．
ISBN978-4-8115-7951-1　C1033